010la Foto: gs

W0464419

Dieter Schulze
Insel Lanzarote

„Wir glauben, dass eine Landschaft Wälder, Flüsse und Wiesen braucht, um anmutig zu sein. Lanzarote hat nichts von alldem – und ist trotzdem wunderschön."

José Saramago (Nobelpreisträger für Literatur)

Impressum

Dieter Schulze
Insel Lanzarote
erschienen im
Reise Know-How Verlag Peter Rump GmbH
Osnabrücker Str. 79, 33649 Bielefeld

© Peter Rump 2002, 2003, 2006
4., neu bearbeitete und komplett aktualisierte Auflage 2009
Alle Rechte vorbehalten.

Gestaltung
Umschlag: G. Pawlak, P. Rump (Layout);
Andrea Hesse (Realisierung)
Inhalt: Günter Pawlak (Layout);
Andrea Hesse (Realisierung)
Karten: Thomas Buri
Fotos: Izabella Gawin und Dieter Schulze (gs), Angelika Schneidewind (as),
Lanzarote Convention Bureau (cb)
Titelfoto: Izabella Gawin und Dieter Schulze (Motiv: Drachenbaum)

Lektorat: Caroline Tiemann
Lektorat (Aktualisierung): Andrea Hesse

Druck und Bindung: Media Print, Paderborn

ISBN 978-3-8317-1733-0
Printed in Germany

Dieses Buch ist erhältlich in jeder Buchhandlung Deutschlands, der Schweiz, Österreichs, Belgiens und der Niederlande.
Bitte informieren Sie Ihren Buchhändler über folgende Bezugsadressen:
Deutschland
Prolit GmbH, Postfach 9, D-35461 Fernwald (Annerod)
sowie alle Barsortimente
Schweiz
AVA-buch 2000, Postfach, CH-8910 Affoltern
Österreich
Mohr Morawa Buchvertrieb GmbH, Sulzengasse 2, A-1230 Wien
Niederlande, Belgien
Willems Adventure, www.willemsadventure.nl

Wer im Buchhandel trotzdem kein Glück hat, bekommt unsere Bücher auch über unseren **Büchershop im Internet:**
www.reise-know-how.de

Wir freuen uns über Kritik, Kommentare und Verbesserungsvorschläge.
Alle Informationen in diesem Buch sind vom Autor mit größter Sorgfalt gesammelt und vom Lektorat des Verlages gewissenhaft bearbeitet und überprüft worden. Da inhaltliche und sachliche Fehler nicht ausgeschlossen werden können, erklärt der Verlag, dass alle Angaben im Sinne der Produkthaftung ohne Garantie erfolgen und dass Verlag wie Autor keinerlei Verantwortung und Haftung für inhaltliche und sachliche Fehler übernehmen. Die Nennung von Firmen und ihren Produkten und ihre Reihenfolge sind als Beispiel ohne Wertung gegenüber anderen anzusehen. Qualitäts- und Quantitätsangaben sind rein subjektive Einschätzungen des Autors und dienen keinesfalls der Bewerbung von Firmen oder Produkten.

301la Foto: gs

Reise Know-How im Internet

Aktuelle Reisetipps und Neuigkeiten
Ergänzungen nach Redaktionsschluss
Büchershop und Sonderangebote

www.reise-know-how.de
info@reise-know-how.de

Wir freuen uns über Anregung und Kritik.

Vorwort

Lanzarote, die nordöstlichste der Kanarischen Inseln und seit 1993 UNESCO-Biosphärenreservat, ist ein Ferienziel besonderer Art. Drei Urlaubsstädte am Meer mit dem üblichen Vergnügungsangebot, doch nur wenige Kilometer entfernt die surreal anmutende Landschaft der Feuerberge. Vor 270 Jahren hat sich die Erde geöffnet und Feuer gespuckt; glutheiße Lava quoll aus dem Innern und begrub Felder und Dörfer unter sich.

„Der Schoß ist fruchtbar noch, aus dem das kroch"; der Boden bildet nur eine dünne Trennwand zum flammenden, in der Tiefe schlummernden Magma. Erstaunlich, wie die Lanzaroteños den widrigen Bedingungen trotzten. In mühsamer Arbeit haben sie dem in die Landschaft gebrannten Schrecken eine „Kultur der Ordnung" entgegengesetzt. Ihre Häuser sind weiß gekalkt und kubisch gebaut, die mühsam angelegten Felder wie mit Lineal und Zirkel gezogen. Weinreben sprießen aus trichterförmigen Mulden, hier und da eine blühende Pflanze. So strahlt die Insel Ruhe aus und wirkt bis ins kleinste Detail gestaltet: ein Stillleben von apokalyptischer Schönheit.

Man muss nicht an die „Kraft der Steine" glauben, um sich für Lanzarote begeistern zu können. Wer die Feuerberge hinter sich lässt, kann mit diesem Buch noch sehr viel mehr entdecken: im Süden die Papageienstrände, im Westen einen smaragdgrünen Kratersee; im Norden die Kolonialstadt Teguise, geheimnisvolle Grotten und die Traumstrände von La Graciosa. Detailliert beschriebene Wander-, Rad- und Mietwagentouren machen mit den schönsten Landschaften vertraut. Sie führen quer über die Insel, auf spektakulären Klippenwegen zur Küste, ins Tal der tausend Palmen und zu urigen Fischerdörfern.

Dieses Reisehandbuch will dem Leser dabei helfen, auf der Insel des „Black Magic" erlebnisreiche Wochen zu verbringen. Eine Fülle von praktischen Informationen ermöglicht es, Lanzarote auf eigene Faust zu entdecken. Ausführlich werden die Urlaubszentren, die alte und die neue Hauptstadt vorgestellt. Daneben wird besonderes Augenmerk auf die touristisch wenig erschlossenen Regionen im Norden gelegt, wo es zahlreiche kleine Unterkünfte gibt. Neben Tipps zu sportlichen Aktivitäten, Kunst und Kultur erhalten Leser fundierte Empfehlungen, wo sie gut wohnen und am besten essen können und wie man preiswert Urlaub macht, ohne auf Qualität zu verzichten.

Ich wünsche Ihnen eine gute Reise!

Dieter Schulze

Inhalt

Ferienzentrum Puerto del Carmen

Playa Blanca und der Südwesten

Das Inselzentrum – Weinstraße und Nationalpark

Hauptstadt und Umgebung

Costa Teguise und der Nordosten

La Graciosa

Anhang

Hinweis: Die **fett gedruckten Orte** sind die bedeutendsten der jeweiligen Region. Dort finden sich auch Infokästen mit Angaben zu Busverbindungen, Touristeninformationen, Banken, Gesundheitszentren etc.

Wandern auf Lanzarote und La Graciosa

Kartenverzeichnis

Inselkarten

Übersichtskarten

Ortspläne

Wanderkarten

001la Foto: as

Urlaubsziel
Lanzarote

Insel des Feuers

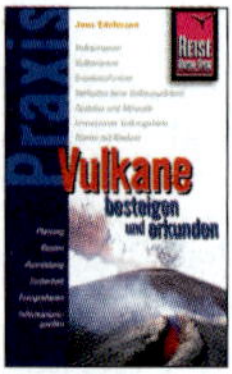

Buchtipp: **„Vulkane besteigen und erkunden"**, Reihe Praxis, REISE KNOW-HOW Verlag, Bielefeld

Alles Schöne auf Lanzarote hat mit der Kraft des Feuers, dem Licht und dem Wasser zu tun. Wer in eine unterirdische Lavagrotte hinabsteigt, durch schwarze Weinberge fährt oder gleißend helle Dörfer besucht, sammelt sinnliche Eindrücke, wie sie kaum ein anderer Fleck dieser Welt bietet. Hinzu kommen schroffe Klippen, schöne Strände und vorgelagerte kleine Inseln, wie von einer Laune der Natur in den Atlantik geworfen.

Die größten und längsten **Vulkanausbrüche,** die je in der Menschheitsgeschichte registriert wurden, ereigneten sich auf Lanzarote im 18. Jahrhundert. Ein erstes Mal öffnete sich die Erde **1730.** Sie klaffte in einem 18 Kilometer langen Halbrund auf und spie glühendes Magma an die Oberfläche. Fünf Jahre lang dauerten die Eruptionen, danach war **ein Viertel der Insel mit Lava bedeckt,** elf Dörfer waren von der Landkarte verschwunden. Wo sie standen, erkennt man die Namen einiger Vulkane: Santa Catalina, Tingafa, Rodeos und Timanfaya. **1824** hat die Erde nochmals gebebt, betroffen war vor allem der Landstrich zwischen Tao und Tinajo.

Heute türmen sich **über 300 Feuerberge** auf – sichtbares Zeugnis der nach außen gestülpten Erdgewalt. Je nach Tageslicht wechseln sie ihre Farbe, schimmern rostrot oder sind in fahles Purpur getaucht. Die Lavaströme lassen sich von Yaiza bis Teneza, Mancha Blanca und Mozaga verfolgen, einige sind bis zur Playa Quemada und Taro de Tahiche ausgeschlagen. Wo die Lava dickflüssig war, hat sie scharfkantig zertrümmerte Schlacke hinterlassen; wo sie dünner floss, ist die Oberfläche glatt, oft auch im gewellten Zustand erstarrt.

Vorhergehende Seite:
Auf Kamelen kann man sich durch den Nationalpark schaukeln lassen

Jenseits der jungen Vulkane

Das Relief der Insel wird von den Feuerbergen, vor allem aber von zwei markanten **Höhenzügen** bestimmt. Im Süden ragen **Los Ajaches** auf, mit ca. 20 Millionen Jahren der geologisch älteste Teil der Insel. Wasser und Wind hatten viel Zeit, das Gestein zu formen und haben in die einst breite Hochebene tiefe Schluchten geschnitten. Höchster Gipfel ist mit 608 Metern die Atalaya de Femés. Wie eine Mauer schützt das Gebirge die weite, bis zur Südspitze reichende **Rubicón-Ebene** gegen die Passatwinde.

Im Norden erhebt sich, von den Feuerbergen durch die Sandwüste El Jable getrennt, das **Famara-Massiv** mit den Peñas del Chache als höchster Erhebung (671 m). Während der Gebirgszug zur Nordwestküste steil abfällt, erstrecken sich nach Osten tief eingeschnittene Täler. Weiter nördlich haben die Lavaströme des vor 3000 Jahren ausgebrochenen Monte Corona die schroffen Schluchten geglättet. Grün präsentiert sich der Norden nur dort, wo die vom Passat herangetragenen Wolken auf die Steilwand prallen, an ihr aufsteigen und so für Nachschub an Feuchtigkeit sorgen.

Sonne und Strand

Immer wieder ist es ein schönes Gefühl, bei Schmuddelwetter ins Flugzeug zu steigen und vier bis fünf Stunden später auf den Kanaren zu landen – bei blauem Himmel und angenehm warmen Temperaturen. Auf Lanzarote steigt das Thermometer **im Winter auf 20–23°C,** die Wassertemperatur liegt bei 17–20°C. In den Sommermonaten ist es einige Grad wärmer, wobei der **Passatwind** dafür sorgt, dass es nicht zu heiß wird. Für die Dauer einiger Tage, wenn der Wind auf Ost oder Südost schwenkt, kann afrikanische Hitze zu den Inseln vorstoßen und die Temperaturen auf über

Mittlere tägliche Maximum- und Minimumtemperaturen in °C

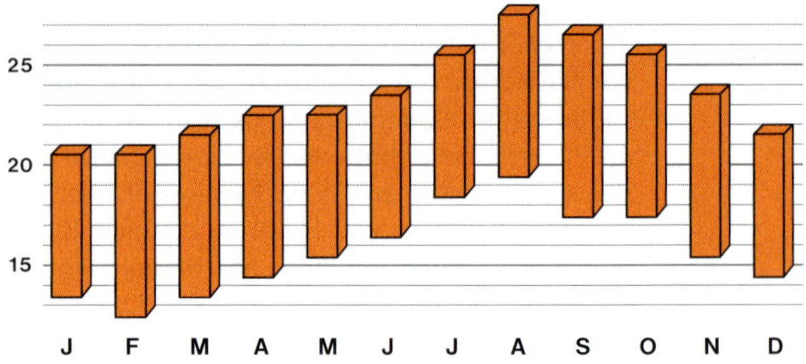

Wassertemperaturen in °C

Sonnenstunden pro Tag

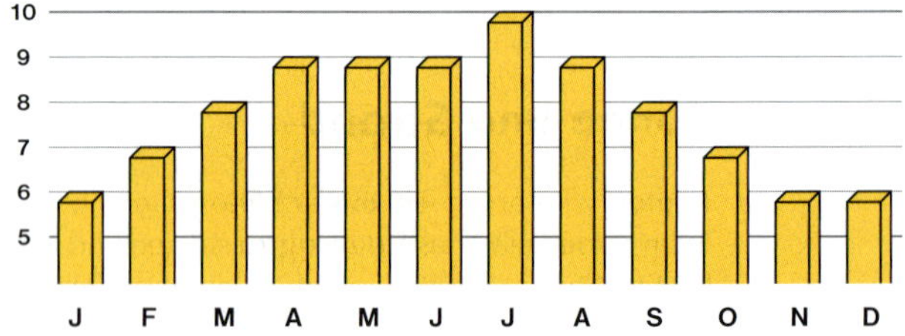

Regentage pro Monat

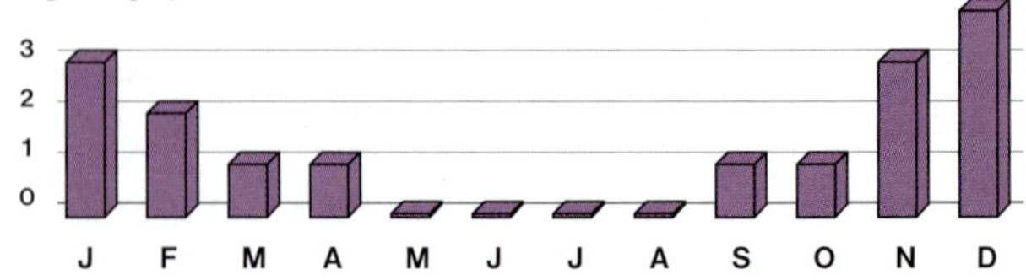

35°C treiben. Der damit verknüpfte *Calima* führt roten Sahara-Staub herbei, der so dicht werden kann, dass der Flugverkehr eingestellt werden muss.

Aufgrund des vorherrschenden Nordostpassats gibt es auf Lanzarote **kaum Regen.** Warum das so ist, erkennt man beim Blick auf die Insel aus der Vogelperspektive. „Lanzarote schaut nach Afrika und hat die Form eines Seepferdchens, das im Begriff ist, ein Hindernis zu überspringen" *(Agustín Espinosa).* Mit ihren beiden aus dem Gestein herauswachsenden Buckeln erstreckt sie sich von Südwesten nach Nordosten. Darum läuft der Passatwind, der über dem Meer eine Luftfeuchtigkeit von immerhin mehr als 70% besitzt, an den Höhenzügen vorbei, ohne auf nennenswerten Widerstand zu stoßen. Lediglich an den Peñas del Chache, mit 671 Metern höchste Erhebung des Famara-Massivs, wird er kurzzeitig aufgehalten, ist zum Aufsteigen und zu Nebelbildung gezwungen. In dieser Region findet man deshalb auch die einzigen grünen Täler und Hänge.

Stärkeren Regen gibt es nur im Rahmen der seltenen Südwest- und Westwetterlagen (von November bis März). Lanzarote ist die Insel mit den geringsten Niederschlägen der Kanaren: nur etwa 135 mm pro Jahr!

Strandübersicht

Entlang der fast 200 Kilometer langen Küste findet man Strände aller Farben und Formen. Kleine, schneeweiße Buchten wechseln ab mit langen, goldenen Stränden, mit grauem Kies oder pechschwarzer Lava. Die Strände der wichtigen Urlaubszentren befinden sich an der **geschützten Ost- und Südseite,** wo das Meer brandungs- und strömungsarm ist und man in Küstennähe ohne großes Risiko baden kann. An der Westküste dagegen ist Vorsicht geboten: Tückische Strömungen haben schon manch geübten Schwimmer aufs offene Meer gezogen.

Süden

Playa Blanca: Dieser Ferienort besitzt mehrere weiße, künstlich aufgeschüttete Sandstrände, die durch eine Promenade miteinander verbunden sind. Am schönsten ist die westlich des Hafens gelegene, 200 Meter lange und palmengesäumte Playa Flamingo. Sie ist durch zwei weit vorspringende Molen vor der Brandung geschützt, sodass selbst Kleinkinder gefahrlos planschen können. Im Ortszentrum liegt der winzige Dorfstrand mit einer Reihe von Fischlokalen und tollem Blick nach Fuerteventura. An ihn schließt sich die geschützte Playa Dorada an: feinsandig und 300 Meter lang. An der noch weiter östlich gelegenen Playa Berrugo entstand ein Jachthafen; die Playa de las Coloradas wurde von den dort gebauten Hotels gleichsam privatisiert.

Playas de Papagayo: Naturgeschützte weißgoldene Sandstrände mit klarem, türkisfarbenem Wasser, erreichbar ab Playa Blanca zu Fuß, im Rahmen eines Bootsausflugs oder – gegen Zahlung einer Gebühr – mit Auto. Der erste Strand ist die 400 Meter lange, von dunklen Lavazungen eingefasste Playa Mujeres. Zwei verschwiegene FKK-Minibuchten trennen sie von der schmaleren Playa del Pozo. Versteckt am Fuße schwarzer Klippen liegt die Playa de la Cera, es folgt die Playa de Papagayo, beliebtester aller „Papageienstrände". Die weit vorspringenden Felsklippen bilden hier ein großes Halbrund, in dem man geschützt baden kann. Abgelegener und darum weniger besucht sind die nach Westen folgenden Playa de Puerto Muelas und Caleta de Congrío.

Playa Quemada: Schmale, dunkle Kiesbucht mit mehreren Fischlokalen. Auf holprigen Wegen gelangt man südwestwärts zur kleineren Playa de la Arena und zur Playa del Pozo.

Puerto del Carmen: Wichtigster Ferienort mit mehreren kilometerlangen, hellsandigen Badestränden. Vom Hafen der Küste ostwärts folgend, kommt man zunächst zur romantischen, zum Schnorcheln geeigneten Playa Chica. Auf den

„Hotelstrand" von Los Fariones folgt, durch Klippen abgetrennt, die über einen Kilometer lange, flach ins Meer abgleitende Playa Grande (auch bekannt unter dem Namen Playa Blanca, nicht zu verwechseln mit dem gleichnamigen Ferienort im Süden). Sie grenzt an eine palmengesäumte Promenade, oberhalb verläuft die Hauptstraße mit zahlreichen Lokalen. Am Strand gibt es Liegen und Schirme, sanitäre Einrichtungen und eine Rot-Kreuz-Station. An einige wenig besuchte sandige Felsbuchten schließt sich ein weiterer Prachtstrand an, die 1,3 Kilometer lange und auffallend breite Playa de los Pocillos. Jahreszeitlich bedingt bildet sich eine Lagune heraus, in der Kleinkinder gefahrlos planschen können. Der Strand geht bruchlos in die schmalere und 900 Meter lange, von einer Fußgängerpromenade gesäumte Playa de Matagorda über.

Playa Honda: Zwei Kilometer langer, gelb-brauner Sandstrand, der fast nur von Einheimischen besucht wird, die sich am Lärm durch den unmittelbar angrenzenden Flughafen nicht stören.

Osten

Arrecife: Die Hauptstadt verfügt mit der Playa del Reducto über einen 500 Meter langen, weißen, von Palmen gesäumten Strand. Vorgelagerte Riffs schützen vor Strömungen und sind im Winter ein beliebter Futterplatz von Seidenreihern.

Costa Teguise: Großer Ferienort mit hellsandigen, teilweise künstlich aufgeschütteten Badebuchten. Am größten ist die 650 Meter lange Playa de las Cucharas, flach abfallend und durch eine Mole vor Brandung geschützt, ein Abschnitt bleibt Surfern reserviert. Südwestwärts schließen sich die kleinen Ortsstrände Playa del Jablillo, Playa Bastián und Playa del Ancla an.

Charco del Palo: FKK-Ort mit einem von Sandterrassen gesäumten Meerwasserbecken. Südwärts kommt man zur klippengesäumten Bucht Puerto Moro, an der man über Leitern ins meist stark bewegte Wasser steigt.

Norden

Arrieta: Fischerdorf mit einem winzigen Sandstrand an der Mole, der sich nur bei Ebbe ausbildet; bedeutend attraktiver ist die hellsandige, über 800 Meter lange Playa de la Garita. Sie liegt am Südrand des Ortes und ist beliebt bei Wellenreitern.

Punta de Mujeres: Nur im Sommer wird in den kleinen Felsbuchten Sand angeschwemmt.

Órzola: Nordwestlich des Orts, vor dem Nordkap Lanzarotes, liegt die 300 Meter lange, helle Playa de la Cantería mit meist starker Brandung. Ruhiger ist das Meer südöstlich des Orts, wo sich bis Jameos del Agua sieben tief eingeschnittene Buchten wie Perlen auf einer Kette aneinander reihen. Der Sand ist schneeweiß und puderfein. Auch wenn man aufgrund vorspringender Riffs nicht weit hinausschwimmen kann, sind dies herrliche Orte zum Planschen und Picknicken: mit 500 Metern am längsten Caletón Blanco, mit 60 Metern am schmalsten die Caleta del Guincho (Bucht des Fischadlers).

Mirador del Río: Über einen herrlichen Klippenweg gelangt man zur einsamen und hellsandigen, 800 Meter langen Playa del Risco mit Blick auf die Nachbarinsel La Graciosa (⇗ Wanderung 9). Beim Schwimmen sollte man hier sehr vorsichtig sein.

La Caleta de Famara: Die fast drei Kilometer lange, sichelförmige Playa de Famara liegt am Fuße spektakulärer Klippen und wird vor allem von Surfcracks geschätzt. Der romantische, naturbelassene Strand zählt zu den schönsten Flecken Lanzarotes, vom Baden ist aufgrund starker Strömungen abzuraten.

La Santa: Die tief eingeschnittene, fjordähnliche Sandbucht wird fast nur von Gästen des Sporthotels genutzt, ist gleichwohl öffentlich.

Tenezara: Am Fuß niedriger Klippen liegt die nur 80 Meter lange Playa Tenezara. Zwar kann man hier nicht baden, doch toll ist der Ausblick auf die wilden, sich brechenden Wellen. Meist hat man den Strand für sich allein, bestenfalls verirren sich ein paar Angler hierher. Weiter südwestlich liegt – bereits im Nationalpark – die halbrunde, knapp 100 Meter weite Lavabucht Playa de la Madera.

Westen

El Golfo: Fischerdorf mit einer dunklen Kiesbucht südlich des Orts (starke Brandung und Unterströmung!). Am Fuße vielfarbiger Klippen liegt der Charco de los Clicos, eine smaragdgrüne Lagune – schön zum Anschauen, baden darf man in ihr nicht.

Salinas de Janubio: An der Playa de Janubio, einem schwarzen, 800 Meter langen Kiesstrand zwischen Salzgärten und Meer, sollte man wegen gefährlicher Strömungen aufs Baden verzichten. Einzig in den sich südwärts an der Küste anschließenden „Felsbadewannen" kann man bei ruhiger See planschen.

Flora und Fauna

Lanzarote ist kein Paradiesgarten, Bäume voller Früchte, sprudelnde Bäche und dschungelhafte Vegetation gibt es hier nicht. Über weite Strecken erscheint die Insel als **Halbwüste,** die sich nur nach winterlichem Regen belebt.

Vegetation

Südwesten

Die besondere Schönheit der Insel rührt vom zarten, im Kontrast zur Lava stehenden Grün her. Wo diese jung ist, können sich nur anspruchslose Pflanzen behaupten – doch davon gibt es viele. 180 verschiedene **Flechten** überziehen das schroffe Gestein, lassen es weiß, blassgrün und orangerot aufleuchten. Sie werden als „Wegbereiter des Lebens" gepriesen, denn sie leisten die für die Bildung von humusreicher Erde notwendige Zersetzungsarbeit und schaffen das Fundament für komplexere Pflanzen.

100la Foto: gs

Welche Kräuter und Gewächse auf diese Weise entstehen, lässt sich an den *Islotes*, den schon mehrere tausend Jahre alten, aus dem Lavameer aufragenden Gesteinsinseln, studieren. Optimal haben sich dort die **Wolfsmilchgewächse** *(Euphorbia)* an die feindliche Umwelt angepasst. Sie verfügen über extrem lange Wurzeln und können weite Flächen nach Nährstoffen abtasten. Ihre dicke Rinde schützt die körpereigene Flüssigkeit vor Verdunstung. Wird sie durchstoßen, tritt ein milchiger Saft aus, der stark ätzend ist und von den Altkanariern zum Fischfang genutzt wurde: Man schüttete den Saft in Lagunen und betäubte die Fische, die alsdann mit der bloßen Hand ent-

Nach Regen zeigt sich, wie fruchtbar die Vulkanerde ist

nommen werden konnten. Euphorbien kommen in vielen Unterarten vor; besonders häufig sind auf Lanzarote die strauchartige König-Juba-Wolfsmilch mit einer leuchtenden, grün-gelben Krone *(Euphorbia regis jubae)* sowie die Balsam-Wolfsmilch, die im Sommer alle Blätter fallen lässt, um sich besser vor der sengenden Sonne zu schützen *(Euphorbia balsamifera).*

Nordosten Nur im Inselnorden, wo sich Passatwolken zeitweise an den Berghängen stauen, entfaltet sich eine vergleichsweise üppige Flora. Im Tal von Haría wachsen majestätische **Palmen** *(Phoenix canariensis).* Rund um Máguez sieht man **Feigen- und Mandelbäume,** in den Osttälern wachsen **Kartoffeln und Mais.** Ein botanisches Refugium mit seltenen Pflanzen sind die zur Küste abfallenden Riscos de Famara. Besonders im Frühjahr präsentieren sich die Klippen als prächtiger **Steingarten:** Gelb leuchten das Kanarische Sonnenröschen und der Seidige Goldstern, schneeweiß das Nagelkraut, tiefblau der Lavendel. Dazu kommen einige Lokalendemiten, z.B. das Lanzarote-Aeonium mit seinen dekorativen Rosetten *(Aeonium lancerottense),* das Steckenkraut *(Ferula lancerottensis)* und die flammende Kerze des Lanzarote-Natternkopfs *(Echium lancerottense).*

Tierwelt

Im „biologischen Koffer“ des Menschen kam eine Reihe von Tieren auf die Insel. Die berberischen Ureinwohner brachten **Ziege** und **Schaf,** die Konquistadoren importierten **Esel** und **Dromedar.** Das **Kaninchen,** das gleichfalls in ihrem Gepäck auf die Insel kam, hat sich schon im 16. Jahrhundert so drastisch vermehrt, dass Lanzarote den Beinamen „Isla Conejera“ (Karnickelinsel) erhielt. Die Bewohner werden *conejeros* („die von der Karnickelinsel“) genannt – vielleicht auch deshalb, weil sie die armen Tiere so gern jagen.

Vögel

Vögel überspringen alle natürlichen Barrieren. Wer nach dem gelb gefiederten, trillernden Kanarienvogel Ausschau hält, wird freilich enttäuscht. Dieser ist eine deutsche Züchtung und mit dem kanarischen, eher unauffälligen *Serinus canaria* nur entfernt verwandt. Dafür begegnet man auf Lanzarote anderen interessanten, seltenen Vögeln. Bedrohte Arten haben an den Klippen von Famara Zuflucht gefunden. Dort nistet z.B. der **Gelbschnabel-Sturmtaucher** *(Calonectris diomedea),* ein an seinen Flügeln – oben dunkel, unten hell – leicht erkennbarer Meeresvogel. Nur im Frühjahr kommt er an Land, sucht sich eine Höhle und legt seine Eier ab. Doch nicht viele Junge überleben:

Biosphärenreservat – Naturschutz à la Lanzarote

70% der Insel stehen unter Naturschutz, eine fast 52 Quadratkilometer große Fläche wurde zum Nationalpark erklärt. Dazu wurde Lanzarote 1993 zusammen mit dem nördlich vorgelagerten Chinijo-Archipel von der UNESCO zum Biosphärenreservat erklärt. Mit diesem Prädikat werden Landschaften ausgezeichnet, die einzigartig und für das harmonische Verhältnis zwischen Mensch und Natur ein Vorbild sind.

„Für uns ist das freilich eine sehr zweifelhafte Auszeichnung", meint *Ginés Díaz* von der Öko-Gruppe El Guincho, „denn beim gegenwärtigen Tourismusboom kann von Harmonie keine Rede sein." Jedes Jahr werden ganze Küstenstriche unter Beton begraben, EU-geförderte Asphaltstraßen durchziehen die Lava. Erdölbetriebene Anlagen zur Entsalzung des Meerwassers verpesten die Luft, bei Montaña Blanca plant man ein Radarprojekt. In die reichlich vorhandene Wind- und Sonnenenergie wird nur investiert, wenn die EU ein entsprechendes Programm auflegt.

„Auch das Reden vom **Baustopp**", fährt Ginés fort, „ist pure Augenwischerei. Es täuscht darüber hinweg, dass ‚alte' Baulizenzen aus der Schublade hervorgeholt und nach Bedarf ‚Ausnahmeregelungen' verfügt werden." Schon mehrfach habe die Inselregierung ein Moratorium verfügt, demzufolge auf Lanzarote keine weiteren Hotels entstehen sollten. Allen europäischen Tageszeitungen gingen Presse-

Wenn sie flügge sind und das Nest verlassen, lassen sie sich von Lichtern blenden und stürzen ab. Besser ergeht es den Gelbschnabel-Sturmtauchern auf dem vorgelagerten Eiland Alegranza, wo sie, von Menschen ungestört, in einer Kolonie von ca. 10.000 Paaren leben.

Auf der kleinen Nachbarinsel La Graciosa findet man den einheimischen **Turmfalken** *(Falco tiunnunculus)*. Hoch oben in den Lüften dreht er seine einsamen Kreise – wenn er am Boden eine Eidechse erspäht, setzt er zum rasanten Sturzflug an. Gleichfalls hier zu entdecken ist der **Fischadler** *(Pandion haliaetus),* mit dessen spanischem Namen sich die Öko-Gruppe El Guincho schmückt.

mitteilungen zu, in denen die Initiative als konsequentes Eintreten für den Umweltschutz gefeiert wurde. „Ein gelungener Werbe-Schachzug", kommentiert Señor Díaz. „Der Leser glaubt, auf Lanzarote sei die Welt noch in Ordnung und bucht seine Reise ..."

Infos zum Naturschutz auf Lanzarote gibt es bei:

- **El Guincho,** Arrecife, Tel. 928815432
- **WWF/Adena Canarias,** Puerto Calero, Tel. 928514541

„Entschuldigen Sie die Störung – wir zerstören die Landschaft"

Mit einer Flügelspannweite von bis zu 1,50 Meter ist er der größte Raubvogel der Kanaren – majestätisch „surft" er über dem Meer und fischt mit sicherem Gespür seine Beute aus dem Wasser. Nur selten noch sieht man den hell gefiederten **Schmutzgeier** *(Neophren percnopterus)* und – zu nächtlicher Stunde – die weißgesichtige **Schleiereule** *(Tyto gracilirostris)*.

Im Herbst kommen auf ihrem Weg in den Süden viele **Wandervögel** vorbei, die Rückkehr fällt in die Monate Februar bis April. Zu ihren beliebtesten Rastplätzen gehören die Salzgärten von Janubio und Los Cocoteros sowie die Salinas del Río: Ihre Gewässer sind flach und ruhig, dazu reich an Fischen, Krebsen und Algen.

Reptilien

Nirgendwo stößt der Wanderer auf giftige Schlangen und Skorpione, dafür umso häufiger auf harmlose **Eidechsen.** Auf den Ostinseln Lanzarote und Fuerteventura gibt es drei endemische, d.h. nur hier anzutreffende Arten. Ein bekannter Nachtjäger ist der handgroße Kanarische Mauergecko *(Tarentola angustimentalis)*. Mit etwas Glück darf man ihn im Apartment als „Haustier" begrüßen: Haftlamellen an seinen Füßen ermöglichen es ihm, über die Zimmerdecke zu huschen; seine riesigen Augen helfen ihm beim Insektenfang im Dunklen. Die Haría-Eidechse *(Gallotia atlantica)* ist mit 30 Zentimetern bedeutend länger. Im fortgeschrittenen Alter hat sie grünblaue Flecken am Körper, ihr Schwanz ist doppelt so lang wie Körper und Kopf zusammen. Nur selten sieht man den Purpuarien-Skink *(Chalcides polylepis occidentalis)*, der sich mit seinem rötlichen, bis zu 30 Zentimeter langen Panzer gern in Gesteinsritzen versteckt.

Eine Rarität ist der winzige, zehnfüßige **Albinokrebs** *(Munidopsis polymorpha)* im unterirdischen Salzwassersee von Jameos del Agua. In der Dunkelheit der Höhle hat er sein Augenlicht fast verloren, die Pigmentierung ist verkümmert (⇗ Exkurs „Einstieg in die Tiefsee").

Kunst und Kultur

Eine Insel als Kunstwerk – auf den Spuren des César Manrique

Als jüngst die Wochenzeitung „Die Zeit" renommierte Architekten nach ihren persönlichen „sieben Weltwundern" befragte, wurde Lanzarote ganz oben platziert: Endlich mal eine Insel, wo man den touristischen Wildwuchs erfolgreich auf drei Ferienzentren an der Küste beschränkt hat! Ihr Inneres blieb vom Tourismus nahezu unberührt: Man erlebt Dörfer, die sich harmonisch in die Vulkanlandschaft einfügen, symmetrisch angelegte Felder, Weinhügel und Salzgärten. Die Häuser sind in den Farben Weiß und Grün gehalten, nirgendwo schaut man auf Werbetafeln, Neongeflimmer oder hässliche Stromleitungen.

Dass Lanzarote so aussieht, ist vor allem dem Wirken eines Mannes, des Künstlers und Architekten **César Manrique,** zu danken. Er starb 1992 bei einem Verkehrsunfall vor seinem Wohnhaus in Tahiche, und noch heute ist sein Name in aller Munde. „Ach, wäre César doch noch da": Fast gebetsmühlenhaft wird dieser Satz wiederholt, wenn es darum geht, den aggressiv ausufernden Tourismus in den Ferienstädten anzuprangern oder Inselpolitiker zur Räson zu bringen.

Zu seinen Lebzeiten setzte Manrique alles daran, Billigtourismus auszugrenzen, Besucherströme zu beschränken und zu kanalisieren. In seinem berühmten „Spiegel-Interview" von 1988 sprach er über seine Träume von einst: „Ich hatte eine Vision, ich habe hier eine Utopie verwirklichen wollen. Die natürliche Schönheit dieser Vulkaninsel sollte eine perfekte Symbiose eingehen mit den Schöpfungen des Menschen, mit der Kunst, mit der Architektur." Doch dann fuhr er fort: „Wir hatten es fast geschafft, und jetzt kommen diese Geier, diese Spekulanten ohne jede Moral ... Das ist

0041a Foto: gs

eine außergewöhnlich bunte Sammlung von Spitzbuben, Spekulanten aus Spanien, von den Kanarischen Inseln, aus dem Ausland. Doch die Schlimmsten, die letztlich verantwortlich sind für die barbarischen Tourismusprojekte der jüngsten Zeit, sind einige Lokalpolitiker, Leute in der Provinzregierung von Las Palmas und der Zentralregierung in Madrid."

Hat die Insel nachhaltig geprägt: César Manrique

Steile Karriere

Wer war dieser Mann, dem Ästhetik wichtiger war als das schnelle Geld? César Manrique wurde am 24. April 1919 als Sohn eines Kaufmanns geboren, lebte erst in Arrecife, dann in Haría und La Caleta de Famara. Im Spanischen Bürgerkrieg meldete er sich als Freiwilliger für die Truppen des faschistischen Putschgenerals *Franco,* was ihm nach dessen Sieg viele Vorteile bringen sollte. So erhielt er 1945 ein Stipendium der Kanarischen Streitkräfte und durfte in Madrid Kunst studieren. In den 50er Jahren erwachte sein Interesse an abstrakter Kunst. Seine an *Pablo Picasso* und *Henri Matisse* geschulten Werke wurden in Galerien vieler Länder ausgestellt, mehrfach vertrat er Spanien auf der Biennale von Venedig. Im Rahmen eines weiteren, diesmal dreijährigen Stipendiums kam er 1965 ins Kunstmekka New York, wo er den Kontakt zu führenden Vertretern von Pop-Art und Action Painting suchte. Doch obwohl ihn die kreative Unruhe der Großstadt begeisterte, sehnte er sich nach der heilen Welt seiner Heimat.

Es reizte ihn, seine Ideen von Kunst in die Praxis umzusetzen und Lanzarote zum „schönsten Ort der Erde" zu machen. Gelegenheit dazu sollte sich ihm schon bald bieten. Seine Rückkehr nach Lanzarote fiel in eine Zeit, als man dort gerade begann, dem Beispiel der großen Nachbarinseln zu folgen und die touristische Erschließung zu planen. Doch was Manrique im Süden Gran Canarias und Teneriffas sah, machte ihn wütend. „Es ist traurig und deprimierend, auf die Kanaren zu kommen und dort auf eine Architektur zu stoßen, die in keiner Weise dem Klima und der Schönheit der Natur entspricht." Auf Lanzarote sollte ein anderer, besserer Weg eingeschlagen werden. Sein Freund *José Ramírez Cerdá* war damals Inselpräsident und machte den Künstler zum „Chefplaner" der touristischen Entwicklung. Er gewährte ihm freie Hand bei allen – noch so hochfliegenden – Projekten und sorgte dafür, dass für deren Realisierung ausreichend Geldmittel vorhanden waren.

Lanzarote-Stil

Manrique orientierte sich an der traditionellen Bauweise, die lange Zeit – nach seiner Meinung zu Unrecht – als „archaisch" oder „primitiv" abgetan worden war. Mit einfachsten Mitteln hatten die Lanzaroteños Häuser geschaffen, die sich in die Landschaft harmonisch einfügten. Manrique begann seine Arbeit mit einer Foto-Inventur. „Arquitectura inédita" („Unbeachtete Architektur") betitelte er den Bildband, der ihm zum Leitfaden

Die 10 schönsten Werke Manriques

- **Restaurante La Era:** jahrhundertealtes Landhaus in Yaiza, verwandelt in ein stimmungsvolles Lokal mit Innenhof und Garten (↗ Seite 191)
- **Monumento al Campesino:** gigantisches Fruchtbarkeitsdenkmal in Mozaga, der geografischen Inselmitte, mit einem Höhlenrestaurant und Ateliers für Kunsthandwerker (↗ Seite 206)
- **Restaurante El Diablo:** kreisrundes Restaurant oberhalb einer Magmakammer mit Ausblick auf die Feuerberge (↗ Seite 229)
- **Castillo de San José:** effektvoll restaurierte Trutzburg bei Arrecife, moderne Kunst vor dunklem Gestein, dazu ein Restaurant mit Panoramafenster (↗ Seite 241)
- **Pueblo Marinero:** „Fischerdorf" im Zentrum von Costa Teguise, Keimzelle einer geplanten, aber nicht realisierten Ferienanlage (↗ Seite 262)
- **Fundación de César Manrique:** das in Vulkanblasen erbaute Wohnhaus des Künstlers, heute ein Museum mit Galerie (↗ Seite 274)
- **Mirador del Río:** kühner Aussichtspunkt mit fantastischem Ausblick auf die Meerenge El Río und die Insel La Graciosa (↗ Seite 303)
- **Cueva de los Verdes:** raffiniert ausgeleuchtetes Höhlenlabyrinth im längsten Lavatunnel der Welt, Hauptautor Jesus Soto (↗ Seite 310)
- **Jameos del Agua:** unterirdische, üppig bepflanzte Oase mit Lagune, Restaurant und Höhlenauditorium (↗ Seite 313)
- **Jardín de Cactus:** bizarrer Kaktusgarten inmitten eines alten, kreisrunden Steinbruchs in Guatiza (↗ Seite 330)

005la Foto: gs

für alle zukünftigen Projekte wurde. Ziel war die Wiederbelebung des „Lanzarote-Stils". Für ihn charakteristisch waren kubisch geformte Häuser, über deren geneigtes Flachdach das kostbare Regenwasser in die Zisterne fließt, weiß gekalkte Fassaden, die das Sonnenlicht reflektieren, und ein u-förmiger, vor Wind schützender Grundriss. Schmuckstück des Hauses sind die grünen Fenster und Türen, ein minarettartiger Turm sorgt für den Abzug des Rauchs.

Der Lanzarote-Stil wurde zu Beginn der 1970er Jahre gesetzliche Norm: Wer ein neues Haus bauen wollte, musste sich exakt an die traditionellen Vorgaben halten. Außerdem gab es ein generelles Reklameverbot. Zwar waren die Bewohner über die Einführung einer nun auch ästhetischen Dikta-

Im Innenhof der Fundación César Manrique

tur empört, doch lernten sie auch ihre Vorteile schätzen. Während auf den übrigen Kanaren architektonischer Wildwuchs die Landschaft verschandelte, dominierten auf Lanzarote weiße, in ihrer Geschlossenheit attraktiv wirkende Dörfer.

Lanzarote sollte ein Reiseziel für Ästheten werden. Darum sorgte César Manrique nicht nur für eine stimmige Kulisse, sondern schuf auch einzigartige Sehenswürdigkeiten. Er gestaltete Lavablasen und Wasserlandschaften, Höhlen und Aussichtspunkte, die die natürliche Schönheit der Insel akzentuierten: „Räume der Kontemplation", in denen man lernen sollte zu träumen.

Klasse kontra Masse

Freilich wird man, wenn man sich die Räume mit hunderten anderer Touristen zu teilen hat, nur den Abglanz eines Traumes erleben. Aber „Massen" zu befriedigen war auch nie Manriques Absicht. „Auf einer kleinen Insel wie Lanzarote ist es wie beim Theater: Wenn alle Plätze besetzt sind, gibt es eben keine Karten mehr." Der Künstler propagierte einen elitären Tourismus. Das Angebot an Betten, so seine Devise, sollte knapp und teuer gehalten werden. Damit beschwor er die Ankunft des „Qualitätstouristen", des Reisenden mit gefüllter Geldbörse – Hotels sollten geschaffen werden, in denen der Unternehmenschef nicht befürchten musste, beim Abendessen seiner Putzfrau zu begegnen.

Die Entwicklung hat Manrique rasch überholt. Als es während des Tourismusbooms Ende der 1980er Jahre darum ging, viele Betten schnell und billig aus dem Boden zu stampfen, wurde der große César zum Störenfried erklärt. Inselpolitiker und Baulöwen behandelten ihn als persona non grata, nannten ihn „fantasielos" und wünschten ihn „verbannt". Die Touristenstädte wurden skrupellos erweitert, seine Ratschläge nicht länger beherzigt. Lob wurde ihm erst wieder nach seinem Tode zuteil – César Manrique starb 1992; auf dem Friedhof von Haría liegt er begraben.

Feste und Folklore

Teufel und Vulkanmadonnen, brennende Puppen und Pappsardinen: Vieles dreht sich auf Lanzarote um unterirdische Gewalt, die Furcht vor dem Feuer und den verheißenen Sieg. Die Jungfrau der Vulkane wird gleich an mehreren Orten gefeiert: in Mancha Blanca, wo es ihr gelang, die Lavaströme vor dem Dorf zum Stehen zu bringen, und in Yaiza, das sie gleichfalls vor der Feuersbrunst bewahrte. In der alten Hauptstadt Teguise tanzen schwarz-rote Teufel durch die Straßen und dürfen all jene mit der Peitsche traktieren, die es wagen, sich ihnen in den Weg zu stellen. In Haría dagegen wird der Teufel verbrannt: Bei der Sonnenwendfeier schmort der „arme Facundo" auf dem Scheiterhaufen.

Auf Lanzarote wird viel und ausgiebig gefeiert – es gibt keinen Monat, in dem nicht irgendwo ein Volksfest zur Teilnahme einlädt. Jeder Ort hat mindestens einen **Heiligen,** dem es zu huldigen gilt: María, Bárbara und Carmen, Pedro und Antonio – so lauten ihre wohlklingenden Namen. Die **Fiesta** beginnt fast immer mit einer Messe und einer Prozession. Die Heiligenfigur verlässt ihren angestammten Platz in der Kirche und lässt sich durchs Dorf tragen, wird dabei von Männern und Frauen, Eseln und Kamelen begleitet. Der Zug wird von archaischer Musik untermalt, wie man sie bei einer christlichen Prozession nicht erwartet. Doch Kirchenfeste sind auf den Kanaren keine steife Trauerveranstaltung. Auf die Prozession folgt das weltliche Vergnügen: ein bunter Veranstaltungsreigen, der sich oft tagelang ausdehnt und alles einschließt, was den Bewohnern Spaß macht – Sport und Spektakel, Tanz und Gesang.

Die Fiestas bieten Besuchern eine gute Möglichkeit, kanarische **Folklore** kennenzulernen. Die Ortsgruppen treten in ihren typischen Trachten auf und tanzen zu traditioneller, meist von lateinamerikanischen Rhythmen beeinflusster Musik.

080la Foto: gs

Balladenartige Gesänge erzählen von Liebe und Leidenschaft, Emigration und Tod. Die besten Folkloregruppen kamen in den vergangenen Jahren aus San Bartolomé: zum Beispiel *Guadarfía,* ein Ensemble mit sieben Tanzpaaren und 18 Musikern. Sehr populär sind auch *Acatife* aus Teguise und *Charco San Ginés* aus Arrecife.

Die schönsten Inselfeste

In der folgenden Übersicht sind die bedeutendsten Fiestas zusammengefasst, ergänzt um Feiertage und Festivals. Die Termine sind mit gewisser Vorsicht zu lesen, denn nicht selten verlegt der Bürgermeister die Feierlichkeiten auf das vorangehende oder nachfolgende Wochenende, um auch den auf den Nachbarinseln lebenden Lanzaroteños die Teilnahme zu ermöglichen. Den aktuellen Festtagskalender *(calendario de fiestas)* bekommt man bei der Touristeninformation in Arrecife.

Herausgeputzt zum Karneval

● **1. Januar:** *Año Nuevo.* Das neue Jahr wird eingeläutet: Die Lanzaroteños versammeln sich auf dem Dorfplatz, vernaschen zu jedem Glockenschlag eine Weintraube und trinken Sekt. Anschließend gibt es in allen größeren Orten ein Feuerwerk.

● **5./6. Januar:** *Cabalgata de los Reyes Magos.* Am Vorabend zum 6. Januar ziehen Balthasar, Melchior und Caspar, die **Heiligen drei Könige** aus dem Morgenland, auf ihren Kamelen durch Teguise und Arrecife. Festlich gekleidet und gut gelaunt werfen sie Bonbons in die Menge, manchmal reichen sie auch Käse und Wein. Am nächsten Tag erhalten brave Kinder ihre „Weihnachtsgeschenke", die sie anschließend stolz auf Straßen und Plätzen vorführen.

● **20. Januar:** *Fiesta de San Sebastián.* Patronatsfest in El Mojón bei Teguise.

● **Januar/Februar:** Im Rahmen des Internationalen Kanarischen Musikfestivals kommen renommierte Ensembles ins Höhlenauditorium von Jameos del Agua; einige Konzerte finden auch in Tías statt.

● **2. Februar:** *Fiesta de Nuestra Señora de la Candelaria.* Die Gemeindestadt Tías ehrt ihre Schutzheilige, ein kleineres Fest findet auch in Tabayesco statt.

● **11. Februar:** *Fiesta de Nuestra Señora de Lourdes.* Der „Jungfrau von Lourdes" wird mit einem Fest in Guinate gedacht.

● **Februar/März:** *Fiesta de Carnaval.* **Karneval** wird vor allem in Arrecife gefeiert – ein zweiwöchiger Ausnahmezustand mit Maskenbällen und schrill-buntem Umzug, der Wahl einer „Königin" und Salsa bis zum Morgengrauen. Wenn am Aschermittwoch, der hier meist auf ein Wochenende fällt, die „Sardine" verbrannt wird, ist der Spaß noch längst nicht vorbei. Von der Hauptstadt zieht der Karneval weiter nach Puerto del Carmen und Playa Blanca, Teguise und Haría – viele Lanzaroteños sind gleich mehrmals dabei.

● **13. März:** *Fiesta de San Leandro.* Patronatsfest in Teseguite.

● **19. März:** *Fiesta de San José.* Der Josefstag ist zugleich kanarischer Vatertag.

● **Ende März:** *Fiesta de Nuestra Señora de la Encarnación.* Die Gemeinde Haría feiert ihre Schutzheilige.

● **März/April:** *Semana Santa.* **Ostern** im Fackelschein, mit Weihrauch und düsteren Trommelwirbeln – die Umzüge von Arrecife beschwören den Geist der Inquisition. Mitglieder geistlicher Bruderschaften ziehen im grauen Mantel durch die Stadt und verbergen ihr Gesicht unter einer spitzhaubigen Kapuze. „Büßer" sind gleichfalls mit von der Partie, kasteien sich mit Peitsche und Geißel. Die Passion Christi wird auf der Hauptstraße nachgespielt, auch die Kreuzigung bleibt den Zuschauern nicht erspart. Fast jeden Abend gibt es in der Kirche San Ginés klassische Konzerte mit mittelalterlicher Musik. Offizielle Feiertage sind Gründonnerstag *(Jueves Santo)*, Karfreitag *(Viernes Santo)* und Ostersonntag *(Domingo de Pascua)*, nicht aber der Ostermontag.

- **1. Mai:** *Día del Trabajo.* Am Tag der Arbeit bleiben alle Geschäfte geschlossen. Fällt er auf einen Sonntag, wird er auf den Montag verlegt.
- **13. Mai:** *Fiesta de Nuestra Señora de Fátima.* Bauern aus der ganzen Umgebung pilgern zur Kapelle von Muñique (bei Tinajo).
- **15. Mai:** *Fiesta de San Isidro Labrador.* Erntedankfest zu Ehren des Schutzheiligen der Landwirtschaft in Uga.
- **24. Mai:** *Fiesta de María Auxiliadora.* Patronatsfest in Montaña Blanca.
- **30. Mai:** *Día de Canarias.* Am Tag der Kanarischen Inseln wird die blau-gelb-weiße Regionalflagge gehisst, die freie Zeit verbringt man mit der Familie beim Picknick.
- **Ende Mai:** *Ironman Lanzarote Canarias Triathlon.* Ausscheidungswettkämpfe für das Ironman-Finale in Hawaii in den Disziplinen Schwimmen, Radrennen und Marathonlauf. Zentraler Veranstaltungsort ist das Sporthotel in La Santa.
- **Anfang Juni:** *Fiesta de Corpus Cristi.* **Fronleichnam** wird prachtvoll in Szene gesetzt, zur Prozession werden die Straßen vor allem in Arrecife und Haría mit eingefärbten Salzteppichen geschmückt. Schon in der Nacht vor der Fiesta herrscht auf den Straßen fröhlicher Trubel.
- **13. Juni:** *Fiesta de San Antonio de Padua.* Der heilige Antonius wird gleich an mehreren Orten der Insel geehrt, besonders eindrucksvoll in Güime und Tías.
- **21. Juni:** *Fiesta de San Luis Gonzaga.* Patronatsfest in Las Breñas.
- **24. Juni:** *Fiesta de San Juan.* Die Sommersonnenwende, die schon die heidnischen Ureinwohner feierten, wurde in die christliche Zeit hinübergerettet. Das größte Fest steigt in Haría, weitere Sonnenwendfeuer gibt es in Puerto del Carmen, La Santa und Sóo.
- **29. Juni:** *Fiesta de San Pedro.* Patronatsfest in Máguez und Mácher, auf die Prozession folgen sportliche Wettkämpfe.
- **1. Juli:** *Fiesta del Cristo de la Sed.* Fest des „dürstenden Christus" in Haría.
- **1.–7. Juli:** *Fiesta de San Marcial del Rubicón.* Ganz Femés steht Kopf, wenn das **Fest des Inselpatrons** steigt. Dutzende Folklore-Gruppen spielen auf, der Wein fließt in Strömen. Zum Abschluss gibt's eine feierliche Prozession zu Ehren von San Marcial, dem ehemaligen Bischof von Limoges, den der normannische Konquistador *Jean de Béthencourt* zum Schutzheiligen Lanzarotes erkor.
- **16. Juli:** *Fiesta del Carmen.* Zu Ehren der **Schutzheiligen der Fischer** finden in den Hafenorten, vor allem in Arrecife,

Playa Blanca und (meist zwei Wochen später) auch in Puerto del Carmen, feierliche Schiffsprozessionen statt. Carmen verlässt ihre Kapelle, worauf sie von tausenden von Lanzaroteños zum Hafen begleitet wird. Dort steigt sie um in das schönste der herausgeputzten Boote und lässt sich aufs Meer hinausfahren. Das Fest dauert mehrere Tage und endet mit einem großen Feuerwerk.

- **22. Juli:** *Fiesta de Santa Margarita.* Fest der Schutzheiligen von Guatiza.
- **25. Juli:** *Fiesta de Santiago Apóstol.* Patronatsfest in Tahiche.
- **Juli–Oktober:** *Vela Latina.* An mehreren Wochenenden finden in Playa Blanca und Arrecife die Ausscheidungsrennen der traditionellen Bootsregatta statt.
- **5. August:** *Fiesta de Nuestra Señora de las Nieves.* Tausende von Lanzaroteños pilgern zur Wallfahrtskapelle nördlich von Los Valles.
- **2. Augustsonntag:** *Fiesta de Nuestra Señora de la Peña.* Patronatsfest in Mozaga.
- **10.–25. August:** *Fiesta de San Ginés.* Das Fest zu Ehren des Schutzpatrons von Arrecife liefert einen guten Anlass für sieben Tage Spiel und Spaß.
- **15. August:** *Fiesta de Nuestra Señora de Nazaret.* Patronatsfest in Nazaret bei Teguise.
- **15. August:** *Fiesta de la Vendimia.* Großes Weinfest in La Geria neben der Ermita de la Virgen de la Caridad.
- **16. August:** *Fiesta de San Roque.* Patronatsfest in Tinajo.
- **24. August:** *Fiesta de San Bartolomé.* Feierliche Prozession in San Bartolomé zu Ehren des Dorfpatrons.
- **30. August:** *Fiesta de Santa Rosa de Lima.* Rückkehrer aus dem „gelobten Land" feiern die amerikanische Schutzheilige in Haría und Órzola.
- **1. Septembersonntag:** *Fiesta del Sagrado Corazón de María.* In La Caleta de Famara dreht sich die Fiesta rund um das „heilige Marienherz".
- **8. September:** *Fiesta de la Virgen de los Remedios.* Großes Fest in Yaiza zu Ehren der „Barmherzigen Jungfrau" mit Kunst, Theater und Tanz.
- **8. September:** *Fiesta de Nuestra Señora del Pino.* Fest der „Kiefernjungfrau" in Punta de Mujeres.
- **8. September:** *Fiesta de Nuestra Señora de Guadalupe.* Patronatsfest in Teguise.
- **9. September:** *Fiesta de Nuestra Señora del Socorro.* Patronatsfest in Tiagua.
- **14. September:** *Fiesta del Cristo de las Aguas.* Patronatsfest in Guatiza.
- **15. September:** *Fiesta de la Virgen de los Volcanes.* Der **Jungfrau der Vulkane,** die der Lava Einhalt gebot, wird in Mancha Blanca eines der längsten und farbenprächtigsten Inselfeste beschert. Ihr zu Ehren findet auch die Kunsthandwerksmesse „Feria Insular de Artesanía Tradicional" statt.

• **25. September:** *Fiesta de Nuestra Señora de las Mercedes.* Patronatsfest in Mala.
• **Oktober:** *Festival de Música Visual.* Das Höhlenauditorium von Jameos del Agua lädt ein zum **Festival visueller Musik** mit World Music und sphärischen Klängen.
• **7. Oktober:** *Fiesta de la Virgen del Rosario.* Fest zu Ehren der Rosenkranzmadonna in Femés und Arrecife.
12. Oktober: *Día de la Hispanidad.* Der spanische Nationalfeiertag ruft auf den Kanaren gemischte Gefühle hervor: Man gedenkt der Eroberung der Neuen Welt und preist die spanische Sprache und Kultur als zivilisationsbringende Kraft.
• **1. November:** *Todos los Santos.* Außer Blumenläden bleiben zu Allerheiligen alle Geschäfte geschlossen. Man pilgert zu den Gräbern der Vorfahren, legt Kränze nieder und entzündet Kerzen.
• **Mitte November:** *Spanish Film Screenings.* Filmfestival in Arrecife und anderen Orten der Insel mit neuen spanischen Filmen, Stars, Kritikern und Cineasten.
• **30. November:** *Fiesta de San Andrés.* Der Regenheilige Andreas wird in Tao um Wasser angefleht, um die kommende Ernte zu sichern.
• **November/Dezember:** *Festival de Zarzuela.* Operettenfestival mit Aufführungen in Tías und Arrecife.
• **3. Dezember:** *Fiesta de San Francisco Javier.* Patronatsfest in Yé.
• **4. Dezember:** *Fiesta de Santa Bárbara.* Patronatsfest in Máguez mit großem kulturellen und sportlichen Rahmenprogramm.
• **6. Dezember:** *Día de la Constitución Española.* Der Tag der spanischen Verfassung ist zusammen mit dem arbeitsfreien 8. Dezember und dem nächstgelegenen Wochenende ein guter Vorwand für die längste *puente* (Brücke) des Jahres: Viele Canarios bleiben der Arbeit eine ganze Woche fern und gehen auf Reisen.
• **8. Dezember:** *Fiesta de Nuestra Señora de la Inmaculada Concepción.* Mariä Empfängnis – mit Prozessionen an vielen Orten der Insel.
• **24./25. Dezember:** *Fiesta de la Navidad.* **Weihnachten** auf Lanzarote: Tannenbäume am Strand, Jingle-Bell-Songs im Supermarkt und Kaufrausch in der Hauptstadt. Am Heiligabend *(La Nochebuena)* trifft sich die Familie zum Festmahl, um anschließend zur Mitternachtsmesse zu gehen – meist ist in der Kirche eine Krippe aufgestellt. Das schönste Fest wird in Teguise gefeiert: Bei der *Fiesta Rancho de Pascua* ziehen Musikgruppen mit Gitarren und Mandolinen durch den Ort.

Spuren der Altkanarier

Felszeichnungen und Fruchtbarkeitsidole, Opferaltäre und in den Boden versenkte Rundbauten: Dies ist das Erbe der **Mahohs,** wie sich die prähispanischen Bewohner im heutigen Lanzarote nannten. Aufgrund archäologischer Funde und sprachwissenschaftlicher Studien nimmt man an, dass die Altkanarier von den **nordwestafrikanischen Berbern** abstammen. Diese These wird durch Ortsnamen wie Teguise, Teneza und Tao unterstrichen; auch der ursprüngliche Inselname Titeroygatra („die farbigen Berge") leitet sich aus dem Berberischen ab.

Nachdem die Mahohs vermutlich ab 500 v. Chr. vom heutigen Marokko auf die Insel übersetzten, lebten sie vom Rest der Welt isoliert und unterhielten selbst zu den in Sichtweite gelegenen Nachbarinseln keinen Kontakt. Bis heute ist unklar, wie sie die Inseln erreichten. Da sie offenbar keine Boote besaßen, geht man davon aus, dass sie deportiert wurden – möglicherweise von den phönizischen Siedlern in Karthago. Dafür sprechen die in der Meerenge El Río entdeckten Amphoren aus dem 3. Jh. v. Chr. sowie die in Los Bebederos (bei Tiagua) aufgespürten Keramik- und Metallfunde aus dem 1. Jh. v. Chr.

Sprache und Kultur der frühen Bewohner wurden im Verlauf der Conquista, der Eroberung, **ausgelöscht.** Einiges über die Altkanarier weiß man aus der Chronik „Le Canarien" (1402) – verfasst von Priestern, die mit dem normannischen Eroberer *Béthencourt* auf die Insel kamen. Nur etwa 300 Menschen, heißt es, hätten dort bei ihrer Ankunft gelebt. Was für Fuerteventura notiert wurde, gilt sicher auch für Lanzarote: „Männer wie Frauen sind auffallend groß. Aber es gibt nicht mehr viele, denn mehrfach wurden sie gefangen genommen und in fremde Länder verschleppt." Seit der geografischen Verortung der Insel auf einer Weltkarte (1339) waren wiederholt Sklavenjäger von der Iberischen Halbinsel auf die Kanaren gekommen, um Bewohner auf dem **Sklavenmarkt** von Sevilla zu verkaufen.

Die Gesellschaft der Mahohs war in **Sippen** organisiert, denen ein Häuptling vorstand. Sie wohnten in runden Häusern mit bis zu zehn Metern Durchmesser, die zum Schutz vor dem Wind halb in den Boden versenkt waren; als Dach dienten große, in Kuppelform angeordnete Steinplatten. Darf man den Chronisten Glauben schenken, so lebten die Altkanarier vorwiegend von **Ackerbau und Viehzucht.** Verbreitet war der Anbau von Gerste, die in Tonschalen geröstet und zu *gofio* zermahlen, alsdann mit Wasser oder Ziegenmilch zu einer festen Masse verrührt wurde. Außerdem aß man Muscheln und Schnecken sowie kleine, in Lagunen aufgelesene Fische.

Alle wichtigen **archäologischen Zeugnisse** der Insel sind im **Castillo de San Gabriel** von Arrecife aufbewahrt, so auch die Felsinschriften aus dem „Palast" von Zonzamas, der wichtigsten Fundstätte der Insel. Bis heute nicht restlos geklärt ist die Bedeutung der in den Fels geschlagenen Fußabdrücke, wie man sie u.a. in einem Haus von Teguise entdeckte. Einer Erklärung harren auch die bei Zonzamas gefundenen ovalen Steinpodeste, in die längliche Tröge eingemeißelt sind. Man schließt nicht aus, dass in diesen sogenannten *queseras* (Käsemodel) Tiere geschlachtet und den Göttern zum Opfer gebracht wurden.

Nur 80 Altkanarier haben die Auseinandersetzungen mit den Truppen Béthencourts überlebt. Sofern sie sich der Eingliederung widersetzten, wurden sie versklavt, die übrigen ließen sich im Zeichen des Kreuzes „zivilisieren". Gut hundert Jahre später, 1514, durften ihre Nachkommen die **rechtliche Gleichstellung mit den Spaniern** feiern.

Geschichtlicher Überblick

Entstehung der Insel

Vor etwa **40 Mio. Jahren** führen unterseeische Eruptionen auf den ozeanischen Ausläufern der afrikanischen Kontinentalplatte zum Aufbau eines Inselsockels. Nach weiteren 20 Mio. Jahren beginnt erst Fuerteventura, dann auch Lanzarote über die Meeresoberfläche hinauszuwachsen.

Erste Kontakte

ab 1100 v. Chr. **Phönizische Seefahrer** erkunden den Ostatlantik und laufen dabei möglicherweise auch die Kanarischen Inseln an.

um 800 v. Chr. Die antiken Schriftsteller **Homer** und **Hesiod** berichten von paradiesischen Inseln jenseits der Straße von Gibraltar.

ab 500 v. Chr. **Berber aus Nordwestafrika** besiedeln die Kanarischen Inseln in mehreren Schüben. Da sie keinen Kontakt zur übrigen Welt haben und schriftliche Zeugnisse aus jener Zeit fehlen, ist über die Frühgeschichte der Bewohner nur wenig bekannt.

25 v. Chr. Der römische Vasall König *Juba II. von Mauretanien* entsendet ein Expeditionskorps zum Archipel. Nachzulesen ist dies in der „Naturgeschichte" des Historikers *Plinius der Ältere* (23–79 n. Chr.), der die geografische Lage der Inseln relativ genau wiedergibt.

2. Jh. n. Chr. Der alexandrinische Geograf *Ptolemäus* verortet den Rand der Welt an den Kanarischen Inseln.

4. Jh. n. Chr. Mit dem Zerfall des Römischen Reiches geraten die Kanarischen Inseln aus dem Blickfeld der Europäer.

999 Dem **Araber** *Ben Farroukh* gelingt die **Wiederentdeckung** der Kanarischen Inseln, doch verknüpfen sich hiermit keine Eroberungsabsichten.

Die Zeit der Eroberung

1336 *Lancelotto Malocello,* ein Genueser in portugiesischen Diensten, landet auf der später nach ihm benannten Insel, die 1339 auf der Landkarte des Mallorquiners *Angelino Dulcert* als **Insula de Lanzarotus Marocelus** eingetragen wird.

ab 1341 Die iberischen Königreiche **Portugal, Kastilien und Aragonien** rivalisieren um den Besitz des kanarischen Archipels und entsenden mehrere Expeditionen.

1344 Auch die **Kirche** meldet Besitzansprüche an. Papst *Clemens VI.* verleiht den Königstitel an den „herrenlosen" Inseln seinem Günstling *Luis de la Cerda,* Sohn des enterbten *Alfons von Kastilien.* Der Besitztitel am Archipel geht damit laut christlicher Rechtsauffassung auf die kastilische Krone über. Luis de la Cerda hat die Inseln nie selbst bereist, doch werden ab 1351 **Missionare** entsandt.

1402 **Jean de Béthencourt,** normannischer Adliger in kastilischen Diensten, erobert Lanzarote und darf sich daraufhin mit dem Titel „König der Kanarischen Inseln" schmücken.

1404 Papst *Benedikt XIII.* lobt die Missionierung des ersten außereuropäischen Volkes und erhebt die Kirche am Fort Rubicón zum **Bischofssitz** der Kanaren.

1405 Auch Fuerteventura und El Hierro werden unterworfen, doch der Versuch, die übrigen Inseln einzunehmen, scheitert. Béthencourt kehrt nach Frankreich zurück und überlässt die Verwaltung seinem Neffen *Maciot.*

ab 1418 Der Archipel wird in den folgenden 36 Jahren mehrfach verkauft und getauscht, ist vorübergehend auch in **portugiesischem Besitz.**

Als das Kamel noch das wichtigste Verkehrsmittel war

Feudalherrschaft

1454 Für fast 400 Jahre gehen die Ostinseln Lanzarote und Fuerteventura in den Besitz des **andalusischen Adelsclans Herrera** über. Die Bauern müssen ihm ein Fünftel aller Einkünfte abtreten, ein weiteres Zehntel geht an die geistliche Obrigkeit. Wichtigste Einkommensquelle der Feudalherren wird der Sklavenhandel. Von geschützten Buchten starten Sklavenexpeditionen nach Nordwestafrika: Berber und Schwarzafrikaner werden auf dem Markt von Gran Canaria gewinnbringend verkauft, teilweise auch zur Arbeit auf den Gütern des Inselherrn eingesetzt.

1474 Die Heirat von *Isabella von Kastilien* und *Ferdinand von Aragonien* markiert eine wichtige Etappe bei der **Herausbildung des spanischen Staates:** Die vormals um die iberische Vormachtstellung konkurrierenden Königreiche vereinigen sich.

1479 Der Papst als internationale Rechtsinstanz teilt den Atlantik zwischen den aufstrebenden Kolonialmächten Spanien und Portugal auf. Im Vertrag von Alcâcovas wird der kanarische Archipel endgültig Spanien zugesprochen; im Gegenzug erhält Portugal die westafrikanische Küste und alle sonstigen atlantischen Inseln.

1483–96 Die spanische Krone schaltet sich direkt in die Conquista der Kanaren ein und erobert nacheinander die noch heidnischen Inseln Gran Canaria (1483), La Palma (1492) und Teneriffa (1496).

ab 1500 Dank extensiven Weizenanbaus gilt Lanzarote zusammen mit Fuerteventura als **„Kornkammer der Kanaren“,** während auf den fruchtbareren Nachbarinseln lukrative Exportprodukte wie Zucker und Wein angebaut werden. Doch da auf den „königlichen“ Inseln die Steuerlast geringer und die Gerichtsbarkeit weniger willkürlich ist als auf den „adligen“ Ostinseln, versuchen Bewohner Lanzarotes immer wieder, auf die königlichen Inseln zu flüchten.

1514 Die Altkanarier werden den spanischen Siedlern rechtlich gleichgestellt.

ab 1550 Für die Sklavenrazzien auf dem schwarzen Kontinent müssen die Bewohner Lanzarotes einen hohen Preis zahlen: Bei Revanche-Attacken, die sich bis ins folgende Jahrhundert erstrecken, werden nicht nur Dörfer verwüstet, sondern auch viele Bewohner verschleppt. 1569 wird die Insel vom Marokkaner *Calafat,* 1571 vom Türken *Dogalí* und 1586 vom Korsaren *Morato Arráez* überfallen.

ab 1595 Die europäischen Großmächte kämpfen um Kolonien, Stützpunkte und Schifffahrtswege. Die Kanaren, „Herzstück imperialer Kommunikation" des spanischen Reiches, werden immer wieder von englischen, französischen und holländischen Korsaren angegriffen. Am stärksten betroffen sind die „königlichen" Inseln Gran Canaria, Teneriffa und La Palma.

17. Jh. Zu Beginn des Jahrhunderts leben auf Lanzarote über 1500 Menschen. Davon sind 25% Sklaven, die Mehrzahl von ihnen Schwarze, in geringerer Zahl auch Berber und Araber. Beim **Piratenangriff** von 1618 rauben *Jabán* und *Solimán* etwa 1000 Bewohner, also knapp zwei Drittel der Bevölkerung.

18. Jh. Wiederholt revoltieren die Bauern gegen die Zahlung des Fünften. Als im Jahr 1717 aufgrund einer königlichen Anweisung zusätzlich Kronsteuern erhoben werden, ist das Maß voll: Es kommt zu einer Meuterei, in deren Verlauf sich der Steuereintreiber nach Teneriffa absetzen muss. Immerhin werden unter seinem Nachfolger aus dem Fünften elementare soziale Maßnahmen finanziert, z.B. die Armenhilfe in Zeiten wirtschaftlicher Not.

1730–36 Im Westen Lanzarotes kommt es zu intensiven **Vulkanausbrüchen.** 11 Dörfer und 200 Quadratkilometer fruchtbarer Anbaufläche werden unter der Lava begraben. Der Inselherr befürchtet einen Exodus seiner Untertanen und damit einhergehende Einkommenseinbußen. Er erwirkt beim spanischen König ein Dekret, wonach die Flucht von der Insel unter Todesstrafe gestellt wird.

1768 Infolge einer katastrophalen **Dürre** sterben viele Lanzaroteños, andere emigrieren auf die Nachbarinsel Gran Canaria, wo sie den Ort Lanzarote gründen.

1824 Nördlich der Feuerberge kommt es erneut zu gewaltigen Vulkanausbrüchen.

1837 In Spanien wird die **Feudalherrschaft abgeschafft:** Lanzarote ist fortan nicht mehr im Besitz einer Adelsfamilie, sondern – wie zuvor schon die „königlichen" Inseln – direkt der spanischen Krone unterstellt.

Aufschwung und Niedergang

1852 Den kanarischen Häfen wird der **Freihandelsstatus** gewährt; d.h. von Zoll- und Steuerschranken befreit, werden sie als internationaler Warenumschlagplatz interessant. Neue Inselhauptstadt wird der Küstenort **Arrecife.**

ab 1854 Lanzarote erlebt dank des Exports von **Farbstoff** aus zerriebenen Koschenille-Läusen einen kurzen wirtschaftlichen Aufschwung. Doch die Euphorie währt nur etwa 30 Jahre, da man in der europäischen Textil- und Kosmetikindustrie Wege findet, die natürlich hergestellten durch synthetische, billigere Farben zu ersetzen.

ab 1880 Der Freihandel lockert die ökonomischen Bande zum Mutterland. Die als Industrie- und Handelsmacht weltweit dominierenden **Briten** können sich als führende Wirtschaftskraft auf dem Archipel etablieren. Sie nutzen ihn als Zwischenstopp auf dem Weg in ihre neuen westafrikanischen Kolonien.

1898 Nach dem Verlust der letzten Kolonien Spaniens in Übersee (Kuba, Puerto Rico, Philippinen) bemühen sich Deutschland, Frankreich und Belgien vergeblich um den Kauf der Kanarischen Inseln als einen attraktiven Stützpunkt zur Sicherung der Handelsrouten und zur Erschließung Afrikas.

1912 Durch die Einrichtung des **Cabildo Insular** (Inselrat) erhält Lanzarote begrenzte Selbstverwaltungsrechte.

ab 1914 Der U-Boot-Krieg im Ostatlantik führt zu einer totalen Isolation der Kanarischen Inseln von der Außenwelt.

ab 1918 Der wirtschaftliche Einfluss der Briten geht zurück, die spanische Regierung bemüht sich um Reintegration der „vergessenen Inseln".

1936 Der nach Teneriffa strafversetzte General *Franco* unternimmt am 18. Juli einen **Staatsstreich** gegen die demokratisch gewählte republikanische Regierung in Madrid. Mit den ihm loyalen Truppen aus den spanischen Kolonien Nordwestafrikas marschiert er auf der Iberischen Halbinsel ein. Dies ist der Beginn eines dreijährigen **Bürgerkriegs,** der mit dem Sieg Francos endet. Auf Lanzarote regt sich kaum Widerstand, Gefolgsleute Francos übernehmen sofort die Kontrolle.

1940–44 Spanien erklärt sich im Zweiten Weltkrieg für neutral.

ab 1945 Die von Madrid eingeleiteten wirtschaftlichen Hilfsmaßnahmen reichen nicht aus, um die Insel von der Armut zu befreien: Zahlreiche Lanzaroteños **emigrieren** und suchen ihr Heil in **Venezuela.**

Tourismus-Ära

ab 1960 Die Franco-Regierung gewährleistet politische und fiskalische Rahmenbedingungen, aufgrund derer sich ausländische Investoren sichere Profite ausrechnen dürfen. Auf den großen kanarischen Inseln kommt es zu einem gewaltigen Bauboom, es entstehen riesige **Touristenzentren.**

1965 Die Inbetriebnahme einer ersten **Meerwasserentsalzungsanlage** macht den Weg frei für die touristische Erschließung auch Lanzarotes.

ab 1968 Nach Entwürfen des Künstlers **César Manrique** soll Lanzarote in eine „vorbildliche" Tourismus-Insel verwandelt werden.

1975 Nach dem Tod Francos leitet sein Nachfolger König *Juan Carlos I.* in Spanien den **Demokratisierungsprozess** ein.

1979 Seitens der NATO wird der Aktionsradius vom Nordpol bis zum Äquator ausgedehnt, der kanarische Archipel ausdrücklich ihrem Sicherheitsbereich unterstellt.

1982 Die Kanarischen Inseln erhalten ein **Autonomiestatut,** dürfen vor allem im Bereich von Kultur und Wissenschaft relativ selbständig handeln. Auf Lanzarote wird verstärkt in den Tourismus investiert; die Reederei Fred Olsen richtet einen **täglichen Fährverkehr** zwischen Playa Blanca und Corralejo auf Fuerteventura ein.

1986 Spanien wird Vollmitglied von **NATO und EG** (später EU). Es profitiert von ausländischen Investitionen und EU-Subventionen, die dem Land einen ungeahnten Wohlstandsschub bescheren: Das „Armenhaus Europas" wird zum Modell gelungener Modernisierung. Auf Lanzarote wird der Tourismus wichtigster Wirtschaftszweig.

ab 1991 Nach kurzer Tourismuskrise nimmt die Zahl der Besucher wieder auf allen Kanareninseln zu. Der Archipel profitiert von den Kriegen auf dem Balkan und der labilen innenpolitischen Situation einiger Länder Nordafrikas.

1992 *César Manrique* stirbt bei einem Verkehrsunfall in Tahiche.

1993 Lanzarote wird von der UNESCO zum **Biosphärenreservat** erklärt; die Riscos de Famara werden zusammen mit dem Kleinen Archipel das erste maritime Schutzgebiet Spaniens.

1996 Der dem Archipel zehn Jahre zuvor eingeräumte wirtschaftliche Sonderstatus wird aufgehoben, die volle Integration in die Europäische Gemeinschaft ist besiegelt.

1999 Die **Besucherzahl** übersteigt die Rekordmarke von **einer Million.**

2001–2006 Der von der Regierung erlassene Baustopp wird in der Gemeinde Yaiza (Ferienort Playa Blanca) ignoriert.

2008 Auch in diesem Jahr versuchen Tausende von Schwarzafrikanern, mit Booten das „gelobte Land" (Canarias) zu erreichen, werden dort aber nicht mit offenen Armen empfangen. Viele Kanarier möchten nicht daran erinnert werden, dass bis ins 20. Jahrhundert zahlreiche Mitglieder ihrer Familien gleichfalls zur Emigration in andere Länder gezwungen waren.

Steckbrief Lanzarote

- **Lage:** im Nordosten des kanarischen Archipels, ca. 100 km vom afrikanischen und 1200 km vom spanischen Festland entfernt
- **Alter:** ca. 20 Mio. Jahre, letzter Vulkanausbruch 1824
- **Höchster Berg:** Peñas del Chache, 671 m
- **Fläche:** 846 km^2 (von Junglava bedeckt 172 km^2)
- **Ausdehnung:** max. 62 x 21 km
- **Einwohner:** ca. 146.000
- **Hauptstadt:** Arrecife, 60.000 Einwohner
- **Gemeinden:** Arrecife, Haría, San Bartolomé, Teguise, Tías, Tinajo, Yaiza
- **Religion:** vorwiegend römisch-katholisch
- **Verwaltung:** Die Kanarischen Inseln bilden innerhalb Spaniens eine autonome Region (vergleichbar mit den Bundesländern in Deutschland). Sie ist in zwei Provinzen aufgeteilt: Lanzarote gehört seit 1927 mit Gran Canaria und Fuerteventura zur Ostprovinz Las Palmas de Gran Canaria; Teneriffa bildet mit Gomera, La Palma und El Hierro die Westprovinz Santa Cruz de Tenerife. Jede Insel wird von einem Inselrat, dem *Cabildo Insular*, verwaltet; dieser überwacht die Arbeit der *Ayuntamientos*, der Bürgermeisterämter der Gemeinden.
- **Exportgüter:** Zwiebeln, Süßkartoffeln, Fischkonserven
- **Tourismus:** Die Mehrzahl der Urlauber kommt aus Deutschland und Großbritannien. Ferienzentren gibt es in Puerto del Carmen, Costa Teguise und Playa Blanca, Landhäuser, Pensionen und Apartments auch in vielen kleineren Orten.
- **Zeit:** Westeuropäische Zeit (Mitteleuropäische Zeit minus 1 Std.)

007la Foto: gs

Praktische
Reisetipps
von A bis Z

Gute Aussicht im Flieger

Wer die schönste Aussicht genießen möchte, wählt einen Fensterplatz **in Flugrichtung links.** Bei typischer Flugroute und klarer Sicht sieht man die Alpen, die Straße von Gibraltar und anschließend die afrikanische Küste. Beim Rückflug müsste man entsprechend versuchen, rechts zu sitzen!

Anreise

Mit dem Flugzeug

Fast alle Besucher kommen mit dem Flugzeug nach Lanzarote. Der internationale Flughafen von Arrecife wird von allen größeren Städten Deutschlands, Österreichs und der Schweiz angeflogen. Ein Hin- und Rückflug kostet je nach Saison, Flughafen und Gesellschaft zwischen 300 und 600 €, am günstigsten außerhalb der Schulferien. Die meisten Flüge bieten Air Berlin (www.airberlin.com), TUIfly (www.tuifly.com) und Condor (www.condor.com), voraussichtlich 2010 bekommen sie Konkurrenz von Billigfliegern wie RyanAir (www.ryanair.com). Kinder unter zwei Jahren ohne Sitzplatzanspruch fliegen meist für 10% des Erwachsenenpreises, Kinder von 2 bis 11 Jahren erhalten je nach Airline unterschiedliche Ermäßigung.

Buchen kann man Nur-Flüge ebenso wie Pauschalarrangements in fast allen Reisebüros und natürlich auch im Internet. Im E-Mail-Newsletter, den man kostenlos anfordern kann, machen die Ferienflieger auf Sonderaktionen aufmerksam. Restplätze zu ermäßigtem Preis bieten ab etwa 14 Tage vor Abflug auch die auf das Last-Minute-Geschäft spezialisierten Agenturen an, z.B.:

Buchtipps: **„Clever buchen, besser fliegen"** und **„Fliegen ohne Angst"**, Reihe Praxis, REISE KNOW-HOW Verlag, Bielefeld

www.ltur.com
www.de.lastminute.com
www.5vorflug.de
www.restplatzboerse.at
www.fluege.de
www.billig-flieger-vergleich.de
www.swoodoo.de

Ankunft Der **Flughafen von Lanzarote** (Guasimeta, Tel. 928811450) liegt im Osten der Insel, sechs Kilometer südlich der Hauptstadt Arrecife. Pauschalreisende werden von der örtlichen Reiseleitung empfangen und zu ihren Bussen geleitet, brauchen sich fortan um (fast) nichts mehr zu kümmern. Der Transfer nach Puerto del Carmen dauert 20–30 Minuten, nach Costa Teguise 30–40 Minuten und nach Playa Blanca knapp eine Stunde.

Wer individuell reist, findet in der Ankunftshalle ein Büro der **Touristeninformation** (Oficina de Turismo del Aeropuerto, Tel. 928820704, tgl. 10–20 Uhr) und mehrere **Autovermietungen.** Vor dem Hallenausgang warten **Linienbus** und **Taxi.** Die Busse fahren alle 30–60 Minuten nach Arrecife und Puerto del Carmen.

Mit dem Schiff

Wer aus bestimmten Gründen nicht fliegen will oder darf, kann Lanzarote auch über Land (hohe Mautgebühren!) und per Schiff erreichen. Einmal wöchentlich startet eine komfortable **Autofähre** der spanischen Gesellschaft Acciona/Trasmediterránea in **Cádiz** (südspanische Atlantikküste), zwei Tage später erreicht sie Las Palmas de Gran Canaria. Aktuelle Abfahrtszeiten und Preise findet man im Internet unter www.trasmediterranea.es, die Ticketreservierung erfolgt über DER-Reisebüros.

In Las Palmas muss man möglicherweise eine Nacht verbringen, bevor man am nächsten Tag die Fahrt mit einem anderen Schiff nach Arrecife, der Hauptstadt Lanzarotes, fortsetzen kann. Der **Fährhafen Puerto de los Mármoles** liegt etwa drei Kilometer östlich von Arrecife. Von dort kommt man mit dem Taxi in die Innenstadt.

Vorhergehende Seite: Playa de Papagayo im Süden der Insel

Kleines „Flug-Know-how“

Ohne gültigen Reisepass oder Personalausweis kommt man nicht an Bord. Bei innereuropäischen Flügen muss man mindestens **60 Minuten vor Abflug** am Schalter der Airline eingecheckt haben. Späteres Erscheinen kann die Verweigerung der Beförderung nach sich ziehen. Einige Fluggesellschaften bieten für frühe Abflüge die Möglichkeit, bereits am Vorabend einzuchecken. Sitzplatzreservierungen bei Buchung sind möglich, aber oft mit Zusatzkosten verknüpft. Größere Beinfreiheit bieten die Sitzplätze am Notausgang (meist kostenpflichtig), in der ersten Reihe werden sie an Touristen mit Kindern vergeben. Ungestört schlafen kann man vor allem am Fenster, „spazieren gehen“ am besten vom Randplatz. Im vorderen Teil des Flugzeugs bis etwa zu den Tragflächen spürt man die Bewegungen der Maschine weniger: Reisende mit Flugangst fühlen sich dort sicherer.

Bei **Billigtickets,** die ein festes Datum beinhalten, gibt es keine Änderungsmöglichkeit bezüglich des Flugtermins. Wenn man den Flug verpasst, hat man Pech gehabt. Nur noch selten sind die Mitarbeiter der entsprechenden Airline bereit, Sie aus Kulanz auf die nächste freie Maschine umzubuchen. Anders ist es mit normalen Tickets: Hier kann der Flugtermin (sofern Plätze frei sind) innerhalb der Geltungsdauer verschoben werden, wofür freilich Gebühren anfallen.

Geht ein **Ticket verloren,** das schon rückbestätigt wurde, hat man gute Chancen, einen Ersatz dafür zu erhalten. Einige Airlines kassieren dafür aber noch einmal 50 bis 100 €, und bei manchen läuft gar nichts mehr. Gut ist es, deutlich lesbare Fotokopien des Tickets zu machen und bei einer Vertrauensperson zu hinterlegen. Das hilft enorm bei einer Neuausstellung des Tickets.

Gepäck darf man in der Economy-Class bis zu 20 kg pro Person einchecken (Ausnahme z.B. RyanAir mit 15 kg). Zusätzlich kann jeder Fluggast ein Handgepäck bis zu 7 kg mit den Höchstmaßen 56 x 45 x 25 cm mit an Bord nehmen. Wird die Freigepäckrate bis zu 5 kg überschritten, wird meist ein Auge zugedrückt. Theoretisch könnten Gäste der Fluglinie dann aber bereits zur Kasse gebeten werden. Übersteigt das Gepäck die Gewichtsgrenze, ist die Airline nicht verpflichtet, das Gepäck auf dem gleichen Flug zu befördern, und man trägt die Mehrkosten für die Versendung als Frachtgut oder die Zulassung als Übergepäck. Als solches werden meist 5–9 € pro Kilo berechnet. Beim Kauf des Tickets sollte man sich über die Bestimmungen der Airline informieren.

Aus **Sicherheitsgründen** sind Taschenmesser, Nagelfeilen und Scheren im aufzugebenden Gepäck zu verstauen. Findet man sie bei der Kontrolle im Handgepäck, werden sie weggeworfen. Darüber hinaus gilt, dass leicht entzündliche Gase und entflammbare Stoffe nichts im Passagiergepäck zu suchen haben.

Flüssigkeiten sowie wachs- und gelartige Stoffe (wie Kosmetikartikel, Sprays, Shampoos, Cremes, Zahnpasta, Suppen) dürfen nur mit an Bord genommen werden, sofern sie die Höchstmenge von 100 Millilitern nicht überschreiten und in einem durchsichtigen, wiederverschließbaren Plastikbeutel verpackt sind, der maximal einen Liter Fassungsvermögen hat. Von den Einschränkungen ausgenommen sind Babynahrung und verschreibungspflichtige Medikamente sowie alle Flüssigkeiten/Getränke/Gels, die nach der Fluggastkontrolle z.B. in Travel-Value-Shops erworben wurden.

Sondergepäck (sperrige Gepäckstücke) muss bei der Fluggesellschaft eine bis vier Wochen im Voraus angemeldet werden. Golfgepäck wird meist kostenlos befördert, sofern es weniger als 30 kg wiegt. Dagegen ist die Beförderung von Fahrrädern, Tauchausrüstung, Flugdrachen und Surfbrettern fast immer mit Zusatzkosten verknüpft. Für die sichere Verpackung hat man selber zu sorgen. Das Personal am Check-in-Schalter erwartet, dass der Fahrradlenker parallel zum Rahmen steht und die Pedale nach innen gedreht oder abmontiert sind; die Luft ist aus den Reifen herauszulassen. Wer Kratzer am kostbaren Drahtesel vermeiden will, holt sich im Fahrradladen einen speziellen Karton (meist gratis). Noch vor Reiseantritt sollte man in Erfahrung bringen, ob der Veranstalter bereit ist, das sperrige Gepäck im Transferfahrzeug zu befördern. In der Vergangenheit kam es vor, dass „aus sicherheitstechnischen Gründen" der Transport verweigert wurde und sich der Gast selber um die Beförderung von Fahrrad und Surfbrett zu kümmern hatte. Sollte statt des gebuchten Bustransfers ein Taxitransfer zum Urlaubsort nötig sein, muss der Urlauber die entstehenden Kosten tragen!

Die **Bestätigung des Rückfluges** ist bei einigen Airlines immer noch obligatorisch. Sie sichern sich damit ab gegen kurzfristig auferlegte Änderungen der Abflugzeit. Ruft man nicht an, kann es passieren, dass die Buchung im Computer der Airline gestrichen wird. Bei Billigtickets ist dann der Anspruch auf Beförderung verwirkt, ansonsten verfällt das Ticket erst mit Überschreiten der Gültigkeitsdauer. Steht die Rufnummer zur Rückbestätigung nicht auf dem Ticket, sollte man sie sich bei Mitarbeitern der Airline am Flughafen oder im Hotel geben lassen.

Autofahren

Fast alle Reiseveranstalter bieten Touren in gecharterten Bussen an, doch wenn man nie länger bleiben kann, wo man sich wohl fühlt, ist das Vergnügen getrübt. Auch das öffentliche Busnetz ist leider nicht optimal, gut sind nur die Verbindungen zur Hauptstadt. Da scheint das (auf Lanzarote extrem preiswerte) **Mietauto** die bessere Wahl: aussteigen, wo's einem beliebt, Aufbruch zu einer kleinen Wanderung, Einkehr in einem Lokal auf dem Lande ...

Karten

Die Straßen Lanzarotes sind in einem guten Zustand, doch hat die Verkehrsdichte in den letzten Jahren erheblich zugenommen. Je weiter man sich von der Hauptstadt und den drei Ferienzentren entfernt, desto ruhiger wird es! Beim spanischen Fremdenverkehrsamt bzw. bei den Info-Büros vor Ort gibt es eine **kostenlose Inselkarte** im Maßstab 1:150.000, die Urlaubern gute Dienste leistet. Wem diese nicht reicht, der kann sich vor Ort in Buchhandlungen und Souvenirshops weitere Karten besorgen. Gut ist auch die GPS-taugliche Lanzarote-Karte aus dem **world mapping project** im Maßstab 1:70.000, die im Reise Know-How Verlag erschienen ist.

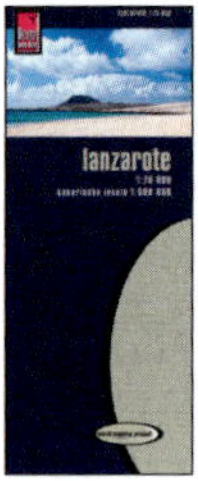

Mietwagen

Viele Pauschalurlauber buchen einen Wagen bereits in Deutschland, meist via Internet oder direkt über den Reiseveranstalter, wobei die Selbstbeteiligung für Vollkasko- und Diebstahlversicherung häufig entfällt. Autos können aber auch problemlos auf Lanzarote gemietet werden, und zwar überall dort, wo es Geschäftsleute und Touristen gibt: also am Flughafen, in der Hauptstadt und in den Ferienzentren der Küste.

Wer auf Lanzarote ein Auto mieten will, muss mindestens **21 Jahre** alt und schon ein Jahr im Besitz eines gültigen Führerscheins sein. Ausweis und **nationaler Führerschein** sind bei Abschluss des Mietvertrages vorzulegen. Bevor man jedoch den Vertrag unterschreibt, sollte man das Fahrzeug gründlich in Bezug auf Reifenprofil sowie Lenkung, Bremse und Kupplung prüfen. Auch sollte man nachschauen, ob Seitenspiegel und Scheibenwischer in Ordnung sind und sich ein Ersatzreifen sowie zwei Warndreiecke im Gepäckraum befinden. Im Vertrag ist zu vermerken, wie voll der Tank bei Rückgabe des Fahrzeugs zu sein hat (sollte identisch sein mit dem aktuellen Stand der Tankanzeige).

Ein **Preisvergleich** zwischen den örtlichen Anbietern lohnt. Hierbei sollte man auch darauf achten, ob im Kalendertag-Rhythmus oder im 24-Stunden-Takt abgerechnet wird. Viele Verleihfirmen locken mit solidem Grundpreis, überraschen den Kunden dann jedoch mit unangenehm hohen Versicherungskosten. Rabatt wird bei einer Miete ab drei Tagen gewährt, noch preiswerter ist es, Autos auf Wochenbasis zu mieten. In der Regel muss eine Kaution hinterlegt werden. Schäden, die auf nicht asphaltierten Straßen entstehen, sind nicht versichert.

Mit über 20 Filialen ist die Firma Cabrera Medina nicht nur zahlenmäßig am besten vertreten, sondern bietet obendrein sehr guten Service und die günstigsten Preise. Das Auto kann man sich ohne Zusatzkosten zum Hotel bringen und von dort wieder abholen lassen. Wer bereits vor der Reise ein Auto reservieren und es am Flughafen in Empfang nehmen will, wendet sich an die Zentrale und teilt den gewünschten Termin mit:

Eigenes Fahrzeug auf Lanzarote

Wichtig zu wissen: Ein Auto mit deutschem Kennzeichen darf auf den Kanarischen Inseln nur **sechs Monate** gefahren werden (auf dem spanischen Festland ein Jahr), danach muss es umgemeldet werden! Auch muss, wer mit dem eigenen Fahrzeug unterwegs ist, über die **grüne Versicherungskarte** verfügen.

● **Cabrera Medina,** Central de Reservas, Ctra. Arrecife-Aeropuerto Km. 3.7, Playa Honda, Tel. 928822900, Fax 928821263, www.cabreramedina.com, cminfo@cabrera medina.com

Jeep

Großer Beliebtheit erfreuen sich die **Jeep Safaris** - „leider", sagen die Umweltschützer. Unter Führung eines Reiseleiters jagt man zum Missfallen vieler Inselbewohner über ungepflasterte Wege und entdeckt „urige Dörfer". Wer dennoch teilnehmen will, benötigt Pullover und warme Kleidung gegen den oft kühlen Wind, zugleich Sonnenschutz und Trinkwasser.

Benzin

Volltanken heißt: „¡Lleno, por favor!" Der Preis für Benzin liegt auf Lanzarote bei weniger als **1 € pro Liter** und ist damit erheblich niedriger als etwa in Deutschland oder auf dem spanischen Festland. Im Süden und Zentrum der Insel kann man in allen größeren Orten tanken, im Norden z.B. in Teguise und Arrieta. Die Tankstellen sind in der Regel von 8 bis 20 Uhr geöffnet, am Sonntagnachmittag und an Feiertagen bleiben sie bis auf wenige Ausnahmen geschlossen. Service rund um die Uhr bieten die Tankstellen an der Autobahn nach Arrecife.

Parken

In der Hauptstadt Arrecife sowie in den Ferienstädten Puerto del Carmen, Playa Blanca und Costa Teguise hat man mit der Einrichtung kostenpflichtiger, in der Regel blau markierter Parkzonen begonnen. Gezahlt werden muss Mo–Fr 9–14 und 17–20, Sa 9–14 Uhr. Die Quittung vom Automaten ist an der Windschutzscheibe zu befestigen, das Ende der Parkzeit muss lesbar sein. Park- und Halteverbot: ⇗„Verkehrsregeln".

Verkehrsregeln

In Spanien werden Verkehrsverstöße mit hohen **Geldstrafen** *(multas)* geahndet; wer zuviel Alkohol im Blut hat, muss gar mit dem Entzug des Führerscheins rechnen. Hier die wichtigsten Vorschriften:

- **Vorfahrt:** Auch auf Lanzarote gilt, sofern durch Verkehrszeichen nicht anders geregelt, rechts vor links; im Kreisverkehr hat Vorfahrt, wer sich im Kreis befindet.
- **Höchstgeschwindigkeit:** innerhalb geschlossener Ortschaften 50 km/h (mindestens 25 km/h), auf Überlandstraßen 90 km/h (mindestens 45 km/h), auf Straßen mit mehr als einer Fahrspur in jeder Richtung 100 km/h (mindestens 50 km/h)
- **Park- bzw. absolutes Halteverbot:** gelbe bzw. rote Kennzeichnung am Bordstein
- **Gebührenpflichtiges Parken (Automat):** blaue Markierung am Bordstein
- **Überholverbot:** 100 Meter vor Kuppen und auf Straßen, die nicht mindestens 200 Meter zu überblicken sind
- **Anschnallpflicht:** innerhalb und außerhalb geschlossener Ortschaften; für Kinder unter drei Jahren sind Kindersitze vorgeschrieben; Kinder über drei Jahren sollten, sofern sie noch keine 1,50 Meter groß sind, auf einer Rückhaltevorrichtung sitzen.
- **Alkoholgrenze:** 0,5 Promille
- **Telefonieren:** nur mit Freisprechanlage
- **Tanken:** Handy, Autoradio und Motor müssen ausgestellt sein.
- **Warndreieck/Westenpflicht:** Im Falle einer Panne oder eines Unfalls sind vor und hinter dem Fahrzeug Warndreiecke aufzustellen; der Fahrer verlässt das Fahrzeug mit reflektierender gelber oder orangener Warnweste (Euronorm EN 471).
- **Abschleppen:** privat nicht erlaubt, nur von Unternehmen mit Lizenz *(grúa)*

Unfall

Bei einem Unfall setzt man sich umgehend mit der Verleihfirma und der Polizei (Guardia Civil) in Verbindung. Über die **Notrufnummer 112** erreicht man die Zentrale für alle Notfälle – Polizei, Arzt und Feuerwehr. Anrufe werden auch auf Deutsch beantwortet.

Es empfiehlt sich in jedem Fall, die Kfz-Nummern der Beteiligten sowie deren Namen, Anschrift und Versicherung aufzuschreiben. Leider hört man bei Unfällen immer häufiger, dass Ausländer im Nachteil sind, auch wenn sie keine Schuld tragen. Die Automobilclubs geben ihren Mitgliedern in Notsituationen Rat:

- **ADAC,** Tel. 0049-89-222222, www.adac.de
- **ÖAMTC,** Tel. 0043-1-71199-0, www.oeamtc.at
- **TCS,** Tel. 0041-22-4172220, www.tcs.ch

0081a Foto: gs

Behinderte unterwegs

Komplette Reisen organisiert der deutsche Veranstalter Grabo-Tours (Tel. 06386-7744, www.grabotours.de), Infos zu **rollstuhlgerechten Unterkünften** erhält man bei der Arbeitsgemeinschaft der Clubs Behinderter und ihrer Freunde e.V. (Tel. 06131-225514). Der Veranstalter TUI hat einen speziellen Katalog mit „Zusatzinformationen für Behinderte und ihre Begleiter" herausgegeben, den man in jedem Reisebüro einsehen kann. Darin werden auch empfehlenswerte Hotels genannt: mit Detailangaben über Türbreiten, Anzahl der Stufen, Beschaffenheit der Zimmerausstattung und Infos zur Verpflegung. Besonders gelobt wird das Hotel Timanfaya Palace in Playa Blanca. Dort sind alle Räume über Gleitrampen oder Aufzüge erreichbar, einige haben rollstuhlbreite Türen und besonders geräumige Bäder.

Diplomatische Vertretungen

Spanische Botschaften

- **Botschaft des Königreichs Spanien,** Lichtensteinallee 1, 10787 Berlin, Tel. 030-2540070, Fax 25799557, www.spanischebotschaft.de
- **Botschaft des Königreichs Spanien,** Argentinierstr. 34, 1040 Wien, Tel. 01-5055788, Fax 5055788125, www.mae.es/embajadas/viena
- **Botschaft des Königreichs Spanien,** Kalcheggweg 24, 3006 Bern, Tel. 031-3505252, Fax 3505255, www.mae.es/embajadas/berna

Konsulate auf den Kanaren

In den Konsulaten auf den Kanarischen Inseln bekommt man Hilfe in unangenehmen Lebenslagen. So wird beim **Verlust des Passes** ein Ersatz-Reiseausweis ausgestellt, ist das **Geld weg,** werden Kontakte mit Freunden vermittelt oder es wird – gegen Rückzahlungsverpflichtung – ein Überbrückungsgeld gezahlt. Auch hilft man, z.B. im Falle einer Festnahme, bei der Suche nach einem Übersetzer oder Anwalt. Im Sterbefall benachrichtigt das Konsulat die Hinterbliebenen und ist bei der Erledigung der Formalitäten vor Ort behilflich.

Auf Lanzarote gibt es kein deutsches Konsulat, doch kommt der deutsche Konsul etwa alle drei Monate von Gran Canaria herüber und legt eine „Sprechstunde" im Hotel Jameos Playa in Puerto del Carmen ein. Im Notfall wendet man sich direkt an die Konsulatsabteilungen auf Gran Canaria.

- **Deutsches Konsulat,** Consulado de Alemania, Calle Albareda 3, 2. Stock, 35007 Las Palmas, Tel. 928491880, Fax 928262731, www.las-palmas.diplo.de, Mo–Fr 9–12 Uhr
- **Österreichisches Konsulat,** Consulado de Austria, Hotel Eugenia Victoria, Av. Gran Canaria 26, Playa del Inglés, Tel. 928762500, Fax 928762260, Mo–Fr 10–12 Uhr
- **Schweizer Konsulat,** Consulado de Suiza, Edificio de Oficinas Local 1, 35107 Playa de Tarajalillo, Gran Canaria, Tel. 928157979, Mo–Fr 9–12 Uhr

Oft ist es für Behinderte schwer, einen Zugang zum Strand zu finden (hier: Playa Blanca)

Einkaufen und Mitbringsel

Selbstversorger haben auf Lanzarote keinen Grund zur Klage. Vielerorts, selbst in kleinen Dörfern wie Guatiza und Mala, sind die Supermärkte bestens gefüllt. Dort findet man Bio-Müsli und Vollkornbrot, holländischen Gouda und irische Butter, argentinisches Rindfleisch und norwegischen Lachs. Obst und Gemüse kommen meist aus Gran Canaria, darunter Avocados und Papayas sowie die kleinen und aromatischen, von der EU so verschmähten *plátanos* (Bananen). Von der eigenen Insel stammen die mild-saftigen Zwiebeln sowie Süßkartoffeln, Kürbisse und Wassermelonen – alle gereift in Lavaasche und Wüstensand.

Einkaufszentren

Ein Markenzeichen der Ferienstädte sind die *Centros Comerciales* (abgekürzt C.C.). In diesen groß angelegten, basarähnlichen Zentren soll Einkaufen ein Vergnügen sein – darum finden sich neben den Läden und Souvenirshops auch Lokale, Discos und Spielhallen. Sympathischer ist das Einkaufen in den fantasievoll gestalteten Geschäften von Teguise oder in der Fußgängerstraße von Arrecife, der Lebensader der Hauptstadt.

Märkte

Bekannteste Adresse ist der **Sonntagsmarkt** in Teguise. Tausende von Besuchern schieben sich durch die schmalen Gassen – zu viele, wie die Anwohner meinen. Schwarzafrikaner, die vorwiegend aus dem Senegal kommen, verkaufen „antike" Holzschnitzereien, Andalusierinnen preisen lautstark Schuhe und Seidenkrawatten an, dazwischen finden sich ein paar Alt-Hippies, die den neuesten Silberschmuck verhökern. Fast wichtiger als die angebotene Ware ist das bunte Tohuwabohu, das Feilschen und Schreien. Kanarische Verkäufer sind auf dem Markt deutlich in der Minderzahl – mit Käse und Wein, Mojo-Soße und exotischer Konfitüre werben sie um Kundschaft. Mehr Kanarier sieht man auf dem **Freitagsmarkt** in Costa Teguise, wo zum Sonnenuntergang vor allem Kunsthandwerk feilgeboten wird. Einen Ausflug wert ist auch der **Samstagsmarkt** im Palmendorf Haría – nur Selbstproduziertes darf hier zum Verkauf angeboten werden.

Jeden Mittwoch und Samstag (9–14 Uhr) herrscht auch in der Ferienstadt **Playa Blanca** beste Stimmung. Auf dem Markt in der Calle Papagayo wird vor allem Ramsch und kitschiger Krimskrams feilgeboten; wer Schöneres und Handgemachtes begehrt, fährt weiter zum Jachthafen **Marina Rubicón,** wo auch das Ambiente gefällt.

Naturalien Unbedingt probieren sollte man den **Lanzarote-Käse.** Die Ziegen ernähren sich hauptsächlich von Wildpflanzen, entsprechend rein ist die Milch, aus der der Käse gewonnen wird. Direkt vom Hersteller kauft man Käse aller Reifegrade in den *queserías* in Femés und nahe Teguise. Dazu wählt man einen Tropfen vom guten einheimischen **Wein.** Es gibt weißen Malvasier und Moscatel, Diego und Listán sowie Rosé- und Rotwein aus dem Eichenfass. Ständige Kontrollen der Trauben und des Herstellungsprozesses bürgen für gleichbleibend hohe Qualität. Knapp zehn Bodegas laden zur Kostprobe ein, im Kapitel „Inselzentrum" (Weinstraße) werden sie vorgestellt. Weitere inseltypische Spezialitäten sind der feurige Timanfaya-Senf, der süße Melonenlikör und die Marmelade aus Früchten der Opuntienkakteen – in den Läden von Teguise kann man sie erstehen.

Kunsthandwerk Kanarisches Kunsthandwerk guter Qualität bekommt man im **Museo del Campesino** in Mozaga und im **Centro de Artesanía** in Haría. Vor dem Kauf hat man die Möglichkeit, den Kunsthandwerkern bei der Arbeit zuzuschauen. Hergestellt werden Holzschnitzereien, geflochtene Strohhüte, Körbe und Matten, bestickte Tücher und Decken. Besonders schön ist die archaische, von Hand geformte **Keramik,** die ganz ohne schmückende Glasur auskommt. Den größten Absatz finden nicht Gebrauchsartikel wie Töpfe, Teller und Tassen, sondern attraktive Tonfiguren, etwa der skurrile *Diablo de Timanfaya* (Timanfaya-Teufel) und der monströse *El Brujo* (der Zauberer). Auffällig betonte Geschlechtsmerkmale kennzeichnen die *Novios de Mojón* (Brautleute aus Mojón): ein Figurenpaar, das einst frisch vermählten Paaren vor der Hochzeitsnacht überreicht wurde. Die unmissverständliche Aufforderung: „Liebet und mehret euch!"

Timple

Für die Kanaren typisch ist die Timple: ein kleines, mandolinenähnliches **Saiteninstrument,** das in wochenlanger Feinarbeit aus Edelholz gefertigt und mit Intarsien aus Walfischknochen, Perlmutt oder Elfenbein verziert wird. Beim Besuch von Teguise kommt man gleich an zwei Timple-Werkstätten vorbei.

Folklore

Ein beliebtes Souvenir sind Kassetten und CDs mit kanarischer Folklore. Zu den bekanntesten Titeln zählen „Islas con Viento" von Los Campesinos, „Cantos de Lanzarote" von Acatife und „Emigrantes del Volcán" von Guadarfía – die genannten Gruppen stammen alle aus Lanzarote und brauchen den Vergleich mit Los Gofiones, Los Sabandeños und Mestisay, den berühmten Ensembles der großen Inseln, nicht zu scheuen.

020la Foto: gs

Meditative Musik

Der Schweizer Musiker *Paul Brandenberg* komponierte nach seinem ersten Inselbesuch die CD „Lanzarote", auf die seine Platte „Mystic Islands" folgte: esoterisch angehauchte, harmonische Klangmelodien, bei denen man sich entspannen darf. Viele Canarios haben gleichfalls ihre Liebe zur Meditation entdeckt: „Lancelot" heißt der Versuch von *Enrique Mateu,* aufgenommen in der Cueva de los Verdes, erschienen bei Gofio Records.

César

Der große „César" darf im Einkaufskapitel nicht fehlen. In den über die gesamte Insel verstreuten Läden der **Fundación César Manrique** gibt es Videos zu Werk und Leben des Künstlers, handbemalte Seidenkrawatten mit Manrique-Motiven, Tassen mit dem Logo des Meisters sowie silberne Teufelchen als Anhänger, Ohrring und Brosche.

Olivin

Bei El Golfo und Los Hervidores findet man Olivin, einen smaragdgrünen, aus Lavabrocken herausgebrochenen **Halbedelstein.** In seiner Naturform, eingehüllt in harte Lava, ist er ein authentisch kanarisches Mitbringsel. Wer auf Lanzarote Schmuck mit eingearbeitetem Olivin kauft, sollte wissen, dass dafür fast immer amerikanische Steine importiert wurden – die Inselsteine sind für eine Verarbeitung als Schmuck meist zu klein.

Preise

Die Preise haben durchweg mitteleuropäisches Niveau, auch fernab der Touristenzentren macht man nur selten ein „Schnäppchen". Deutlich billiger sind noch **Tabak und Zigaretten,** ein bisschen günstiger Parfüms und Spirituosen, manchmal auch, insbesondere bei den „Visanta"-Läden in Arrecife und Puerto del Carmen, Elektroartikel. Für diejenigen, die in einem Apartment wohnen und einen Mietwagen haben, lohnt es sich, in einem

In den Manrique-Läden kann man
allerlei Dinge mit Motiven des Künstlers erwerben

der günstigen Groß- und Supermärkte von Playa Honda einzukaufen, wo sich auch die Einheimischen mit Waren eindecken.

Der weitgehend auf die Hauptstadt begrenzte **Winterschlussverkauf** beginnt nach dem Dreikönigstag und dauert ganze zwei Monate; viele Canarios warten zwei Wochen, bis die *rebajas* auf die *rebajas* (Rabatte auf die Rabatte) angeboten werden. Geschäfte in Touristenorten, die das ganze Jahr über mit der Aufschrift „Ofertas Especiales" (Sonderangebote) locken, lohnen nur selten einen Besuch. Auch die sogenannten Duty-free-Läden am Flughafen sind oft teurer als viele „normale" Geschäfte.

Aloe Vera

Aufgrund der starken Nachfrage nach Aloe-Vera-Kosmetika wurde auch auf Lanzarote mit dem Anbau der Wüstenpflanze begonnen. Diese muss mehrere Jahre wachsen, bevor sie geerntet werden kann. Ihren dicken Blättern entnimmt man gallertartiges Fruchtfleisch. Schonend wird es kaltgepresst, der freigesetzte Saft ist reich an Aminosäuren, Enzymen und Vitaminen. Er wird Cremes, Lotionen und Ölen zugesetzt, die bei Sonnenbrand Kühlung verschaffen, Hautflecken aufhellen und müde Haut munter machen soll. Aloe-Vera-Extrakt und Kosmetika von Lanzarote werden auch übers Internet vertrieben (www.canariascosmetics.com).

Tipps zur Reisevorbereitung

- Sind Ihre **Personaldokumente** noch gültig?
- Fertigen Sie **Kopien** von Personalausweis und Führerschein an!
- Denken Sie an ausreichenden **Krankenversicherungsschutz!**
- Notieren Sie **Konto-, Kredit- und Scheckkartennummern** sowie die Telefonnummern Ihrer Bank und Kreditkartenbüros, damit Sie bei Verlust oder Diebstahl sofort eine Sperrung veranlassen können!
- Nehmen Sie zur Sicherheit so viel **Bargeld** mit, wie Sie für die ersten zwei Aufenthaltstage brauchen!

Einreisebestimmungen

Dokumente Bürger aus Deutschland und Österreich benötigen zur Einreise einen gültigen **Personalausweis** oder Reisepass und können unbegrenzt lange auf den Kanarischen Inseln bleiben. Schweizer benötigen für einen Aufenthalt bis zu drei Monaten eine nationale Identitätskarte - wollen sie länger bleiben, müssen sie ein Visum bei der spanischen Botschaft beantragen. Für **Kinder** ist ein gesonderter Ausweis (ab 10 Jahren mit Lichtbild) oder eine Eintragung im Pass der Eltern erforderlich.

Tiere Es ist keine so kluge Idee, Tiere nach Lanzarote mitzunehmen - in fast allen Unterkünften und Restaurants sind sie unerwünscht. Wer dennoch auf seinen Vierbeiner nicht verzichten kann, benötigt einen **EU-Heimtierausweis,** mit Kennzeichnungsnummer, Name, Alter, Rasse und Geschlecht, sowie einer gültigen, ärztlich bescheinigten **Tollwutimpfung.** Die Impfung muss mindestens einen Monat, aber höchstens zwölf Monate vor Ankunft erfolgt sein.

Zoll Bei der Einreise werden EU-Bürger nicht kontrolliert, bei der Rückreise sind Stichproben möglich. Aufgrund der steuerlichen Sonderstellung der Kanarischen Inseln gelten folgende Mengenbeschränkungen:

- **Tabakwaren** (grundsätzlich nur für Personen ab 17 Jahren): 200 Zigaretten oder 100 Zigarillos oder 50 Zigarren oder 250 g Tabak
- **Alkohol** (ebenfalls nur für Personen ab 17 Jahren): 1 l über 22% (Schweiz 15 %) Vol. oder 2 l bis 22% (Schweiz 15 %) Vol., dazu 2 l nicht schäumender Wein
- **Andere Waren für den persönlichen Gebrauch** (gilt für Personen ab 15 Jahren): 50 g Parfüm und 0,25 l Eau de Toilette sowie neu angeschaffte Artikel im Wert von bis zu 175 €.
- Weitere Einfuhrbeschränkungen bestehen u.a. für **Tiere** und **Pflanzen.** Nähere Infos gibt es unter **www.zoll.de.**

Essen und Trinken

Buchtipp: **„Spanisch kulinarisch“,** Reihe Kauderwelsch, Reise Know-How Verlag, Bielefeld

In den Touristenzentren speist man italienisch, mexikanisch und chinesisch, auch die Hotels haben sich voll auf „internationalen“ Geschmack eingestellt. Will man dagegen **kanarisch** essen, muss man die Ferienzentren verlassen und die Lokale der Einheimischen aufsuchen. Wer sich nicht sicher ist, ob ihm die deftige Kost der Insulaner zusagt, startet mit einer kleinen „Probiermahlzeit“: Man bestelle eine *tapa* (Appetithappen) oder die etwas größere *media ración* (halbe Portion) und zeige dabei auf eines der vielen in der Vitrine ausgestellten Gerichte. Das mag eine Art Kartoffelsalat sein *(ensaladilla)*, vielleicht aber auch Tintenfisch *(pulpo)* oder Huhn *(pollo)*, gefüllte Paprika *(pimientos rellenos)* oder Fleisch in Soße *(carne en salsa)*. Bei Bedarf wird das Essen aufgewärmt und alsdann auf einem kleinen Teller serviert. Vielleicht macht's Appetit auf mehr!

Essenszeiten

Das Mittagessen *(almuerzo)* beginnt nicht vor 13 Uhr, das Abendessen *(cena)* nicht vor 20 Uhr. In den Ferienstädten freilich, wo die Lanzaroteños

101la Foto: gs

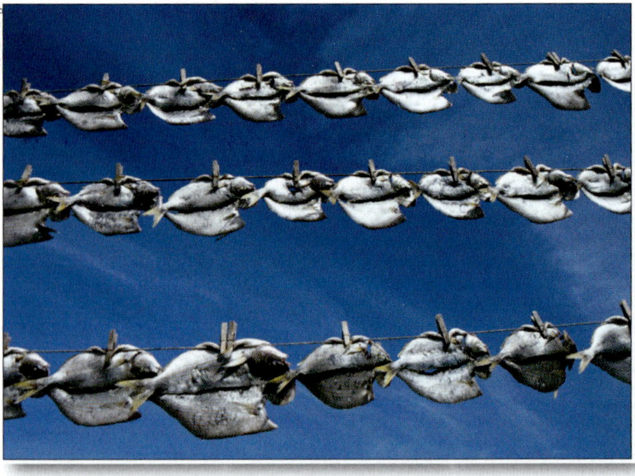

in der Minderheit sind, werden die Öffnungszeiten der Lokale den Bedürfnissen der Touristen angepasst. Dort wird das Abendessen oft schon ab 18 Uhr serviert, viele Restaurants sind von 12 bis 22 Uhr durchgehend geöffnet.

Hinweis: Im Winter gibt es in kleinen Orten wie Haría und Arrieta oft schon ab 19 Uhr nichts mehr zu essen.

Gastronomisches Glossar

Vor allem in abgelegenen Berg- und Küstendörfern gibt es nach wie vor keine mehrsprachigen **Speisekarten.** In der kleinen Sprachhilfe im Anhang findet sich ein „Wörterbuch" mit allen wichtigen gastronomischen Begriffen, die einem auf Speisekarten begegnen.

Typische Speisen

Fisch

Nirgends auf den Kanaren bekommt man so viel Fisch wie auf Lanzarote. Dies hat einen einfachen Grund: In der Hauptstadt Arrecife ist die größte Fischereiflotte des Archipels stationiert, die bis zu den Gewässern Mauretaniens auf Fang geht. Auf modern ausgestatteten Kuttern werden die Fische noch an Bord ausgenommen und für die Tiefkühltruhe vorbereitet. Die kleineren Boote starten in Küstenorten wie Órzola, Arrieta, Puerto del Carmen und Playa Blanca. Die Fischer werfen ihre Netze nahe der Küste aus und liefern ihren Fang in den Restaurants ab. Der Preis dafür ist nicht gerade niedrig – schon vor Rinderseuche und Schweinepest war Fisch teurer als Fleisch.

Als „Königin der kanarischen Fische" gilt die von knallrot bis grau schillernde *vieja* („die Alte") aus der Familie der Papageifische. Ihr weißes Fleisch schmeckt wie zartes Kalb und zergeht auf der Zunge wie Butter. Am häufigsten sieht man sie von Mai bis August, in der restlichen Zeit hat sie Seltenheitswert und ist teurer. Eine gute Alternati-

Preiskategorien

Um dem Leser eine Vorstellung zu vermitteln, wie teuer die in diesem Buch vorgestellten Restaurants sind, wurden sie in drei Preisklassen unterteilt. Die Preise gelten für ein **Hauptgericht mit Nachspeise oder Getränk.**

- **untere Preisklasse** €: bis 15 Euro
- **mittlere Preisklasse** €€: 15–25 Euro
- **obere Preisklasse** €€€: ab 25 Euro

Hinweis: In vielen Lokalen wird auf den in der Karte ausgedruckten Preis eine Steuer in Höhe von ca. 5% erhoben!

ve sind dann die fettarme *merluza* (Seehecht), der kräftige *mero* (Zackenbarsch) oder natürlich der festfleischige *atún* (Thunfisch). Allein von ihm werden jedes Jahr um die 7000 Tonnen gefangen: Nahe der Sahara finden die silbern glänzenden, mehrere Kilogramm schweren Tiere ausreichend Nahrung in Form von Sardinen und Makrelen. Insgesamt werden **85 verschiedene Fischarten** auf Lanzarote angelandet, hinzu kommen **Kalamar und Tintenfisch** sowie **Meeresfrüchte** wie Garnelen, Napfschnecken, Pfahlmuscheln und Langusten.

Vielfältig wie die Tiere sind die **Zubereitungsarten:** Fisch wird gedörrt und gekocht, gebacken und gegrillt, mariniert oder in einen Salzmantel gehüllt. Die einfache Variante heißt *a la plancha*: „auf heißem Blech" gebraten und nur leicht gesalzen, damit der Eigengeschmack besser zur Geltung kommt. Komplizierter ist die Zubereitung von *pescado a la sal*. Der Fisch wird mit einer zentimeterdicken Salzschicht gebacken, die vor dem Essen entfernt wird. So bleibt das Fleisch saftig und zart wie bei keiner anderen Zubereitungsart, schmeckt nach Meer und nur ganz leicht nach Salz. Originell ist auch *pescado jareado*: Der ausgeweidete und gewaschene Fisch wird auf die Wäscheleine gehängt und ist nach drei Tagen in salziger Meeresluft reif für den Verzehr – eine gute Beilage zu Salat, Suppe und pikanter Soße.

Fleisch

Wer Fisch nicht mag, greift zu **Ziege, Lamm** und **Kaninchen.** Vor allem am Wochenende, wenn Einheimische die Ausflugslokale bevölkern, kann man davon ausgehen, dass das angebotene Fleisch frisch ist. Meist wird es *en adobo,* in einer würzigen Essigtunke, gebeizt oder *al salmorejo* mariniert, wobei außer Knoblauch auch süßer und scharfer Paprika, Rosmarin und Thymian zum Einsatz kommen. Je nach Gusto wird das Fleisch anschließend gebraten, gegrillt oder gekocht.

Beilagen

Zu jedem Mahl bestellen Canarios *papas arrugadas,* die sogenannten **Runzelkartoffeln.** Sie werden zubereitet, indem man kleine Kartoffeln ungeschält in stark salzigem Wasser kocht. Ist das Wasser verdunstet, haftet kristallisiertes Salz an den Kartoffeln, lässt sie weiß überstäubt und schrumpelig erscheinen. Übergossen werden sie mit grüner oder roter **Mojo-Soße.** *Mojo verde,* die grüne Variante, besteht aus reichlich Knoblauch, frischem Koriander und Kreuzkümmel, die in einem Mörser zerstampft und mit Olivenöl sowie einem Schuss Essig angereichert werden. Sehr viel pikanter ist *mojo rojo,* die rote Variante, auch bekannt unter der Bezeichnung *mojo picón* (scharfe Soße): Hier verzichtet man auf Koriander und stampft der Teufelstunke Paprika und Pepperoni ein!

Salat ist nicht unbedingt ein Glanzpunkt der kanarischen Küche. Doch wenn man Glück hat, sind wenigstens die guten Zwiebeln Lanzarotes dabei: herangereift in schwarzer Vulkanasche, saftig und mild. Nicht schlecht sind auch die kleinen, aromatischen Fuerteventura-Tomaten sowie Gurken und Avocados aus Gran Canaria.

Eintopf

Probieren sollte man auch die kanarischen Eintöpfe. Sie sind herzhaft und so sättigend, dass sie leicht eine ganze Mahlzeit ersetzen. *Potaje* ist ein Gemüseeintopf und besteht aus Kürbis, Süßkartoffel und Karotte. Das gehaltvollere Gegenstück heißt *puchero* und enthält zusätzlich mehrere Sorten Fleisch, darunter Paprikawurst, Schweinerippchen und Rind.

Nachtisch

Nach dem großen Mahl hat man die Wahl zwischen Pikantem und Süßem. Eine besondere Delikatesse ist der lanzarotenische **Ziegenkäse,** der in jedem Ort anders schmeckt. Knabbern die Tiere vor allem Gras, ist der Käse mild, fressen sie das Wolfsmilchgewächs, enthält er einen leicht bitteren Beigeschmack. Frischer, nur wenige Tage alter Käse *(tierno)* ist weich und zart, halbgereifter *(semicurado)* entfaltet bereits ein starkes Aroma; reifer, mehrere Monate alter Käse *(curado)* erinnert an Parmesan, ist würzig und steinhart.

Begehrte **Süßspeisen** sind der vom spanischen Festland importierte *flan* (Karamellpudding) und vor allem *mousse au chocolat* (Schokoladenmousse). Echt kanarisch ist das Gofio-Eis, das mit *bienmesabe,* einer zähflüssigen Masse aus zermahlenen Mandeln, Eigelb und Zucker, beträufelt wird.

Während der Weihnachtswochen werden weitere Mandelspezialitäten aufgetischt: *pan de almendra* (Mandelbrot), *almendrados* (im Ofen gebackene Mandeltörtchen), *queso de almendras* (Mandelkuchen mit Eiern und geriebener Zitronenschale) und natürlich *turrón* (eine leckere Eier-Mandel-Spezialität). Sicher nicht jedermanns Geschmack, aber gleichfalls typisch kanarisch sind *truchas con batatas* (Teigtaschen mit süßen Kartoffeln) und *truchas con cabello de ángel* (Teigtaschen mit Fasermelonenkonfitüre, wörtlich „mit Engelshaar").

Getränke

Wein

Lanzarote ist berühmt für seinen Wein. Die vulkanischen Mineralien verleihen ihm Würze und Kraft, für die nötige Süße sorgt die intensive Sonneneinstrahlung. Wichtigstes Anbaugebiet ist das schwarze Lavatal rund um La Geria. Der weiße Malvasier wird in verschiedenen Geschmacksnuancen serviert: vom trockenen *seco*, der sich bestens als Begleiter zu Fisch eignet, bis zum süßen *dulce*, der als Dessertwein geschätzt ist. In mehreren Bodegas kann man sich einen Gratis-Schluck ausschenken lassen und prüfen, welcher Wein am besten schmeckt. Aber auch jenseits der „Weinstraße" finden sich interessante Anbaugebiete: so bei San Bartolomé und Tinajo sowie am Monte Corona, wo der Wein in Fässern aus Kiefernholz gelagert wird, was ihm einen eher harzigen Geschmack verleiht.

Bier

Einheimisches Bier kommt aus Teneriffa (Cerveza Dorada) oder Gran Canaria (Cerveza Tropical). Die bekanntesten Marken vom Festland sind Cruz Campo, San Miguel, Xibeca und Mahou. Gezapftes Bier bestellt man als *una caña* (kleines Bier) oder *una jarra* (großes Bier), alkoholfreies Bier als *cerveza sin alcohol*.

Kaffee

Auf jedes gute Essen folgt eine Tasse Kaffee. Wer einen schwarzen Espresso möchte, fragt nach *café solo*, der mit viel Zucker getrunken wird. Ist ihm Milch beigemischt, spricht man von *cortado*, wobei sich der Kellner vielleicht danach erkundigt, ob man ihn *natural* (mit H-Milch) oder *con leche condensada* (mit Büchsenmilch) bevorzugt. Manchmal bestellen Kanarier auch *cortado largo* im großen Glas, der sehr viel mehr Milch enthält als der normale Milchkaffee *café con leche*. Auch beliebt ist *carajillo*, ein kleiner Schwarzer mit einem Schuss Brandy – meist der Marke Veterano.

Frauen

Pfeifen auf der Straße, Rufe wie „Holá guapa!" (Hallo, du Schöne!) oder „Holá rubia!" (Hallo, Blonde!) werden der alleinreisenden Frau in allen größeren Ferienorten begegnen. Wer auf derlei Anmache nicht reagiert, wird in der Regel aber in Ruhe gelassen. Ansonsten müssen sich Frauen auf Lanzarote auf keine speziellen Macho-Tricks einstellen – die Probleme, die sie hier haben, sind die gleichen wie in Mitteleuropa.

Wer in einem Haus ganz frei von Männern leben und schlafen will, fährt nach Mala. Dort gibt es eine schöne Unterkunft „exklusiv" für Frauen. Die Casa Medusa bietet einen weiten Blick über Kakteenfelder und wird von Ima und Ro, zwei Frauen aus Bremen, geleitet. Wer gut Spanisch spricht, wird vielleicht auch Kontakt mit Mararía, der Frauenvereinigung von Lanzarote, aufnehmen wollen.

Geldfragen

Währung

Auch in Spanien ist seit 2002 der **Euro** (ausgesprochen: e-**u**-ro) die gültige Währung. Bürger der Schweiz müssen weiterhin die Wechselmodalitäten ertragen. Der Umtausch von Banknoten sowie die Einlösung von Travellerschecks ist bei allen Banken und Sparkassen möglich. Außerhalb der üblichen Schalterstunden (Mo–Fr 9–14, Sa 9–13 Uhr) können auch die Geldautomaten *(telebancos)* in Anspruch genommen werden, an denen mit der Maestro-(EC-)Karte Geld im Rahmen der festgesetzten Höchstbeträge abgehoben werden kann. Je nach Hausbank wird dafür pro Abhebung eine Gebühr von max. 4 € bzw. 6 sFr. berechnet.

Kreditkarten

Die auf den Kanaren gängigsten Kreditkarten sind **Visa** und **Mastercard.** Sie werden von allen größeren Hotels und Restaurants, Geschäften und Autovermietungen akzeptiert. Innerhalb der EU

Richtwerte für Nebenkosten

Unterkunft

- Pension, DZ .... ab 25 €
- Apartment 2 Pers. .... ab 35 €
- einfaches Hotel DZ .... ab 45 €
- Landhaus 2 Pers. .... ab 65 €

Strand und Sport

- Liegestuhl pro Tag .... 3–5 €
- Fahrrad pro Tag .... ab 10 €
- Geführte Tageswanderung .... 25–40 €
- Tennis pro Stunde .... 9–12 €

Verkehrsmittel

- Linienbus Flughafen – Puerto del Carmen .... 2 €
- Linienbus Flughafen – Arrecife .... 2 €
- Taxi Flughafen – Puerto del Carmen .... 12–14 €
- Taxi Flughafen – Costa Teguise .... 20–24 €
- Taxi Flughafen – Playa Blanca .... ca. 40 €
- Mietauto pro Tag .... ab 25 €
- Super-Benzin (1 l) .... knapp 1 €

Im Lokal

- Kanarisches 3-Gang-Menü *(menú del día)* .... 9–13 €
- Softdrinks .... ab 1,50 €
- Einheimisches Bier (0,3 l) .... ab 2 €
- Glas Wein (0,2 l) .... ab 2,50 €
- Kaffee mit Milch .... 1,60 €

Im Supermarkt

- Brötchen .... 0,35 €
- Milch (1 l) .... 1 €
- Wurst/Käse (100 g) .... ab 1 €
- Flasche Wein .... ab 2 €
- Dosenbier .... ab 0,50 €
- Wasserkanister (5 l) .... 1–1,50 €
- Zigaretten (200 Stück) .... 15–20 €

Preisermäßigung

Kinder von 3–12 Jahren zahlen in Museen meist nur die Hälfte, bis 2 Jahre ist der Eintritt frei. Rabatt erhalten oft auch Studenten und ältere Personen ab 60 oder 65 Jahren.

Trinkgeld

In Restaurants sind 5–10% Trinkgeld üblich, freilich nur, wenn man mit der Bedienung wirklich zufrieden war.

darf die ausgebende Bank für das bargeldlose Zahlen per Kreditkarte keine Gebühr erheben; dagegen wird für die Schweizer ein Entgelt von ca. 1–2% des Umsatzes berechnet. Die Barauszahlung per Kreditkarte sollte nach der Brüsseler Preisverordnung im EU-Ausland nicht mehr kosten als im Inland, doch in der Praxis wird das Kreditkartenkonto je nach ausgebender Bank mit bis zu 5,5% der Abhebungssumme belastet (am Bankschalter meist teurer als am Geldautomaten). Merke: Für Bargeldabhebungen ist die Maestro-(EC-) Karte günstiger!

Checkliste für Kreditkarten

- Bitte prüfen, bis wann die Karte gültig ist!
- Geheimnummer (PIN) auswendig lernen, damit Bargeld an Automaten abgehoben werden kann!
- Vorder- und Rückseite der Karte fotokopieren und die 16-stellige Kartennummer notieren! Die Fotokopien getrennt von der Karte aufbewahren, damit man diese bei eventuellem Verlust sperren lassen kann!
- Namen des kartenausgebenden Geldinstituts notieren!
- Bei der Bedienung von Geldautomaten sicherstellen, dass niemand die Geheimnummer sieht!
- Sperren lassen: Für deutsche Maestro-(EC-) und Kreditkarten gilt die einheitliche **Sperrnummer** 0049-116116, im Ausland zusätzlich 0049-3040504050. Da Österreicher und Schweizer diesen Service vorerst nicht in Anspruch nehmen können, sollten sie vor der Reise bei der zuständigen Bank die für sie geltende Sperrnummer erfragen.

Information

Aktuelles **Informationsmaterial** kann unter Tel. 06123-99134 oder Fax 9915134 angefordert werden. Auskünfte werden unter dieser Nummer nicht erteilt. Dafür sind allein die Büros des Spanischen Fremdenverkehrsamts (www.spain.info) zuständig.

Fremdenverkehrsämter

- **Spanisches Fremdenverkehrsamt,** Kurfürstendamm 63, 10707 **Berlin,** Tel. 030-8826543, Fax 8826661, berlin@tourspain.es
- **Spanisches Fremdenverkehrsamt,** Grafenberger Allee 100, Kutscherhaus, 40237 **Düsseldorf,** Tel. 0211-6803981, Fax 6803985

- **Spanisches Fremdenverkehrsamt,** Myliusstr. 14, 60323 **Frankfurt,** Tel. 069-725038, Fax 725313, frankfurt@tourspain.es
- **Spanisches Fremdenverkehrsamt,** Postfach 151940, 80051 **München,** Tel. 089-53074611, Fax 53074620, munich@tourspain.es
- **Spanisches Fremdenverkehrsamt,** Walfischgasse 8 Nr. 14, 1010 **Wien,** Tel. 01-5129580, Fax 5129581, viena@tourspain.es
- **Spanisches Fremdenverkehrsamt,** Seefeldstr. 19, 8008 **Zürich,** Tel. 01-2536050, Fax 01-2526204, zurich@tourspain.es

Vor Ort

Auf Lanzarote erhält man aktuelle Broschüren beim Fremdenverkehrsamt in Arrecife. Weitere Informationsbüros gibt es in Playa Blanca und Puerto del Carmen. Die Adressen finden sich in der Kurzinfo zur jeweiligen Stadt.

Presse

Deutsche Zeitungen und Zeitschriften treffen noch am gleichen Tag oder mit einem Tag Verspätung ein. Man findet sie am Flughafen sowie in den Zeitungsläden und Supermärkten der Ferienorte. Die auf Gran Canaria publizierte Wochenzeitschrift „Info Canarias“ paraphrasiert Artikel aus der kanarischen Presse und enthält Hinweise auf anstehende Kulturereignisse sowie die Gezeitentabelle. Aktuelle Flug-, Fähr- und Busfahrpläne sind in den kanarischen Tageszeitungen abgedruckt.

Radio

Radio Europa, alteingesessener deutscher Touristensender mit Sitz in Puerto del Carmen, sendet auf FM 102,5 MHz und überträgt aktuelle Inselnachrichten, Sport und Unterhaltung. **Atlantis FM 101,7** kommt moderner daher als sein Konkurrent, jede halbe Stunde gibt es im Wechsel Nachrichten aus aller Welt sowie das Wichtigste von den Kanaren; abends Jazz und Special Music Shows.

Fernsehen

Viele Hotels strahlen deutsches Fernsehen via Satelliten aus. Auf Kanal 21 informiert der lokale Fernsehsender **Enjoy Lanzarote TV** über das touristische Angebot auf der Insel und sagt das Wetter voraus.

Internet

Buchtipp: **„Internet für die Reise"**, Reihe Praxis, REISE KNOW-HOW Verlag, Bielefeld

Man erwarte nicht zu viel von „Lanzarote im Internet". Zwar ist die Insel häufig im Web vertreten, doch was da so munter veröffentlicht wird, ist meist nichts als Werbung – auch dort, wo sie als uneigennützige Info verkleidet ist. Viele Autoren von Websites haben den Idealismus der frühen Jahre abgestreift und zeigen, woran sie wirklich interessiert sind. Sie fragen: „Wie viel zahlt mir der touristische Betrieb, wenn über den Eintrag auf meiner Homepage eine Buchung erfolgt?", und präsentieren ausschließlich die an Werbung interessierten Veranstalter und Hoteliers. Restaurantbesitzer erzählen inzwischen Horrorgeschichten von „Internet-Spezialisten", die hohe Summen für einen Eintrag auf ihrer angeblich so großartigen Homepage verlangen.

Allgemeines

- **www.lanzarote37.de:** Deutschsprachiges Inselmagazin mit aktuellen Nachrichten und Hintergrundinfos, Beschreibungen neuer (vorwiegend teurer) Restaurants, einem Tidenkalender, Veranstaltungen und Kleinanzeigen.
- **www.turismolanzarote.com:** Homepage des Patronato de Turismo mit ausführlichen Infos zu den Sehenswürdigkeiten der Insel, Sport und Kultur, ausgewählten Unterkünften und Restaurants.
- **www.lanzarote.com:** „Online-Spezialist für Hotel- und Apartmentreservierung auf Lanzarote". Mit einer guten Link-Sammlung für Restaurants und Einkaufadressen, Kultur und Unterhaltung, Bus-, Fähr- und Flugverbindungen.
- **www.cabildodelanzarote.com:** Website der Inselregierung mit statistischen Daten und ein paar touristischen Hinweisen.
- **www.lanzarote-tourism.com:** Interessierte Hinweise auf Unterkünfte und Restaurants, Clubs und Discos, dazu Tipps für kommende Veranstaltungen.
- **www.lanzarotelive.de:** Außer der üblichen „Urlaubsplanung", d.h. Vermittlung von Unterkünften und Mietautos, gibt es eine kurze Präsentation der Inselorte, Infos zu Kultur und Geschichte.
- **www.lanzarote-life.net:** Die Website konzentriert sich auf das spirituelle Leben, Fragen der Gesundheit und Heilung. Mit einer Auflistung wichtiger Termine und Veranstaltungen, Bioläden und alternativer Gemüsebauern sowie all jener Lokale, die sich, wie es heißt, „einer bewussten, reellen Gastronomie verschrieben haben".

- **www.ociolanzarote.com:** Das Online-Magazin informiert auf Spanisch über einige wenige Kultur- und Freizeitangebote.
- **www.lanzarotegayguide.com:** Ein paar hilfreiche Adressen für Schwule, die vor allem in Puerto del Carmen zahlreich vertreten sind.
- **www.lanzarote-fuerte.com:** Virtueller Reiseführer mit Werbe-Infos zu Hotels, Essen und Trinken, Nachtleben, Sport und Gesundheit.
- **www.playasdecanarias.com:** Alle Strände der Insel mit einer Beschreibung der Zufahrt auf Spanisch.
- **www.infolanzarote.de:** Beliebtes Lanzarote-Forum, v.a. aber Apartments von privat, Branchenverzeichnis, Bilder und Links.
- **www.reise-bild-archiv.de:** Lanzarote-Fotos von *Ernst Wrba*.

Unterkunft

- **www.ecoturismocanarias.com:** Bisher haben sich nur wenige Landhäuser sich der Vereinigung „Turismo Rural" angeschlossen.

Essen und Trinken

- **www.larutadelbuenyantar.com/lanzarote:** Ausgewählte Restauranttipps für die Insel Lanzarote.

Kultur

- **www.centrosturisticos.com:** Infos zu den Manrique-Highlights und aktuelle Preisinfos.
- **www.bienmesabe.org:** Kulturnachrichten von allen Inseln des Archipels in spanischer Sprache.

Medien

- **www.radiosites.de/urlaubsradios.shtml:** Übersicht deutschsprachiger Rundfunksender im Ausland.
- **www.radio-europa.fm:** Hat man die nötige Abspielsoftware auf dem Rechner installiert, kann man Radio Europa live hören.
- **www.atlantis-radio.com:** Radiosender Atlantis FM 101,7 mit On-Air-Livestream.
- **www.lanzarotedigital.com:** Spanische Internetzeitung mit Nachrichten zu Lanzarote, Kulturtipps, Apothekennotdienst, Wetterbericht und Fahrplänen (*Servicios: vuelos-barcos-guaguas,* werden leider nur alle paar Jahre aktualisiert).
- **www.lavozdelanzarote.com:** Wer Spanisch spricht, informiert sich über lokale Ereignisse, Gottesdienste, Wetteraussichten und Fahrpläne aus der Tageszeitung „La Voz".
- **www.infocanarias.com:** Jede Woche neu: Aktuelles von den Kanarischen Inseln. Die Überschriften und der jeweils erste Satz sind auch für Nichtabonnenten zugänglich.

Verkehr

- **www.gobiernodecanarias.org/transportes:** Das kanarische Verkehrsamt informiert über die interinsularen Verbindungen mit Flugzeug und Schiff sowie die Preise für Urlauber und Residenten.

- **www.fredolsen.es:** Übersicht über alle Verkehrsverbindungen der Reederei Olsen auf dem kanarischen Archipel mit genauem Fahrplan.
- **www.trasmediterranea.es:** Unter „Routes & Services" findet man die wichtigsten Fährverbindungen der Gesellschaft Acciona/Trasmediterránea.
- **www.naviera-armas.com:** Fährlinien des Unternehmens Armas.
- **www.binternet.com:** Interinsulare Flüge mit der Gesellschaft Binter, Abfahrtszeiten und Preise.

Sonstiges

- **www.arzt-lanzarote.de:** Ärztliche Versorgung auf der Ferieninsel.
- **www.wetteronline.de/Spanien/Lanzarote.htm:** Infos zur aktuellen Wetterlage auf Lanzarote.

Hinweis

Die Online-Adressen der wichtigsten **Last-Minute-Anbieter** werden unter „Anreise", die der Landhaus-Vermittler unter „Unterkunft" genannt. Sportlich Aktive finden Online-Adressen bei den Ortsbeschreibungen: **Taucher** in Puerto del Carmen, Playa Blanca und Caleta del Sebo (La Graciosa), **Surfer** in La Santa und **Reiter** in Uga, **Segler** in Puerto Calero, **Golfer und Wanderer** in Costa Teguise. Wer sich über den im Mai ausgetragenen **Ironman-Triathlon** informieren will, findet das aktuelle Programm im Internet. Während der Veranstaltungstage ist eine Webcam installiert, die alle 30 Sekunden aktualisierte Bilder von dem Wettbewerb liefert (www.ironmanlanzarote.com). **Internetcafés** gibt es auf Lanzarote in Arrecife, Puerto del Carmen und Playa Blanca.

Kinder

Auf Lanzarote hat man sich auf die Blondschöpfe aus dem Norden gut eingestellt: In Supermärkten gibt es Babynahrung und Windeln, die meisten Restaurants bieten Hochstühle. Kanarische **Kinderfreundlichkeit** äußert sich in begeisterten Ausrufen wie „Qué niño más guapo!" (Was für ein schönes Kind!), im Tätscheln, Drücken und Küssen – nicht immer zur Freude der Kleinen. Doch sie haben es schon gut auf den Kanaren: Wenn sie Geschirr zerteppern oder die Tischdecke bekleckern, wird ihnen das keineswegs übel genommen – oft werden derlei „Vergehen" sogar mit aufmunterndem Klatschen quittiert.

Miniclubs

Viele Ferienanlagen leisten sich spezielle Clubs für Kinder. In Puerto del Carmen gibt es gute Miniclubs in den Anlagen La Geria und Jameos Playa, in Costa Teguise in Lanzarote Gardens und La Galea, in Playa Blanca in Natura Palace und Lanzarote Princess, Paradise Island und Sun Beach. In diesen „Märchenländern für Zwerge" kümmern sich deutschsprachige Betreuer um die Drei- bis 14-Jährigen, derweil die Eltern ungestört ihren Interessen nachgehen und (laut TUI-Katalog) „ganz sie selbst sein" können. Angeboten werden Basteln und Spiele für die Kleinen, für die etwas Größeren Sport-Wettkämpfe im Pool und auf dem Volleyball-Platz. Außerdem gibt es fast jeden Abend eine „Mini-Disco".

Strand

Am liebsten spielen Kinder am Strand, wo sie Sandburgen bauen, Muscheln sammeln und Fische füttern können. Am besten geeignet sind flach abfallende, durch Molen bzw. Felsarme geschützte Buchten wie die Playa Flamingo (Playa Blanca), die Playa de Papagayo an der Südostspitze, Playa Chica und Playa Grande (Puerto del Carmen) sowie die etwas windige Playa de las Cucharas (Costa Teguise).

Bootsausflüge Die Küstenorte Puerto del Carmen, Puerto Calero und Playa Blanca bieten Ausflugsfahrten mit dem Schiff: Auf einem romantischen Windjammer schippert man die Küste entlang, hisst Segel und erlernt Seiltricks – oder man lässt, in Glasbodenboot und Yellow Submarine sitzend, große und kleine Fische an sich vorüberflitzen, mit etwas Glück ist ein Engelshai dabei. Stets ein Erlebnis ist auch die Überfahrt von Órzola auf die vorgelagerte Insel La Graciosa. Mit älteren Kindern kann man dort mit dem Rad zu einer Inselumrundung aufbrechen (Verleih vor Ort).

Aquapark „Uneingeschränkte Badefreuden" verspricht der größte **Wasserpark** der Insel, drei Kilometer westlich von Costa Teguise an der Straße nach Tahiche (⇗„Costa Teguise"). Aber lohnt sich der Besuch? Wasserfälle sorgen für ein beachtliches Getöse, Kinder können auf knallbunten Rutschen in die Pools hinabsausen, es gibt einen Spielplatz, Trampoline und Mini-Skooter ... Aber könnte nicht wenigstens ein Teil des hohen Eintrittsgeldes für die Pflege und Verschönerung der Anlage verwendet werden?

Ritt auf einem Dromedar Vormittags herrscht großer Andrang an der **Dromedarstation:** Der Echadero de los Camellos (wörtlich: „Ruheplatz der Kamele") liegt am Fuße der Montaña Timanfaya (⇗„Timanfaya-Nationalpark"). Sich von einem Wüstenschiff durch die schwarzen Feuerberge schaukeln zu lassen, gehört zu den (wenigen) gleichzeitig schönen und ungewöhnlichen Erlebnissen, die diese Insel Kindern bietet. Schon das Aufsitzen macht Spaß: Legt sich das Tier auf den Boden, wird ihm seitlich des Höckers ein Tragegestell übergestülpt, sodass links und rechts je eine Person Platz nehmen kann. Meist sitzt ein Elternteil auf der einen, das Kind auf der anderen Seite. Damit aufgrund des unterschiedlichen Gewichts keine Schieflage aufkommt, wird auf der Seite des Kindes ein Sandsack befestigt. Das Tier erhebt sich über die Hinterbeine und meist mit einem recht starken Ruck, sodass man im ersten Augenblick Angst haben könnte, vornüber zu fallen. Doch dann beginnt die gemütliche Seite der Tour: Die Karawane setzt sich in Bewegung, die Schaukelpartie dauert knapp 20 Minuten ...

Noch mehr Tiere

Kontakt zu Tieren hat man auch beim **Ponyreiten** (⇗„Uga“) und beim Besteigen eines **Esels** auf der Farm Las Pardelas (⇗„Órzola“). Von dort ist es nicht weit bis zum **Tropical Park** (⇗„Guinate“): ein Vogelpark mit Flamingos, Schnabeltukanen und frei umherstolzierenden Pfauen. Allerlei Kunststücke werden bei der mehrmals täglich stattfindenden Papageienshow vorgeführt. Nicht nur Kinder begeistern sich am Anblick kleiner Affen. Nur schade, dass seit einiger Zeit die winzigen, so flinken und zutraulichen Tamarindos nicht mehr zu sehen sind – sie waren die Hauptattraktion!

010la Foto: gs

Veranstalter

Alle großen Reiseunternehmen geben in ihren Katalogen spezielle Empfehlungen für **Familienurlaub** und bieten Sonderrabatt für Kinder, der je nach Reisezeit und Alter unterschiedlich hoch ausfällt. Kinder bis zu zwei Jahren zahlen meist nur 10% des Flugpreises, haben jedoch im Flugzeug keinen Anspruch auf einen Sitzplatz. Kinder bis elf Jahre zahlen in der Regel die Hälfte des Preises. Für alle, die an der Grenze zu einem anderen Bundesland leben, könnte es sich lohnen, auf dortige Flughäfen auszuweichen, um die nach den Ferienzeiten gestaffelten Saisonzuschläge zu umgehen.

Kleidung

Normalerweise benötigt man nur Sommerkleidung, denn das ganze Jahr über herrschen Tagestemperaturen von über 20°C. Freilich kann es zwischen November und Mai durchaus einmal regnen und Tage mit kühlem Nordwind geben. Für das abendliche Vergnügen und die Ausflüge ins Bergland empfiehlt sich die Mitnahme etwas wärmerer Kleidung, eines Pullovers oder Anoraks.

Medizinische Versorgung

Staatlich

Gesetzlich krankenversicherte Patienten können sich kostenlos im **Krankenhaus** von Arrecife *(Hospital General de Arrecife)* und in den lokalen **Gesundheitszentren** *(Centros de Salud)* behandeln lassen. Vorzulegen sind der Ausweis und die europäische Krankenversicherungskarte EHIC (European Health Insurance Card), gültig für alle Länder der EU und die Schweiz. Die Telefonnummern und Adressen für Krankenhaus, Gesundheitszentren und private Arztpraxen finden sich im Kurzinfo der jeweiligen Stadt.

Gesundheitstipps

- Lassen Sie sich von den Passatwinden nicht verleiten, die Intensität der Sonne zu unterschätzen. Wählen Sie vor allem an den ersten Urlaubstagen eine bewährte **Sonnenschutzcreme** und meiden Sie die Mittagshitze. Die Wasseroberfläche reflektiert die UV-Strahlen wie ein Spiegel und verstärkt ihre Wirkung.
- Tragen Sie keine normale Brille am Strand, sondern nur **Sonnenbrillen;** die Gläser haben die Wirkung einer Lupe und können Verbrennungen hervorrufen!
- Muten Sie Ihrem Körper an heißen Tagen **keine eiskalten Getränke** zu!
- Das **Leitungswasser** auf Lanzarote ist nicht von bester Qualität und sollte nur zum Waschen, Kochen und Zähneputzen benutzt werden. Für Kaffee und Tee nur Wasser aus gekauften Flaschen bzw. Fünf- oder Acht-Liter-Kanistern verwenden: *agua mineral con gas* (Wasser mit Kohlensäure) oder *sin gas* (ohne Kohlensäure).
- Achten Sie bei **Durchfallerkrankungen** auf eine ausreichende Flüssigkeitszufuhr! Abgepackte Glukose-Elektrolyt-Mischungen sind im Handel erhältlich und gehören in jede Reiseapotheke.

Privat

Alle Ärzte, die außerhalb staatlicher Institutionen praktizieren, sind **Privatärzte** und verlangen Barzahlung. Da die Erstattung der Rechnung im kassenüblichen Rahmen nicht garantiert ist, empfiehlt es sich, sich durch eine Auslandszusatzversicherung ohne Selbstbeteiligung gegen sämtliche Risiken abzusichern (⇗„Versicherungen"). **Deutsche Ärzte** *(médicos)* und **Zahnärzte** *(odontólogos)* gibt es in allen größeren Ferienorten. Das oberhalb von Puerto del Carmen gelegene Privatkrankenhaus Hospiten (70 Betten) bietet modernste medizinische Versorgung mit Dialyse-Einheit, Rehabilitation und Physiotherapie; auch Operationen werden durchgeführt.

Medikamente

Apotheken *(farmacias)* sind durch ein grünes Kreuz auf weißem Grund gekennzeichnet und öffnen zu den normalen Geschäftszeiten. Der Kauf von Medikamenten lohnt sich, sie sind durchweg preiswerter als in Deutschland. Viele sind ohne Rezept erhältlich, allerdings oft unter anderem Namen. Feiertags- und Nachtdienst *(farmacia de guardia)* sind an der Eingangstür der Apotheken angezeigt.

Museen

Lanzarote bietet ein **reiches Angebot** an Museen, die Palette reicht von Archäologie und Ethnografie über Wein- und Sternenkunde bis zu moderner Kunst. Fündig wird man vor allem in der alten und der neuen Hauptstadt. In Teguise finden Ausstellungen in alten Klöstern und Palästen statt, im Castillo Santa Bárbara erinnert ein Emigrantenmuseum an die leidvolle Geschichte der Insulaner. Auch in Arrecife wurden alte Festungen in Museen umgewandelt, Bilder von *Joan Miró* und *Pablo Picasso* kann man im Castillo de San José bestaunen. Kunstgalerien entdeckt man auch in Yaiza, Teguise und Puerto Calero.

Das Museum El Grifo wird die Weinfreunde begeistern, im Museum von Tiagua wird die Tradition der Landwirtschaft wiederbelebt. Dem Vulkanismus widmen sich das Besucherzentrum in Mancha Blanca sowie die Casa de los Volcanes in Jameos del Agua. Das jüngste Museum entstand im Hafen von Puerto Calero: Im Museo de Cetáceos lernt man Interessantes über das Leben von Walen und Delfinen.

045la Foto: gs

Nachtleben

Wer auch nach Mitternacht etwas erleben möchte, wohnt in **Arrecife,** wo man ganz unter Einheimischen ist, oder in **Puerto del Carmen,** dem „internationalsten" Ort. Dort gibt es über 130 Kneipen und Discos, die vor allem am Wochenende sehr voll sind. In den übrigen Ferienorten spielt sich jenseits der Hotelanlagen nicht viel ab, vor allem in Playa Blanca ist das Nightlife unterentwickelt.

Notfälle

Der Notruf **112** ist eine **Zentrale für alle Notfälle** – Polizei, Arzt und Feuerwehr. Anrufe werden auch auf Deutsch beantwortet, der Anschluss ist rund um die Uhr besetzt.

Weitere wichtige Rufnummern:
- **Rotes Kreuz** *(Cruz Roja):* 922812222
- **Deutsche Rettungsflugwacht** Stuttgart: 0049-711-701070
- **Fernsprechauskunft national:** 11818
- **Fernsprechauskunft international:** 11825
- **Sperrung der Kreditkarte:** ⇗„Geldfragen"
- **Diebstahl:** ⇗„Sicherheit"

Öffnungszeiten

- **Banken:** meist Mo–Fr 9–14, Sa 9–13 Uhr
- **Post:** meist Mo–Fr 9–14, Sa 9.30–13 Uhr
- **Behörden/Fundbüro:** Mo–Fr 9–14 Uhr
- **Geschäfte:** Supermärkte meist 9–20 Uhr, kleinere Läden Mo–Fr 9–13 und 17–20, Sa 9–13 Uhr; in Touristengebieten sind Geschäfte oft auch am Sonntag geöffnet.
- **Kirchen:** meist nur während der Messe

Im Hochsommer öffnen viele Geschäfte nur vormittags, die Banken bleiben samstags geschlossen und auch für Museen gelten eingeschränkte Öffnungszeiten.

Live-Jazz in La Galería (Teguise)

Post

Briefmarken *(sellos)* bekommt man beim Postamt *(correos)* und in Tabakläden *(estancos),* oft auch an der Hotelrezeption. Die „Laufzeit" von Briefen beträgt meist fünf bis acht Tage. **Postlagernde Sendungen** (Zusatz: *lista de correos,* Nachname in Druckbuchstaben) werden zwei Wochen aufbewahrt. Beim Abholen den Ausweis nicht vergessen!

Routenvorschläge

In der folgenden Übersicht werden vier landschaftlich reizvolle Routen vorgestellt. Sie sind im Rahmen von **Tagesausflügen** zu bewältigen, wobei man allerdings schon früh starten sollte. Als Ausgangspunkte wurden Playa Blanca, Puerto del Carmen, Arrecife und Costa Teguise gewählt, doch selbstverständlich kann man sich von anderen Orten der Insel „zuschalten". Alle Strecken sind mit einem normalen **Pkw** gut zu bewältigen. Zur Orientierung wurden die attraktivsten Orte **fett** markiert. Die Tourenvorschläge für Radler finden sich im Kapitel „Sport und Erholung".

Südwesttour

Quer durchs **Ajaches-Gebirge** geht es über Bilderbuchdörfer zur **Westküste,** wo man in einen grünen Kratersee blickt. Längs brandungsumtoster Klippen setzt sich die Fahrt fort, bei Salinas de Janubio sieht man schachbrettartig angelegte Salzfelder. Die Tour ist vergleichsweise kurz, sodass man Zeit für ausgedehnte Pausen hat.

00 km Playa Blanca
10 km Las Breñas
13 km **Femés**
21 km Uga
24 km **Yaiza**
31 km **El Golfo**
36 km **Los Hervideros**
38 km **Salinas de Janubio**
47 km Playa Blanca

011la Foto: gs

Weite Teile Lanzarotes sind von Vulkanlandschaft geprägt

Vulkantour Lanzarotes ungewöhnlichste Landschaften sind hier in einer Tour vereint. Erst durchfährt man ein von Menschen grandios gestaltetes **Lavatal,** dann lernt man die **Feuerberge** kennen: steingewordene Naturgewalt, wo alles so erscheint wie zu jener Zeit, als die Vulkane aus der Erde herausgeschleudert wurden.

00 km Puerto del Carmen
05 km Mácher
13 km Uga
18 km **La Geria**
25 km Masdache
30 km **Monumento al Campesino** (Mozaga)
35 km Tiagua
40 km Mancha Blanca
42 km **Centro de Visitantes**
49 km **Islote de Hilario**
58 km **Yaiza**
61 km Uga
67 km Playa Quemada
77 km Puerto Calero
82 km Puerto del Carmen

Touren
Autorouten
1 Südwesttour
2 Vulkantour
3 Famaratour
4 Nordtour
Radtouren
5 Südtour
6 Weinstraße
7 Inselquerung
8 Nordtour
Órzola
Mirador del Río
Yé
Las Rositas
Guinate
Máguez
Haría
Jameos del Agua
Cueva de los Verdes
Punta de Mujeres
Arrieta
Start + Ziel 8
Mala
Ermita de las Nieves
Guatiza
La Caleta de Famara
Ziel 7
Teguise
Costa Teguise
Start + Ziel 4
Sóo
Tahiche
Tiagua
Mozaga
San Bartolomé
Start + Ziel 3
Arrecife
Tinajo
La Vegueta
Mancha Blanca
Masdache
Centro de Visitantes
Tías
Islote de Hilario
Mácher
Start + Ziel 2, Start 7
Puerto del Carmen
Start + Ziel 6
Yaiza
Uga
Puerto Calero
Playa Quemada
El Golfo
Femés
Los Hervideros
Salinas de Janubio
Las Breñas
El Papagayo
Start + Ziel 1, 5
Playa Blanca
0
10 km

Famara-Tour

Von Küste zu Küste geht es quer über die Insel. Spektakulär ist die Fahrt durch die **Wüste von El Jable,** wenn die Straße fast geradlinig auf die hohen **Klippen von Famara** zuläuft. Auf dem Rückweg lernt man die **Stadt Teguise** mit ihren Kolonialhäusern, Kirchen und Klöstern kennen.

00 km Arrecife
07 km San Bartolomé
09 km **Monumento al Campesino** (Mozaga)
14 km Tiagua
19 km Sóo
25 km **La Caleta de Famara**
38 km **Teguise**
43 km **Fundación César Manrique** (Tahiche)
48 km Arrecife

Nordtour

Ein toller Landschaftseindruck jagt den nächsten – am Weg liegt so viel Sehenswertes, dass man Mühe hat, die Tour an einem Tag zu bewältigen. Über den **Famara-Rücken** geht es ins Tal der tausend Palmen hinauf, von mehreren Aussichtspunkten bieten sich spektakuläre Blicke auf den „kleinen", Lanzarote vorgelagerten Archipel. Vorbei an den weißen **Buchten von Órzola** erreicht man den längsten Lavatunnel der Welt, in den man an zwei Stellen abtauchen und Manriques „Eingriffe" bewundern kann. Über das Fischerdorf Arrieta und den Kaktusgarten von Guatiza geht es zurück.

00 km Costa Teguise
08 km Tahiche
13 km **Teguise**
23 km **Ermita de las Nieves**
31 km **Haría**
37 km **Mirador de Guinate**
42 km **Las Rositas**
45 km **Mirador del Río**
47 km Yé
54 km **Órzola**
63 km **Jameos del Agua**
64 km **Cueva de los Verdes**
67 km Punta de Mujeres
69 km **Arrieta**
73 km Mala
76 km **Guatiza**
90 km Costa Teguise

Sicherheit

Buchtipp:
„Schutz vor Gewalt und Kriminalität unterwegs“, Reihe Praxis, REISE KNOW-HOW Verlag, Bielefeld

Vom Risiko des **Diebstahls** bleibt auch das Ferienziel Lanzarote nicht verschont, vor allem in den Touristenzentren ist Vorsicht geboten. Für Wertsachen und Dokumente, die in der Unterkunft verloren gehen, übernehmen Hotels keine Haftung, daher empfiehlt es sich, diese im **Safe** – gegen Quittung und Gebühr – zu deponieren.

Wer den Mietwagen unterwegs abstellt, sollte keine Gegenstände sichtbar im Auto liegen lassen. Auch am **Strand** ist Vorsicht geboten. Es kommt vor, dass sich Langfinger unter die Badegäste mischen und genau registrieren, wann sich Touristen ins Meer stürzen und ihre Gegenstände unbewacht zurücklassen. Am besten trifft man eine Übereinkunft mit den Strandnachbarn und löst einander bei der Bewachung der Privatsachen ab.

Wird man trotz aller Vorsichtsmaßnahmen Opfer eines Diebstahls, so muss, um spätere Ansprüche bei der Versicherung geltend machen zu können, ein **Polizeiprotokoll** angefertigt werden. Wer kein Spanisch spricht, lässt sich, bevor die Meldung *(denuncia)* bei der Polizeistelle (Guardia Civil) erfolgt, beim Konsulat ein zweisprachiges Formblatt (Schadensmeldung) ausstellen. Wurde der Personalausweis gestohlen, so wird ein Ersatzausweis erst dann vom örtlichen Konsul ausgestellt, wenn diesem die Anzeige- und Verlustbestätigung der örtlichen Polizeibehörde (↗ Kurzinfos) vorliegt, dazu zwei Passfotos und möglichst auch eine Kopie des gestohlenen Ausweises.

Sport und Erholung

Langeweile kommt auf Lanzarote nicht auf – die Insel ist ein Paradies vor allem für Freunde des Wassersports. So kann man das ganze Jahr über baden und tauchen, je nach Windverhältnissen auch surfen und segeln. Und wer dem Wasser nichts abgewinnen kann, fährt Rad oder reitet, spielt Golf oder steigt mit Gleitschirm in die Lüfte.

Die größeren Hotels haben sich auf sportbewusste Gäste eingestellt und verfügen über Tennis- und Squashcourts, bieten Gymnastikkurse an. In der Ferienstadt Puerto del Carmen gibt es ein öffentliches Sportzentrum (Centro Deportivo), in La Santa ein Sporthotel der Superlative mit einem riesigen Schwimmbad und einer professionellen Leichtathletikanlage. Dank des jährlich meist Ende Mai ausgetragenen Ironman-Triathlon hat sich die Insel ein „sportives" Image zugelegt.

Baden

Baden ist an der Ostseite der Insel **das ganze Jahr über,** an der Westseite nur während der Sommermonate möglich. Die Wassertemperatur liegt im Winter bei 17–20 °C, im Sommer bei 20–23 °C. Eine Übersicht über die schönsten Strände findet sich im Kapitel „Urlaubsziel Lanzarote".

Lanzarote – auch eine Wanderinsel?

Zwar ist die Landschaft Lanzarotes nicht so vielfältig wie etwa die von Gran Canaria, Teneriffa und La Palma, doch sollte man während seines Urlaubs das Auto mindestens einmal stehen lassen und die ungewöhnliche Landschaft dieser Insel zu Fuß erkunden. In diesem Buch werden im **Kapitel „Wanderungen"** 12 attraktive, abwechslungsreiche Touren (davon zwei auf La Graciosa) vorgestellt. Zu den schönsten zählen der Klippenweg zur Playa del Risco und der Pilgerpfad zur „Schneejungfrau", der Abstieg ins „Tal der Tausend Palmen" und der Weg durch die Feuerberge mit ihrer endlosen Lava.

In jüngster Zeit hat die Inselregierung damit begonnen, 20 **Wanderwege** auf Lanzarote und vier auf La Graciosa instand zu setzen und nach europäischen Maßstäben zu beschildern. Der Verlauf dieser Touren ist großenteils identisch mit dem der hier vorgestellten Wege.

Risiken beim Baden

- Grundsätzlich sollte man beim Baden vorsichtig sein und **nie zu weit hinausschwimmen!**
- Bei **hohen Wellen** geht man am besten per Kopfsprung ins Wasser: kurz bevor die Welle bricht ein- und unter ihr hindurchtauchen!
- Bei nahender **Ebbe** *(bajamar)* entwickelt das Wasser erhebliche Sogkräfte. Dazu kommt - unabhängig von den Gezeiten - die bestehende **Unterströmung** *(corriente de fondo).* An manch einem Küstenabschnitt ist der Sog so stark, dass man aufs offene Meer gezogen wird und nur schwer zum Ufer zurückkommt. Ein Tipp von Einheimischen: Man gebe dem Sog 100 bis 200 Meter nach und versuche, sobald dieser an Stärke verliert, seitlich aus ihm herauszuschwimmen und an anderer Stelle das Ufer zu erreichen.
- Im Frühjahr kann es geschehen, dass sich ein Geschwader **Portugiesischer Galeeren** der Küste nähert. Der Körper darf mit diesen blauen Quallen, erkennbar an ihren aufgeblähten Segeln, nicht in Berührung kommen: Ihre Nesselfäden verursachen Verbrennungen, manchmal auch Lähmungserscheinungen.
- An viel besuchten Stränden werden **Flaggen** gehisst, die man unbedingt beachten sollte. Bei Grün darf man ins Meer gehen, bei Gelb wird zu Vorsicht gemahnt und bei Rot heißt es: Baden verboten!

FKK

Für Freunde des Nacktbadens gibt es auf den Kanaren keine bessere Adresse als **Charco del Palo,** eine Nudisten-Kolonie an der wilden Nordostküste. Anhänger der Freikörperkultur trifft man aber auch an den Papagayo-Stränden an der Südostspitze und nahe der Bungalowsiedlung der Playa de Famara. Zwei bekannte Hotels bieten FKK-Terrassen an: das Timanfaya Palace in Playa Blanca und Jameos Playa in Puerto del Carmen.

Während der Nudismus auf Lanzarote noch immer umstritten ist, hat sich **„oben ohne"** in Windeseile ausgebreitet - auch junge Kanarierinnen finden Gefallen daran.

Wassersport

Kitesurfen

Für Kitesurfer sind meist die Windbedingungen in La Caleta de Famara am besten. Bei Ostwind wechselt man über zu den Salinas de Matagorda, einer kleinen Bucht knapp südlich vom Flughafen.

Windsurfen

Zwar ist Lanzarote kein Surfer-Paradies wie die Nachbarinsel Fuerteventura, doch gibt es hier gleichfalls eine Reihe guter Spots. Während Famara nur erfahrenen Surfern zu empfehlen ist (am besten bei winterlichem Tiefdruckwetter und Südwind), stellen sich an der Südostküste auch Anfänger aufs Brett. Im Sommer weht dort der Passat regelmäßig und kräftig; beliebtester Spot ist die Playa de las Cucharas in Costa Teguise. In Puerto del Carmen gibt es eine Surfschule an der Playa de Matagorda, Kurse für Anfänger bietet La Santa. Im Winter kann es schon mal flaue Tage geben, wenn der Wind aus wechselnden Richtungen weht. Autoren der Zeitschrift „Surf" (www.surf-magazin.de) empfehlen Folgendes: Weil mit Wellen und starkem Wind nicht immer zu rechnen ist, „sollte man ein größeres Wellenbrett oder einen Freerider zu seiner kleinen Wavesemmel immer dabei haben, wenn man das komplette Angebot Lanzarotes nutzen will."

Buchtipp: **„Sicherheit im und auf dem Meer"**, Reihe Praxis, Reise Know-How Verlag, Bielefeld

Ein **kompletter Surf-Urlaub** inklusive Boards, Segelpaletten und Kursen kann im Voraus gebucht werden, u.a. bei Sun and Fun. Man wohnt an der Playa de las Cucharas in Costa Teguise. Wer auf eigene Faust anreist, kann sich Equipment in der von Deutschen geleiteten Lanzarote Surf Company ausleihen und selbstverständlich auch Kurse buchen. Die Telefonnummern und Adressen von Schulen und Surfläden finden sich in den Ortsbeschreibungen (Costa Teguise, Puerto del Carmen/Playa de Matagorda und La Caleta de Famara).

Surf Spots:

- **Costa Teguise:** Die Playa de las Cucharas (mit Surfschule vor touristischer Kulisse) ist der bekannteste Spot Lanzarotes und für alle Könnerstufen geeignet. Anfänger bleiben in Küstennähe; weiter draußen, wo der Wind stark und konstant bläst, tummeln sich die Fortgeschrittenen. Einen ersten kleinen Break gibt es kurz vor der Mole, 300 Meter dahinter bricht sich die Welle meterhoch. Bei Flut gibt es auch in der nördlichen Nachbarbucht Los Charcos gute Bedingungen.
- **Jameos del Agua:** Ideal für erfahrene Waverider, der schwierigste Spot Lanzarotes. Komplizierter Einstieg über

brandungsreiche Lavafelsen; am vorgelagerten Riff bildet sich eine extrem lange Welle heraus, der Passatwind weht meist sideoffshore von links.

- **Órzola:** Nur für Spitzen-Surfer, denen vor nichts graust; extremer Ostwind, Düseneffekt an der Meerenge El Río.
- **La Caleta de Famara:** Wintertreff mit Schiffswrack in der linken Hälfte der Bucht. Leichter Start vom drei Kilometer langen Sandstrand, dann riesige, manchmal haushohe und in Staffeln anrollende Wellen. Vom Wasser wirken die Klippen überwältigend, doch das Vergnügen bleibt Cracks vorbehalten: Gefährliche Unterströmungen bei ablandigem Wind haben hier schon manch einen Surfer auf Nimmerwiedersehen abtreiben lassen.
- **La Santa:** Die brandungs- und strömungsfreie, direkt ans Sportzentrum angrenzende Flachwasserlagune ist der ideale Ort für Einsteiger.
- **Puerto del Carmen:** Surfer sieht man an der touristischen Playa de Matagorda, einem Flachwasserrevier für alle Könnerstufen. Im Sommer, wenn konstant starker Wind weht, öffnet eine kleine Surfschule, im Winter ist „tote Hose". Windsicherer ist der nördlich gelegene Wavespot El Tiburón.
- **Playa Honda:** Starker, schräg ablandig wehender Passat und absolut glattes Wasser – beste Bedingungen für Speedfreaks.

Wellenreiten

Die liebste Freizeitbeschäftigung von immer mehr jungen Lanzaroteños: Stundenlang hängen sie im Meer in Erwartung der ultimativen „weißen Wand", über die sie ins Wellental hinabreiten können. Anfänger versuchen ihr Glück an der Playa de la Garita bei Arrieta und etwas nördlich an der Punta de Mujeres, Könner fahren nach La Caleta de Famara oder an die Playa de la Cantería bei Órzola. Wellenreitkurse bieten das Sportzentrum La Santa und der Famara Surf Shop an. Dort wie auch in Costa Teguise besteht die Möglichkeit, Bretter und Neoprenanzüge auszuleihen.

Tauchen

Die **bizarre Lavalandschaft** setzt sich unter Wasser fort: Klippen, Felsdurchbrüche und Grotten säumen die Küste, darin tummeln sich Einsiedlerkrebse und Papageienfische, Engelshaie und Muränen. In den Monaten Mai bis Oktober schwimmen Mantas und Mondfische bis an die Küste heran, von August bis Dezember kann man Schwärme von Seepferdchen sichten. Die schönsten und

102la Foto: gs

Buchtipp:
„Tauchen in warmen Gewässern",
Reihe Praxis
Reise Know-How Verlag,
Bielefeld

sichersten Reviere liegen an der Meerenge zwischen Lanzarote und Fuerteventura, vor Puerto del Carmen und weiter nördlich bei Charco del Palo. An der Westküste, wo starke Strömungen vorherrschen, kann nur bei Südwind getaucht werden.

Sämtliche **Tauchschulen** der Insel verleihen Schnorchel, Maske und Flossen, auf Wunsch auch komplette Ausrüstung mit Anzug, Lampe und Sauerstoffflasche. Kurse vom Anfänger bis zum Divemaster bieten die Schulen in allen größeren Ferienorten: in Puerto del Carmen an der Playa de la Barrilla, der Playa Grande und der Playa de los Pocillos, in Costa Teguise an der Playa de las Cucharas, ferner in Playa Blanca, Puerto Calero und Arrieta. Die Tauchlehrer sind durchweg Mitglieder anerkannter internationaler Verbände wie CMAS und FEDAS. Voraussetzung für die Teilnahme an geführten Tauchgängen und Kursen ist in der Regel ein ärztliches Attest, das mindestens noch sechs Monate gültig ist. Die von jedem Taucher zu

Tauchtrip in Puerto del Carmen

zahlende einmalige Jahresgebühr wird für den Unterhalt der Deko-Kammer im Krankenhaus von Arrecife verwendet – im Falle eines Tauchunfalls bietet nur sie effektive Hilfe. Weitere Infos zu den bestehenden Tauchschulen finden sich in der jeweiligen Ortsbeschreibung.

Top Dive Spots:
- **Puerto Moro:** erkalteter Lavastrom südlich von Charco del Palo, ins Meer hineinführend und mit Höhlen gespickt; großer Fischreichtum mit Rochen und Engelshaien
- **Wrecks:** acht versenkte Windjammer vor dem Hafen in Puerto del Carmen in 18–32 Metern Tiefe
- **Playa de Teneza:** bester Spot der Westküste mit hochstehenden schwarzen Felsbrocken, in deren Höhlen sich Muränen und Grundhaie tummeln
- **Roque del Este:** zwei Quadratkilometer großes, naturgeschütztes Felseiland im Norden Lanzarotes (Tauchgänge nur organisiert), berühmt dank eines Dokumentarfilms von *Jacques-Yves Cousteau*

Segeln

Die Kanarischen Inseln sind wegen der vorherrschenden Passatwinde ein beliebtes Segelrevier. Lanzarotes schönste Jachthäfen befinden sich in **Puerto Calero** und **Playa Blanca** (Marina de Rubicón). Es gibt dort eine Reparaturwerft und eine Tankstelle, Jachten können gechartert werden. Weniger attraktiv sind die Anlegestellen in Arrecife: **Puerto Naos** und **Puerto de los Mármoles.** Auf La Graciosa legt man in **Caleta del Sebo** an. Im November starten viele Segler zum großen Transatlantiktörn. Wer mitreisen will, erkundigt sich im Hafen nach Angeboten.

Bootsausflüge

Das Angebot an Schiffsausflügen ist groß. In den Ferienorten Puerto del Carmen, Playa Blanca und in Puerto Calero starten Törns entlang der Küste sowie Tagestouren zu den Papagayo-Stränden, zur kleinen Insel Lobos und nach Fuerteventura. Man vergnügt sich auf Katamaranen und alten Windjammern, Glasboden- und Unterwasserbooten.

Auch an **Hochseeangeltouren** kann man teilnehmen, Ausrüstung und Köder werden gestellt. Zwar ist die Meerenge zwischen Lanzarote und

Lobos/Fuerteventura sehr fischreich, doch weil diese Gewässer unter Naturschutz stehen, darf dort weder privat noch organisiert geangelt werden. Veranstalter der Angeltouren müssen deshalb auf die hohe See ausweichen. Als beste Fangzeit gelten die Monate Mai bis November. Die Reservierung erfolgt direkt am Hafen und in Reisebüros.

Radfahren

Längst haben Radfahrer Lanzarote entdeckt: Dank der vergleichsweise **niedrigen Berge** halten sich die Anstiege in Grenzen, die Entfernungen sind überschaubar und der Autoverkehr konzentriert sich auf wenige zentrale Straßen. Auch ist Lanzarote die einzige Insel der Kanaren, auf der man begonnen hat, für Radler **spezielle Wege** anzulegen, z.B. von Tinajo zum Sporthotel La Santa.

Verleih

Radverleih gibt es in allen größeren Ferienorten, in der Hauptstadt und auf La Graciosa. Meist werden in den Verleihstationen auch geführte Touren angeboten.

Paragliding

Buchtipp: **„Paragliding Handbuch“**, Reihe Praxis, Reise Know-How Verlag, Bielefeld

Aufgrund hervorragender Thermik und guter Startplätze auf relativ niedrigen Bergen ist Lanzarote die ideale Insel für **Drachen- und Gleitschirmflieger.** Vor allem in den Wintermonaten sieht man die Flieger vielerorts als kleine bunte Tupfer durch die Lüfte gleiten. Zu den Top-Startplätzen zählt die Montaña Tinasoria (503 m) bei Puerto del Carmen, von der man sich in Richtung Süden treiben lassen kann, um auf den Hängen bei Playa Quemada bequem zu landen. Vergleichsweise leicht ist auch der Start vom Berghang oberhalb von Mala (an einem Staubecken); von dort gleitet man zur Playa de la Garita in Arrieta hinab.

Ein hohes Maß an Flugerfahrung erfordern die Riscos de Famara: An vier verschiedenen Stellen

Die schönsten Radtouren

1. Der Süden: Gebirge und Lavaküste

00 km Playa Blanca
08 km Femés
15 km Uga
18 km Yaiza
26 km El Golfo (Dorf)
28 km El Golfo (Kratersee)
35 km Salinas de Janubio
43 km Playa Blanca

Anspruch: kräftezehrender Steilanstieg über 360 Meter, danach nur noch bergab bzw. höhehaltend auf guten Straßen

Streckenverlauf: Startpunkt ist die Tankstelle von Playa Blanca an der LZ-2 nach Yaiza. Von der Straße zu den Papagayo-Stränden zweigt links eine Piste in Nordostrichtung ab, die über Casas de Masión steil hinauf nach Femés führt (dort toller Ausblick). Anschließend geht es durch ein malerisches Tal nach Uga hinab. Über Yaiza am Rand schwarzer Vulkanfelder erreicht man das Küstendorf El Golfo (Fischlokale!) und den giftgrünen Kratersee. Entlang zerrissener, brandungsumtoster Lavaklippen fährt man zu den schachbrettartig angelegten Salzpfannen von Salinas de Janubio. Der Rückweg nach Playa Blanca erfolgt über die parallel zur LZ-2 verlaufende, weniger befahrene LZ-701.

2. Weinstraße und Feuerberge

00 km Uga
08 km Abzweig
15 km Mancha Blanca
17 km Centro de Visitantes Mancha Blanca
22 km Islote de Hilario
29 km Yaiza
32 km Uga

Anspruch: leichte Tour auf asphaltierten, aber welligen und schmalen Straßen ohne nennenswerten Höhenunterschied

Streckenverlauf: Von Uga folgt man der Weinstraße (LZ-30) Richtung La Geria. Sogleich entfaltet sich beiderseits der Straße eine faszinierende Landschaft mit schwarzen Minikratern, in denen grüne Reben reifen. Mehrere Bodegas laden zu einer Gratis-Verköstigung ein. Bei Kilometer 15,3 biegt man links ab (ausgeschildert „Tinajo por

Tinguatón") und durchfährt eine einsame Ebene mit aufgebrochener, flechtenbewachsener Lava. In Mancha Blanca hält man sich wiederum links und gelangt, vorbei am Besucherzentrum des Nationalparks, schnurstracks in die Feuerberge: Wohin man blickt, dunkle Krater und Vulkane. Vorbei am Abzweig zum Islote de Hilario (hier mögliche Teilnahme an der Bus-Vulkanroute) geht es weiter ins schmucke Yaiza und von dort nach Uga zurück.

3. Von Küste zu Küste – quer über die Insel

00 km Puerto del Carmen
05 km Mácher
14 km Masdache
22 km La Vegueta
23 km Tiagua
28 km Sóo
34 km La Caleta de Famara

Anspruch: anfangs farbloser Anstieg auf viel befahrener Straße, dann Genuss pur: über viele Kilometer höhehaltend, anschließend stetig bergab zur Küste

Streckenverlauf: Vom Hafen in Puerto del Carmen fährt man auf der Calle Reina Sofía in Richtung Mácher, folgt der viel befahrenen LZ-2 ein Stück nach rechts und folgt dann der links abzweigenden Straße via La Asomada. Rasch lässt man die zersiedelte Landschaft hinter sich, Felder und Vulkankegel säumen die Straße. An der Weinroute (LZ-30, Km. 16.2) schwenkt man rechts, in Masdache, nach weiteren fünf Kilometern, links ein (Schild „La Vegueta por El Peñón"). Durch flechtenbewachsene Lavatäler geht's über La Vegueta nach Tiagua (Freilichtmuseum!), von dort rauscht man auf einer Zielgeraden nach Sóo hinab. Zum Abschluss eine Traumstrecke: Durch die Wüste El Jable und mit Blick auf steile Klippen lässt man sich hinabrollen bis La Caleta de Famara.

4. Der Norden: Palmenoasen und terrassierte Täler

00 km Arrieta
10 km Haría
14 km Guinate
18 km Mirador del Río
27 km Órzola
36 km Jameos del Agua
40 km Arrieta

Anspruch: anstrengender Anstieg auf 360 m, dann in gemütlichen Kehren bergab nach Haría; von dort nochmaliger Anstieg über 150 Meter, anschließend bergab oder höhehaltend

Streckenverlauf: Von Arrieta folgt man der LZ-1 südwärts und verlässt sie nach einem Kilometer auf der verkehrsarmen, über Tabayesco führenden Straße. Durch ein tief eingeschnittenes, im Frühjahr blühendes Tal geht es steil hinauf zum Famara-Massiv, wo sich von der LZ-10 ein schöner Ausblick aufs „Tal der tausend Palmen" bietet. Über Haría (Dorfplatz!) erreicht man Guinate; für den Abstecher vorbei am Vogelpark zum kostenlosen Aussichtspunkt sind zusätzliche zwei Kilometer einzuplanen. Zahlen muss man für den nördlich folgenden Mirador del Río mit traumhaftem Ausblick über die vorgelagerten Felsinseln! Von dort geht's in rasanter Abfahrt ins Fischerdorf Órzola (Lokale am Meer!). Nach gebührender Pause schließt sich eine weitere spektakuläre Passage an: vorbei an schneeweißen Buchten nach Jameos del Agua (von Manrique gestaltete Grotten!) und zurück nach Arrieta.

Alle beschriebenen Routen sind auf der Karte S. 88 eingezeichnet

kann man sich von den 600 Meter senkrecht abfallenden Klippen in den Aufwind werfen, um am Strand von La Caleta de Famara zu landen. Nur für Könner eignet sich auch der Startplatz an der Nordspitze. Mit Blick auf die vorgelagerten Felseilande dümpeln die Flieger stundenlang in der Luft, bevor sie an der Playa de la Cantería bei Órzola aufkommen.

Golf, Tennis, Reiten und Wellness

Reiten kann man auf Lanzarote im Rancho Texas (nahe Puerto del Carmen) und im Lanzarote a Caballo (bei Uga). Organisiert werden Kurse für Anfänger und Fortgeschrittene, Ausritte zum Vulkanberg Tinasoria und zur Playa Quemada sowie Ponyreiten für Kinder.

Tennis wird in allen größeren Hotels und Apartmentanlagen angeboten. Einige von diesen verfü-

012la Foto: gs

gen zusätzlich über eine Tennisschule, so das Jameos Playa (Puerto del Carmen) sowie Lanzasur Club und Lanzarote Park (Playa Blanca). In Puerto del Carmen und Costa Teguise befinden sich Sportzentren mit mehreren Tennis- und Squashplätzen.

Golf spielen kann man oberhalb von Costa Teguise, am Fuß des Vulkankegels Montaña Tahiche. Mit seinen Palmenhainen und Rasenteppichen wirkt der 18-Loch-Golfplatz inmitten der ockerfarbenen Landschaft fast surreal. Die meisten Vier Sterne-Hotels der Insel bieten ihren Gästen Greenfee-Ermäßigungen an. Trainieren kann man auch im Sporthotel La Santa, das über einen Golfübungsplatz mit Putting Green verfügt.

Landeplatz für Drachenflieger nahe Playa Quemada

Wellness: Hesperia und Iberostar Costa Calero (Puerto Calero), Princesa Yaiza und Natura Palace (Playa Blanca): Alle neueren Hotels der gehobenen Kategorie verfügen über Wellness- bzw. Thalasso-Zentren mit finnischer und türkischer Sauna, Whirlpool, Hallenbad mit Hydromassagen, Kneippbecken und „Wechselbädern". Auch wer nicht im Hotel wohnt, kann die Anlage benutzen.

Kanarischer Sport

Ringkampf

Fast so beliebt wie Fußball ist **Lucha Canaria,** der aus prähispanischer Zeit überlieferte kanarische Ringkampf. Jedes noch so kleine Dorf bringt einige *luchadores* hervor, jedes Stadtviertel verfügt über eine eigene Mannschaft. Zwei je zwölf Mitglieder starke Gruppen stehen einander gegenüber, früher ausschließlich Männer, heute auch Frauen. Die Kampfstätte ähnelt einer Arena; gerungen wird auf einer runden, mit Sand bedeckten Fläche, dem sogenannten *terrero.* Barfüßig, nur mit Hemd und kurzer Hose bekleidet, treten sich die Kontrahenten gegenüber. Ihr Ziel ist es, den Gegner mit gekonnten Griffen aus dem Gleichgewicht zu bringen und ihn zweimal zu Boden zu zwingen; dabei sind Boxen, Schlagen und Würgen strikt verboten.

Ein hohes Niveau haben die Kämpfe in den Stadien von Uga, Tinajo und Tao, Teguise, Sóo und Haría. Die Wettkämpfe finden meist am Wochenende statt und werden auf Plakaten angekündigt. In kleineren Orten erlebt man Lucha Canaria auch im Rahmen der Patronatsfeste.

Telefonieren

Die **Vorwahl** für Lanzarote von Deutschland, Österreich und der Schweiz lautet 0034 für Spanien, dann folgt die neunstellige Nummer des Anschlussinhabers. Bei Gesprächen von Spanien ins Ausland wählt man 0049 für Deutschland, 0043 für Österreich und 0041 für die Schweiz, danach die Ortsvorwahl ohne Anfangsnull und die Rufnummer des Teilnehmers. Man telefoniert am besten mit **Telefonkarten** *(tarjetas telefónicas),* erhältlich auf der Post und in Tabakläden. Gespräche von 22 bis 6 Uhr sind günstiger. Die nationale **Fernsprechauskunft** ist unter der Nummer 11818, die internationale unter 11825 zu erreichen.

Mobiltelefon

Das eigene Handy lässt sich auf Lanzarote problemlos nutzen. Wegen hoher Gebühren sollte man bei seinem Anbieter nachfragen, welcher der Roamingpartner günstig ist, und diesen per manueller Netzauswahl voreinstellen. Nicht zu vergessen sind die passiven Kosten, wenn man von zu Hause angerufen wird (Mailbox abstellen!). Der Anrufer zahlt nur die Gebühr ins heimische Mobilnetz, die Rufweiterleitung zahlt der Empfänger.

Wesentlich preiswerter ist es, sich von vornherein auf **SMS** zu beschränken, der Empfang ist in der Regel kostenfrei.

Ist das Mobiltelefon SIM-lock-frei, kann man sich auch eine **Prepaid-Karte** *(tarjeta prepago)* besorgen und und diese gegen die deutsche SIM-Karte einwechseln. Die wiederaufladbare Karte samt neuer Telefonnummer erhält man bei einer der zahlreichen Niederlassungen der Netzbetreiber (z.B. Orange oder Movistar). Vorteil: kostenfreier Empfang von Anrufen – Nachteil: Freunde im Heimatland kennen die Rufnummer noch nicht. Nach der Rückkehr von der Insel wird die Karte aus dem Handy entfernt; Restguthaben und Nummer verfallen, wenn man nicht wenigstens einmal in sechs Monaten ein kostenpflichtiges Gespräch führt.

014la Foto: gs

Wichtige Rufnummern

Unter dem Stichwort „Notfälle" stehen wichtige Notrufnummern. Die Telefonnummern von Polizei, Krankenhaus, Gesundheitszentren und Ärzten finden sich im Kurzinfo des jeweiligen Ortes.

Hotel Jameos Playa in Puerto del Carmen

Unterkunft

Pauschalurlaub

Die meisten Lanzarote-Urlauber haben ein Pauschalarrangement mit Flug, Transfer und Unterkunft gebucht. Sie wohnen in den Ferienanlagen am Strand, meist an der geschützten Ostseite und im Süden der Insel. Die meisten Hotels und Apartmenthäuser finden sich in Puerto del Carmen, Playa Blanca und Costa Teguise. Da sich die Veranstalter verpflichten, eine bestimmte Anzahl von Betten anzumieten, erhalten sie von den Hoteliers günstige Konditionen. Ein Teil des Gewinns wird an den Kunden weitergegeben, sodass Einzelreisende vor Ort häufig mehr zahlen.

Langzeiturlaub

Mehrere Reiseveranstalter bieten fünf- bis 12-wöchigen Urlaub in einer der bei ihnen unter Vertrag stehenden Anlagen an. Günstig sind die Angebote in folgenden Hotels: Los Fariones, San Antonio und Morromar (Puerto del Carmen), Lanzarote Princess und Bahía Blanca Rock (Playa Blanca), La Galea und Lanzarote Gardens (Costa Teguise).

Individualurlaub

Wer nicht pauschal reist, hat den Vorteil, seine Unterkunft nach Belieben wechseln und auch abseits der touristischen Zentren wohnen zu können. Schöne Individualunterkünfte gibt es sowohl am Meer als auch im Landesinnern. Das Angebot reicht von Pensionen, Privatzimmern und Apartments bis zu kleinen Hotels. In den Ortskapiteln werden die Unterkünfte detailliert vorgestellt.

Fenster nach Süden

Tipp: In den Wintermonaten sollte man beim Einchecken im Hotel darauf achten, dass das Zimmer auf der Südseite liegt – nur die Mittagssonne wärmt die ansonsten meist **unbeheizten Räume!**

Preiskategorien

Um dem Leser eine Vorstellung zu vermitteln, wie teuer die in diesem Buch vorgestellten Unterkünfte sind, wurden die Landhäuser und Hotels, Pensionen und Apartments in vier Preisklassen unterteilt. Die Preise gelten jeweils für ein **Doppelzimmer ohne Frühstück.** Für ein Einzelzimmer zahlt man in der Regel 70% des Preises für ein Doppelzimmer.

- **Untere Preisklasse** € .... bis 40 Euro
- **Mittlere Preisklasse** €€ .... 40–80 Euro
- **Obere Preisklasse** €€€ .... 80–120 Euro
- **Luxuspreisklasse** €€€€ .... über 120 Euro

Reservierung

Wer in einer Pension oder einem Hotel ohne Voranmeldung eintrifft, kann Pech haben – und dies nicht nur während der Weihnachts- und Osterferien. Es empfiehlt sich, mindestens zwei Tage im Voraus anzurufen und das Zimmer zu reservieren – ein paar Spanisch-Sprachkenntnisse erweisen sich da als nützlich. Die Vorwahl für Spanien lautet 0034, es folgt die Fax- oder Telefonnummer der gewünschten Unterkunft auf Lanzarote.

Urlaub im Landhaus

In den vergangenen Jahren wurden alte Landhäuser, Bauernhöfe und Weingüter restauriert und zu Urlaubsunterkünften umgestaltet. Mal liegen sie direkt im Ort, mal inmitten unzerstörter Natur. Nur selten leben die Besitzer gleichfalls im Haus – so haben die Gäste die Finca meist ganz für sich allein. Einige Häuser sind für zwei Personen konzipiert, in anderen können sich Familien mit Kindern oder kleine Gruppen einquartieren. Die **Casas Rurales** werden meist wochenweise über Agenturen vermietet, der Preis für zwei Personen liegt bei stolzen 400–1000 € pro Woche. Schöne Landhäuser, ganz ohne Agentur, gibt es in Mala. Angaben zur Lage finden sich in den einzelnen Ortskapiteln, zusätzliche Infos erhält man über folgende Personen und Buchungszentralen:

Agenturen auf den Kanaren

- **Rolf Jonas, Jonas & Jonas,** Mobiltel. 629532225, Tel./Fax 928835206, www.lanzarote-arrieta.de. Unterkünfte in Haría, Arrieta, Punta de Mujeres, Órzola und La Graciosa
- **Luis Cabrera,** Tel./Fax 928528503 (spanisch), Mobiltel. 0034-618-487735 (*Claudia,* deutsche Verwalterin), www.apartamentos-lagraciosa.com. Unterkünfte in La Caleta de Famara, La Geria und La Graciosa
- **Concha & Manfred Jahr,** Lanzarote Fincas, www.lanzarote-fincas.de: Häuser rund um Tahiche
- **IslaViva,** Tel. 609742163, www.teguise.com/islaviva. Häuser nahe Teguise
- **Turismo Rural Isla Mítica,** Tel. 928800456, www.ecoturismocanarias.com. Landhäuser zwischen Teguise und Mozaga
- **Las Casas Canarias/Dream Destination Travel S.A.,** Tel. 922491900 (La Palma), www.lascasascanarias.com. Komfortable Häuser

Agenturen in Deutschland

- **Canarias Reisen,** Tel. 05121-289393, www.canarias-reisen-bleidorn.de
- **Elke Janke Reisen GmbH,** Tel. 030-4743997, www.janke-reisen.de
- **Finca Selección,** Tel. 08334-989766, www.finca-selection.de
- **Finca Ferien,** Tel. 05067-6526 und 05121-267758, www.fincaferien.de

Campingurlaub

Es gibt auf Lanzarote bisher keinen offiziellen Campingplatz. „Wildes Zelten" ist nicht erlaubt, wird aber in der Regel – für eine Nacht wenigstens – geduldet. An einigen schönen Inselflecken wurden **„Campingzonen"** *(zonas de acampada)* eingerichtet, wo man – allerdings nur zur Ferienzeit und gegen Zahlung einer Kaution – mit Genehmigung der Umweltbehörde zelten kann. Zu empfehlen ist vor allem die mit Wasser, Duschen und Toiletten ausgestattete Anlage an den Playas de Papagayo (Playa de Puerto Muelas), für die das Rathaus von Yaiza zuständig ist.

Auf der Nachbarinsel La Graciosa gibt es mit Ausnahme der Oster- und Sommerferien keine Kontrollen. Am besten schlägt man sein Zelt an der Bahía del Salado auf, dort gibt es auch Duschen und Toiletten.

Verkehrsmittel

Bus

Busse *(guaguas)* sind auf Lanzarote preiswert, die Gepäckstücke, ausgenommen Fahrräder, werden kostenlos befördert. Empfehlenswert ist der Kauf einer Magnetkarte, des sogenannten **Bono,** mit dem sich die Fahrten auf allen Inselstrecken um etwa 20% verbilligen. Man bekommt ihn am zentralen Busbahnhof der Hauptstadt *(estación de guaguas),* zwei Kilometer nordwestlich des Stadtzentrums an der Vía Medular. Die aktuellen Fahrpläne erhält man außer am Busbahnhof auch in den Touristenbüros von Puerto del Carmen und Playa Blanca – allerdings nur, solange der Vorrat reicht.

Der Fahrplan ist ganz auf die Bedürfnisse der einheimischen, vornehmlich in Arrecife wohnenden Bevölkerung abgestellt. Verbindungen starten vom **Busbahnhof Arrecife** zu fast allen Orten der Insel, besonders oft fahren sie nach Puerto del Carmen und Costa Teguise, wobei man nach Puerto del Carmen (und Playa Blanca) an der Uferstraße westlich der Playa del Reducto bequem zusteigen kann.

Für die Ferienstädte heißt das: Gut kommt man zwar in die Hauptstadt, doch die attraktiven Ausflugsziele (sofern sie nicht an der Strecke Puerto del Carmen – Playa Blanca oder Costa Teguise – La Caleta de Famara liegen) erreicht man nur nach lästigem **Umsteigen** in Arrecife. Direktbusse gibt es zum Sonntagsmarkt in Teguise.

Besonderheiten

- **Airport-Bus:** Eine Direktverbindung mit dem Flughafen besteht ab Arrecife (22–23), nicht aber ab Puerto del Carmen. Schon oft wurde gefordert, Linie 6 (Arrecife – Puerto del Carmen – Playa Blanca) auch am Flughafen halten zu lassen, doch dieser Plan scheiterte bisher an der „Taxi-Mafia", die das Monopol auf alle nicht nach Arrecife reisenden Fluggäste gern behalten will.
- **Bus zur Fähre in Playa Blanca:** Mit Bus 6 kommt man von Arrecife nach Playa Blanca und zu den nach Fuerteventura führenden Fähren. Doch sollte man beachten, dass

015la Foto: gs

nicht alle Busse durch Puerto del Carmen fahren und auch der Flughafen vorerst nicht angesteuert wird. Für alle, die mit der Fähre der Reederei Fred. Olsen nach Fuerteventura übersetzen wollen, bietet die Reederei alternativ einen Gratisbus an. Dieser startet in Arrecife, zusteigen kann man in Puerto del Carmen (Einkaufszentrum Biosfera Plaza).

- **Bus zum Fährhafen von Arrecife:** Busse nach Costa Teguise steuern den Hafen Los Mármoles nicht direkt an. Die nächste Haltestelle befindet sich am Verkehrskreisel (bitte dem Fahrer den Wunsch, am Hafen aussteigen zu wollen, bei Antritt der Fahrt mitteilen), von dort läuft man 10 Minuten zum Schiff. Mit der Fähre kommt man nach Gran Canaria und zu den Westinseln sowie nach Cádiz (Andalusien).
- **Bus zur Fähre in Órzola:** Lanzarotenische Logik: Die Fähre in Órzola wartet auf den Bus aus Arrecife (Linie 9), doch der in Órzola abfahrende Bus wartet nicht unbedingt auf das Eintreffen der Fähre aus La Graciosa, wenn diese Verspätung hat.

Übersicht

Was mit dem Bus machbar ist, lässt sich mit Hilfe des abgedruckten Busnetzes ermessen. Fahrpläne im Internet: www.arrecifebus.com. Die wichtigsten Linien:

- **Linie 1:** Arrecife – Costa Teguise
- **Linie 2:** Arrecife – Puerto del Carmen
- **Linie 5:** Arrecife – Conil – La Asomada – Femés

Warten auf den Bus

Busnetz
Órzola
9
Arrieta
7-9
Máguez
7
Haría
Mala
Los Valles
10
Guatiza
La Caleta de Famara
20
Costa Teguise
1-11-25
Teguise
7-11-12-13
Sóo
Tahiche
16
Arrecife
1-2-5-6-7
9-10-14-16
20-22-23
La Santa
San Bartolomé
Mozaga
Tinajo
14
Montaña Blanca
Aeropuerto
22-23
2-12
Puerto del Carmen
Uga
Puerto Calero
25
Yaiza
5
Femés
0
10 km
Playa Blanca
6-13-30

- **Linie 6:** Arrecife - Puerto del Carmen - Puerto Calero - Playa Blanca
- **Linie 7:** Arrecife - Teguise - Arrieta - Haría - Máguez
- **Linie 9:** Arrecife - Teguise -Arrieta - Órzola
- **Linie 10:** Arrecife - Teguise - Los Valles
- **Linie 11:** Costa Teguise - Arrecife - Mercadillo Teguise
- **Linie 12:** Puerto del Carmen - Mercadillo Teguise
- **Linie 13:** Playa Blanca - Mercadillo Teguise
- **Linie 14:** Arrecife - San Bart. - Montaña Blanca
- **Linie 16:** Arrecife - Tinajo - La Santa
- **Linie 19:** Arrecife - Conil - La Asomada
- **Linie 20:** Arrecife - San Bart. - La Caleta de Famara
- **Linie 22–23:** Arrecife - Aeropuerto - Playa Honda
- **Linie 25:** Costa Teguise - Puerto Calero
- **Linie 30:** Playa Blanca (Faro - Las Coloradas)

Taxi

In allen Ortschaften gibt es Haltestellen für Taxis *(parada de taxi),* wo man auch anrufen kann. Die Rufnummern für die Taxistände sind in den Infokästen der wichtigsten Orte angegeben. Am Taxameter ist der Fahrpreis abzulesen. Der Grundpreis liegt bei 2,30 €, pro gefahrenem Kilometer kommt etwa 1 € dazu (plus Flughafen-, Nacht- und Gepäckzuschlag). Bei längeren Fahrten sollte man sich schon vor Antritt der Fahrt auf einen Festpreis einigen. Bitte beachten Sie, dass es schwer ist, nach 23 Uhr ein Taxi zu bekommen!

Flug und Fähre zu den Nachbarinseln

Flug

Der Flughafen Guasimeta liegt im Osten Lanzarotes, auf halber Strecke zwischen Arrecife und Puerto del Carmen. Täglich starten mehr als zehn Direktflüge nach Gran Canaria (35 Min.) und Teneriffa (50 Min.), die Preise sind etwa doppelt so hoch wie die der Fähren. Aktuelle Infos zu den interinsularen Verbindungen bekommt man übers Internet (⇗„Internet“).

Fähre

Mit der Fähre kommt man für wenig Geld auf die Nachbarinseln. Von **Playa Blanca** im Süden Lanzarotes verkehren fast zu jeder vollen Stunde Fähren der Reederei Olsen und Armas nach Fuerteventura. Die Überfahrt nach Corralejo dauert 20–35 Minuten (hin und zurück ca. 36 €), Olsen bietet morgens und abends kostenlosen Bustransfer zwischen Playa Blanca und Puerto del Carmen. Im Norden setzt eine Passagierfähre von **Órzola** nach La Graciosa über: im Winter drei-, im Sommer viermal täglich (hin und zurück ca. 16 €). Fahrräder werden auf allen Fähren gegen einen geringen Aufpreis befördert. Die aktuellen Abfahrtszeiten und Preise erfährt man in den Reisebüros vor Ort oder online (⇗„Internet“).

Versicherungen

Krankenversicherung

Wichtig ist vor allem der Krankenschutz. Mit der **Europäischen Krankenversicherungskarte EHIC** (European Health Insurance Card), gültig für alle Länder der EU und die Schweiz, können sich Mitglieder einer gesetzlichen Krankenkasse kostenlos in den Gesundheitszentren und im Krankenhaus behandeln lassen (⇗„Medizinische Versorgung“). Freie Arztwahl hat man freilich nur, wenn man eine private **Zusatzversicherung** abgeschlossen hat. Reguläre Auslandskrankenversicherungen sind billig und können kurzfristig abgeschlossen werden, gelten allerdings nur für maximal zwei Monate. Für Versicherungen mit einer längeren Laufzeit zahlt man deutlich mehr.

Bei der Wahl der Versicherung sind **Leistungsunterschiede** zu prüfen. Besteht Vollschutz ohne Summenbegrenzung? Werden Zahnbehandlungen übernommen? Ist die Behandlung einer Krankheit, die schon vor Antritt der Reise bestand, am Urlaubsort abgedeckt? Zu klären ist auch, ob ein Rücktransport im Falle eines Unfalls oder einer schweren Krankheit übernommen wird bzw. an welche Bedingungen er geknüpft ist. Heißt es etwa, er sei „sinnvoll nach Meinung des Arztes“ oder aber, er sei „medizinisch notwendig“? Ebenfalls wichtig ist die automatische Verlängerung der

Versicherung bei verhinderter Rückreise im Krankheitsfall. Ansonsten gehen die unter Umständen enormen Behandlungskosten zu Lasten des Patienten!

Die Versicherungsgesellschaft sollte bei **Eintritt eines Notfalls** umgehend verständigt werden (deshalb Notfallnummer und Policenummer gut aufbewahren)! Will man die Auslagen erstattet bekommen, sind ausführliche **Quittungen** vorzulegen – mit Datum, Namen, Bericht über Art und Umfang der Behandlung sowie Betrag.

Andere Versicherungen

Aufgrund der vielen Ausschlussklauseln ist zu prüfen, ob es sich lohnt, weitere Versicherungen abzuschließen. So tritt die **Reiserücktrittsversicherung** nur in Kraft, wenn man vor der Reise einen schweren Unfall hat, gekündigt oder schwanger wird, nach Arbeitslosigkeit einen neuen Job bekommt, die Wohnung abgebrannt ist u.Ä. Höhere Gewalt in Form von Streiks, Terroranschlägen und Naturkatastrophen gilt hingegen nicht.

Die **Reisegepäckversicherung** lohnt kaum, da z.B. Gepäck, das bei Flugreisen verloren geht, in der Regel nur nach Kilopreis und ohnehin nur der Zeitwert nach Vorlage der Rechnung ersetzt wird. Wurde eine Wertsache nicht im Safe aufbewahrt, gibt es bei Diebstahl auch keinen Ersatz. Die Liste der Ausschlussgründe ist endlos. Überdies deckt die **Hausratsversicherung** Verluste bei Einbruch und Raub oft auch im Ausland. In jedem Fall muss der Versicherung als Schadensnachweis ein Polizeiprotokoll vorgelegt werden.

Eine **Privathaftpflichtversicherung** hat man in der Regel schon. Hat man eine **Unfallversicherung,** ist zu prüfen, ob diese im Fall plötzlicher Arbeitsunfähigkeit aufgrund eines Unfalls im Urlaub zahlt. Auch durch manche Kreditkarten oder eine Mitgliedschaft im Automobilclub ist man für bestimmte Fälle schon versichert. Die Versicherung über die Kreditkarte gilt jedoch meist nur für den Karteninhaber.

302la Foto: cb

Ferienzentrum
Puerto del Carmen

Überblick

Fast zwei Drittel aller Touristen verbringen ihren Urlaub in Puerto del Carmen, dem Ort mit den **besten Stränden** und dem **größten Unterhaltungsangebot** der Insel. Über 35.000 Betten stehen auf zehn Kilometern Länge bereit, um die sonnenhungrigen Gäste aufzunehmen - das ganze Jahr über herrscht Hochsaison. Dabei präsentiert sich Puerto del Carmen als Stadt mit durchaus unterschiedlichen Gesichtern, jeder Strandabschnitt hat seinen eigenen, unverwechselbaren Charakter. Je nach Gusto findet man Ruhe oder Action, lange Sandstrände oder kleine Felsbuchten, kanarischen Alltag oder reine Dienstleistungskultur.

Kurzinfo Puerto del Carmen

- **Touristeninformation:** Oficina de Información Turística, Av. de las Playas s/n (Playa Grande), Tel. 928513351, Fax 928515615, www.puertodelcarmen.com, Mo–Fr 10–17 Uhr. Die beste Info-Stelle des Touristenorts liegt an der Strandseite gegenüber vom Einkaufszentrum La Geria. Die Besucher werden mit Stadt- und Inselkarten, Busfahrplänen und bunten Broschüren versorgt, außerdem gibt es Eintrittskarten für wichtige Kulturveranstaltungen.
- **Konsularsprechtage:** Hotel Jameos Playa, vierteljährlich
- **Polizei/Guardia Civil:** Manguía 4, Tel. 928510336
- **Banken:** zahlreich entlang der Küstenstraße, z.B. Deutsche Bank, Av. de las Playas 1 (mit Geldautomat)
- **Post:** Correos, Juan Carlos I/Ecke Manguía, Mo–Fr 9–14, Sa 9.30–13 Uhr
- **Internet:** Cyber Centres und Internet Points gibt es in der obersten Etage des Einkaufszentrums Biosfera Plaza sowie entlang der gesamten Av. de las Playas, oft auch in Reisebüros und Spielhöllen.
- **Privatkrankenhaus:** Hospiten Lanzarote, Lomo Gordo s/n, Tel. 928596100, www.hospiten.com. Moderne Klinik an der Straße nach Tías
- **Gesundheitszentrum:** Centro de Salud, Juan Carlos I 17 (neben der Post), Tel. 928512711

Man mag heute kaum glauben, dass um die Mitte der 1960er Jahre nur eine Hand voll Fischer und Tagelöhner hier lebte. Das Küstenland galt als wertlos; auf den landeinwärts gelegenen, sonnenverdörrten Hängen wurden unter großer Anstrengung Tomaten gepflanzt. Erst als auf den Nachbarinseln der Tourismus schon boomte, entdeckte man auch hier Sonne und Strand als zukunftsträchtiges Kapital und begann mit dem Bau der ersten Hotels – entsprechend dem damaligen Zeitgeist mehrstöckig und, weil kein Gesetz dies verbat, in bester Lage am Strand. Doch der Ortsname La Tiñosa („die Schäbige") schien den Ratsherren bald nicht mehr zeitgemäß und wurde durch „Puerto del Carmen" ersetzt. Das klang mo-

- **Privatarzt:** Praxis Dr. Mager, Av. de las Playas 37, Tel. 928512611, www.docholiday.net, Mo–Fr 10–20, Sa 10–13 Uhr
- **Zahnarzt:** Clínica Dental, Libertad 44 (Nachbarort Tías), Tel./Fax 928834016
- **Apotheke:** Farmacia, Roque Nublo 11 (Puerto); weitere Apotheken an der Av. de las Playas
- **Autovermietung:** Cabrera Medina, günstigster Anbieter der Insel, verfügt über 14 Filialen entlang der Avenida de las Playas. Hauptbüro gegenüber vom Barcarola Club (Reservierung Tel. 928822900, www.cabreramedina.com).
- **Tankstelle:** Juan Carlos I s/n, an der Straße nach Tías
- **Taxi:** Tel. 928524220. Taxistände befinden sich u.a. an der zentralen Kreuzung des Puerto, am Hotel Los Fariones, vor dem Centro Comercial Atlántico und an den Hotels San Antonio und Jameos Playa.
- **Bus:** Im Nahverkehr sind Kleinbusse im Einsatz, außerdem fahren alle 20–30 Minuten (sonntags stündlich) Linienbusse nach Arrecife (Linie 2) und von dort weiter nach Costa Teguise (Linie 1). Von der zentralen Haltestelle an der Juan Carlos I (Einkaufszentrum Biosfera Plaza) fahren Busse über Yaiza nach Playa Blanca (Linie 6). Direkt nach Teguise kommt man nur am Sonntagmorgen, wenn dort der Wochenmarkt stattfindet (Linie 12).

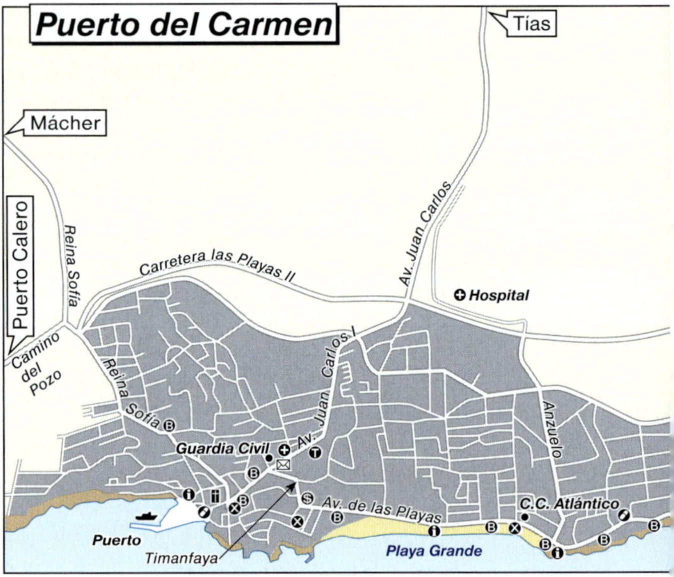

dern und hatte sogar Verbindung zur Tradition: Carmen war die Schutzpatronin der Fischer.

Dem Künstler und Architekten *César Manrique* ist es zu verdanken, dass der Ort kein zweites Los Cristianos oder Playa del Inglés geworden ist: Ab Anfang der 1970er Jahre durften Gebäude nur noch ein- oder zweistöckig gebaut werden, vorgeschrieben waren kalkweiße Wände und minarettartige Türmchen. Statt in die Höhe wuchs der Ort in die Breite, vom kleinen Fischerhafen fraß sich die Urbanisation nordostwärts voran. Und als eine weitere Ausdehnung längs der Küste wegen des Flughafens nicht möglich war, baute man landein-

Seite 114/115: Playa Grande, der Hauptstrand von Puerto del Carmen (Foto: Lanzarote Convention Bureau)

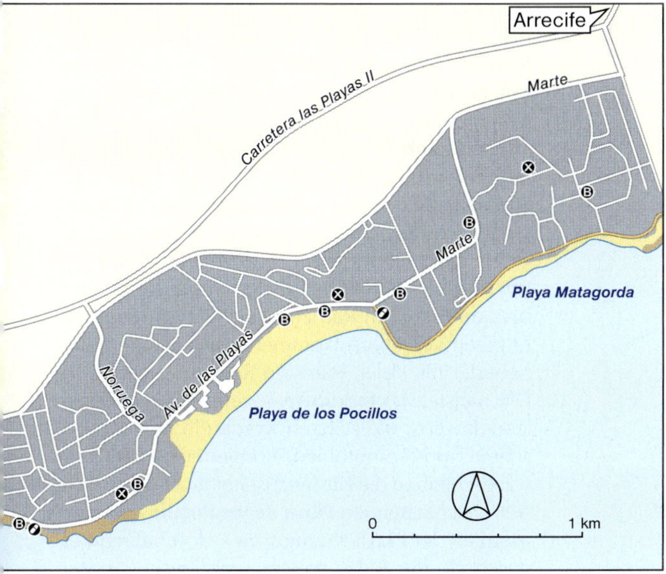

wärts weiter: bis in die fünfte Reihe den Hang hinauf. Heute erstreckt sich Puerto del Carmen über zehn Kilometer Länge und etwa einen Kilometer Breite: eine Stadt, in der zu wohnen für die meisten Hotelangestellten zu teuer geworden ist – sie leben lieber in Tías und Playa Honda.

Da die Wege in dieser Stadt sehr weit sind, sollte man sich gut überlegen, in welchem Ortsteil man wohnen möchte. Treffs mit Lokalkolorit, wo sich auch die Einheimischen wohl fühlen, findet man nur im **Puerto,** dem alten Ortskern rund um den Hafen. Die Mehrzahl der Urlauber zieht es zur **Playa Grande,** wo sich entlang der Strandstraße Cafés, Läden und Kneipen dicht aneinander reihen und man sich rund um die Uhr vergnügen kann. In mehreren Einkaufszentren, allen voran dem Centro Comercial Atlántico, ist abends und nachts die Hölle los; erst entspannt man sich in einer Chillout Lounge, dann wechselt man über in eine der vielen Discos und Clubs und schwingt das Tanzbein bis zum Morgengrauen. Auch für Schwule gibt es hier gleich mehrere gute Adressen, besonders angewachsen ist die britische Gay Community.

Der **Verkehr** ist nicht mehr so schlimm, seit man begonnen hat, die Avenida umzugestalten. Die Strandstraße ist nur noch einspurig befahrbar, zugleich wurden die Bürgersteige verbreitert und Fahrradwege geschaffen. Schon bald soll es möglich sein, das 20 Kilometer entfernte Costa Teguise bequem mit dem Rad zu erreichen. Mit dem geringeren Verkehrsaufkommen wird auch dem Ruhebedürfnis vieler Touristen Rechnung getragen. Die meisten **Unterkünfte** liegen freilich ohnehin landeinwärts, die stilleren werden in den „Praktischen Tipps" empfohlen. Von jedem Trubel verschont bleiben die Küstenabschnitte an der östlich sich anschließenden **Playa de los Pocillos** und vor allem an der **Playa Matagorda** – dort hat man es geschafft, die Autos nahezu vollständig von der Küstenstraße zu verbannen.

018la Foto: gs

Puerto (alter Ortskern)

Im alten Ortsteil rund um den **Hafen** kann man kanarischen Alltag und südländische Atmosphäre am schönsten erleben. An der **Plaza del Varadero,** dem einstigen „Stapelplatz", herrscht schon am frühen Vormittag ein lebendiges Treiben, wenn die Fischer mit ihren Booten in den Hafen zurückkehren. Meist haben sie Zackenbarsche, Sardinen und Brassen gefangen, in den Sommermonaten auch Thunfisch. An Ort und Stelle werden die Fische gereinigt und verkauft; danach werden die Boote zur Reparatur aufgebockt, Netze und Reusen zum Trocknen ausgelegt.

Am Fischerhafen starten viele **Bootsausflüge** für Touristen: Vom Katamaran bis zum Unterwasserboot ist alles im Angebot. Kommt man abends zurück, kann man die Canarios bei ihrer Lieblingsbeschäftigung, dem Spiel mit der **Bola** (ital. Boccia) beobachten. Es handelt sich um einen Mannschaftskampf mit roten und grünen Kugeln, wobei es darauf ankommt, möglichst nahe an die kleine Zielkugel *(boliche)* heranzukommen. Die Regeln sind leicht zu erlernen – hat man eine Stunde zugeschaut, ist alles begriffen und man wird Lust haben mitzuspielen!

Ab dem frühen Abend strömt Fisch- und Knoblauchduft von den Lokalen in den ehemaligen Lagerhallen heran. In den meisten geht es immer noch locker zu, doch mit jedem Umbau steigen die Preise. Extrem nobel ist das Restaurant der Hotelfachschule, zu dem eine ausladende Freitreppe hinaufführt. Es ist Teil des Bürgerzentrums El Fondeadero, zu dem außer dem Salón de Pescadores („Treffpunkt der Fischer") eine Bibliothek, eine Sprachschule und ein Informationsbüro gehören. Die ruhende bronzene Walskulptur ist eine Hommage an den „König der Meere", der in kanari-

Um den Hafen herum finden sich zahlreiche Bars und Restaurants schen Gewässern nicht mehr gejagt werden darf. Nahebei liegt die winzige **Fischerkapelle,** die sich nur mit Mühe gegen das aufgetürmte Häusermeer behauptet.

- **Ermita de Nuestra Señora del Carmen,** katholischer Gottesdienst Sa 20.30, So 11 und 19 Uhr, jedoch nicht in deutscher Sprache

Mirador del Puerto

Den schönsten Blick auf den Hafen genießt man vom Mirador del Puerto, der Kuppe eines kleinen Hügels am Westrand der Stadt. Der **Aussichtspunkt** ist über einen Treppenweg erreichbar, der am Lokal Varadero startet und zur Calle Los Infantes hinaufführt; man folgt dieser Gasse zum Apartmenthaus El Rincón und klettert dort den kleinen Felshang hinauf. Oben angelangt, genießt man einen prächtigen Blick zurück auf den Puerto. Unermüdliche Wanderfreaks gehen weiter und erreichen nach knapp einer Stunde Puerto Calero (es gibt auf der Insel jedoch schönere Touren!).

Strände

Im Bereich des Alten Hafens liegen zwei kleine Buchten. Die **Playa de la Barrilla,** ein heller, von spektakulären Lavazungen eingerahmter Sand-

103la Foto: gs

strand, ist vor allem bei Tauchern beliebt, die von hier zu Expeditionen in die vorgelagerten Lavagrotten starten. Bei Ebbe lohnt es sich, zur angrenzenden **Playa Chica,** dem „kleinen Strand" vor der Palmenoase des Hotel Fariones, hinüberzukraxeln. Der Strand ist öffentlich, auch wenn die Werbung den Hotelgästen vorgaukelt, sie hätten eine Playa für sich allein. Wer mehr „Auslauf" braucht, hat es nicht weit zur Playa Grande, dem großen, gleich hinter dem Hotel beginnenden Strand.

Unterkunft

● **Ap. Agua Marina** €€, Teide 35, Tel. 928514930, Fax 928 513127, www.apartamentosaguamarina.com. Die gleichfalls am westlichen Ortsrand gelegene Anlage verfügt über 25 schöne Apartments, zum Pool gehört eine Bar, die bis etwa 18 Uhr geöffnet ist. Auch bei Iren und Holländern sehr beliebt!

● **Ap. Aquarius** €€, Teide 6, Tel. 928514940, Fax 928514949, www.hotetur.com. Terrassenförmige Anlage mit 167 recht einfachen Apartments über dem alten Ortskern, mit Restaurant und großem Pool. Zur kleinen Playa am Hafen läuft man gut fünf Minuten.

● **Magec** €, Hierro 11, Tel. 928515120, Tel./Fax 928513874, www.pensionmagec.com. Eine gute Adresse für Traveller: Die einzige Pension Puerto del Carmens liegt in der Nähe des alten Hafens, ist freundlich-familiär geführt, sauber und relativ ruhig. Von den 14 einfachen Zimmern sind vier mit eigenem Bad ausgestattet, die übrigen teilen sich ein Etagenbad. Zur Dachterrasse haben alle Mieter Zugang. Da meist schon mittags alle Zimmer ausgebucht sind, sollte man unbedingt reservieren oder frühmorgens auf der Matte stehen.

● **Ap. El Dorado** €€€, Graciosa 7, Tel. 928514204, www.sunlighthoteles.com, pauschal bei mehreren Veranstaltern. Die Anlage oberhalb des Sportzentrums Fariones ist eine der wenigen auf der Insel, die offiziell über vier „Schlüssel" verfügt. Die 81 Apartments sind von der Straße abgewandt und gruppieren sich um zwei von alten Palmen beschattete Pools. Sie sind sehr geräumig und mit Polster- und Holzmöbeln behaglich eingerichtet. An nichts fehlt es: Sat-TV, Klimaanlage, Backofen, Kaffeemaschine und Toaster. Im Garten befinden sich zwei Bars, Sauna, Whirlpool und Minigolf. Gutes Preis-Leistungs-Verhältnis.

Playa Chica, der „kleine Strand"

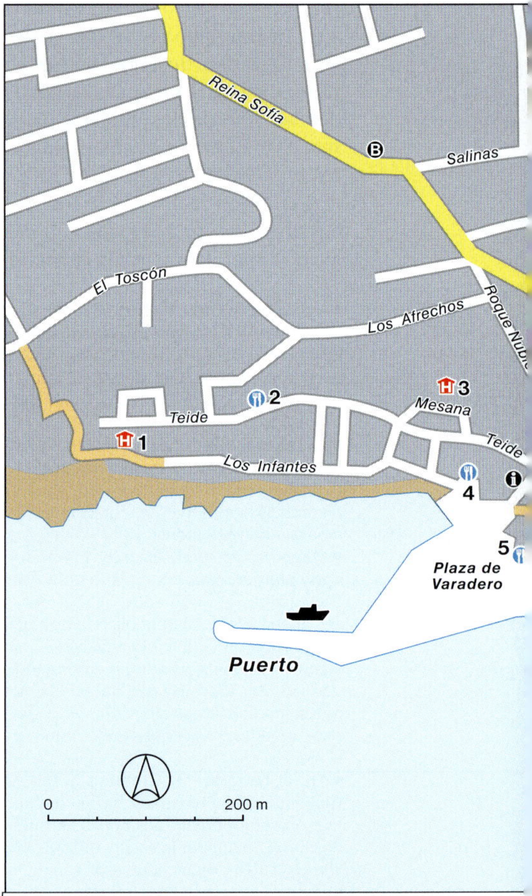

UNTERKÜNFTE
1 Ap. Agua Marina
3 Ap. Aquarius
8 Pension Magec
11 Hotel Los Fariones
12 Suitehotel Fariones Playa
13 Ap. Fariones
14 Ap. El Dorado
16 Ap. Tamarindos

ESSEN UND TRINKEN
2 La Chalana
4 La Casa Roja
5 Hafenlokale La Lonja, Cervecería San Miguel, Puerto Viejo/El Bodegón
6 Puerto Bahía
7 La Cascada del Puerto

Puerto del Carmen, alter Ortskern

10 La Casa del Parmigiano

- **SONSTIGES**

9 Safari Diving
10 Centro Deportivo Fariones
15 Biosfera Plaza

Ⓑ Bushaltestelle
Taxi
Apotheke
Gesundheitszentrum
Post
Kirche
Bank
Touristeninformation

● **Los Fariones** €€€€, Roque del Este 1, Tel. 928510175, Fax 928510202, www.grupofariones.com, pauschal bei allen großen Veranstaltern. Kein Hotel in Puerto del Carmen hat eine bessere Lage: Es thront auf einem Felsvorsprung, durch den terrassenförmig angelegten Palmengarten mit zwei Pools gelangt man direkt ans Meer. Man hat die Wahl zwischen einer durch Felsarme geschützten Sandbucht, die so abgelegen ist, dass sie den Hotelgästen fast allein gehört, und einer durch eine Mole gesicherten Felsbucht. Natürlich kann man auch auf Puerto del Carmens Hauptstrand, die unmittelbar neben dem Hotel beginnende Playa Grande ausweichen. Man frühstückt unter Palmen (zum Büfett gehören frisch gepresster O-Saft, viel Müsli, Sekt und iberischer Schinken) und lässt den Tag bei einem Glas Wein und Wellenrauschen ausklingen. Die 248 Zimmer haben allesamt Balkon und Meerblick sowie Sat-TV mit Musikkanal. Trotz allem Komfort geht es im Hotel angenehm locker zu – auch abends muss man sich keine Krawatte umbinden. Vor dem Haus befindet sich das große Sportzentrum Fariones mit Fitness- und Wellness-Angeboten, eine Tauchschule liegt gleichfalls nur wenige Minuten entfernt.

● **Suitehotel Fariones Playa** €€€, Acatife 2, Tel. 928513400, Fax 928510202, www.grupofariones.com, pauschal bei allen großen Veranstaltern. Von außen ein grauer Klotz, doch direkt am Strand gelegen und innen gut eingerichtet: Aparthotel mit 231 freundlichen und gepflegten Wohneinheiten, alle mit Pool- und Meerblick. Viel Animation und abendlicher Tanz, außerdem im Haus ein Squashcourt und die deutschsprachige Tauchschule Atlántico, Sauna und Fitnesscenter.

● **Ap. Fariones** €€€, Timanfaya 8, Tel. 928510010, Fax 928510746, pauschal u.a. bei Jahn. Die einfachste und preisgünstigste Fariones-Variante, knapp fünf Minuten vom Strand. Die 138 gepflegten Apartments mit ein bis zwei Schlafzimmern verfügen über Sat-TV sowie Balkon oder Terrasse. Im Poolgarten gibt es ein Planschbecken für Kinder.

● **Ap. Tamarindos** €€€, Salinas 12, Tel. 928512842, Fax 928512844, www.centro-lanzarote.de. Hoch über der Stadt und über 15 Minuten vom Strand: Die anthroposophische Anlage (Centro de Terapía Antroposófica) verfügt über 50 Apartments, allesamt mit Naturmobiliar und Bettwäsche aus Schurwolle ausgestattet. Das angeschlossene Restaurant ist Nichtrauchern vorbehalten, serviert wird ausschließlich Vollwertkost. Statt Animation bietet das Centro Andachten und Konzerte klassischer Musik, Vorträge zur Anthroposophie sowie Töpfer- und Malkurse. Im angeschlossenen Kurzentrum werden Haut-, Atem- und Kreislauferkrankungen mit Therapien à la *Rudolf Steiner* behandelt. Angeschlossen ist ein kleiner Bioladen.

Essen und Trinken

●**La Chalana** €/€€, Teide 38, Tel. 928513992, im Winter oft Sa geschlossen, sonst täglich ab 11 Uhr. Ein paar Schritte oberhalb des Hafens bekommt man zur Mittagszeit Tapas zu einem günstigen Preis. Man sucht sie sich in der Vitrine aus, z.B. Kichererbseneintopf *(ropa vieja)*, „russischen" Salat mit Thunfisch und Ei *(ensaladilla rusa)*, Tintenfischsalat *(pulpo a la gallega)* oder einfach nur Fischkroketten *(croquetas de pescado)*. Abends ziehen die Preise an und man darf nur noch „à la carte" bestellen.

●**La Lonja** €€, Plaza del Varadero s/n, Tel. 928511377. Großes Fischlokal neben der Hafenkapelle, die vielen Gäste sorgen für stets gute Stimmung. Mein persönlicher Tipp: Bleiben Sie an der Bar, wo es leckere Tapas gibt und sich auch viele Einheimische treffen!

●**La Casa Roja** €€, Plaza del Varadero s/n, Tel. 928510703, ab 10 Uhr. Das „rote Haus" besticht durch seine Lage: Von der großen Terrasse direkt überm Hafen hat man Blick auf ein- und auslaufende Boote. Die Qualität der Speisen steht dem Ausblick oft etwas nach. Nichts falsch machen kann man mit *pescado del día* (frisch gefangenem Fisch) und dazu einem kleinen Salat. Viele Gäste kommen auch nur auf eine Tasse Kaffee oder eine Tapa vorbei.

●**Puerto Viejo/El Bodegón** €€, Plaza del Varadero s/n / Nuestra Señora del Carmen 6, Tel. 928515265. Die unmittelbare Lage am alten Hafen garantiert Zuspruch. Zur Meerseite werden im betont maritimen Ambiente Fisch und Fleisch vom Holzkohlegrill serviert, an der Rückseite des Hauses entstand eine gepflegte Bodega: mit robusten Holztischen unter einer tief eingezogenen Balkendecke, dazu einer langen Tapas-Bar mit Kanapees, die einem das Wasser im Mund zusammenlaufen lassen. Von der Decke baumeln Schweinekeulen, aus denen man sich hauchdünnen Schinken schneiden lässt – hierzu passend wird Rioja-Wein serviert.

●**Puerto Bahía** €€, Av. del Varadero 5, Tel. 928513793, 12–24 Uhr. Ecklokal in strategisch günstiger Lage hoch über dem Hafen. Auf der Terrasse sitzt man locker und bequem in Regiestühlen und genießt den Sonnenuntergang. Auf der Karte steht vor allem Fisch: gebraten, gegrillt, gekocht und mariniert. Wenn es zu voll ist, schaut man bei den Nachbarlokalen vorbei – auch nicht schlecht, aber die Qualität der Speisen kann nicht mithalten.

●**La Cascada del Puerto** €€, Roque Nublo 5, Tel. 9285 12953, tgl. 13–24 Uhr. In der rustikalen Cascada Puerto wird das Fleisch auf offenem Feuer gegrillt oder mitten im Raum flambiert. Im hundertjährigen Nebenhaus hat Señor *José Sánchez* eine urige Bodega eingerichtet. In kleinen, mit Holz und Antiquitäten ausgestatteten Räumen werden Tapas, Käse und Schinken serviert, abends gibt es dasselbe Speiseangebot wie in der Cascada, dazu eine große Auswahl spanischer Weine. Historische Inselfotos führen zurück in die vortouristische Zeit. Im Patio steht noch der Originalbrunnen, durch dessen Öffnung man in die ehemalige Zisterne schauen kann.

- **La Casa del Parmigiano** €€, Calle Alegranza 1, Tel. 928512731, tgl. außer Mo 13–23 Uhr. In der Trattoria neben dem Sportzentrum Los Fariones gibt es eine Fülle guter Parmesan-Gerichte, z.B. Ricotta-Teigtaschen mit Parmesansoße, mit Parmesan überbackene Auberginen und Besaolo-Schinken mit Rucola und Parmesan. Spezialiät des Hauses sind frische, gefüllte Pasta und Pizza.

Einkaufen

- **Einkaufszentrum:** Biosfera Plaza, Av. Juan Carlos I Nr. 15, Mo–Sa ab 10, So ab 11 Uhr. Hier findet man einen Supermarkt, Schmuckgeschäfte und Boutiquen, Schuhläden und Internet.

019la Foto: gs

- **Fisch:** Wer im Apartment wohnt und Fisch selber zubereiten will, geht frühmorgens zur Hafenmole, wo die fangfrische Ware ausgeladen wird. Kaufen kann man Fisch auch im kleinen Laden neben dem Restaurant La Lonja.
- **Kunsthandwerk:** Palm Center, Av. de las Playas/Acatife. Im Erdgeschoss des Suitehotels Fariones bekommt man Edelkunsthandwerk aus aller Welt.

Nightlife

- **Cervecería San Miguel,** Plaza del Varadero, bis 3 Uhr. Schon nachmittags und abends ein beliebter Anlaufpunkt: eine rustikale Bierhalle mit Holzdielen, Bistro-Bartischen und Blick auf die Plaza. Dazu das spanische Bier San Miguel in allen Varianten: vom Fass und aus der Flasche, mit und ohne Alkohol, hell oder dunkel.

Aktivitäten

- **Schiffsausflüge:** Bei ruhiger See starten Schiffe und Glasbodenboote zu Ausflügen auf hoher See. Angeboten werden Mini-Kreuzfahrten entlang der Küste, Trips nach Puerto Calero sowie Überfahrten zur Felsinsel Lobos und nach Fuerteventura. Mit der „Ocean Cat" geht es mehrmals wöchentlich zu den Papagayo-Stränden oder nach Lobos (Büro: Tropical Delfin – Ocean Cat, Calle Teide 8, Tel. 928512323, www.oceancatt.com). Beliebt sind auch Hochseeangeltouren und Unterwasserabenteuer im U-Boot: Durch große Glasflächen blickt man auf Fischschwärme, Wasserpflanzen und rostige Wracks. Tickets für alle Schiffsausflüge bekommt man im Hafen.
- **Tauchen:** Safari Diving, Playa La Barrilla 4, Tel. 928511992, www.safaridiving.com, 9.30–18 Uhr. Die beliebte, von zwei jungen Briten geführte Tauchschule liegt am kleinen Sandstrand zwischen dem Hafen und Los Fariones, direkt vor einem der besten Tauchreviere der Insel. Hier können Grotten, Höhlen, Durchbrüche und bizarre Felsformationen durchtaucht werden. Die Wände sind reich bewachsen und man sieht zahlreiche Groß- und Schwarmfische. Nachtausflüge ohne Aufpreis!
- **Parasailing:** Paracraft Lanzarote, Paseo La Barrilla, Tel. 619068680, paracraft@terra.es, 10–18 Uhr. Vor der Küste sieht man sie: „Fallschirmflieger", die von einem Motorboot übers Meer gezogen werden. Aus der Vogelperspektive überblicken sie die gesamte Küste und schauen durchs klare Wasser bis auf den Meeresgrund. Nach dem 15-minütigen Abenteuer wird das Seil wieder eingezogen und man landet sanft auf dem Boot, bleibt also trocken. Start- und Endpunkt ist die kleine Mole nahe dem alten Hafen, wo auch **Jetskis** und **Bananenboote** ausleihbar sind.

Blick auf den Hafen

104la Foto: gs

• **Sportzentrum:** Centro Deportivo Fariones, Alegranza 2, Tel. 928514790. Schräg gegenüber vom Hotel Los Fariones mit fünf Tennisplätzen, Squashcourt und baskischem Ballspielplatz *(frontón),* Minigolf, Swimming- und Whirlpool, Sauna und Massagestudio.

• **Golf:** Ein neuer Golfplatz entsteht zwischen Puerto del Carmen und Tías.

Feste

• **5./6. Januar:** *Los Reyes Magos.* Am Vorabend zum 6. Januar ziehen die **Heiligen drei Könige** im Fischerhafen ein – endlich bekommen die Kinder ihre „Weihnachtsgeschenke". Auf der Plaza del Varadero wird bis zum frühen Morgen getanzt.

• **Februar/März:** *Fiesta de Carnaval.* Auch Puerto del Carmen hat seinen Karneval: nicht ganz so schrill wie in Arrecife, aber auch hier mit einem bunten Umzug, frechen Spottliedern und der Wahl einer Königin. Am Aschermittwoch ist Trauer angesagt: Schwarz gekleidete Gestalten verabschieden sich tränenschwer von einer riesigen Pappsardine, die zu Wasser gelassen und angezündet wird.

• **16. Juli:** *Fiesta del Carmen.* Bei der Meeresprozession zu Ehren der Schutzheiligen der Fischer begleiten festlich geschmückte Boote die Statue Carmens durch die Bucht. Das große Volksfest zieht sich über mehrere Tage hin, abends wird getrunken und getanzt.

Vom alten Hafen starten Boote zum Fischfang

Playa Grande

An den Puerto schließt sich ostwärts die Playa Grande an, eine über zwei Kilometer lange **Flanier- und Vergnügungsmeile.** Sie beginnt am Hotel Los Fariones und erstreckt sich bis zum Hotel San Antonio. Zum Glück hat man die Küstenstraße über weite Strecken nur zum Land hin bebaut. Orientierungspunkte sind das mehrstöckige Betongebäude vom Fariones-Komplex, wo der freie Meerblick beginnt, nach ca. 400 Metern ein kleiner weißer Pavillon, dann das schöne Café am Mirador de la Playa und schließlich die Touristeninformation – dazwischen liegt ein schöner Promenadenweg mit Palmen, Bänken und hellsandigem Strand. Zur Landseite fällt die Orientierung schwerer: Längs der zur Einbahnstraße verschlankten Avenida reiht sich ein Einkaufs- und Vergnügungszentrum ans nächste. Diese sogenannten **Centros Comerciales** verfügen allesamt über Restaurants und Straßencafés, Läden und Boutiquen, sind wildwüchsig gestaffelt und ineinander verschachtelt. Ein Potpourri der guten Laune wird da verströmt, man träumt von der „Route 66" und vom „Dolce Vita", schlürft seinen Drink im American Rock Café, im Waikiki oder in der Hawaiian Bar. Nachts ist am meisten im Centro Atlántico los, mehr als zehn Discos behaupten sich hier seit Jahren und reißen sich um die Gunst der Besucher.

Auf einigen Karten wird dieser Küstenabschnitt noch unter der alten Bezeichnung **Playa Blanca** („Weißer Strand") geführt. Doch nachdem Touristen ihn bei ihrer Urlaubsplanung wiederholt mit dem gleichnamigen Ferienort im Süden verwechselten, will die Gemeinde nun „Playa Grande" als offizielle Bezeichnung einführen.

Strände

Schmuckstück von Playa Grande ist der flach zum Meer abfallende **Hauptstrand.** Der Gebirgszug Los Ajaches liefert die malerische Kulisse, am Horizont verschwimmen die Nachbarinseln Lobos und Fuerteventura. Der Strand ist breit und wird streckenweise von Palmen und Hibiskus gesäumt, sein Sand ist hell und weich. Da er deutlich unterhalb der Küstenstraße liegt, hört man vom Lärm der Straße nur wenig. Das ganze Jahr über herrscht reger Betrieb, in der Hochsaison werden an manchen Tagen über 1000 Liegen mit Sonnenschirmen aufgestellt. Man sieht Familien mit Kindern, aber auch viele jüngere Leute, die sich vom Discofieber der vorausgehenden Nacht erholen – ein gemischter Chor von deutschen, englischen und skandinavischen, aber auch spanischen Stimmen.

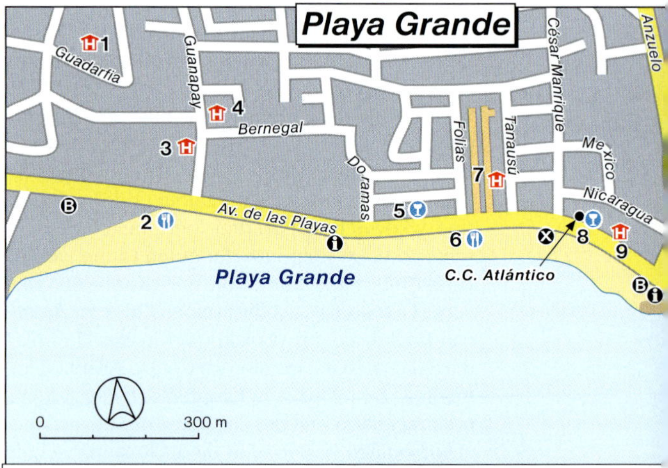

UNTERKÜNFTE
1 Ap. Lomo Blanco
3 Ap. Kontiki
4 Ap. Albatros
7 Ap. Arena Dorada
9 Ap. Rocas Blancas
10 Ap. Velázquez
11 Ap. Playa Club
17 Ap. Barcarola Club
18 Ap. Cabrera
19 Ap. Sanos

ESSEN UND TRINKEN
2 Kiosko Bar Playa
6 Café Mirador La Playa
13 Capri
15 Café Terraza Playa
16 Way West
17 Antica Trattoria de Verona

Von der Europäischen Union wird die Playa jedes Jahr mit der blauen Sauberkeitsflagge ausgezeichnet. Strömungen sind in diesem Küstenabschnitt nur schwach; ist einmal die Brandung zu stark und das Baden gefährlich, wird zur Warnung die rote Fahne gehisst. Das Rote Kreuz ist bei Badeunfällen jederzeit zur Stelle.

Östlich des Hauptstrandes schließen sich kleinere, durch dunkle Lavafelsen abgetrennte Sandbuchten an. Da sie von der Straße nicht einsehbar sind und auf kaum einer Karte auftauchen, finden sich hier nur wenige Urlauber ein. Tatsächlich

NIGHTLIFE
5 Ruta 66
8 Discos C.C. Atlántico
12 Gran Casino

SONSTIGES
14 Thermalbad Aquarsis
16 R.C. Diving Lanzarote

Bushaltestelle
Taxi
Apotheke
Touristeninformation

kaum fassbar, dass man - nur wenige Schritte vom Trubel entfernt - so schöne und ruhige Flecken entdecken kann! Von der Touristeninformation kommend, geht es vom Apartmenthaus Velázquez (Av. de las Playas 8) über Stufen zur **Playa de la Peñita** hinab, einer 100 Meter langen, hellsandigen Bucht. Noch ein Stück weiter östlich, am Haus Nr. 32, lohnt sich ein weiterer Abstecher: Eine steile Treppe führt zu den **Playas del Barranquillo,** mehreren schmalen, von Vulkanfelsen begrenzten Stränden.

Unterkunft

- **Ap. Lomo Blanco** €€€, Guadarfia 1, Tel. 928514440, Fax 510807, pauschal bei Neckermann. Großzügig konzipierter Wohnkomplex mit 131 Apartments, leicht erhöht und zehn Gehminuten vom Strand gelegen. Mit üppig begrüntem Pool, Kinderbecken, Tischtennis und Fitnessraum.
- **Ap. Kontiki** €€, Guanapay 5, Tel. 928513950, Fax 9285 13977, pauschal bei mehreren Veranstaltern. Anlage am Hang, knapp fünf Gehminuten oberhalb der Vergnügungsmeile. Die 110 Apartments verteilen sich auf mehrere im inseltypischen Stil erbaute Häuser, die sich rings um einen Pool gruppieren. Von Sat-TV über Kaffeemaschine bis zum Bügeleisen ist alles da, was man braucht. Es geht locker zu; viele Gäste kommen jedes Jahr wieder. Zur Anlage gehört ein Restaurant, gegenüber findet sich das Sportzentrum Castellana. Es werden keine Kreditkarten angenommen.
- **Ap. Albatros** €€, Guanapay 6, Tel. 928513950, Fax 928513977. Drei einstöckige Häuser mit insgesamt 26 Apartments schräg gegenüber vom Kontiki; einfacher ausgestattet, aber immerhin mit Sat-TV und Kaffeemaschine; fünf Minuten läuft man zur Strandstraße hinab.
- **Ap. Arena Dorada** €€, Tanausú 1, Tel. 928514913, Fax 928512427. Nur wenige Schritte oberhalb der Avenida, ruhig und gemütlich. Kleine Rezeption mit viel Lavastein, geführt von Señor *Ramón.* Die 80 Apartments verfügen über eine Wohnküche mit Sat-TV, Kaffeemaschine und Toaster, die Schlafzimmer sind in hellem Kiefernholz eingerichtet. Am besten sind die obersten Apartments mit großer Terrasse und Blick auf Palmen sowie die Unterkünfte rund um den kleinen Pool. Meiden sollte man die Apartments in unterster Reihe, auf der Terrasse hört man die Geräusche der benachbarten Spielhalle. Angeschlossen ist eine Tauchschule.
- **Ap. Rocas Blancas** €€, Av. de las Playas 39, Tel. 9285 11708. Anlage an der Strandstraße mit kleinem Pool und vielen Katzen, durchs Gemäuer vom Remmidemmi der

Vergnügungsmeile abgeschirmt. Von den insgesamt 66 Apartments sind die zum Pool gelegenen die ruhigsten.

● **Ap. Velázquez** €€€, Av. de las Playas s/n, Tel. 928513800, pauschal bei First Choice, www.firstchoice.co.uk (England). 31 freundliche Apartments am Meer unterhalb der Avenida, trotz zentraler Lage ruhig. Am schönsten sind Nr. 16 bis 19 mit unverstelltem Blick auf das Meer, das wenige Schritte entfernt anbrandet; die übrigen Unterkünfte sind um den begrünten Pool angeordnet.

● **Ap. Playa Club** €€€, Pedro Barba 3, Tel. 928513764, Fax 928510906, www.sunlighthoteles.com, pauschal u.a. bei Thomas Cook. Anlage mit 146 Apartments rund um einen Swimmingpool mit separatem Kinderbecken. Angeschlossen ist das Thermalbad Aquarsis (siehe Kapitel Aktivitäten). Über die Avenida gelangt man zur Playa del Barranquillo, zum Hauptstrand läuft man ca. zehn Minuten.

● **Ap. Barcarola Club** €€€, Av. de las Playas 53, Tel. 9285 10750, Fax 928510816, www.hipotels.com, pauschal bei TUI. Sehr gepflegte Anlage, durch Gebäudeflügel von der lauten Avenida getrennt. Die 135 komfortablen Apartments mit Sat-TV, Kaffeemaschine und Toaster sind rings um einen üppig grünen Garten mit beheiztem Pool angeordnet. Für Erwachsene gibt es den ganzen Tag über Animation, für Kinder einen Miniclub. Mit attraktivem Büfett-Restaurant, die Antica Trattoria liegt direkt vor der Haustür.

● **Ap. Cabrera** €€, Av. de las Playas 70, Tel. 928513694, Fax 928513694, www.apartamentoscabrera.com, info@apartamentoscabrera.com. Eine sehr gute Wahl: 21 weiß-blau gehaltene Apartments mit Balkons direkt überm Meer neben einem kleinen Sandstrand – was wünscht man mehr? Man hat die Wahl zwischen Wohnungen mit einem oder zwei Schlafzimmern, alle verfügen über ein separates Bad und natürlich auch Sat-TV. Die Anlage wird von Señor *Cabrera* freundlich geführt; meist sitzt er selber an der Rezeption, wo sich auch eine kleine Ausleihbibliothek befindet.

● **Ap. Sanos** €€, Av. de las Playas 78, Tel./Fax 928513554, www.apartamentos-sanos.de, auch buchbar über Sanos-Tours, Königsberger Str. 36, 45145 Essen. *Marion* und *Max Oster* vermieten 20 unterschiedlich große, hell möblierte und komfortable Apartments in allererster Strandreihe, die meisten mit herrlichem Meerblick, großem Balkon bzw. Terrasse und davor einem kleinen, romantisch verwucherten Garten mit Palmen und Hibiskussträuchern. Direkt vor dem Haus ragt ein Felsplateau übers Meer, angrenzend ein kleiner heller Sandstrand.

Essen und Trinken

● **Kiosko Bar Playa**€, Av. de las Playas s/n, Tel. 608029038. Dieses einfache Bar-Café übersieht man leicht von der Straße: Gleich neben dem Fariones-Komplex geht es zum Strand hinab! Es gibt Sandwiches, *platos combinados* (Tellergerichte) und *helados* (Eis).

105la Foto: gs

● **Mirador La Playa** €, Av. de las Playas s/n, ab 9.30 Uhr. Das Terrassencafé hoch über dem Strand bietet tollen Meerblick und ist ein guter Ort, um sich mit Cocktails oder frisch gepresstem O-Saft zu erfrischen. Für den kleinen Hunger gibt's Salate, Sandwiches und Pizza. Der Mirador liegt gegenüber vom Einkaufszentrum Arena Dorada an der Strandseite.

● **Capri** €, Av. de las Playas 35, C.C. Playa Club, Tel. 9285 10725. Seit über 10 Jahren versorgt das Capri Urlauber und Residenten mit Pizza. Der Teig, darauf ist *Miguel Angel* besonders stolz, besteht zur Hälfte aus Vollkornmehl, was ihm einen angenehm säuerlichen Beigeschmack verleiht.

Günstig und in guter Lage: Apartamentos Cabrera

Er wird dünn ausgerollt, sodass man nicht das Gefühl hat, auf dickem Weißbrot zu kauen. Der üppige Belag ist fein durchkomponiert - egal ob bei *Pizza vegetariana* (mit Artischocken, Kapern, Zwiebeln, Champignons und Tomaten) oder *Pizza de la casa* (Tomate, Käse, Krabben, Pepperoni); beliebt ist auch die Lanzarote-Variante mit Datteln, Speck und Ziegenkäse. Das Lokal ist mit Korbstühlen und offener Küche gemütlich eingerichtet.

- **Terraza Playa** €/€€, Av. de las Playas 28, Tel. 928515417. Das ehemalige Candil befindet sich nur wenige Schritte von der Vergnügungsmeile entfernt und verkörpert doch eine ganz andere Welt: Man sitzt in bequemen Korbstühlen, schaut an Palmen vorbei aufs nahe Meer und vergisst, dass man sich in einer Touristenstadt befindet. Terraza Playa ist einer der schönsten Orte, um bei einem Kaffee mit Cognac den Tag ausklingen zu lassen. Leider (oder zum Glück) etwas schwierig zu finden: Neben dem Apartmenthaus Rocas geht es über einen Treppenweg zum Meer hinab.
- **Way West** €€, Av. de las Playas 38, C.C. Aquarium, Tel. 928513353, ab 11 Uhr. Auf der Meerseite des unattraktiven Einkaufszentrums Aquarius erwartet den Besucher eine große Terrasse mit gepolsterten Stühlen. Es gibt amerikanisch-mexikanische Klassiker: „Feuerbälle" (pikante Hackfleischbällchen), Salat à la Sheriff, *nachos, fajitas, burritos* etc. Gleich nebenan befindet sich ein weiterer Mexikaner.
- **Antica Trattoria de Verona** €€, Av. de las Playas 53, Tel. 928511953. Bunte Stoffe, knarrende Holzdielen, Oregano-Duft und eine u-förmige Bar: ein Lokal, in dem man zu Opernarien à la *Pavarotti* gute Pizza und Pasta verspeist. Die Besitzer aus Verona verstehen es, viel Publikum anzulocken. Nebenan befindet sich ein winziger Laden mit mehr als 100 Originalprodukten aus Italien, darunter frischer Mozzarella, Illy-Kaffee, Grappa und Sambuca.

Einkaufen

Entlang der Avenida de las Playas gibt es mehr als 200 Souvenirläden, Kleidergeschäfte und Sportshops. Hier nur einige Tipps:

- **Kunsthandwerk:** Artesanía, Av. de las Playas 24. Kunsthandwerker der Insel bieten ihre Produkte an: Web- und Schnitzarbeiten, handgeflochtene Körbe und Keramik.
- **Elektroartikel:** Visanta, Av. de las Playas 55, C.C. La Peñita (gegenüber Haus Nr. 32) „Garantiert die besten Preise auf den Kanarischen Inseln": ein großes Angebot an Kompakt-, Spiegelreflex- und Digitalkameras, CD-Playern, Rasierern und allen nur erdenklichen Elektrogeräten, außerdem Uhren und Sonnenbrillen aller bekannten Marken. Sollte die gekaufte Ware tatsächlich in einem anderen Geschäft billiger angeboten werden, wird von Visanta die Preisdifferenz erstattet. Der Kauf wird mit einem Gratis-Softdrink versüßt.

- **Supermärkte:** Aufgrund der vielen Apartmentanlagen besteht ein umfassendes, leider oft überteuertes Angebot. Es könnte sich lohnen, zu Beginn des Urlaubs für einen Tag ein Auto zu mieten und in die günstigeren Supermärkte von Playa Honda zu fahren!

Nightlife

Zentrum des Nachtlebens ist das **Centro Atlántico** mit Kneipen und Discos, die erst zwischen 3 und 7 Uhr morgens schließen. Geboten wird Live-Musik aller Stilrichtungen: von Rock über Soul und Jazz bis zu Techno. Beginnen könnte man im Waikiki Beach Club, dem „obligatorischen Treffpunkt mit Meerblick" mit rötlich schimmerndem Licht, exotischen Cocktails und den neuesten Hits. Danach zieht man weiter, alle paar Meter ein neues Lokal. Hoch im Kurs standen zuletzt die Discos Emporium und Hippodrome, Big Apple und Ibiza - doch das kann sich rasch ändern, schon im nächsten Jahr sind vielleicht neue Namen en vogue. Aber auch die Bierstuben und Cocktailterrassen, Jazz- und Flamenco-Kneipen wechseln alle paar Jahre ihren Besitzer.

- **Ruta 66,** Av. de las Playas 19, täglich bis 3 Uhr. Hier fühlt man sich on the road: Von der Decke baumeln zwei Original-Motorräder, die Wände sind mit Autokennzeichen gepflastert. Drinnen hohe Bartische, draußen eine große Terrasse mit bequemen Sesseln. Die Cervecería Tropical nebenan gehört dem gleichen Besitzer. Außer dem kanarischen Tropical hat er alle großen europäischen Marken auf Lager, u.a. Heineken, Carlsberg und Budweiser.
- **Gran Casino,** Av. de las Playas 12, 21–4 Uhr. Architektonisch wirkt das Casino nicht gerade *gran*, doch seiner Beliebtheit tut dies keinen Abbruch. Der Roulettetisch ist stets von Gästen umlagert, die mit einem Cocktail in der Hand den Lauf der Kugel verfolgen. Galagarderobe ist nicht vorgeschrieben, Personalausweis oder Reisepass müssen aber vorgezeigt werden. Außerdem gibt es einen Saal mit Spielautomaten, wo man sein Geld anonymer verjubeln kann.

Aktivitäten

- **Radfahren:** Bike Rental, Av. de las Playas, C.C. Marítimo, Local 25, Tel. 928510612, www.mountainbike-lanzarote.com, tgl. 10–19 Uhr. Im Obergeschoss des Einkaufszentrums Marítimo verleiht Eduard Renner City- und Mountainbikes.
- **Wandern:** Den Küstenweg nach Arrecife (vgl. Playa Matagorda) kann man schon 100 Meter westlich des Hotels San Antonio beginnen. An der Minigolfanlage steigt man über Stufen zu einem kleinen, palmenbestandenen Strand hinab, der ein paar Schritte weiter in die Playa de los Pocillos übergeht.
- **Minigolf:** Eine strandnahe Anlage gibt es neben dem Hotel San Antonio in der Av. de las Playas 80.

Schwulentreffs

In den Szene-Bars des Centro Atlántico geben sich Schwule allabendlich ein Stelldichein. Deutsche und Holländer, Briten und Skandinavier treffen sich z.B. im Black & White oder in der Free Bar und wechseln dann in die angrenzenden Discos über. Aktuelle Infos zu Schwulentreffs und -aktivitäten findet man auf der Webseite www.lanzarotegayguide.com.

- **Thermalbad:** Aquarsis, Calle Chalana 1, Tel. 928511337, www.aquarsis.com. Nach der zweistündigen Session fühlt man sich herrlich entspannt: Auf die Wassermassage, bei der von der Zehe bis zum Nacken alle Körperpartien erfasst werden, folgen Jacuzzi, Kneippgang, römische Therme und türkisches Dampfbad. Mittels Ölessenzdusche wird man in Wohlgerüche getaucht, bevor man auf einer erwärmten Liege frisch gepressten O-Saft gereicht bekommt.
- **Tauchen:** R.C. Diving Lanzarote, Av. de las Playas 38, C.C. Aquarium, Tel. 928514290, Fax 928515396, www.rcdiving.com, Mo–Sa 9–18 Uhr. Seit mehr als zehn Jahren weihen *Nicole* und *Stefan* aus Basel Besucher in die besten Tauchspots der Insel ein. Viermal täglich finden geführte Tauchgänge in kleinen Gruppen von max. vier Personen statt, selbstverständlich werden auch Kurse angeboten. Freundliche Stimmung, dazu eine große Auswahl an Equipment, das man mieten oder kaufen kann.

0161a Foto: gs

Playa de los Pocillos

Die Bucht Los Pocillos erstreckt sich vom Hotel San Antonio bis zum Hotel Jameos Playa. Hier gibt es weder eine „rush hour" noch grell leuchtende Reklame und auch keinerlei Bauten am Strand. Mehrere großzügig angelegte **Komforthotels** und Apartmenthäuser reihen sich aneinander. Es gibt zwei Einkaufszentren mit wenigen Bars und Lokalen sowie gut bestückte Supermärkte. Abends werden die Bürgersteige hochgeklappt, das gesellige Leben spielt sich in den Nobelherbergen ab. Mit dezenter Piano-Musik, Pub-Discos der gehobenen Art und Shows mit Stargästen à la Platters versucht man, ein **eher älteres Publikum** zu bedienen. Wem das nicht gefällt, der hat es nicht weit zur turbulenten Playa Grande oder zur Live-Musik-Zone am Hotel Jameos Playa.

Strand

Der Strand mit dem Namen Playa de los Pocillos („Strand der kleinen Pfützen") ist 1,5 Kilometer lang und an die 200 Meter breit. Er ist dunkler als die Playa Grande und mag, da er nicht mit Palmen und Hibiskus bepflanzt wurde, weniger attraktiv erscheinen. Auch hier stehen Liegen mit Sonnenschirmen bereit, Tretboote können ausgeliehen werden; bei starkem Wind lassen Urlauber ihre mitgebrachten Drachen steigen. Der gesamte Strand ist von einer breiten Promenade gesäumt; in ihrer Mitte weitet sie sich zur Plaza de las Naciones, einem mit Freilichtbühne, Pavillons und Info-Stand großzügig angelegten Platz.

Je nach Meeresströmung und Gezeiten bietet der Strand einen unterschiedlichen Anblick: Mal ist er weit und reicht bis an die Küstenstraße heran, mal wird er vom Meer überflutet und lässt eine **Lagune** entstehen: ein riesiges Planschbecken, in dem Kinder gefahrlos spielen können. Einmal im Jahr, meist im September, strömt die Marea del Pino ein. Diese Flut ist so stark, dass nicht einmal der sichelförmige Sanddamm erhalten bleibt. Erst einige Wochen später zieht sich das Wasser wieder zurück, hinterlässt den Strand sauber wie nie zuvor und voller Salzkörnchen.

Unterkunft

• **San Antonio** €€€, Av. de las Playas 84, Tel. 928514200, Fax 928513080, www.hotelsanantonio.com, pauschal bei allen großen Veranstaltern. Eines der wenigen Hotels direkt an der Playa – keine Straße, nicht einmal eine Promenade trennt es vom Strand. Es wurde zur Jahrtausendwende vollständig renoviert und bietet 331 noble, mit Mahagonimöbeln und Teppichboden behaglich eingerichtete Zimmer, alle mit Balkon und Meerblick sowie einem Bad aus rotem Marmor und Granit. Das Frühstück kann auf der überdachten Terrasse eingenommen werden, morgens wie abends gibt es ein opulentes Büfett. Vom oberen der beiden Pools (fantastische Aussicht!) strömt das Wasser über eine Fontäne ins untere Becken. Der neue Fitnessraum liegt direkt neben dem Pool und ist mit modernster Technik ausgestattet. Dazu gibt es zwei Tennishartplätze, eine Sauna und ein türkisches Bad.
• **Riu Olivina** €€€, Grecia 6/9, Tel. 928510278, Fax 9285 10851, pauschal bei TUI. Das Viersternehotel liegt landeinwärts, 400 Meter vom Strand entfernt. Die 102 Zimmer sind gemütlich eingerichtet und zum großen Pool ausge-

richtet. Ans Hotel ist die gleichnamige Apartmentanlage angeschlossen. Die 138 im Reihenstil erbauten Häuschen sind mit Möbeln à la Ikea ausgestattet und haben alle Sat-TV. Zwei Meerwasser-Pools und ein Kinderbecken.

- **Ap. Las Costas** €€€, Av. de la las Playas 88, Tel. 928514346, Fax 928510112, pauschal bei mehreren Veranstaltern. Zweistöckige, strahlend weiße Anlage direkt am Strand mit 187 hellen Apartments, die sich hufeisenförmig um einen kleinen, zum Meer hin offenen Pool gruppieren. Mit Restaurant, Bar und Fahrradverleih.

Ap. Hyde Park Lane €€, Hungría 6, Tel. 928512681, Fax 928512203, pauschal u.a. bei TUI. Weitläufige Anlage etwa fünf Minuten vom Strand. Alle 220 Bungalows sind im inseltypischen Stil erbaut, mit Wohnküche und Schlafzimmer. Es gibt je zwei Pools für Erwachsene und Kinder, zwei Tennisplätze, ein Restaurant und einen kleinen Supermarkt. Höchst komfortabel sind die benachbarten 20 „Villas" mit jeweils zwei Schlafzimmern, zwei Bädern (eines davon mit Whirlpool), Wohnraum und bestens ausgestatteter Küche, einem eigenen Garten und Mini-Pool.

• **Lanzarote Village** €€, Av. de Suiza 2, Tel. 928511344, Fax 928512030, pauschal u.a. bei Neckermann. Anlage mit 213 weiß-grün gehaltenen Apartments, Restaurant, Pool und Tennisplatz. Nicht die Wohneinheiten unmittelbar an der Straße buchen!

• **Riu Paraíso** €€€, Suiza 4, Tel. 928512400, Fax 928512409, pauschal bei TUI. Zwar nicht „paradiesisch", aber immerhin behaglich. Das Viersternehotel ist nur durch die Uferstraße vom Strand getrennt. Alle 263 Zimmer sind gemütlich und verfügen über Sat-TV. Mit zwei großen Pools, zwei Tennishartplätzen und einem Miniclub für Kinder. Direkt neben dem Hotel: die komfortable Apartmentanlage Riu Patio mit 75 Wohneinheiten und eigenem Pool.

• **Riu Palace** €€€€, Suiza 6, Tel. 928512414, Fax 928513598, pauschal bei TUI. Nur die Uferstraße muss überquert werden, dann ist man am Strand. Das dreistöckige Hotel ist auf einer Anhöhe gelegen und schwingt sich in einem großen Halbkreis um die Pool-Landschaft. Erfolgreich knüpft es an die Tradition nostalgischer Grand Hotels an. Es fasziniert mit Marmorböden und verspielten Skulpturen, Spiegeln und Lüstern sowie den durch Wolkengardinen abgeblendeten Fluren. Die 275 Zimmer sind in Pastelltönen gehalten und mit auf antik gemachten Möbeln eingerichtet. Von vielen blickt man über den Pool direkt aufs Meer. Persönlicher Service wird in dem Hotel groß geschrieben: Das beginnt mit dem Sektempfang, setzt sich mit dem Obstkorb im Zimmer fort und endet mit dem allabendlichen Betthupferl. Hervorragendes, sehr abwechslungsreich gestaltetes Frühstücks- und Abendbüfett. Zwei Tennishartplätze mit Flutlicht, für Kinder gibt es einen separaten Pool und einen Spielplatz. Jeden Abend Live-Musik, mehrmals wöchentlich tritt ein Pianist auf.

• **Ap. Costa Mar** €€€, Tel. 928510410, Fax 928511485. Die vierstöckige, terrassenförmig gebaute Anlage liegt hinter dem gleichnamigen Einkaufszentrum an der Westseite der Bucht. Die 185 Apartments sind weiß-blau gestrichen und mit runden Türmchen und Erkern aufgelockert, doch nur wenige haben Meerblick. Die Terrassen sind zum Pool ausgerichtet, an dem fast den ganzen Tag Animationsmusik zu hören ist. Ein Fahrradverleih befindet sich gleich um die Ecke.

• **La Geria** €€€, Jupiter 5, Tel. 928510441, Fax 928511910, www.hipotels.com, pauschal bei allen großen Veranstaltern. Vom Strand ist das noble Viersternehotel nur durch die Uferstraße getrennt. Seinen Namen erhielt es vom nahe gelegenen Weinbaugebiet, von dem es sich auch architektonisch inspirieren ließ: Wie dort das sichelförmige Mäuerchen die Reben vor dem Wind schützt, so hier das Halbrund des Hotels den oasenartigen Pool-Garten. Die drei Stockwerke sind terrassenförmig versetzt, sodass man das Gefühl hat, vor einem flachen Bau zu stehen. Drinnen ist alles licht und weit, die 242 Zimmer sind großzügig geschnitten und komfortabel ausgestattet (Sat-TV, Fön, Bademantel). Ein weiterer Pluspunkt ist die Küche: morgens und abends Büfett vom Feinsten und oft themenorientiert, den Köchen kann man bei der Arbeit über die Schulter schauen. Außerdem vorhanden: eine Tauchschule, zwei Tennisplätze, eine Minigolf-Anlage und ein Miniclub für Kinder.

Essen und Trinken

● **China** €€, Av. de las Playas, C.C. Costa Luz, Tel. 928510996. Gegenüber dem Hotel San Antonio, im Obergeschoss eines Einkaufszentrums, befindet sich das 1976 gegründete und damit älteste chinesische Restaurant der Insel. Dunkles Rattanimitat und rote Lampions sorgen für das passende Ambiente.

Aktivitäten

● **Tauchen:** Barakuda Club, Hotel La Geria, Calle Jupiter 5, Tel. 928944030, www.lanzarote-tauchen.info. *Michael Grohn* und *Michaela König* leiten diese modern ausgestattete deutsche Tauchschule. Knapp zehn Meter tief ist der Tauchplatz nahe dem Hotel Jameos Playa an der Ostseite der Bucht – geeignet für Anfänger und Schnorchler. Von März bis Juni findet man hier Rochen aller Größen.

● **Reiten:** ⇗ Abenteuerpark

● **Quad Safari:** Megafun, C.C. Costa Mar, Local 29, Tel. 928512893, www.megafun-lanzarote.com, So geschlossen. Quad Drives sind vierrädrige Motorroller; eine zweite Person kann als Sozius mitgenommen werden. Der Fahrer muss mindestens 18 Jahre alt und im Besitz eines Führerscheins sein. Die Verleihstation befindet sich im Einkaufszentrum Costa Mar unterhalb der gleichnamigen Apartmentanlage.

● **Radfahren:** Megafun (⇗ oben) vermietet auch einige Mountainbikes.

● **Abenteuerpark:** Rancho Texas Park, Calle Noruega s/n, Tel. 928841286, www.ranchotexaslanzarote.com, 9.30–17.30 Uhr, So meist geschlossen. Spaß für die ganze Familie mit Papageien- und Raubvogelshows – die aktuellen Anfangszeiten werden in Broschüren bekannt gegeben, die bei der Touristeninformation ausliegen. Daneben gibt es noch ein kleines Reitzentrum mit Pferden und Ponys, man kann Kanu fahren und der Fütterung von Seelöwen beiwohnen. Mehrmals wöchentlich finden Country- oder Flamenco-Partys statt. Der Abenteuerpark liegt einige Kilometer landeinwärts und ist erreichbar über die beim Aparthotel Las Costas von der Küstenstraße abzweigende Calle Noruega (Gratisbus von zahlreichen Hotels).

Playa Matagorda

Ein feiner heller Sandstrand, eine autofreie Uferpromenade und an den Flugtagen alle paar Minuten eine startende oder landende Maschine: So präsentiert sich die Playa Matagorda im Osten, eine der jüngsten Urbanisationen von Puerto del Carmen. Sie erstreckt sich über knapp einen Kilometer und wird von den Hotels Jameos Playa und Beatriz Playa begrenzt. Zu empfehlen sind vor allem die Unterkünfte in erster Strandreihe: weitläufig angelegt und von Palmen umgeben. Sie sind ideal für **Familienurlaub,** da sich Kinder gefahrlos bewegen können – der ganze Strand liegt ihnen zu Füßen. Die landeinwärts am Hang gelegenen Anlagen sind zumeist wenig fantasievoll gebaut und liegen oft direkt an der Straße. Abendliche Unterhaltung mit Live-Musik bieten die Einkaufs- und Vergnügungszentren Jameos und Matagorda, ansonsten spielt sich außerhalb der Anlagen kaum etwas ab.

Strand

Der hellsandige Strand schließt sich unmittelbar an die Playa de los Pocillos an und ist dank der günstigen Winde auch bei **Windsurfern** beliebt. Man hat sich viel Mühe gegeben, das „Stiefkind" von Puerto del Carmen aufzupolieren. Der Strand ist von dekorativen Festungstürmchen gesäumt, die Duschen befinden sich in Nischen aus Vulkangestein. Einsamer ist es an der etwa 700 Meter langen **Playa de Guacimeta,** die sich in nordöstlicher Richtung anschließt.

Unterkunft

- **Jameos Playa** €€€€, Marte s/n, Tel. 928511717, Fax 9285 14219, www.seaside-hotels.com, pauschal bei allen großen Veranstaltern. Attraktiv gebautes Hotel der Seaside-Kette zwischen der Playa de los Pocillos und der Playa Matagorda. Die insgesamt 530 Zimmer verteilen sich auf mehrere Wohntrakte rings um eine riesige Pool-Landschaft. In höchsten Tönen loben die Gäste das üppige Frühstücks- und das themenorientierte Abendbüfett, abends trifft man sich in der Salonbar zum Tanz- und Showprogramm. Die

Anlage verfügt über vier Tennisplätze mit Quarzsandbelag, zwei davon mit Flutlicht, ferner Dampf- und Biosauna, Massage, Aerobic und Beauty-Salon, selbstverständlich auch einen Miniclub für Kinder.

●**Ap. Floresta** €€, Mercurio 2, Tel. 928514345, Fax 928510225. Großzügig konzipierte Anlage, nur durch die Uferstraße vom Strand getrennt. Die einstöckigen, weiß gestrichenen Häuschen gruppieren sich um mehrere Pools. Das Ambiente ist locker, gestresste Rezeptionisten sind selten. Die meisten der 242 Apartments sind auf den Poolgarten ausgerichtet und verfügen über Sat-TV; es gibt kleine Apartments mit einem separaten Schlafzimmer sowie große mit zwei Schlafzimmern. Außerdem: Fahrradverleih, ein Tennishartplatz, Tischtennis und Minigolf, für Kinder ein Spielplatz und eigene Schwimmbecken sowie ein Miniclub für die Vier- bis Zwölfjährigen. Gutes Preis-Leistungs-Verhältnis; einziger Schwachpunkt sind die zur lauten Küstenstraße ausgerichteten Wohneinheiten.

●**Ap. Sol Lanzarote** €€€, Grama 2, Tel. 928514888, www.solmelia.com, pauschal bei mehreren Veranstaltern. Eine gar nicht so schlechte Anlage in erster Strandreihe mit 330 Apartments. Die halbrunden Gebäudeflügel umgeben einen Poolgarten und sind zum Meer hin ausgerichtet. Wer freilich Pech hat, bekommt ein Zimmer zur Landseite und blickt auf Bauwüsten oder Beton. Im Haus herrscht eine locker-entspannte Atmosphäre, hier darf man sich immer und überall in Shorts und T-Shirt bewegen. Mit Miniclub und separatem Pool, speziellen Essenszeiten für Kinder und geräumigen Apartments – einige mit zwei separaten Schlafzimmern. Dazu ein Büfettrestaurant, zwei Tennishartplätze, zwei große Pools, ein Supermarkt und eine Münzwäscherei.

●**Costa Sal** €€€, Agonal 16, Tel. 928514242, Fax 928510145. Niedrige, über zwei Hangstufen verteilte Reihenhäuser und Bungalows, ca. 400 Meter vom Strand entfernt. 155 Apartments mit Balkon bzw. Terrasse gruppieren sich um zwei Pool-„Gärten", die gut ein paar Pflanzen vertragen könnten. Meiden sollte man alle zur Calle Agonal und zur Calle Tomillo liegenden Häuser (z.B. sämtliche 200er-Zahlen, aber auch 102, 106, 124, 424, 800): Die Terrassen all dieser Apartments sind auf die hässliche Straße gerichtet. Die Anlage verfügt über Tischtennis und Billard, zwei Tennishartplätze, Supermarkt und Restaurant.

●**Ap. Morromar** €€, Mato 5, Tel. 928510230, Fax 928512790, www.morromar.com, exklusiv bei Alltours. Zweistöckige, terrassenförmige Anlage 500 Meter oberhalb der Playa mit großem Büfett-Restaurant. 250 funktionale Apartments mit Balkon; mit Palmen und Hibiskus wirkt der untere Teil der Anlage gepflegter. Zu Morromar gehören Tennis- und Multisportplätze, Tischtennis und Billard, eine FKK-Dachterrasse und zwei Pools. Kinder haben ein eigenes

Schwimmbecken, für die Vier- bis 14-Jährigen gibt es einen Miniclub und abends eine Disco. Doch auch für die Erwachsenen wird, wie es sich für einen „Club" gehört, jeden Tag Animation geboten. Im Winter viele Langzeiturlauber.

● **Ap. Las Gaviotas** €€, Mato 1, Tel. 928514884, Fax 9285 10817, pauschal bei TUI. Die sympathisch-preiswerte Anlage erstreckt sich von der Uferpromenade landeinwärts. 152 weiße, gepflegte Bungalows verteilen sich über ein sehr weitläufiges, durch einen Palmengarten untergliedertes Areal mit insgesamt sieben Wohnzonen und Meerwasser-Pools (vier davon beheizt, drei mit Kindersektor). Am besten sind die direkt an die Promenade grenzenden Apartments der Anlagen I und IV – nicht zu empfehlen die am Hang platzierten und meist von Engländern belegten Anlagen Las Cascadas (Gaviotas VIII) und Green Bay (Gaviotas VII).

UNTERKÜNFTE

1 Ap. Floresta
2 Jameos Playa
6 Ap. Sol Lanzarote
7 Costa Sal
8 Ap. Morromar
10 Ap. Las Gaviotas
11 Beatriz Playa

●**Beatriz Playa** €€€, Mato s/n, Tel. 928512166, Fax 9285 14207, www.beatrizhoteles.com. Viersternehotel direkt am Strand und fast schon am Flughafengelände. Seine klotzige, nicht gerade inseltypische Architektur wird durch große Innenhöfe mit Palmen aufgelockert. Ein Kuriosum sind die lebensgroßen, archaischen Holzskulpturen, die der Besitzer von den Philippinen importiert hat und die über die ganze Anlage verstreut sind. Dazu passen die aus Edelholzbaumstämmen geschnitzten Sitzgelegenheiten, die dem Haus eine exotische Note verleihen. Die Bars rings um den Poolgarten sind mit Bambus attraktiv gestaltet und tragen die Namen philippinischer Inseln (Mindanao, Davao). Schade allerdings, dass die Betonfassaden grau belassen und nicht mit Schlingpflanzen „verkleidet" wurden! Die 404 Zimmer verfügen über Sat-TV und großen Balkon, die nordwärts zum Flughafengelände ausgerichteten sollte

ESSEN UND TRINKEN
3 Café WunderBar
4 El Molino
5 Café Törtchen
9 Sirocco

Ⓑ Bushaltestelle
Taxi
Apotheke

021la Foto: gs

man meiden: Der Ausblick ist wenig erquicklich, immerfort hört man die startenden und landenden Maschinen.

Essen und Trinken

- **Café WunderBar** €, C.C. Jameos, Local 89, ab 9 Uhr. Deutsche Bäckerei mit Blick aufs Meer: guter Apfelstrudel mit Vanille und Sahne!
- **El Molino** €€, C.C. Jameos, Tel. 928512887. Terrassenlokal mit Blick auf die Playa de los Pocillos - wer's feiner mag, speist im rustikalen Innenraum. Es gibt Pizza, aber auch kanarische Klassiker, Fleisch und Fisch vom Holzkohlegrill.
- **Törtchen** €, C.C. Jameos, Local 52. Kleines Café im Ladengewirr vor dem Hotel Jameos Playa mit gutem Kuchen aus deutschen Landen, dazu gibt es Jacobs-Kaffee. Freundliche Bedienung wie in alten Zeiten.
- **Sirocco,** C.C. Matagorda, Tel. 928511270. Restaurant mit schöner Ausblicksterrasse. Für ein Eis oder eine Tasse Kaffee keine schlechte Adresse, die spanischen Grillgerichte sind überteuert.

Aktivitäten

- **Wandern:** Etwa zwei Stunden braucht man für die nicht sonderlich aufregende Küstentour vom Hotel Beatriz Playa via Flughafen und Playa Honda.
- **Wellness:** Spa & Wellness Centre, Hotel Beatriz, Tel. 928512166, tgl. 10–19 Uhr. Auch Urlauber, die nicht im Hotel wohnen, können Massagen und Schönheitsprogramme buchen.

Auf der Promenade der Playa de Matagorda

In der Umgebung

Oberhalb von Puerto del Carmen verläuft die Carretera General LZ-2, die die Hauptstadt mit dem Süden verbindet. Viele, die in den Hotels und Restaurants der Touristenmetropole arbeiten, wohnen in **Tías,** der etwas gesichtslosen Gemeindehauptstadt - hier sind die Mieten noch erträglich, auch das Einkaufen ist billiger. In den vergangenen Jahren haben sich auch deutsche Residenten hier niedergelassen; die einen bevorzugen Villen mit Blick aufs Meer, die anderen bauen ihr Häuschen im Lavatal und träumen davon, Wein anzupflanzen.

Für Urlauber ist Tías nicht interessant, ebensowenig der auf Landkarten oft zu groß eingetragene Nachbarort **Mácher,** der aber längs der LZ-2 mit einigen interessanten Restaurants aufwartet (edel: La Tegala, Ctra. Tías-Yaiza 60). Wer mit dem Auto zu den Bodegas der Weinstraße vorstoßen will, wählt den Abzweig bei La Asomada westlich von Mácher. Weiter östlich, an der Dorfkirche, endet die von Uga kommende Wandertour durch das Weinanbaugebiet (⇗ Wanderung 3).

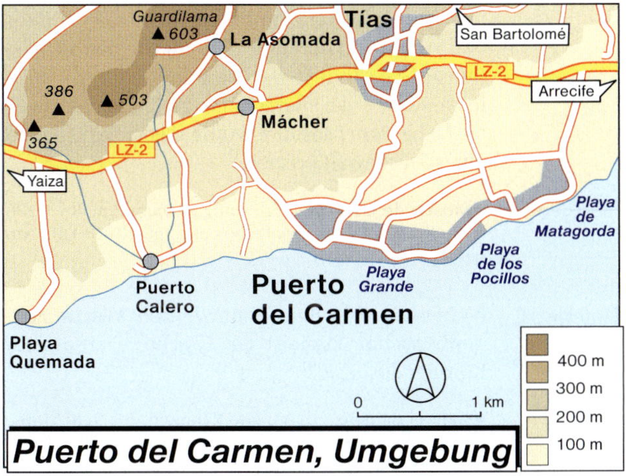

Puerto del Carmen, Umgebung

Puerto Calero

Zwei Stichstraßen führen von der LZ-2 westlich von Puerto del Carmen zur Küste hinab. Die erste ist drei Kilometer lang und hat Puerto Calero zum Ziel: ein **Ferienort der feineren Art,** konzipiert von *Luis Ibáñez Margalef,* einem Schüler *César Manriques.* Als er den Küstenort entwarf, hatte er wahrscheinlich Marbella oder St. Tropez vor Augen – mediterranes Flair vereint sich mit High-Society-Feeling. Es entstand eine hübsche Uferpromenade mit Terrassenlokalen, an denen vor allem am späten Nachmittag gute Stimmung herrscht. Man blickt auf schnittige Jachten, die an Pollern aus Messing vertäut sind, und schaut den Anglern zu, die ihre Rute ins fischreiche Wasser werfen.

Oberhalb des Ufers wurde ein weiterer (palmengesäumter) Spazierweg angelegt. Er startet am Wachhäuschen und führt entlang der Küste in 15 Minuten zum Hotel Hesperia.

Walmuseum

Im Hafengebäude an der Ostseite des Hafens informiert ein Museum über die großen Meeressäuger. Im schummrigen, der Sicht eines U-Boots nachempfundenen Ambiente sieht man Videos von Walen und hört ihre „Gesänge". Man sieht lebensgroße Modelle der Tiere und erfährt – auch in Deutsch – viel Interessantes zu ihrer Lebensweise. Nahe dem Museum wurde das Originalskelett eines Riesenwals postiert.

- **Museo de Cetáceos,** Ed. Antiguo Varadero, Tel. 9288 49560, www.museodecetaceos.org, tgl. 10–18 Uhr, Mo geschl.

Galerie

Neben dem Walmuseum werden Werke zeitgenössischer, zumeist auf Lanzarote ansässiger Künstler ausgestellt.

- **Galería de Arte,** Ed. Antiguo Varadero, Tel. 928511505, http://galeriadearte.puertocalero.com, Mo–Fr 16–21 und Sa 11–21 Uhr

081la Foto: cb

Unterkunft

- **Hesperia Lanzarote** €€€€, Urbanización Cortijo Viejo, Tel. 828080800, Fax 828080810, www.hesperia-lanzarote.com. Das Fünfsternehotel mit 335 Zimmern wurde dicht an die Klippen gebaut. Räumliche Weite, edle Naturmaterialien und minimalistisches Design sorgen für Entspannung – nichts erdrückt oder drängt sich auf, die Sinne dürfen sich erholen. Mit drei terrassenförmig angelegten Pools und einem großen Wellness & Spa-Center (beheiztes Hallenbad mit „sprudelnden Liegen“, Wasserfällen, finnischen und türkischen Saunen), fünf Restaurants, mehreren Bars und einem Auditorium. Über eine schöne Küstenpromenade gelangt man in zehn Gehminuten zum Hafen.
- **Iberostar Costa Calero** €€€, Tel. 928849595, Fax 928849576, www.iberostar.com. Von außen wirkt der Betonklotz wie eine Flughafenhalle, doch innen ist er weit und elegant. Die 416 Zimmer sind in aufmunternden Farben gehalten, ideal für Familien sind die Suiten mit je zwei Schlafzimmern und Bädern. Beim „seitlichen Meerblick“ schaut man über die Pool-Landschaft bis hinüber nach Fuerteventura. Ans Hotel angeschlossen ist ein Thalasso-Therapiezentrum mit Wassermassagen, Thermen und diversen Behandlungen. Mehrmals täglich gibt es einen Shuttle-Bus nach Puerto del Carmen (gratis).
- **Casa Buena Fortuna** €€€, Tel. 928849616, www.casabuenafortuna.com. Komfortapartments mit Meerblick zwischen den Hotels Iberostar und Hesperia: mit je drei Schlafzimmern und Bädern, Wohnraum, Küche, Terrasse und beheiztem Mini-Pool.

Jachthafen Puerto Calero
(Foto: Lanzarote Convention Bureau)

Essen und Trinken

●**Amura** €€€, Paseo Marítimo s/n, Tel. 928513181, www.restauranteamura.com, Di–So 13–23 Uhr. Haute cuisine in einem hübschen Rundbau mit Palmenterrasse, alles frisch und vom Feinsten. Beliebte Hauptspeisen sind Seezunge mit marinierten Tomaten und Spanferkel mit Apfelrahmmousse. Meist einmal pro Woche gibt es abends Live-Musik.

●**La Pappardella** €€, Paseo Marítimo s/n, Tel. 928512911, ab 12 Uhr. Beliebtes Terrassenlokal fast schon am westlichen Ende der Promenade mit rustikalem Touch und einer großen Auswahl an Pasta und Pizza.

●**Lani's Café El Puerto** €€, Paseo Marítimo s/n, Tel. 9285 11641, ab 10 Uhr. Die helle und elegante Einrichtung passt gut zu den vor Anker liegenden Jachten.

Aktivitäten

●**Wassersport und Bootsausflüge:** In Puerto Calero kann man in den Express Water Bus steigen und binnen weniger Minuten Puerto del Carmen erreichen (Tel. 928514322). Der Katamaran „Catlanza" bringt Gäste zu den beliebten Papagayo-Stränden (Tel. 928513022, www.catlanza.com), die Jacht „Blue Ocean" nach Arrecife zum Sonnenuntergang (Tel. 928849616, www.blueoceancharter.com). Beliebt sind auch die U-Boot-Ausflüge zum Meeresboden, die man bei *Paul Bunce* und seiner Crew im Eckladen des Hauses Antiguo Varadero buchen kann (Submarine Safaris, Modulo C, Local 2, Tel. 928512898, www.submarinesafaris.com). Nebenan gibt es eine Tauchbasis (Island Watersports, Modulo C, Local 4, Tel. 928511880, www.divelanzarote.com) sowie einen Spezialladen für Angelzubehör.

Verkehr

●**Bus:** Werktags gute Verbindungen nach Puerto del Carmen, Arrecife und Costa Teguise.

Playa Quemada

Fischerboote statt schnittiger Jachten, Kubenhäuser statt verspielter Villen: Playa Quemada ist der Gegenpol zu Puerto Calero. Auch dieser Küstenort ist nur mit dem Auto erreichbar: Von der Carretera Yaiza - Arrecife biegt man bei Km. 17.5 in eine vier Kilometer lange Stichstraße ab.

Seinen Namen „verbrannter Strand" verdankt der Ort einer pechschwarzen Lavazunge, die beim Ausbruch des Timanfaya im Jahr 1731 zur Küste vorpreschte und im kühlen Atlantik erstarrte. Zwar laden die niedrigen Klippen nicht gerade zum Baden ein, doch hat man einen schönen Blick über die **zerklüftete, brandungsumtoste Küste.** Dem Meer zugewandt stehen weiße Häuser, in denen außer Fischern auch ein paar deutsche Zuwanderer leben. Mehrere Lokale haben sich auf frischen Fisch spezialisiert; sie werden aber nur am Wochenende voll, wenn Lanzaroteños aus der Hauptstadt kommen.

An der Westseite des Ortes, wo auch mehrere Apartments an Urlauber vermietet werden, startet ein Weg zu den Nachbarbuchten: Nach wenigen Minuten ist die **Playa de la Arena** erreicht, ein dunkler, von Klippen eingerahmter Kies-Sand-Strand. Noch einsamer ist die **Playa del Pozo** (Brunnenstrand), die ihren Namen einem Brackwasserbrunnen verdankt. In beiden Buchten kann man leicht ins Meer steigen und sich in den kühlen Fluten erfrischen.

Essen und Trinken

- **Playa Quemada (Casa Tino)** €€, Playa s/n, Tel. 9281 73707, 11–23 Uhr. In einer ehemaligen Fischerhütte am Meer hat *Tino,* dem auch mehrere Restaurants in Puerto del Carmen gehören, ein Restaurant eingerichtet, das vor allem zum Sonnenuntergang viele Besucher anlockt. Gut, aber nicht gerade billig ist der *pescado a la sal*: Der Mantel aus Salz, in den der Fisch „eingewickelt" ist, wird vor den Augen der Gäste abgenommen. Dazu gibt es Wein von den Inseln oder vom Festland.

  Eine Leserin aus Mainz war gar nicht zufrieden: „Die beiden Frauen, die bedienten, waren hektisch und übermotiviert. Die Qualität des Essens war o.k., ohne jedoch durch besondere Finesse zu beeindrucken. Die Preise waren durchschnittlich. Negativ fielen auf: äußerst spärliche Beilagen, fleckige Servietten und Sitzbezüge, kein Servierbesteck für den Fisch."
- **Siete Islas** €, La Bajita 4, Tel. 928173249, 10–22 Uhr. Keine kulinarischen Höhenflüge, aber schöner Blick aufs Meer und nettes Ambiente.

Aktivitäten

- **Tauchen:** In der Bucht sieht man nur erfahrene Taucher ins Wasser gehen. Das langsam abfallende Felsriff bietet vielen Fischen Unterschlupf; in den Spalten rings um einen freiliegenden Felsbrocken leben Seespinnen und Muränen; hin und wieder ist auch ein Großfisch zu sehen.
- **Wandern:** Von Playa Quemada läuft man längs der Küste zwei Stunden nach Puerto del Carmen.

303fu Foto: gs

Playa Blanca
und der Südwesten

Überblick

Von der Ferienstadt Playa Blanca gleitet der Blick über die wüstenhaft-rötliche Rubicón-Ebene zum Gebirgsmassiv Los Ajaches. Abrupt steigt es auf bei Femés, wo nichts mehr an künstliche Ferienwelten erinnert. Über die kahlen Bergrücken und die Lapilli- und Aschenhänge der Schluchten ziehen sich Wanderwege, auf der Suche nach Gras streifen Ziegen durch langgestreckte Barrancos. Der Regen im Winter ist selten, doch erlaubt er Landwirtschaft in bescheidenem Umfang. Etwas Getreide wird angebaut, vereinzelt auch Kartoffeln und Zwiebeln.

Nach Norden senkt sich das Gebirgsmassiv in Richtung Feuerberge, letzte Station vor dem Eintauchen ins Lavameer sind die Orte Uga und Yaiza. Beide warten neuerdings mit Unterkünften auf – attraktiver ist Yaiza, das schon mehrfach zum „schönsten Dorf Spaniens" gekürt wurde. Von hier sind es zehn Kilometer bis zur Westküste, wo schwarze Lavaströme im Meer erstarrten und im Zusammenspiel mit der Brandung den ungewöhnlichen Krater von El Golfo schufen.

Playa Blanca

Zuerst seien die Vorzüge genannt: Der Ferienort Playa Blanca liegt im **äußersten Südwesten** der Insel, die Temperaturen sind deshalb um etwa zwei Grad höher als im Norden – und ist dort die Landschaft mal von Wolken verhüllt, scheint in Playa Blanca in der Regel die Sonne. Dazu gibt es hier mehrere kleine Sandstrände und eine autofreie Uferpromenade, in der sich im Ortskern ein

Vorhergehende Seite:
Die Playas de Papagayo – Traumstrände im äußersten Süden der Insel

Kurzinfo Playa Blanca

- **Touristeninformation:** Oficina Municipal, Av. del Varadero 2, Tel. 928519018, turismo@yaiza.org, Mo–Fr 9–14 Uhr, kürzer im Sommer
- **Banken:** z.B. an der Av. del Varadero und der Av. Papagayo
- **Post:** Correos, El Correillo s/n, Mo–Fr 9–11.30 Uhr, Sa (nur Eilpost) 9–11 Uhr
- **Gesundheitszentrum:** Consultorio, Av. del Varadero s/n, Tel. 928517542
- **Privatarzt:** Praxis Dr. Mager, Av. del Varadero 6 (neben der Bushaltestelle am Ortseingang), Tel. 928517938, Fax 928517279, www.docholiday.net
- **Apotheke:** Farmacia-Botiquín, Av. del Varadero 17, Mo–Sa 9.30–13 und 17–20 Uhr
- **Autovermietung:** am günstigsten Cabrera Medina an der Av. Papagayo mit mehreren Filialen
- **Tankstelle:** Av. del Varadero/Av. Faro Pechiguera
- **Taxi:** Tel. 928517136, Haltestellen nahe dem Kreisverkehr an der Av. Papagayo und am Hafen
- **Internet:** Ciber Café, Correillo 5 (gegenüber der Post), Mo–Sa 9–14, 16–21 Uhr

Fischrestaurant ans nächste reiht. Nicht weit hat man es zu den herrlichen Papagayo-Stränden, zum Greifen nah sind die Inseln Lobos und Fuerteventura, die man bequem im Rahmen eines Tagesausflugs kennenlernen kann.

Wer vor zehn Jahren schon hier war, ist häufig enttäuscht. Damals wurde der Ort für seine Ruhe und Beschaulichkeit gepriesen, heute ist das einstige Fischerdorf von einer Vielzahl touristischer Anlagen umschlossen: Apartmenthäuser und Hotels entstanden auf einer Länge von etwa zehn Kilometern entlang der Küste und greifen an einigen Punkten schon weit ins Landesinnere aus.

Alte Dorfbucht

Das ursprüngliche Playa Blanca erstreckt sich von der Hafenmole ostwärts bis zur Kirche. Hier gibt es noch einheimisches Leben und Anklänge an

Südwesten
0
1 km
400 m
300 m
200 m
100 m
El Golfo
Charco de los Clicos
Los Hervideros
Salinas de Janubio
Playa de Janubio
Punta Gorda
Punta Ginés
Caleta Negra
Montaña Roja
194
Playa Blanca
Faro de Pechiguera
Fuerteventura

Insel Zentrum (S. 198)
Mancha Blanca
NATIONALPARK TIMANFAYA
152
175
226
269
LZ-67
LA GERIA
Mozaga
Uga
386
365
436
Yaiza
LZ-2
403
LZ-2
446
Arrecife, Tías
Las Breñas
Las Casitas de Femés
Atalaya de Femés
608
Femés
Playa Quemada
Pico Redondo
551
LOS AJACHES
Playa de la Arena
Playa del Pozo
Hacha Grande
560
EL RUBICÓN
287
Punta Gorda
Castillo de las Coloradas
Playa Mujeres
Playa del Pozo
El Papagayo
Playa de Puerto Muelas
Playas de Papagayo
Caleta de Congrío

das, was man einen gewachsenen Ortskern nennt. Im Hafen liegen Kutter vor Anker, große Fähren starten fast zu jeder vollen Stunde zur **Überfahrt nach Fuerteventura.** Wenn im Morgengrauen die Fischerboote einlaufen, öffnet die Cofradía de Pescadores, wo sich die Männer bei Kaffee und Rum von ihren Abenteuern auf hoher See erholen. Binnen weniger Minuten ist der frische Fang verteilt; das meiste geht in die Promenadenlokale und die Hotels, ein kleinerer Teil an die Familien der Fischer und ihre Freunde.

Viele der früher nur einstöckigen Häuser wurden inzwischen aufgestockt und in Terrassencafés und -restaurants verwandelt. Sie stehen am Rande der niedrigen Klippen, die von den Canarios täglich nach Napfschnecken und angespülten Meeresfrüchten abgesucht werden. Von kleinen Felsmolen werfen Angler ihre Ruten ins Meer, über Stufen und Trittleitern steigt man ins Wasser. Eine **Promenade** führt in malerischen Bögen die Küste entlang, gesäumt von nostalgischen Laternen, Aussichtsterrassen und kleinen Festungstürmen.

Zwischen der Casa Salvador, der ältesten Inselpinte, und dem Lokal Mar de Plata liegt ein heller Sandstreifen, dem der Ort den Namen Playa Blanca („weißer Strand") verdankt. Hier bauen Kinder ihre Sandburgen, derweil die Eltern im Café sitzen. Das interessanteste Lokal der Bucht ist der **Almacén de la Sal,** das einstige „Salzlager". In ihm wurde das „weiße Gold" aus den Salinen von Janubio aufbewahrt, bevor es zu den Nachbarinseln verschifft wurde. In einem großen, dunklen Raum erinnern alte Fotos an das harte Los der Salzarbeiter: Männer fahren in winzigen Nussschalen zur See hinaus, stehen barfüßig in ätzender Salzlake oder flicken am Strand ihre Netze. Passend dazu das pechschwarze Skelett eines Bootes, das an der Decke aufgehängt ist – seine Planken sind morsch und durchlöchert.

Zweite Reihe

Von der Promenade führen Treppengassen zu den Straßen des Ortskerns hinauf. Die Calle Limones ist für Autos gesperrt und mit Bänken und Schatten spendenden Bäumen attraktiv gestaltet. Läden und Boutiquen laden zum „Kaufrausch“ ein, im Playa Blanca Center findet man alle Markenartikel, die man schon von zu Hause kennt. Die Calle Limones geht über in die Avenida Papagayo, auf der man mit dem Auto vorfahren kann. Wenn im Juli das Fest zu Ehren Carmens, der Schutzheiligen der Fischer, stattfindet, tritt endlich auch die sonst wenig beachtete Dorfkirche ins Rampenlicht der Öffentlichkeit. Die Heiligenskulptur wird in einer farbenprächtigen Prozession in den Hafen getragen, wo sie auf ein Schiff geladen und übers Meer gefahren wird.

Richtung Leuchtturm

Zwei Molen schützen die helle, 200 Meter lange **Playa Flamingo** vor möglicher Brandung. Flach fällt sie ins Meer ab, sodass auch Kinder problemlos in die Fluten steigen können. Die hohen Palmen, die den Strand von der Promenade abschirmen, sorgen für wohltuenden Schatten. Jenseits der Playa steigt die Promenade zu einem Aussichtspunkt an. Vorbei am maurisch angehauchten Luxushotel Timanfaya Palace geht es dann wieder hinab, weitere Hotels für „gehobene Ansprüche“ folgen. Landeinwärts schmiegen sich derweil Urbanisationen an die Hänge des 194 Meter hohen Hausbergs (Montaña Roja), die freien Flächen dazwischen sind bereits parzelliert. So rückt die Ferienstadt immer näher an den Leuchtturm **Faro de Pechiguera** heran. Noch thront er stolz an der Südwestspitze der Insel – bald schon wird er den Touristen als Museum präsentiert.

Die **Costa de Rubicón,** der karge Küstenabschnitt nördlich des Leuchtturms, wird gleichfalls für die touristische Bebauung vorbereitet. Landeinwärts erstreckt sich die Ebene El Rubicón, eine rötliche, wüstenartige Landschaft, in der sich Tabaiba- und Euphorbiengewächse behaupten.

Richtung Papagayo

Zurück zum alten Ortskern: Folgt man der Promenade in östlicher Richtung, kommt man zunächst zur **Playa Dorada,** dem „goldenen Strand". Mit 300 Metern ist er der längste im Ort, durch Molen geschützt und daher brandungsarm. Nach weiteren zehn Minuten gelangt man zum **Puerto Deportivo Marina Rubicón,** dem exklusiven, von Geschäften, Cafés und Lokalen flankierten Jachthafen.

Arg vom Hotel Gran Meliá bedrängt ist das **Castillo de las Coloradas** unmittelbar am Kap Punta del Águila. Der runde, aus dunklem Basaltstein errichtete Festungsturm wurde im Jahr 1741 unter König *Carlos III.* erbaut, seine Glockentrommel sollte die Küstenbewohner vor den Angriffen von Piraten warnen. 1749 wurde er zerstört, doch 20 Jahre später wieder aufgebaut. Er diente fortan als Munitionslager und Kerker.

Auf das Castillo folgen weitere neue Hotels mit Zugang zu dunklem Kiesstrand. Wer hier wohnt, hat es nicht mehr weit zur Hauptattraktion des Südens, den berühmten **Playas de Papagayo** – zu Fuß nur knapp 15 Minuten!

Strandnahe Hotels vor dem Kadi

Im Biosphärenreservat Lanzarote gibt es zahlreiche **Hotels,** die gesetzeswidrig, da **zu nahe am Meer gebaut** wurden. Das gilt auch für die in Playa Blanca – mit Zustimmung des früheren Bürgermeisters von Yaiza – entstandenen Hotels Princesa Yaiza, Papagayo Arena und Dream Gran Castillo. Die Fundación César Manrique klagte gegen die illegale Bebauung, worauf im Jahr 2007 der Oberste Gerichtshof der Kanaren (TSJC) den **Abriss** dieser und weiterer 20 Häuser verfügte. Doch die Umweltschützer freuten sich zu früh: Blitzschnell verabschiedete die kanarische Regierung einen **Erlass,** der die Umsetzung des richterlichen Beschlusses aussetzte und neue Verhandlungen anberaumte. So dürfen die Hoteliers wieder hoffen ...

Unterkunft

Zwischen Leuchtturm und Hafen:

• **Rubicón Palace** €€€€, Av. Faro de Pechiguera s/n, 928518584, www.h10hotels.com, pauschal z.B. bei TUI. Das pompöse Hotel verfügt über 546 Zimmer und liegt unmittelbar an der Küste, knapp zwei Kilometer westlich vom Ortskern. Um das im Kolonialstil erbaute Haupthaus mit Rezeption und fünf Liften verteilen sich zahlreiche Häuser auf einem großen, von einem Kanal durchflossenen Gartengrundstück. Es gibt mehrere Restaurants, einen Englischen Pub, eine Disco mit Live-Musik und ein kleines Theater. Ansonsten auch hier viel Sport und Animation, für Erwachsene ebenso wie für Kinder.

• **Natura Palace** €€€€, Calle Lanzarote s/n; Tel. 928519070, Fax 928519075, www.hipotels.com, pauschal bei mehreren Veranstaltern. Ein Komforthotel direkt am Meer, vierstöckig gebaut mit 269 Zimmern. Die Anlage bietet einen Süßwasser- und einen Meerwasserpool sowie einen separaten Whirlpool; über ausladende Treppen geht es zur Felsbucht hinab. Zur Playa Flamingo läuft man ca. 15 Minuten. Die Kinder werden im Miniclub ganztägig betreut, außerdem gibt es für sie einen Spielplatz und ein Planschbecken.

• **Calimera** €€€, Carretera Faro de Pechiguera s/n, Tel. 928517777, Fax 928517944, www.calimera.es, pauschal z.B. bei ITS und Jahn. Beliebtes Aktivhotel an der Felsküste nahe dem Leuchtturm, über die Meerespromenade mit dem Ortszentrum verbunden (Gehzeit ca. 35 Minuten). Von vielen der 220 Zimmer bietet sich ein schöner Blick auf die Insel Fuerteventura. Man versucht, die abseitige Lage durch All-Inclusive-Angebote, gutes Essen und ein umfangreiches Sport- und Animationsangebot wettzumachen.

• **Timanfaya Palace** €€€€, Calle Gran Canaria s/n, Tel. 928517676, Fax 928517035, www.h10hotels.com, pauschal bei allen großen Veranstaltern. Das maurisch angehauchte Luxushotel liegt an der niedrigen Steilküste am Westrand des Orts. Das Haus verfügt über eine imposante Lobby mit viel Vegetation und Wasserspielen, 307 Zimmer (die meisten mit direktem Meerblick), eine Piano- und Disco-Bar sowie zwei große, sich zum Meer hin öffnende Pools, Minigolf, Boccia, Tennishartplatz, Sauna und Mountainbikeverleih.

• **Lanzarote Park** €€€, Av. Canarias 5, Tel. 928517048, Fax 928517348, www.iberostar.com. Tolle Lage auf einem weit vorspringenden Kap, sowohl vom Hafen als auch von der Playa Flamingo nur wenige Gehminuten entfernt. Die drei hufeisenförmig gebauten Häuser umschließen begrünte Poolgärten und sind aufs Meer ausgerichtet. Alle 332 Apartments verfügen über einen großen Balkon – im dritten Stock sowie im östlichen Anbau ist der Ausblick am schönsten. Die Anlage ist ideal für Familien: Für Kinder gibt's einen Miniclub, drei Pools und einen Abenteuerspielplatz. In der Tennisschule kann man Kurse belegen.

106la Foto: gs

Zwischen Hafen und Playa Dorada:

- **Ap. Agueri** €€, Av. Marítima 30 (Agentur), Tel. 9285 18099, Fax 928518100, www.agueri.com. Über die Agentur Agueri werden etwa zehn Apartments in den umliegenden Häusern sowie Bungalows vermittelt (ab 60 €). Beste Lage mit Meerblick haben die Zimmer über der Agentur sowie die Casa Domingo/Los Clicos (Calle La Tegala 26).
- **Casa del Embajador** €€€€, Calle La Tegala 30, Tel. 9285 19191, Fax 928519192, www.casadelembajador.com (Direktor: *José Ignacio*). Für alle, die es sich leisten können, ist dies eine gute Adresse. Das „Haus des Botschafters", eine schöne Villa im Lanzarote-Stil, thront über der Promenade, zentral und doch ruhig. Die Gäste der zwölf Zimmer haben viel Platz in gemütlichen Aufenthaltsräumen, im Patio und auf der Sonnenterrasse.
- **Ap. Gutiérrez** €€, Plaza Nuestra Señora del Carmen 8, Tel. 928517089. Beste Option für Traveller: Nahe der Kirche und nur 50 Meter oberhalb der Promenade vermieten Antonia und José sieben einfache, aber geräumige und saubere Apartments für knapp 40 €.
- **Lanzarote Princess** €€€, Maciot s/n, Tel. 928517108, Fax 928517011, www.h10hotels.com, pauschal bei zahlreichen Veranstaltern. 200 m von der Playa Dorada entferntes Komforthotel mit lockerem Ambiente, ein hübsches Wasserspiel ziert die Eingangshalle. Die 407 freundlichen Zimmer gruppieren sich in einem dreistöckigen Halbkreis um zwei große Pools, ringsum wachsen Palmen, Drachen- und Orangenbäume. Es gibt ein üppiges Frühstücks- und Abendbüfett, ferner Piano- und Abendbar, Minigolf, Tennis, Squash und einen Mini-Club für Kinder.

Die Playa Dorada wird täglich gereinigt

● **Princesa Yaiza** €€€€, Urb. Costa del Papagayo, Tel. 9285 19177, Fax 928519201, www.princesayaiza.com, pauschal bei vielen Veranstaltern. Opulentes Fünfsternehotel an der Playa Dorada, nur durch die Promenade vom Strand getrennt. 385 Zimmer und Suiten mit allem Komfort, am schönsten wohnt man im vierten, fünften und sechsten Stock in Block B. Familien mit Kindern werden im Hotel bestens umsorgt. Dazu Tennis, Squash und Mehrzwecksportplatz, Thalasso-Center mit Sauna, Massage und Whirlpool.

● **Playa Dorada** €€€€, Av. de Papagayo, Tel. 928517120, Fax 928517432, www.hesperia.com, pauschal u.a. bei Thomas Cook. Die 466 Zimmer haben Balkon, aber nicht unbedingt Meerblick, teilweise schaut man auf den Parkplatz vor dem Haus. Gäste übten bei der letzten Befragung Kritik am Essen, lobten dafür umso mehr das hauseigene Hallenbad. Der Poolgarten ist zum Meer hin offen, ans Hotel angeschlossen sind Tennishartplatz, Sauna und Whirlpool.

Vom Jachthafen zu den Papagayo-Stränden:

● **Gran Meliá Volcán** €€€€, Urbanización Castillo del Águila s/n; Tel. 928519185, Fax 929519132, www.solmelia.com, 255 Zimmer. Fünf Minuten vom Jachthafen entfernt: ein exklusives Hoteldorf am Castillo mit minarettartigem Kirchturm, Bastionen und einem nachgebildeten Vulkan.

● **Iberostar Papagayo** €€€€, Calle Princesa de Ico 2, Urbanización San Marcial del Rubicón, Tel. 928519251, Fax 928518658, www.iberostar.com. Lebhafte Ferienanlage am Meer mit 208 Zimmern und 83 Apartments, Gäste buchen vorwiegend „all inclusive". Dachterrasse mit separatem Bereich für Nudisten, Internet gegen Gebühr.

● **Ap. Iberostar La Bocayna** €€€€, Urbanización Las Coloradas, Tel. 928519198, Fax 928519120, www.iberostar.com. Bungalow-Komplex mit 48 Wohneinheiten, auch mit Halbpension. Das Meer liegt 500 Meter entfernt, zu den Stränden Dorada und Papagayo läuft man ca. 30 Min.

● **Dream Gran Castillo** €€€€, Calle Hoya de Afre 2, Tel. 928595999, www.dreamplacehotels.com, pauschal bei mehreren Veranstaltern (auch unter dem Namen Dream Palace Castillo). Das Fünfsternehotel liegt nah an den Papagayo-Stränden, nur 15 Minuten läuft man dorthin! Das Hotel hebt sich architektonisch positiv ab von seinem Nachbarn und hat direkten Zugang zu einer naturbelassenen Kieselbucht. Das Hotel bietet 260 teilweise suiteähnliche Zimmer und XXL-Betten mit guten Matratzen. Dazu vier Meerwasser-Pools, gegen Gebühr einen schönen Spa-Bereich mit Whirlpool, Sauna, Dampfbad und Massagen.

● **Papagayo Arena** €€€, Playa de las Coloradas s/n, Tel. 928519101, Fax 928518211, www.sandoshotels.com. Viersternehotel „all inclusive" mit 490 Zimmern, tollem Ausblick auf einen naturbelassenen Strand und das Meer. Nur 1,5 Kilometer zur Playa Mujeres!

UNTERKÜNFTE

1 Calimera
2 Rubicón Palace
3 Natura Palace
4 Timanfaya Palace
6 Lanzarote Park
12 Ap. Agueri
13 Casa del Embajador
14 Ap. Gutiérrez
16 Lanzarote Princess
17 Princesa Yaiza
18 Playa Dorada

ESSEN UND TRINKEN

5 Casa Joaquín
7 La Cantina Mexicana
8 Mamma Rossa
10 Almacén de la Sal
11 El Varadero
19 Bar Dorada Beach

- **SONSTIGES**

9 Bike Rental
15 P & R Diving Center

Touristeninformation
Bushaltestelle
Tankstelle
Taxi
Bank
Apotheke
Gesundheitszentrum
Post
Kirche

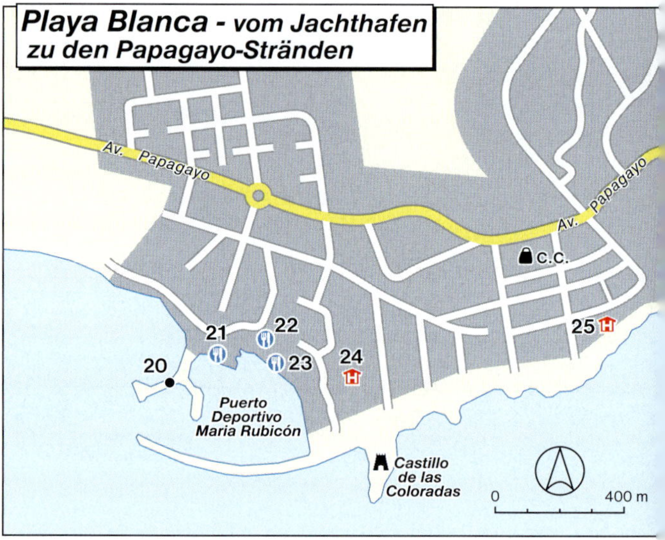

Essen und Trinken

Am schönsten sitzt man natürlich an der Promenade am Meer - mit Blick auf Fuerteventura und die ein- und auslaufenden Schiffe. Preiswerter isst man im Lokal El Galeón am Hafen (Chinchorro 7, täglich außer Do 10–24 Uhr), wo man auch Einheimische trifft!

- **Casa Joaquín** €, Playa Flamingo s/n, Tel. 517438, 11–24 Uhr. Guter Ort, um sich nach einem Bad an der Playa Flamingo zu stärken: Großes Terrassenlokal mit bequemen Korbstühlen und schnellem, freundlichen Service. In der Casa Joaquín gibt's außer Salaten und kleinen Gerichten auch frischen Fisch.
- **La Cantina Mexicana** €€, Limones 63, Tel. 928518032. Dass das Lokal in zweiter Strandreihe liegt, tut seiner Beliebtheit keinen Abbruch. Durchs Fenster schaut man aufs Meer und verputzt große Portionen mexikanischer Klassiker wie *fajitas, burritos* und *tacos.*
- **Mamma Rossa** €, Av. Marítima, Tel. 928518032. Den ganzen Tag über gut besuchtes Lokal. Viele beginnen mit Sandwiches, hausgemachten Backwaren und frisch gepresstem O-Saft und gehen dann zu Pizza und Pasta über. Noch beliebter als die Terrasse an der Promenade ist der große Balkon im Obergeschoss. Dem Besitzer gehört

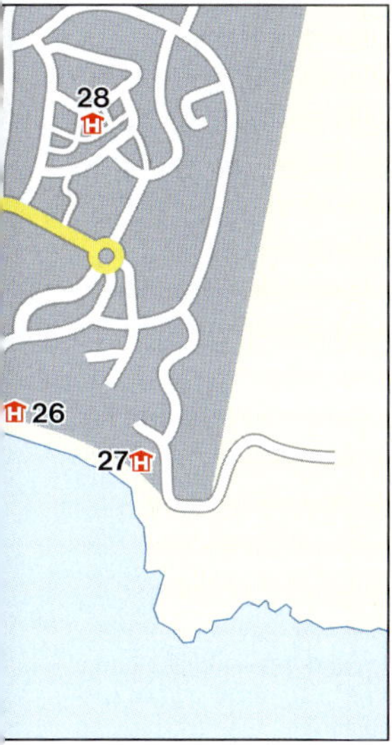

UNTERKÜNFTE
24 Gran Meliá Volcán
25 Iberostar Papagayo
26 Dream Gran Castillo
27 Papagayo Arena
28 Ap. Iberostar La Bocayna

ESSEN UND TRINKEN
21 Lani's
22 Moulin de Paris
23 Café del Mar
23 La Casa Roja

SONSTIGES
20 Marina Rubicón Diving Center

auch die Pizzeria Borsalino gleich um die Ecke (Limones 6), wo man bei stürmischem Wetter windgeschützt sitzt und die gleichen Speisen angeboten bekommt.

• **Almacén de la Sal** €€€, Av. Marítima 20, Tel. 928517885, Di geschlossen. Im ehemaligen Salzlager speist man drinnen am schönsten. *José* und seine Crew servieren frischen Fisch auf kanarische oder baskische Art. Als Vorspeise seien empfohlen: knackige Garnelen in brutzelndem Knoblauchöl oder köstlicher, mild geräucherter Lachs aus Uga, der mit Ei, Kapern und Zwiebeln gereicht wird. Danach könnte man *pescado a la sal* wählen: Der Fisch wird in einer schweren Salzhülle gebacken, wobei die Kruste erst unmittelbar vor dem Verzehr entfernt wird; so bleibt das Fleisch wunderbar saftig und zart.

• **El Varadero** €/€€, Av. Marítima 21, Tel. 928517702, 9.30–20 Uhr. Traditionsreiches Promenadenlokal: Auf der Terrasse sitzt man in bequemen Korbstühlen, drinnen an einer Bar in Form eines Schiffs. Es gibt preiswerte Pizza und Pasta sowie etwas teureren Tagesfisch. Sehr schöne Terrasse im ersten Stock.

• **Bar Dorada Beach** €, Playa Dorada s/n, 10–18 Uhr. Freundliches Ambiente und schöne Aussicht über den Strand; im Angebot Salate, belegte Brote und frisch gepresste Säfte.

Vom Jachthafen zu den Papagayo-Stränden:

● **Lani's** €/€€, Calle Marina Rubicón 69-A, Puerto Deportivo, Tel. 928349796, tgl. ab 11.30. Gleich im Dreierpack hat sich die aus Puerto del Carmen bekannte Kette nun auch im Jachthafen von Playa Blanca etabliert: Tapas-Bar, Steakhouse und Pizzeria folgen dicht aufeinander. Die Lage ist gut, das Essen mittelprächtig – wie man es von dieser Kette gewohnt ist.

● **Moulin de Paris** €, Puerto Deportivo. Das vor dem Pool im Jachthafen eröffnete Café ist beliebt bei Alt und Jung, die Süßigkeiten, die man hier erstehen kann, schmecken besser als in den meisten kanarischen Dulcerías.

● **Café del Mar** €, Marina Rubicón, www.cafedelmarmusic.com, täglich 10–2 Uhr. Drei junge Männer zogen von den Kanaren auf die Balearen, gründeten auf Ibiza ein „Café del Mar" und hatten damit Riesenerfolg: Rasch wurde es zum Synonym für ein neues Feriengefühl, Bohemiens aus aller Welt fühlten sich wohl. Seit 2005 gibt es eine Filiale im Jachthafen von Playa Blanca – mit den gleichen Farben, Cocktails und Platten wie auf Ibiza (und auch so teuer wie dort). Im Café del Mar, so *Ramón,* einer der Gründer des Clubs, „treffen sich Künstler und Intellektuelle, junge Leute, einige reich und andere nicht so reich; sie alle spazieren herum und reden miteinander." Die aufgelegten Platten sollen sich nach seinen Worten „mit dem Rauschen des Meeres und den Strahlen des Sonnenuntergangs verbinden". Über 30 CDs hat das hauseigene Label bereits auf

022la Foto: gs

den Markt gebracht: Chill-out-Musik, bei der man sich (passend zu den Farben Marineblau und Pastellpink) entspannen soll, eine Mischung von sinfonischem Rock, Techno und New Age, Opernarien und Orgelfugen. Am Wochenende erklingt Live- oder Disco-Musik, bei Vollmond steigt eine rauschhafte Party.

• **La Casa Roja** €€, Calle Marina Rubicón, Puerto Deportivo, Tel. 928519644. Exponiertes „rotes Haus" im Jachthafen, in dem man auf der Terrasse mit Blick auf die Boote Fischgerichte probiert. Die Preise sind leicht überhöht.

Einkaufen

• **Fisch, Obst und Gemüse:** Wer im Urlaub über eine eigene Küche verfügt, kauft Fisch in der Pescadería am alten Hafen. Obst und Gemüse bekommt man in der Fruteria neben Hiperdino, dem größten Supermarkt im Zentrum der Stadt.

• **Markt:** Mercadillo, Sa 9–14 Uhr. In einem wenig attraktiven Areal an der Straße nach Yaiza trifft man sich zum Kauf von Klamotten, alten Platten, Videos und Kitsch. Bedeutend schöner ist das Ambiente auf dem kleinen Markt am Jachthafen, wo außer am Samstag auch am Mittwoch, jeweils vormittags, handgefertigte Artikel angeboten werden.

• **Manrique:** Tienda Fundación César Manrique, Av. Papagayo 6. Kleiner Laden mit Taschen, Rucksäcken und T-Shirts, die César Manriques Handschrift tragen. Außerdem silberne Timanfaya-Teufelchen als Ohrringe, Kunstbücher und schönes Briefpapier.

Nightlife

Das Nachtleben beschränkt sich auf das **Café del Mar** im Jachthafen und einige Bars an der Promenade. Im Hotel Princesa Yaiza finden im Club 4 Lunas interessante Jazz-Konzerte, in den übrigen großen Hotels Unterhaltungsshows statt.

Aktivitäten

• **Schiffsausflüge:** Von Playa Blanca starten täglich mehrere Boote zu Halb- und Ganztagestouren, wobei man zwischen Großjacht und Windjammer, Glasboden- und U-Boot wählen kann. Meist geht es entlang der Küste zu den Playas de Papagayo, wo man einige Stunden am Strand verbringt, bevor man am Nachmittag wieder abgeholt wird. Nach Fuerteventura, das von Lanzarote durch eine etwa 15 Kilometer breite Meerenge getrennt ist, kann man preiswert mit den fast stündlich ablegenden Schiffen

An der Promenade von Playa Blanca

von Olsen bzw. Armas fahren (↗„Verkehr: Fährverbindungen"). Tickets kauft man in Reisebüros oder direkt bei den Anbietern im Hafen.

- **Sportfischen:** Mehrmals wöchentlich starten von der Mole Boote zum Hai- und Hochseefischen.
- **Tauchen:** P & R Diving Center, Av. Papagayo 59, Tel. 928519141, www.pp-diving-center.de. Schon seit vielen Jahren aktive Tauchschule gegenüber der Kirche. Die Basis ist ausgestattet mit hochmoderner Scubapro-Ausrüstung und superschallgedämpftem Kompressor. Getaucht wird nur in kleinen Gruppen, Sicherheit wird groß geschrieben. Außer den Tauchspots vor Ort werden alle anderen interessanten Orte der Insel angefahren; die Gäste werden kostenlos vom Hotel abgeholt. Angeboten werden u.a. Auffrischungs- und Vorbereitungslehrgänge, Scubing-Kurse (ab 12 Jahre) und Nachttauchgänge.

  Marina Rubicón Diving Center, Puerto Deportivo Marina Rubicón, Local 77-B, Tel. 928349346, Fax 928349330, www. rubicondiving.com: Tauchbasis im Jachthafen mit professionell ausgestatteten Booten, Multimedia-Schulungsraum, Trainingspool für erste Taucherfahrungen und Dive Store. Die Kurse dauern drei bis fünf Tage und werden das ganze Jahr über durchgeführt, Handbücher stehen in mehreren Sprachen zur Verfügung. Man kann den Tauchschein für Fortgeschrittene, Rettungstaucher, Dive Master, Assistent und Instructor erwerben.
- **Radfahren:** Bike Rental, Punta Limones 11, Tel. 9285 19582, www.mountainbike-lanzarote.com, tgl. 10–19 Uhr. Verleih von City- und Mountainbikes unweit des Fährhafens. Bei der Touristeninformation erfährt man, welche Agenturen Touren im Süden der Insel anbieten.
- **Tennis:** Tennisschulen gibt es in den Anlagen Lanzasur Club und Lanzarote Park.
- **Hallenbad:** Hotel Playa Dorada, Av. de Papagayo s/n, zur Siestazeit geschlossen. Gut für Schlechtwettertage: beheizt mit Whirlpool und Sauna.
- **Wellness:** Vitalcenter, Hotel Princesa Yaiza, Av. de Papagayo s/n, tgl. 9–13 und 15–19 Uhr. Thalasso-Therme mit Wassermassagen, dazu türkische Bäder und finnische Saunen, Anwendungen von Algenpackungen über Jet- und Vichyduschen bis zu diversen Massagen unter medizinischer Aufsicht.

Feste

- **16. Juli:** *Fiesta del Carmen.* Die Schutzheilige der Fischer wird mit einer großen Bootsprozession geehrt, anschließend wird rund um den Hafen geschmaust und getanzt.
- **Juli–Oktober:** *Vela Latina.* Fast an jedem Wochenende finden in den Häfen von Playa Blanca und Arrecife die Ausscheidungsrennen der Vela Latina, der traditionellen Form der Bootsregatta, statt. Viele Wetten werden abgeschlossen, anschließend trifft man sich in den Hafenkneipen und feiert.

Tauchreviere bei Playa Blanca

Playa Blanca ist ein guter Ort für Taucher. Ideal für Anfänger und Schnorchler ist die **Playa Dorada,** wo man an einem aufgeschütteten Wellenbrecher neun Meter absinkt. Dort sieht man Schwärme von Barrakudas. Interessant sind auch die Nachtexkursionen, wenn Atlantische Tanzgarnelen und Seespinnen ihre Schlupflöcher verlassen und sich auf dem Felsgestein präsentieren. Ganzjährig tauchen kann man auch an der durch Wellenbrecher geschützten **Playa Flamingo.** Bis zu 17 Meter geht es hinab, wieder sieht man große Schwärme von Barrakudas. Zwei große Congeraale, die sich an diesem Ort eingenistet haben, verlassen nur nachts ihr Versteck.

Gleich daneben, an der **Playa del Torre,** sind eher fortgeschrittene Taucher gefragt: Der Einstieg über Felsen ist schwierig, doch wird man mit dem Anblick der seltenen Hornkorallen belohnt. Im Umfeld der Bucht tummeln sich Großfische wie Zackenbarsche und Engelshaie, die Tauchtiefe beträgt um die 20 Meter. Tauchcracks, die schwierige Strömungsverhältnisse gut einzuschätzen wissen, versuchen ihr Glück an der **Punta de Pechiguera** am Leuchtturm. Dort liegt ihnen eine bizarre Unterwasserlandschaft zu Füßen: Vulkankegel und Felsspalten, Grotten und Berge, alle mit Diademseeigeln bevölkert. In Löchern sitzen Bärenkrebse und Muränen, die ihr Revier tapfer verteidigen.

Verkehr

- **Bus:** Ein Ortsbus verkehrt von 6.30 bis 22 Uhr alle 30 Min. zwischen dem Leuchtturm Faro im Westen und Las Coloradas im Osten. Mit Linie 6 kommt man nahezu stündlich via Yaiza nach Arrecife.
- **Fährverbindungen:** Autofähren der Linien Fred Olsen und Armas verkehren nahezu stündlich zwischen Playa Blanca und Corralejo auf Fuerteventura. Die Überfahrt dauert 25 Minuten und kostet pro Person ca. 20 €; Studenten und Rentner erhalten Rabatt, Kinder bis elf Jahre zahlen die Hälfte. Auf beiden Fähren kann man den Mietwagen – sofern die Versicherung mitspielt – gegen Aufpreis mitnehmen. Man achte dabei auch auf günstige *paquetes de ahorro* (Sparpakete), welche für Gruppen von drei oder fünf Personen mit Auto gelten. Ticketverkauf an der Mole: Lineas Fred Olsen, Tel. 928517266, www.fredolsen.es; Naviera Armas, Tel. 928517912, www.navieraarmas.com.

604la Foto: gs

Playas de Papagayo

Sechs windgeschützte Badebuchten an felsiger Küste mit hellem Sand und klarem, türkisfarbenem Wasser: So präsentieren sich die Playas de Papagayo, die **schönsten Strände Lanzarotes!** Sie liegen in einem Naturschutzgebiet am Fuße des Gebirgsmassivs Los Ajaches, die Nachbarinseln scheinen zum Greifen nah. Wer des Spanischen kundig ist, mag hier „Papageien" vermuten, doch diese gibt es nicht – der Name „El Papagayo" stammt von einem Piratenschiff, das vor gut 400 Jahren an den Klippen zerschellte und mitsamt seinem Schatz in den Fluten versank.

Der erste Strand, auf den man – von Playa Blanca kommend – stößt, ist die **Playa Mujeres.** Früher wuschen hier Frauen *(mujeres)* ihre Wäsche und schöpften Wasser aus den nahegelegenen Brunnen. Der Strand ist 400 Meter lang und von dunklen Felsarmen eingefasst; vor allem am Wochenende, wenn auch ein Imbisswagen anrollt, ist er sehr gut besucht. Die „Ruine" an der Westseite ist das Überbleibsel eines ehemaligen Kalkofens.

Südöstlich schließen sich zwei kleine, zwischen hohen Klippen verborgene Buchten an, in denen sich am liebsten Nackedeis tummeln. Die erste ist die **Playa del Caletón,** es folgt die sichelförmige **Playa de los Ahogaderos,** der „Strand der Ertrunkenen". Wer den Roman „Mararía" von *Rafael Arozarena* gelesen hat, erinnert sich vielleicht an die Szene, in der Frauen nachts zum Strand hinabsteigen, um die Rufe der Toten, ihrer im Meer ertrunkenen Männer und Söhne, zu erwidern. Sie sind über den ganzen Strand verteilt, verharren

Abendstimmung an den Playas de Papagayo

unbeweglich und halten Fackeln in die Höhe, um die Seelen der Verwandten leiten zu können.

Die nächste größere Bucht ist die **Playa del Pozo.** Auch dieser Strand ist herrlich weiß, übers flach abfallende Ufer gelangt man ins Meer. Dass man sich hier auf geschichtsträchtigem Boden bewegt, würde man nicht bemerken, wäre da nicht der landeinwärts gelegene Parque Arqueológico. Ein Holzkreuz erinnert daran, dass an dieser Stelle vor 600 Jahren die normannischen Konquistadoren die Insel betraten und eine erste Kapelle erbauten. Das schlichte, dem Bischof von Limoges geweihte Gotteshaus wurde vom Papst prompt zur „Kathedrale der Kanaren" ausgerufen, womit die Kirche erstmals in ihrer Geschichte überseeisches Territorium in Besitz nahm. Die Kapelle bildete den Grundstein für San Marcial del Rubicón, die erste Siedlung der Normannen. Der Besucher sieht nichts mehr von dem, was hier einmal stand: Befestigungsturm, Wohn- und Grabstätten.

Die kleine, romantische **Playa de la Cera** ist mit ihrer felsigen Plattform ein beliebter Schnorchelplatz. Sie ist weniger überlaufen als die angrenzende **Playa de Papagayo,** die der Küste ihren Namen gab. Weit vorspringende Klippen bilden eine fast geschlossene Bucht, dunkler Fels kontrastiert mit hellem Sand und türkisfarbenem Wasser. Hier badet man sehr geschützt, selbst Kleinkinder können gefahrlos ins Wasser springen.

Über dem Westrand der Bucht erheben sich die Häuser des einstigen Fischerweilers **El Papagayo.** Señor *Vicente Martín,* dessen Familie seit über 300 Jahren auf diesem Flecken lebt, betreibt hier ein Restaurant, von dessen Terrasse man einen tollen Blick über die Strände und das Ajaches-Gebirge hat. Im Innern des Lokals wurde ein Modell der „San Francisco", des einstigen Flaggschiffs der spanischen Armada, postiert – auch in den Gewässern Lanzarotes war sie unterwegs, um Piraten aufzustöbern. Diese versteckten sich gern an der Playa de Papagayo, denn im schützenden Halbrund der hohen Klippen war selbst der Schiffsmast nicht von außen erkennbar. Vicentes legendärer Großvater, der 114 Jahre alt geworden ist, kannte noch so manches Piratenabenteuer aus eigener Anschauung. Ihm zufolge soll manch ein Schatz ganz in der Nähe versenkt worden sein ...

Jenseits der Punta del Papagayo, Lanzarotes südöstlichstem Kap, liegt die langgestreckte **Playa Caleta de Congrío,** die „Bucht des Meeraals". Die See ist hier etwas rauer und es weht oft ein stärkerer Wind, doch das hat auch einen Vorteil: Man teilt sich die helle Bucht mit nur wenigen Besuchern. Gleiches gilt für die angrenzende **Playa de Puerto Muelas,** die sich nur in den Oster- und Sommerferien füllt. Auf dem benachbarten Campingplatz verbringen viele Lanzaroteños ihren Urlaub.

Camping

- **Camping,** Puerto Muelas, Tel. 928173724. Zelten ist nur in den Oster- und Sommerferien nach vorheriger Anmeldung möglich.

Essen und Trinken

- **Oasis** €€, Playa de Papagayo, 10–22 Uhr. Aus der einfachen Pinte überm Meer ist ein Lokal geworden, das sich stetig erweitert und einfache, teure Speisen anbietet. Wer sich über hohe Ausgaben nicht ärgern will, bestellt nur etwas zu trinken oder picknickt am Strand.

Gebühr

Die **„ökologische Eintrittsgebühr"** beträgt pro Auto ca. 3,50 € und ist an einem Wärterhaus auf halber Strecke zum Strand zu entrichten – eine nie versiegende Einnahmequelle für das Gemeindeamt von Yaiza. Angeblich wollen die verantwortlichen Politiker mit diesem Geld „Naturschutzprojekte" finanzieren – wie man hört, handelt es sich dabei um die Asphaltierung der Zufahrtspisten, die Betonierung des Campingplatzes und die Konstruktion solarbetriebener Strandtoiletten.

Femés

Das ruhige Dorf liegt am Rande des Bergmassivs **Los Ajaches** und verführt alle Besucher zu einem Stopp. Prachtvoll ist der Ausblick vom Balcón de Femés, einer Plattform, an der das Gebirge jäh zur Rubicón-Ebene abstürzt. Über die Halbwüste schaut man auf die Meerenge hinab, jenseits derer die Inseln Lobos und Fuerteventura aus den Fluten auftauchen. Im Nordwesten ragt die 608 Meter hohe **Atalaya de Femés** auf. Über 100 Meter hebt sie sich aus der Bergkette empor, die vier Kilometer breit ist und sich über etwa sechs Kilometer gen Norden und Süden erstreckt.

Kirche

Die strahlend weiß getünchte Dorfkirche ist San Marcial geweiht, dem einstigen Bischof von Limoges und Schutzpatron der Insel. **1404** erkor der Papst die Iglesia de San Marcial, die sich damals noch an den Papagayo-Stränden befand, zum **Bischofssitz der Kanaren,** der ersten christlichen Bastion in Übersee. Doch mit der Eroberung Gran Canarias wanderte das Bistum auf die „große" Insel ab; die Kirche verlor an Bedeutung und wurde des Öfteren von Piraten geplündert. Um sie vor weiteren Überfällen zu bewahren, wurde sie 1733 ins 600 Meter höhere Femés verlegt. Im Innern der mit vulkanroten Eingangstoren geschmückten Wallfahrtskirche sieht man die Statue des San Marcial. Die Wände sind mit etwa 30 Schiffsmodellen verziert, die dankbare Fischer ihrem Patron nach überstandener Seenot stifteten.

- **Iglesia de San Marcial,** Plaza de Femés s/n, unregelmäßig geöffnet.

Keine Kirche ohne **Plaza** – und wo die geistliche Macht ist, darf auch die weltliche nicht fehlen: Das Rathaus lässt keinen Zweifel daran, wes Geistes Kind es ist: Auf einer blank polierten Tafel huldigt es, noch fast 30 Jahre nach dem Tod des Diktators, „unserem großen General Franco".

Mararía – Heilige und Hure

Mit der Verfilmung des Romans „Mararía" wurde *Goya Toledo* in Spanien schlagartig berühmt. Im Film verkörpert die junge Insulanerin eine verführerisch-anmutige Frau, die Männern mit ihrer Schönheit den Kopf verdreht, doch von ihnen nur benutzt wird. Die Handlung spielt im Lanzarote der 1930er Jahre, das in betörenden Landschaftsbildern festgehalten ist. Von den Feuerbergen über die Salzgärten von Janubio bis zum „Strand der Ertrunkenen" werden die eigenwilligsten Seiten der Insel gezeigt.

Noch faszinierender als der Film, der die „Lehrjahre" einer schönen Frau zu einer simplen Dreiecksgeschichte verkürzt, ist die Lektüre des auch ins Deutsche übersetzten **Romans von Rafael Arozarena.** Den Erzähler verschlägt es in das gottverlassene Dorf Femés, einen Ort voller Mauern, „die große Innenhöfe umfrieden, Mauern, die als Grenze zwischen Leben und Traum, zwischen Schatten und Tod errichtet wurden". Ein dunkles Geheimnis lastet über dem Dorf, doch gelingt es dem Erzähler, es im Zusammensein mit den alten Männern zu ergründen. Wie um sich von einem bösen Fluch zu befreien, beginnen sie zu reden – von Dingen, die schon lange Zeit zurückliegen. In diesem Ort hat Mararía gelebt, eine Frau, die mit offenen Augen durch die Welt schritt und sich so gar nicht in das festgelegte Lebensmuster ihrer Zeit fügen wollte. Sie war das Leuchtfeuer in einer Welt der Monotonie, wurde bewundert und gefürchtet. „Die Männer rissen sich um sie, und das war das Schlimme – sie ließ das zu, hielt sich für eine Königin und verachtete sie." So etwa redet der Bürgermeister, der selber einmal ihrem Reiz verfallen war. Woher aber rührte die Verachtung? Was hat Mararía erleiden müssen, um das zu werden, was ihr angekreidet wird? Und was hat sie schließlich dazu getrieben, ihren begehrten Körper in Brand zu setzen?

Dem Autor gelingt es, die Legitimationsversuche der Männer als Lügen zu entlarven. In ihrer Erinnerung wird Mararía – aus schlechtem Gewissen heraus – zur Hexe dämonisiert, die den Männern „die Zähne ins Fleisch grub und die Augen auskratzte." Eine Frau, die sich nicht über den Mann definiert und sich gegen erlittene Demütigungen zur Wehr setzt, hat in der auf Lanzarote herrschenden Männerordnung keinen Platz. Mararía wird aus der Gesellschaft ausgegrenzt und Schritt für Schritt in den Wahnsinn getrieben. Dieselben Männer, die einst ihre Schönheit und Lebenslust priesen, schildern die gealterte Frau als „schwarz wie eine Zypresse, rauchigem Kiefernholz gleich".

119la Foto: gs

Essen und Trinken

●**Casa Emiliano** €€, Femés 34, Tel. 928830223, Di–So ab 10 Uhr. Traditionsreiches und gemütliches Terrassenlokal am Ortsausgang Richtung Las Breñas. Meist steht José in der Küche und bereitet *carne de cabra* (Ziegenfleisch) zu: von frisch geschlachteten Tieren, mit Meersalz eingerieben und mit viel Knoblauch in Olivenöl geschmort. Auch der servierte Käse stammt von den eigenen Ziegen und schmeckt vorzüglich.

●**El Balcón de Femés** €€, Plaza de Femés s/n, Tel. 928830179, ab 10 Uhr. Durch die Panoramafenster dieses noch recht neuen Lokals schaut man hinunter zum Meer. Beste Lage garantiert freilich nicht optimale Qualität. Die Küche mag als kanarisch-solide bezeichnet werden, Spezialität des Hauses sind Ziege und Lamm. Im Café nebenan, das schon um 8 Uhr öffnet, wird Wein vom Fass ausgeschenkt, dazu gibt es Tapas.

Casa Emiliano – bekannt für ihre guten Ziegengerichte

Aktivitäten

• **Wandern:** Rund um Femés kann man herrlich wandern. Etwa zwei Stunden hin und zurück braucht man für den recht steilen Aufstieg auf den Hausberg des Orts, die 608 Meter hohe **Atalaya de Femés.** Vorbei am weiß ummauerten Friedhof geht's hinauf, nach gut 500 Metern hält man sich links und auch an der folgenden Gabelung, wo der von Yaiza kommende Wanderweg einmündet (↗ Wanderung 1), läuft man links weiter. Vom antennengespickten Gipfel gleitet der Blick über das Ajaches-Massiv auf das Weintal La Geria bis hinüber zu den Feuerbergen. Ein weiterer Ausflug, die Rundtour um den **Rico Redondo,** ist im Wanderkapitel beschrieben (↗ Wanderung 2).

Feste

• **1.–7. Juli:** *Fiesta de San Marcial del Rubicón.* Tausende von Lanzaroteños kommen nach Femés, um den Inselpatron zu ehren. Tagelang heizt man sich mit Folklore-Musik ein, lässt sich Wein und allerlei Gegrilltes schmecken. Am letzten Tag dann folgt eine Prozession, die mit farbenprächtigen Karossen stundenlang durchs Tal defiliert. Auf dem schönsten Wagen thront die Figur des San Marcial, des ehemaligen Bischofs von Limoges, den der normannische Konquistador *Jean de Béthencourt* zum Schutzheiligen Lanzarotes erkor.
• **7. Oktober:** *Fiesta de la Virgen del Rosario.* Fest zu Ehren der Rosenkranz-Madonna.

Verkehr

• **Bus:** Werktags fahren drei Busse (Linie 5) nach Playa Blanca bzw. via Las Casitas de Femés nach Arrecife und zurück.

Las Casitas de Femés

Das kleine Dorf vier Kilometer nordöstlich von Femés liegt am Eingang des Tals, malerisch eingebettet zwischen rötlichen Bergflanken. Es gibt weder eine Kirche noch eine Plaza, dafür ein kurioses Haus mit aufgebocktem Hubschrauber: kein Museum, sondern die private Residenz eines Exzentrikers. Genau hier biegt man ab zur einzigen Unterkunft des Ortes, einer restaurierten, gelb aufscheinenden Finca.

Unterkunft

• **Casa de la Caldera** €€€, Las Casitas 4, Tel./Fax 928173284, Mobiltel. 07836-236700. *David* und *Felicity Morris* haben einen 200-jährigen Landsitz in eine attraktive Unterkunft verwandelt: mit fünf Apartments, Garten und Pool.

Uga

Noch ist Uga ein eigener Ort, doch schon in wenigen Jahren könnte er mit Yaiza, der Gemeindehauptstadt, verschmelzen. Mit seinen weißen, kubenförmigen Häusern wirkt Uga gepflegt, die Straßen und Plätze sind teilweise begrünt. Man sieht Agaven und Kakteen, vielerorts auch Schatten spendende Palmen. Nahe der Dorfkirche, die vom Grundstein bis zum Dachfirst in weiße Farbe getaucht scheint, findet man Ausflugslokale und eine Keramikwerkstatt.

Kamele

Uga ist vor allem für seine Kamelfarm berühmt. Frühmorgens ziehen die Tiere in Richtung Nationalpark, um Touristen mehr oder weniger geduldig durch die Feuerberge zu schaukeln. Am Nachmittag kehren sie in ihre „Schlafstadt" zurück – ein schöner Anblick, wie sie vor der Silhouette der Vulkane in einer langen Karawane dahintrotten!

Kunst

Kunstfreunde pilgern zu **Pedro Tayó,** der am Fuß des Vulkankegels Morro de Uga sein Atelier eingerichtet hat. Es ist das Haus, in dem er geboren wurde und in dem er seine Kindheit verbrachte. Die Bilder, die er in knackigen Farben auf die Leinwand bannt, könnten einem Märchen entstammen. Sie sind heiter-verspielt, erzählen von Liebe und Glück, den schönen Dingen des Lebens. Kein Wunder, dass sich Tayó auch als Illustrator von Kinderbüchern einen Namen gemacht hat: Mit seinem Verzicht auf Perspektive und Proportion knüpft er bewusst an die „unschuldige" Wahrnehmung von Kindern an.

• **Atelier Pedro Tayó,** Los Arenales 2.

Unterkunft

• **Casa El Morro** €€€, El Morro 1, Tel./Fax 928830392, pauschal buchbar bei mehreren Veranstaltern, Rezeption meist unbesetzt. Das 200 Jahre alte Landhaus am östlichen Ortsrand verfügt über fünf Apartments, alle geräumig und komfortabel, mit Holzbalkendecken und Keramikböden, indo-

024la Foto: gs

nesischen Teakholzmöbeln und kräftig-bunten Stoffen. Mit den anderen Gästen trifft man sich am Pool oder auf der Terrasse.

• **Finca Uga** €€€, Agachagilla 5, Tel. 928830388, www.fincauga.com. *Alfonso Fons* bietet in seinem hundertjährigen Haus (davor mitten auf der Straße eine Palme) drei rustikale Studios. Von Arrecife kommend: erste Ortseinfahrt rechts, dann der Ausschilderung folgen.

• **La Calerita** €€€, Tel. 928830314, Fax 928813995. Frei stehendes Haus zwei Kilometer östlich mit herrlichem Blick auf die Vulkanlandschaft und die Küste. Calerita I verfügt über ein Wohnzimmer mit verglastem Dach und großen

Ortseinfahrt Uga

Fenstern zum Meer, eine Einbauküche und zwei Schlafzimmer. Calerita II ist kleiner und hat nur ein Schlafzimmer. Beiden gemeinsam ist der kleine Garten mit Swimmingpool und Grillplatz. Dem Besitzer dieser Anlage gehört auch der Reitstall Lanzarote a Caballo.

Essen und Trinken

• **Casa Gregorio** €€, Uga 48/Calle Joaquín Rodríguez s/n, Tel. 928830108, tgl. außer Di ab 10 Uhr. Kanarisches Gasthaus im Ortszentrum, etwas steril, doch bei Einheimischen beliebt. Sonntags gibt es deftigen *puchero*-Eintopf!

• **Bodega de Uga** €€€, Carretera Uga–Yaiza Km. 19.5, Tel. 928830147, Fr–Mi ab 19 Uhr. Attraktives Lokal an der Straße nach Yaiza mit großer Auswahl an Tapas und Wein. Eine Preisliste liegt leider nicht aus; beim letzten Besuch waren Gäste über den zu zahlenden Preis so verärgert, dass sie eine Eintragung im Beschwerdebuch *(libro de reclamaciones)* vornehmen wollten – es wurde nicht ausgehändigt.

Aktivitäten

• **Wandern:** Am Ortsausgang von Uga, an der Straße nach La Geria, beginnt ein Weg quer durch das Weinbaugebiet (↗ Wanderung 3). Er endet in Mácher, kann aber bis Puerto del Carmen verlängert werden.

• **Reiten:** Lanzarote a Caballo, Carretera Arrecife – Yaiza Km. 17.2, Tel. 928830038, www.lanzaroteacaballo.com. Die Reitschule liegt zwei Kilometer östlich von Uga an der Straße nach Mácher und bietet Anfänger- und Springkurse. Ausritte führen durch die Landschaft der Vulkanberge sowie nach Playa Quemada und Playa Jardín. Für Kinder stehen Ponys zur Verfügung.

• **Lucha Canaria:** Jung und Alt begeistert sich in Uga für den kanarischen Ringkampf. Einer der ganz Großen dieser Sparte kam aus ihrem Ort und wurde „Pollo de Uga" („Hühnchen von Uga") genannt. Keinen Kampf, sagt man, habe er je verloren. Nun brennen die jungen Männer darauf, es ihm gleichzutun. Die überdachte Halle am Ortsrand ist ihr Trainingscamp, Wettkämpfe werden auf Plakaten angekündigt.

Einkaufen

• **Lachs:** Ahumadería, Carretera General Uga – Yaiza Km. 19.9 (beim Straßentunnel), Di–Fr 10–13.30 und 16–18.30, Sa 10–14 Uhr. Keine Lanzarote-Spezialität, trotzdem köstlich: Aus Norwegen und Schottland eingeflogener Frischlachs wird aufwendig geräuchert und vorwiegend an Nobelrestaurants verkauft. Mindestabnahme: 500 Gramm!

Feste

• **15. Mai:** *Fiesta de San Isidro Labrador.* Erntedankfest zu Ehren des Schutzheiligen der Bauern mit viel Wein und Speis auf dem blitzblanken Kirchplatz.

Verkehr

• **Bus:** Mo–Fr zwölf, Sa sechs und So acht Verbindungen nach Arrecife und Playa Blanca (Linie 6).

Yaiza

„Die Bewohner sind arm, die Häuser und Ländereien gehören allesamt den in Las Palmas residierenden Großgrundbesitzern. Männer wie Frauen verdingen sich seit Menschengedenken als Tagelöhner auf den Zwiebelfeldern ...“: So heißt es über Yaiza noch 1962. Wer heute in das Gemeindestädtchen kommt, wird kein Anzeichen von Armut entdecken. Die Häuser sind blendend weiß, als würden sie alljährlich gestrichen, rundum blühende Gärten und palmenbepflanzte Straßen. Stets ist im Ortskern eine Putzkolonne unterwegs, die noch die kleinsten Krümel aufkehrt. Schon zweimal wurde Yaiza zum **„schönsten Dorf Spaniens“** erwählt und es scheint, als zielte der ganze Ehrgeiz des Bürgermeisters darauf ab, diesen Preis noch ein drittes Mal zu gewinnen.

Vor den großen Vulkanausbrüchen von 1730 hatte man Yaiza als „himmlischen Park“ voller

Kurzinfo Yaiza

- **Touristeninformation:** Oficina Municipal La Molina, Ortsausgang Richtung Uga, Tel. 928830497, www.yaiza.org, nur unregelmäßig besetzt
- **Rathaus:** Ayuntamiento, Plaza de los Remedios 1, Tel. 928830060
- **Polizei:** Policía Local, Caganchú 4, Tel. 928830107 (mit Fundbüro)
- **Bank:** Caja de Canarias, Carretera General 8
- **Post:** Salida al Rubicón 3, Mo–Fr 9–11.30 Uhr
- **Gesundheitszentrum:** Centro de Salud, am Ortsausgang Richtung Playa Blanca, Tel. 928830190
- **Apotheke:** Carretera General 4
- **Bibliothek:** Casa de la Cultura, Plaza de los Remedios 1
- **Tankstelle:** am Ortsausgang an der Straße nach Timanfaya
- **Taxi:** Salida al Rubicón 1, Tel. 928524222

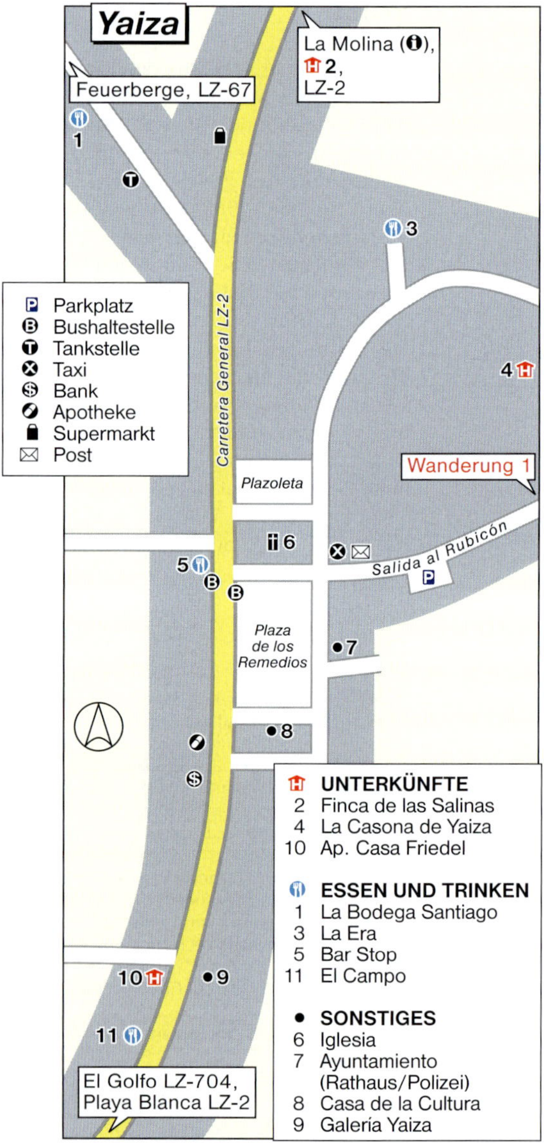
Yaiza
Feuerberge, LZ-67
La Molina (i), 2, LZ-2
Parkplatz
Bushaltestelle
Tankstelle
Taxi
Bank
Apotheke
Supermarkt
Post
Carretera General LZ-2
Plazoleta
Wanderung 1
Salida al Rubicón
Plaza de los Remedios
El Golfo LZ-704, Playa Blanca LZ-2
UNTERKÜNFTE
2 Finca de las Salinas
4 La Casona de Yaiza
10 Ap. Casa Friedel
ESSEN UND TRINKEN
1 La Bodega Santiago
3 La Era
5 Bar Stop
11 El Campo
SONSTIGES
6 Iglesia
7 Ayuntamiento (Rathaus/Polizei)
8 Casa de la Cultura
9 Galería Yaiza

Obst- und Mandelbäume gerühmt. Doch dann kam der große Ascheregen, der weite Teile des Dorfes unter sich begrub. Fast hätte sich die Katastrophe 1824 wiederholt – doch in diesem Jahr flossen die Lavaströme an Yaiza vorbei. Die Bürger der Stadt waren sich einig, dass sie das Wunder dem Wirken der Barmherzigen Jungfrau verdankten: Sie musste es gewesen sein, die die glühenden Wogen ums Dorf herumgeleitet hatte. So wurde ihr die **Pfarrkirche** im Ortszentrum geweiht, die den ganzen Tag über besucht werden kann. Säulen aus ockerfarbenem Basalt des Ajaches-Massivs gliedern den dreischiffigen Innenraum; darüber spannt sich eine himmelblau bemalte Kassettendecke mit Blumen und pausbäckigen Putten.

● **Iglesia de Nuestra Señora de los Remedios,** Plaza de los Remedios s/n, 9–19 Uhr

Kulturhaus

Am unteren Ende des langgestreckten Platzes steht das schmucke, nach einem hier geborenen Schriftsteller und Politiker benannte Kulturhaus. Es stammt aus dem 19. Jh. und wenn nicht gerade wieder eine Arbeitsstelle eingespart wird, kann man einen Blick hineinwerfen. Vielleicht liegen drinnen auch einige Broschüren aus, die vom Rathaus herausgegeben werden. Vom Patio gehen mehrere Räume ab, zeitweise werden hier **Kunstausstellungen** gezeigt.

● **Casa de la Cultura Benito Pérez Armas,** Plaza de los Remedios 1, meist Mo–Fr 9–13 und 17–19 Uhr, Eintritt frei.

Galerie

Wer sich einen Überblick über zeitgenössische, **auf dem Archipel produzierte Kunst** verschaffen möchte, besucht die Galerie Yaiza am Südwestrand des Orts. In der ehemaligen Dorfschmiede hat Friedel Leitz im Verlauf von drei Jahrzehnten einen fantastischen Fundus angesammelt: Außer den „Klassikern" Lanzarotes wie *César Manrique, Ildefonso Aguilar* und *Pedro Tayó* sind auch Werke zugewanderter Maler zu sehen, die sich von der Natur der Kanaren inspirieren lassen, darunter *Guido Kolitscher* und *Klaus Behrends*. Die meisten Bilder stammen freilich von *Veno,* Friedels verstorbenem Ehemann. Seine in kräftigen Farben, mit virtuosem Strich gezeichneten Bilder beschränken sich aufs Wesentliche, sein wichtigstes Sujet war die Insel Lanzarote.

- **Galería Yaiza,** Carretera General s/n, Mo–Sa 17–19 Uhr

Unterkunft

- **La Casona de Yaiza** €€€/€€€€, El Rincón 11, Tel. 928836262, Fax 928836263, www.casonadeyaiza.com. Ein altes Herrenhaus am Ostrand des Ortes wurde in ein freundlich-museales Komforthotel mit acht Zimmern verwandelt, das von Tatiana kompetent geführt wird. Etwas umstritten sind die auf Decken und Möbeln prangenden erotisierenden Malereien. Der unterirdische Wasserspeicher dient als Galerie, im Innenhof befindet sich ein (meist zu kalter) Pool mit Jacuzzi.
- **Finca de las Salinas** €€€€, Cuesta de los Molinos 17, Tel. 928830325, Fax 928830329, www.fincasalinas.com, buchbar über zahlreiche Veranstalter. Das mit Türmchen und Spitzbogenfenstern exzentrisch gestaltete Herrenhaus aus dem 19. Jh. präsentiert sich als roséfarbenes Viersternehotel. Es liegt am westlichen Ortsrand an der Straße nach Uga. Die zu den beiden Suiten gehörige Terrasse kann man aufgrund des Geräuschpegels leider nicht voll genießen. Etwas ruhiger sind die 19 Zimmer, die in den ehemaligen Wirtschaftsgebäuden und Reitställen eingerichtet wurden und sich rings um einen kleinen Pool gruppieren. Jeder Raum ist unterschiedlich eingerichtet, bunte Stoffe sorgen für optische Frische. In allen Zimmern gibt es Sat-TV, Klimaanlage und Heizung. Das Frühstücksbüfett wird im eleganten Speisesaal eingenommen, außerdem gibt es einen Salon, ein Lese- und Fernsehzimmer sowie eine Bar – allesamt in warmen Farbtönen gehalten. Mit Fitness und Sauna, Whirlpool und Massage, Boccia und Tennishartplatz.
- **Casa Friedel** €€€, Carretera General 14, Tel./Fax 928830199, www.lanzarote-ferienhaus.com. Von der Galeristin *Friedel Leitz* geführtes Landhaus für maximal vier Personen am südlichen Ortsausgang. Es verfügt über einen Wohn- und Essraum, zwei Schlafzimmer, eine Küche und ein luxuriöses Marmorbad. Der Richtung Süden gelegene Innenhof ist mit Sitzecke, Liegen und Sonnenschirm ausgestattet. Der benachbarte Pool der Besitzerin kann mitbenutzt werden.

Essen und Trinken

• **La Bodega Santiago** €€, García Escámez 23, Tel. 928836204, Di–Sa ab 11 Uhr. Zu Ehren von Señor *Santiago*, der jahrzehntelang die namenlose Bar an Yaizas Hauptplatz führte, richtete die Familie in seinem Wohnhaus eine Bodega ein. Draußen sitzt man romantisch unter einem Baum, drinnen eher rustikal und kostet Fisch- und Fleischgerichte, zubereitet nach Santiagos Originalrezepten. Besonders gut schmeckten beim letzten Besuch *taquitos de cherne* (Wrackbarsch mit Gemüse) und als Nachspeise *quesillo* (Käsekuchen). Das Lokal liegt knapp außerhalb von Yaiza an der Straße zu den Feuerbergen.

• **La Era** €€€, El Barranco 2, Tel. 928830016, ab 13 Uhr. Schon 1968 war *César Manrique* auf Lanzarote aktiv. Gemeinsam mit seinem Freund *Luis Ibáñez* restaurierte er ein altes Gehöft und machte daraus eine obligatorische Adresse für VIPs: mit hübschen Gasträumen und schön bepflanztem Innenhof. In letzter Zeit wird die Qualität der Speisen allerdings häufig bemängelt, nur der hauseigene Wein La Era wird uneingeschränkt gelobt. Im angeschlossenen Souvenirladen gibt es kanarische Keramik.

• **El Campo** €€, Carretera General s/n, Tel. 928830344, ab 9 Uhr. Restaurant an der Straße nach Playa Blanca mit kanarischen Gerichten. Die Portionen sind üppig, keine schlechte Wahl ist der Ensalada del Campo mit Avocado, Spargel, Thunfisch und Ei.

• **Bar Stop** €, Plaza de los Remedios 6, ab 8 Uhr. Bar aus alten Zeiten schräg gegenüber der Kirche, ein Namensschild sucht man vergebens. Hier treffen sich die Einheimischen auf ein Glas Wein und ein paar Tapas.

Aktivitäten

• **Wandern:** Von Yaiza führt eine beliebte Tour zum „schönsten Mirador des Südens" in Femés (⇗ Wanderung 1).

Feste

• **8. September:** *Fiesta de la Virgen de los Remedios.* Man dankt der wundertätigen Madonna, die Yaiza vor den Lavazungen der Vulkane bewahrte, mit einem zehntägigen Fest. Während der Prozession wird die Heiligenfigur in Begleitung von Eseln und Dromedaren durch die Straßen geführt, danach wird ihr zu Ehren eine junge Frau zur Festkönigin gekürt. Es spielen die besten Folkloregruppen auf, Theateraufführungen und Kunstausstellungen runden das Programm ab. Höhepunkt des Festes ist ein Feuerwerk, bei dem nicht an Leucht- und Knallkörpern gespart wird.

Verkehr

• **Bus:** Mo–Fr zwölf, Sa sechs und So acht Verbindungen nach Arrecife und Playa Blanca (Linie 6); alle Busse halten vor der Kirche.

El Golfo

Um den Sonnenuntergang zu genießen, ist dies der beste Ort der Insel. Mehrere Fischrestaurants säumen die schwarze Lavaküste, an der sich fortwährend Wellen brechen und salzige Gischt die Luft erfüllt. Möwen gleiten heran und beziehen in gebührendem Abstand Stellung, warten geduldig auf ihnen zugeworfene Fischbrocken. In der Nähe des Hotels gibt es ein winziges, zwischen Felsen verstecktes **Naturschwimmbecken** und einen dunklen Kiesstrand, an dem die Boote der Fischer liegen.

Krater

An der Südseite des Ortes befindet sich ein fantastisches **Aussichtsplateau,** das über einen in den Fels geschlagenen, geländergesicherten Ascheweg erreichbar ist. Immer wieder werden die Kameras gezückt, doch das Farbschauspiel, das sich hier bietet, präsentiert sich in der Realität stets prachtvoller als im fotografierten Abbild: Ein weites Halbrund zerklüfteter, tiefrot- bis ockerfarbener Felsen umschließt eine pechschwarze Bucht, auf deren Grund eine **smaragdgrüne Lagune** schimmert. Die Farbe des Sees, der vom Atlantik unterirdisch genährt wird, verdankt sich einer seltenen, an den hohen Salzgehalt angepassten Algenart. Der Betrachter staunt: So also sieht es aus, wenn ein Vulkan von der Brandung angeschnitten und zur Hälfte vom Meer verschlungen wird.

Nur von der Südseite her kann man zur Lagune hinabsteigen. Eine zum Charco de los Clicos („Muschelteich“) ausgeschilderte Piste zweigt von der Küstenstraße ab und führt zu einem Parkplatz. Von dort erreicht man in gut fünf Minuten den See, in dem allerdings weder gebadet noch geangelt werden darf.

Unterkunft

• **El Hotelito del Golfo** €€, Av. Marítima 10a, Tel./Fax 928173272. Freundlich geführtes Minihotel, leicht erhöht über der Uferstraße. Die neun Zimmer sind klein, aber gemütlich, fast alle (Nr. 1 sowie Nr. 5–9), verfügen über

Balkon und seitlichen Meerblick. Zum Hotel gehören ein Pool mit Sonnenliegen sowie ein Aufenthaltsraum mit TV, dazu ein Restaurant, in dem das kontinentale Frühstück serviert wird. Lockeres, unkompliziertes Ambiente.

- **Privatzimmer:** bitte nachfragen in den Lokalen!

Essen und Trinken

Die große Nachfrage lässt die Preise auf breiter Front steigen. Tatsächlich hat El Golfo die beliebtesten Fischlokale auf Lanzarote – und in einigen sitzt man direkt am Meer! Den einen oder anderen Gast mag irritieren, dass es in der Regel keine Speisekarte gibt – auf den Tisch kommt, was frisch gefangen wurde.

- **Lago Verde** €€, Av. Marítima 46, Tel. 928173311, täglich außer Do 11–22 Uhr. Zu den besten Lokalen zählt das Lago Verde: fast am Ende des Ortes mit Terrasse am Meer und gemütlichem Innenraum. Mit viel Elan serviert *Conchi,* was *Cipri* in der Küche zubereitet hat: Fisch und Meeresfrüchte gibt es in großzügigen Portionen. Fragen Sie nach der *sugerencia del día,* dem täglich wechselnden Spezialgericht; man kann sich den gewünschten Fisch auch in der Vitrine aussuchen.
- **Casa Torano** €€, Av. Marítima 36, Tel. 928173058, täglich außer Mo ab 11 Uhr. Am Nordende der Promenade serviert die freundliche *María Dolores* leckeren Fisch und Paella mit Meeresfrüchten, einige Fleischgerichte sind gleichfalls im Angebot.

Los Hervideros

Ein großer Parkplatz wurde an den „kochenden Kesseln" *(Los Hervideros)* südlich von El Golfo eingerichtet – und auch hier lohnt es sich anzuhalten! Ein glühender Strom hat sich von den Feuerbergen in Richtung Küste gewälzt und ist im Meer erkaltet. Seit jener Zeit nagt der Atlantik an den Lavaklippen und frisst ihnen tiefe Löcher ein. Im Takt der Wellen peitscht er seine wilde Gischt durch die **Felsspalten,** meterhoch spritzt das Wasser in die Luft. Wer das imposante Schauspiel von Nahem betrachten will, folgt dem gesicherten Fußpfad, den man in die scharfkantige Lava gegossen hat.

Salinas de Janubio

Etwas weiter auf der Küstenstraße in Richtung Süden umfahren wir Lanzarotes **„Salzgärten“.** Seit den Vulkanausbrüchen im 18. Jahrhundert sind sie in Betrieb. Damals wurde die größte Hafenbucht der Insel durch einen gewaltigen Lavastrom von der offenen See abgeschnitten. Die so entstandene Lagune wurde samt angrenzenden Hängen mit Mauern durchzogen, sodass sich ein terrassenförmiges System von Becken bildete. Durch einen Kanal wurde Meerwasser in die Lagune geleitet und mit Hilfe von Windmühlen in die oberen „Etagen“ gepumpt. Das Wasser verdunstete dank intensiver Sonneneinstrahlung, übrig blieb reines Meersalz. Mit ihm wurden leicht verderbliche Lebensmittel wie Fisch und Fleisch konserviert. Heute ist die archaische Produktion auf dem Rückzug, industriell kann das Salz viel billiger hergestellt werden.

Zugvögel

Durch finanzielle Unterstützung aus Brüssel werden die Salinen am Leben erhalten. Damit will die EU nicht nur ein traditionelles Handwerk vor dem Aussterben bewahren, sondern auch einen wichti-

107la Foto: gs

gen Rastplatz von Vögeln schützen. Auf ihrer Route gen Süden legen im Herbst zahlreiche Wandervögel in den Salinen eine Zwischenstation ein – einige fassen gar den Beschluss, hier zu überwintern. Zu sehen sind der elegante **Seidenreiher** und der langschnabelige **Regenbrachvogel;** auch **Stelzenläufer** und **Sandregenpfeifer** finden in den Salzpfannen ausreichend Nahrung.

Foto-Tipp

An der Straße gibt es mehrere Stellen, an denen man das Fahrzeug abstellen und die Salinen ablichten kann. Besonders im Abendlicht muten die schachbrettartig angelegten Tümpel wie ein Landschaftskunstwerk an.

Playa de Janubio

Wer will, kann über den Damm, der die Lagune vom Küstensaum trennt, zur Playa de Janubio spazieren, einem langen, schwarzen Sandstrand. Dieser taugt freilich nur zum Sonnenbaden – ins Meer springen sollte man wegen der gefährlichen Strömungen nicht. Diese Warnung gilt auch für die nördlich gelegenen Strände, z.B. die bei Einheimischen beliebte Playa de Montaña Bermeja.

Wanderung

Für die acht Kilometer lange Wanderung zur **„Klosterhöhle“** sind hin und zurück gut drei Stunden einzuplanen. Unser Weg (anfangs ziemlich unscheinbar) steigt an der Südseite des Strandes an und verläuft längs der niedrigen Steilküste über Lavagestein. Bald kommen wir an hübschen kleinen Felsbecken vorbei, die bei anbrandendem Meer „zugeflutet“ werden und bei Ebbe ein herrliches Planschen erlauben. Wir passieren ein Holzkreuz, einige Minuten später die Meerwasserentsalzungsanlage (30 Min.). Über bröckelige Lava geht es weiter und wieder laden Wassertümpel zur Erfrischung ein. Nächste auffällige Landmarke ist eine weiße Betonsäule, die das Kap Piedra Alta markiert (1:30 Std.). Wir klettern zu den Klippen hinauf und genießen von dort einen fantastischen Blick: Jenseits zweier grünlich schimmernder Felswannen erscheint **El Convento,** die „Klosterhöhle“, daneben eine kleinere Grotte. Trittsichere Kletterer steigen, sofern die See ruhig ist, über die kleine zur größeren Höhle hinab; wer dagegen noch Lust auf eine Fontäne hat, geht bis zur Mitte der nächsten Bucht weiter – der Lärm des aus dem Felsloch herausspritzenden Wassers wirkt betäubend. Für den Rückweg empfiehlt sich der landeinwärts, parallel zur Küste verlaufende Fahrweg.

108la Foto: gs

Das Inselzentrum – Weinstraße und Nationalpark

Inselzentrum
0
1 km
400 m
300 m
200 m
100 m
Playa Tenezara
Playa de la Madera
Los Islotes
Teneza
368
Casas del Islote
Mancha Blanca
Caldera Blanca
458
Centro de Visitantes
Parque Nacional de Timanfaya
227
Islote de Hilario
509
517
510
368
256
El Golfo
Echadero de los Camellos
152
175
Charco de los Clicos
La Geria
468
432
LZ-67
226
199
Guardilama
603
LZ-2
LZ-30
Los Hervideros
Yaiza
La Asomada
Playa Blanca
Südwesten (S. 160)

Playa de San Juan
Club La Santa
La Isleta
La Caleta de Famara
105
La Costa
La Santa
293
Sóo
LZ-67
El Jable
Nordosten (S. 261)
Muñique
Tinajo
Haría, Los Valles
Teguise
334
Tiagua
452
La Vegueta
301
Nazaret
LZ-20
Tao
LZ-30
331
550
339
Las Cabreras
453
Mozaga
311
Tahiche
470
El Islote
San Bartolomé
El Grifo
465
430
444
329
291
Fundacíon César Manrique
Masdache
514
LZ-30
Montaña Blanca
LZ-20
LZ-1
Tegoyo
596
508
316
Güime
Conil
Tías
Arrecife
LZ-2
Puerto del Carmen, Umgebung (S. 151)
Castillo de San Gabriel

Weinstraße La Geria

Lanzarote ist mehr als Feuer, Ödland und steinerne Wüste. Im **Tal von La Geria,** wo der beste Wein des Archipels gedeiht, kann man beobachten, wie in unwirtlichster Natur mit menschlicher Kraft und Fantasie Leben hervorgezaubert wird. In dem mit Lavagranulat bedeckten Tal gruben die Lanzaroteños **Tausende kleiner Mulden** und pflanzten auf dem Grunde jeder Vertiefung einen Weinstock. Während sich die Wurzeln in die fruchtbare Muttererde krallen, speichert der vulkanische Auswurfgrus den nächtlichen Tau und gibt ihn während der Morgenstunden an die Pflanze weiter. Die Senke schützt die Rebe vor starkem Wind, sichelförmige Steinmäuerchen sorgen für zusätzlichen Schutz. Man muss den Winzern bei der Arbeit zuschauen, um ermessen zu können, was sie leisten. Hier ist alles Handarbeit: angefangen vom Setzen des Rebstocks bis hin zur Traubenlese.

Ästheten sind beim Anblick der Landschaft begeistert. Wohin man schaut, sind die Felder wie mit Zirkel und Lineal abgesteckt, eine Welt der Ordnung inmitten aufgewühlter Natur. Und selbst die Häuser scheinen in ihrer strengen kubischen Form der Symmetrie verpflichtet – ihr strahlend weißer Verputz fordert die Schwärze der Vulkane heraus. So präsentiert sich La Geria als **Landschaftskunstwerk** par excellence: „Art without artists“ – diesen Begriff fand das New Yorker Museum of Modern Art für das, was hier geschaffen worden ist.

Das Hochtal, das man auf einer etwa zwölf Kilometer langen Fahrt kennen lernt, strahlt große Ruhe aus – eine Kette niedriger Vulkane schirmt es von der weiten Küstenebene ab. **La Geria, Mas-**

Seite 196/197:
Drachenbaum an der Bodega – mitten in La Geria

Die Weine Lanzarotes

Die kleine Malvasier-Traube hat sich dem Lavaboden Lanzarotes am besten angepasst. Bereits kurz nach der Conquista wurde sie aus Kreta eingeführt – und noch heute ist vor allem sie es, die dem hiesigen Weißwein seine besondere Note, sein volles Aroma verleiht. Es gibt trockenen Malvasier, der gern als Aperitif kredenzt wird, aber auch die reife süße Variante, die als Dessertwein bevorzugt wird. Andere bekannte Traubenarten sind die Muskateller-Traube, Listán Blanco und Listán Negro, Diego und Negramoll. Rosé-Weine sind auf der Insel immer noch selten, aber auch die Rotweine sind jüngeren Datums, werden in größeren Mengen erst seit den 1980er Jahren hergestellt. Anfang August werden die Trauben geerntet, die großen Weinfeste finden meist schon im Juli statt.

Tipps zur Weinprobe:

Soll das Probierspiel auf der „Bodega-Meile" nicht mit Kopfschmerzen enden, muss die Weinprobe systematisch angegangen werden. Der Kellermeister gibt dazu den folgenden Rat: Man fange stets an mit leichten, jüngeren Tropfen und gehe dann über zu trockenem Weißwein. Hat man sich von Weiß verabschiedet, kommt Rosé an die Reihe. Da es ihn auf Lanzarote nur in kleinen Mengen gibt, wird es nicht lange dauern, bis man zum besser vertretenen Rotwein überwechselt. Krönender Schlusspunkt der Verkostung ist ein süß-schwerer Likörwein – am allerbesten schmeckt der reife Malvasier. Und vergessen Sie nie: Die Nase trinkt mit – darum den eingeschenkten Wein erst beschnuppern, dann zwecks Aromaentfaltung den Inhalt des Glases schwenken und schließlich genussvoll an den Mund führen.

dache, El Grifo und El Islote: so lauten die Namen der Ortschaften, die doch oft kaum mehr sind als eine Aneinanderreihung verstreuter Häuser. Fast immer dabei ist eine **Bodega** (Kelterei); alle führenden Weinproduzenten Lanzarotes sind längs der das Tal durchziehenden Straße postiert. In den Probierstuben kann man alles durchkosten, was auf dem Vulkanboden wächst. Es gibt roten und noch häufiger weißen Wein, schweren, süßen

Malvasier ebenso wie süffigen Moscatel und leichten Rosé. Doch Autofahrer seien gewarnt: An manchen Tagen, insbesondere am Wochenende, bereitet es der örtlichen Polizei größtes Vergnügen, die Mietwagen anzuhalten und zu prüfen, ob die Fahrer „gesündigt" haben.

Museum

Östlich von Masdache passiert man **El Grifo,** wo in der ältesten Bodega des Archipels (1775) ein interessantes Museum eingerichtet wurde. Die Zufahrt ist nicht zu verfehlen: *César Manrique* war es, der die originelle Skulptur des mythologischen Greifenvogels *(Grifo)* schuf. Im Museum wird die Kunst der Kelterei im Laufe der letzten drei Jahrhunderte vorgestellt. Man sieht einen Weinkeller mit antiker Presse, Kelterbecken und Laboratorium, spaziert durch das 40 Hektar große Anbaugebiet und lässt es sich wohl ergehen in einer urigen Bar. Die Museumsbibliothek umfasst mehr als 3000 Exemplare, unter denen sich auch Originale aus dem 16. Jahrhundert befinden.

- **Museo del Vino El Grifo,** Carretera de Masdache – El Islote 121 (LZ-30 Km. 11), 10.30–18 Uhr, www.elgrifo.com, Eintritt 3 €

Querstraßen

Von der Weinstraße zweigen nordwärts zwei Asphaltpisten nach Mancha Blanca bzw. La Vegueta ab. Sie sind wenig befahren und bieten doch fantastische Landschaftseindrücke. Zerklüftetes Gestein wechselt ab mit sanft geschwungenen Hängen. Man sieht hellgrün schimmernde, flechtenbewachsene Ebenen, im Hintergrund aufgerissene Krater und die Kegel der Feuerberge. Der Zugang zur Montaña del Cuervo, einem gigantischen Vulkankessel, ist zurzeit leider versperrt. Auch die Cueva de los Naturalistas, die „Höhle der Naturforscher", kann nur mit einer Sondergenehmigung der Umweltbehörde betreten werden.

Bodegas

- **Bodega Guardilama La Geria,** Carretera de la Geria Km. 19, www.lageria.com, 10–18 Uhr. Von Uga kommend, wird man hier zum ersten Mal „verköstigt". Meist stehen mehrere Ausflugsbusse davor, in der Bar El Medianero kann man zum Wein (z.B. Malvasía Seco, Tinto Madera und Rosado) gute Käse- und Schinkentapas bestellen. Vom Parkplatz hat man einen schönen Blick auf die Weinlandschaft, hinter Trauerweiden verbirgt sich die Wallfahrtskapelle Ermita de la Caridad, die während des großen Vulkanausbruchs unter der Asche vollkommen begraben wurde.

● **Bodega Rubicón,** Carretera de la Geria Km. 19 (gegenüber Bodega La Geria). In einem alten Anwesen mit Drachenbaum und windgepeitschten Trauerweiden wird herber Rotwein produziert.

● **Bodega El Chupadero** €€, Carretera de la Geria Km. 18.8 (ausgeschildert), www.el-chupadero.com, täglich ab 11 Uhr. Gemütliche Bodega, nur über eine löchrige, von der Weinstraße südwärts abzweigende Piste erreichbar. Große Busse kommen hier nicht durch, das Ambiente ist deshalb intimer. Zu Jazz- und Bluesklängen werden Tapas aufgetischt, nicht billig, aber lecker und appetitlich arrangiert. Zu den Spezialitäten zählen geräucherter Thunfisch *(atún ahumado),* iberischer Räucherschinken *(jamón serrano)* und Crêpes mit Kaktuskonfitüre *(crepes con cactus).* Etwa einmal monatlich treten renommierte Musiker auf.

● **Bodega Antonio Suárez Cabrera,** Carretera de la Geria Km. 18, 10–18 Uhr. Knapp einen Kilometer weiter folgt die nächste Versuchung. Wie schon in der Bodega Guardilama La Geria sind auch die hier ausgeschenkten Weine bisher nicht in Supermärkten erhältlich.

● **Bodegas Barreto,** Carretera de Masdache s/n, Masdache, 10–18 Uhr. Die Familie *Barreto* widmet sich schon mehr als hundert Jahre dem Weinbau. Mit einer Produktionsmenge von knapp einer Million Litern gehört die in Masdache und San Bartolomé operierende Kellerei zu den größten der Insel. Die Weine mit dem Etikett „El Campesino" haben viele Preise gewonnen. Als besonders gut gilt der süße Moscatel.

● **Bodega El Grifo,** Carretera de Masdache 121, www.elgrifo.com, 10.30–18 Uhr. Ältestes und traditionsreichstes Weingut der Insel mit einer wunderschönen Bodega (hier muss fürs Kosten gezahlt werden) und einem angeschlossenen Museum. *César Manrique* entwarf das Wappentier, es ziert alle Flaschen des Unternehmens.

● **Bodega Los Bermejos,** Camino a Los Bermejos 7 / La Florida, www.losbermejos.com, 11–17 Uhr. Man zweigt von der Weinstraße bei Km. 8,5 ab und erreicht die Bodega nach 300 Metern. *Ignacio Valdera* keltert einen sehr guten trockenen Malvasier, hervorragend ist auch der Dessertwein Moscatel!

Unterkunft

● **La Geria** €€, Carretera del la Geria Km. 18, Tel./Fax 9285 28503, (spanisch), Mobiltel. 0034-618-487735 (*Claudia,* deutsche Verwalterin). Herrlich untouristischer Ort: Die

109la Foto: gs

kleine Familien-Bodega (60 € pro Tag) liegt ruhig am Fuße eines Vulkans, erreichbar über einen rechts von der Bodega Suárez abgehenden Feldweg. So weit das Auge reicht, ziehen sich symmetrisch angelegte Weinmulden die Hänge hinauf. Im Wohn- und Essraum steht ein langer Holztisch, dahinter eine Bar mit einer Batterie von Likören und Weinen; auch die Speisekammer in der Küche ist gut gefüllt (alles inkl.). Das Haus ist für zwei bis vier Personen eingerichtet, verfügt über zwei rustikale Schlafzimmer, Küche und Bad, herrlich kann man auf der Terrasse unterm Eukalyptusbaum entspannen. In den Lavamulden ringsum wachsen Obst und Gemüse zur freien Verfügung. Und wer will, schaltet abends Digital-TV ein.

● **El Chupadero** €€€, Carretera de la Geria Km. 18.8, La Geria 12, Tel./Fax 928173115, www.el-chupadero.com. Nicht gerade billig, aber wunderbar gelegen inmitten der Weinfelder. An die Bodega gleichen Namens ist eine Finca mit zwei Apartments angeschlossen. Beide sind weiß gekalkt, mit gemauerten Bänken und Regalen, Holzdecken und -möbeln eingerichtet. Sie sind absolut ruhig und bieten Terrassen mit Blick auf Weinreben und Vulkane. Das größere Apartment (105 m²) verfügt über eine geräumige Wohnküche mit Kamin, zwei Schlafzimmer und ein Duschbad; das kleinere nebenan (65 m²) besteht aus einem Schlaf-

Finca La Geria im gleichnamigen Wein-Tal

zimmer, einer gemütlichen „Galerie“ mit Schlafgelegenheit für eine weitere Person, einer Wohnküche mit Kamin und einem großen Duschbad. Die Besitzerin *Barbara Hendriks* holt die Gäste vom Flughafen ab.

- **Finca Malvasia** €€€€, Camino El Oratorio 20, Masdache, www.lanzarote.com/fincamalvasia. Mitten im Weinanbaugebiet: eine Villa mit eigenem Pool, dazu drei Reihenbungalows für jeweils vier und eine Bodega für zwei Personen mit einem weiteren, gemeinsam nutzbaren Pool. Zum Anwesen gehört auch ein attraktiver Steingarten im Manrique-Stil. Von der Weinstraße bei Km. 12.2 einbiegen in die Carretera del Centro, das Haus liegt 1,4 km zur Rechten (neben der Klosterruine)!
- **Casa Calma** €€, La Florida 18, El Islote, Tel./Fax 9285 22047, www.casa-calma.com. In dem Haus, das gegenüber der Bodega Los Bermejos in der Vulkanlandschaft liegt, wird ein Apartment auf Wochenbasis vermietet. Die Besitzerin *Claudia Driess* wohnt nebenan und kümmert sich liebevoll um das Wohl der Gäste. Sie holt diese auch vom Flughafen ab. Von der Weinstraße bei Km. 9,5 zur Bodega abbiegen, das Haus liegt 300 Meter zur Rechten!
- **Finca de la Florida** €€€, El Islote 90, Tel. 928521124, Fax 928520311, www.hotelfincadelaflorida.com, pauschal bei allen großen Veranstaltern. An der Straße nach Uga, zwei Kilometer westlich von Mozaga, wurde eine Finca in ein Landhotel mit 16 gemütlichen Zimmern verwandelt (besonders zu empfehlen: Nr. 17, 18, 24, 25, 27 und 28). Wer sich etwas Besonderes gönnen will, bucht die Suite im Nebenhaus, die mit Salon, Küche, zwei Schlafzimmern und zwei Bädern (eines mit Jacuzzi) eingerichtet ist. Das Ambiente ist familiär, im Restaurant und im Kaminzimmer lernt man die anderen Gäste schnell kennen. Das Haus verfügt über einen kleinen Pool und ein winziges Kinderplanschbecken, dazu Sauna, Tennisplatz, Tischtennis, Minigolf und Fitnessraum. Mountainbikes sind ausleihbar, außerdem kann man im Reitstall nebenan Pferde für Ausritte leihen.
- **Castillo Schlaraffenland** €€€, La Asomada/Camino del Mesón, Tel./Fax 928511159, in Deutschland: Tel. 0921/51917, www.castillo-schlaraffenland.de. *Lilo* und *Karl Firsching* haben in einer windgeschützten Seitenschlucht eine „Burg“ mit drei originellen Wohneinheiten in den Vulkan geschlagen (buchbar auf Wochenbasis). Man schläft in Grotten, speist mit Blick aufs Meer und findet überall lauschige Winkel und Ecken. Am preiswertesten ist Schlaraffia III, die oberen Einheiten I und II sind größer. Die Gäste teilen sich einen beheizten Pool und einen Garten, die Anfahrt erfolgt über eine holprige Piste.

Verkehr

- **Bus:** Auf der Weinstraße (Uga – Mozaga) verkehren keine öffentlichen Busse. Mozaga erreicht man von Arrecife mit Linie 16, El Islote und Masdache mit Linie 14.

Mozaga

An der Straßenkreuzung von Mozaga endet die „Weinstraße“ – und auch hier lohnt es noch einmal zu halten. 15 Meter ragt das **Monumento al Campesino,** das vermeintliche Fruchtbarkeitsdenkmal, empor. Entworfen hat es *César Manrique,* der es 1968 den Bauern und Landarbeitern der Insel widmete.

Auch das angrenzende **Museumsdorf,** die Casa Museo del Campesino, stammt von dem Künstler: ein im landestypischen Stil errichtetes Anwesen mit grünen Fenstern und orientalischen Türmchen sowie einem kleinen Lokal. Vor wenigen Jahren wurde das Dorf um ein **unterirdisches Restaurant** im Stile des Meisters erweitert: Über eine geschwungene Treppe steigt man in die kühle Unterwelt hinab und betritt zwei höhlenartige, weiß

110la Foto: gs

getünchte Säle mit futuristischen Glasluken (zzt. nur Gruppenreservierung). Durch eine tunnelförmige Grotte kehrt man ins gleißende Tageslicht zurück und gelangt in einen großen, typisch kanarischen Innenhof. Dieser ist ringsum von **Werkstätten** gesäumt, in denen man Kunsthandwerkern bei der Arbeit zuschauen kann.

- **Casa Museo del Campesino,** Tel. 928520136, 10–18 Uhr, Eintritt frei.

Unterkunft

- **Caserío de Mozaga** €€€, Mozaga 8, Tel. 928520060, Fax 928522029, www.caseriodemozaga.com, auch pauschal bei TUI. Unweit der kleinen Dorfkirche steht ein Herrenhaus aus dem 18. Jahrhundert, das in ein nostalgisches Landhotel verzaubert wurde: ein Ort, an dem man herrlich zur Ruhe kommen, aber auch gut Kontakte knüpfen kann. Insgesamt gibt es acht Zimmer, allesamt beheizbar und mit Dielenböden und antikem Mobiliar individuell ausgestattet. Einige sind über den blumenumrankten Patio, andere über den Garten erreichbar. In einigen Bädern findet man als Erinnerung an frühere Zeiten noch den guten alten Waschtisch mit Porzellanschüssel. Zum Hotel gehören auch Lesezimmer und Salon sowie ein stilvoll eingerichtetes Restaurant. Von den Künsten des spanischen Kochs sind die Gäste begeistert; zum Abendessen gibt es Wein aus der im Familienbesitz befindlichen Bodega El Grifo. Stets vor Ort sind *María Luisa* und ihr Bruder *Gonzalo,* beide sprechen gut Deutsch und sind sehr um das Wohl ihrer Gäste bemüht.

Essen und Trinken

- **El Campesino** €€, Tel. 928520136, 13–17 Uhr. Im Lokal des Museumsdorfs sitzt man an kleinen Holztischen in strahlend weißer Umgebung. Zu den kanarischen Speisen gibt es Mozaga-Wein aus der nahegelegenen Bodega.

Einkaufen

- **Casa Museo del Campesino:** Neben den Werkstätten befindet sich ein Laden, in dem man all das erwerben kann, was die Handwerker herstellen: Lederschuhe und Fellpantoffeln, mit Lochstickerei verzierte Decken, das getöpferte „Paar von Mojón" mit überdimensionalen Genitalien, aber auch Leckerbissen und Wein, Postkarten und Folkloristisches.

Verkehr

- **Bus:** Montag bis Freitag acht, am Wochenende drei bis fünf Verbindungen nach Arrecife bzw. La Santa.

Schwarze Krater, so weit das Auge reicht

Tiagua

Tiagua, ein Bauerndorf mit gerade mal 100 Einwohnern, ist umgeben von Lavafeldern, aus denen grüne Kakteen hervorlugen; an einigen Stellen wachsen auch Kartoffeln, Mais und Tomaten. Vom einstigen Getreideanbau zeugen zwei prächtige Mühlen; eine steht gegenüber der schmucken, weißen Dorfkapelle, eine zweite bildet den Mittelpunkt des Museumsdorfs.

Museum

Der Besuch des Landguts **El Patio,** Sitz des einstigen Markgrafen, verspricht eine „Reise ins Gestern". Dr. *Barreto,* der private Betreiber des Museums, ist ein begeisterter Sammler. Was er in jahrelanger Arbeit zusammengetragen hat, enthüllt viel über das frühere Leben der Bauern. Zu sehen sind Töpferwaren, Webstühle und altes Ackergerät, Zugmühlen und Weinpressen, ein Steinofen zum Backen von Brot. Es gibt ein Tiergehege mit Ziegen, Esel und Dromedar, einen Kaktusgarten und inseltypische Pflanzen. Im Schatten der Windmühle befindet sich ein Gasthaus mit Bodega, der Hausherr lädt Besucher auf ein Glas Wein mit Ziegenkäse und Oliven ein.

- **Museo Agrícola El Patio,** Echeyde 18, Tel. 928529134, www.elpatio.turincon.com, Mo–Fr 10–17.30, Sa 10–14.30 Uhr, Eintritt 6 € inklusive Weinprobe; am Eingang bekommt man ein Faltblatt mit Geländeplan.

Feste

- **9. September:** *Fiesta de Nuestra Señora del Socorro.* Mehrtägiges Patronatsfest.
- **30. November:** *Fiesta de San Andrés.* Im Nachbarort Tao wird der „Regenheilige" um Wasser angefleht, um die kommende Ernte zu sichern.

Verkehr

- **Bus:** Gute Verbindungen nach Arrecife, Tinajo und La Santa (Linie 18) sowie La Caleta de Famara (Linie 20).

El Jable

Zwischen den Feuerbergen und den 600 Meter aufragenden Klippen Riscos de Famara erstreckt sich eine zum Teil versteppte, zum Teil wüstenhafte, 40 Quadratkilometer große Ebene. Sie wird El Jable genannt – ein Name, in dem das von den normannischen Konquistadoren eingeführte Wort *sable* (Sand) mitschwingt. Die flirrenden **Dünenfelder** werden vom Wind geformt: Von der Küste weht er ungehindert landeinwärts und trägt feins-

026la Foto: gs

te, gleißend helle Körnchen heran. Dabei handelt es sich nicht um herkömmlichen Sand, sondern um von der Brandung zerriebene Gehäuse von Muscheln und Krebsen. **„Karbonatsand"** nennen die Geologen den puderfeinen Stoff, in den man bei jedem Schritt knöcheltief einsinkt.

Die Bauern Lanzarotes lassen die Wüste nicht ungenutzt. Mit archaischem Hakenpflug lockern sie den Sand und setzen darin Süßkartoffel, Wassermelone und Kürbis. Mit ihren langen Wurzeln zapfen die Pflanzen den darunterliegenden, fruchtbaren Boden an. Feuchtigkeit spendet ihnen der maritime Sand, der – ähnlich wie das Lavagranulat – die Eigenschaft besitzt, Nachttau zu binden, den er im Lauf des Tages an die Pflanze weitergibt. Als Windbrecher dienen große, die Felder säumende Strohballen.

Sóo

Kanarier nennen Sóo oft das **„afrikanische Dorf"**. Es liegt an einem Vulkanhang auf halber Strecke zwischen Tiagua und La Caleta de Famara. Gegründet wurde es von arabischen Sklaven, die im 16. Jahrhundert hier angesiedelt wurden. Maurisch wirkt vor allem die Ermita de San Juan, das kleine Kirchlein des Orts mit seiner Kuppeldecke und dem minarettartigen Glockenturm. Leider ist es in der Regel verschlossen – wie auch die meisten Wohnhäuser. Die Menschen fürchten sich vor dem Wind, der hier oft und heftig über die Sandfelder peitscht und durch alle Ritzen der Türen dringt. Zu entdecken ist hier wenig, einzige Farbtupfer sind die Häuser von Residenten; in Sóo leben mittlerweile mehrere Franzosen, Briten und natürlich auch Deutsche.

Kurzinfo La Caleta de Famara

- **Polizei:** Protección Civil, Av. El Marinero s/n, Tel. 928528634
- **Kulturzentrum:** Centro Socio-Cultural, Calle San Borondón s/n
- **Taxi:** Tel. 928524223 (Radio Taxi Teguise)

La Caleta de Famara

Eine großartige Kulisse: Über 600 Meter ragen die Klippen des **Famara-Massivs** auf, dessen Kamm sich 15 Kilometer längs der Küste erstreckt und steil-spektakulär abfällt zum Meer. An seiner Südflanke liegt das **Fischerdorf** am wilden Dünenstrand, mit staubigen, noch immer nicht asphaltierten Dorfwegen. Heller Sand bedeckt die Straßen, die so hübsche Namen wie „Flut" *(Pleamar)*, „Tiefseeblick" *(Mirafondo)* oder „Segelboot" *(Velero)* tragen. Fahren die Fischer nicht zur See hinaus, sitzen sie barfüßig auf dem Gehsteig und verfolgen das Kommen und Gehen der Gäste. Die Häuser des Ortes passen nicht zur Manrique-Ästhetik – hier gibt es keine grün gestrichenen Fenster und Türen, keine Zwiebeltürmchen und Minarette. Und doch hat der Künstler in seinen Erinnerungen („Escrito en el Fuego") bekannt, kein Ort habe so sehr seine Lebenslust geweckt und die Seele stimuliert.

„Walking on the wild side": **Traveller** lieben Famara und die Bewohner haben schon früh gelernt, sich auf die zumeist jugendlichen, mit Rucksack anreisenden Besucher einzustellen. Die Apartments, in denen man sich einmieten kann, sind quer über den Ort verstreut, einige liegen direkt am Meer.

Strand

Ostwärts erstreckt sich die hellsandige **Playa de Famara,** übers Meer schweift der Blick zur Nachbarinsel La Graciosa. Wellenstaffeln rollen an die

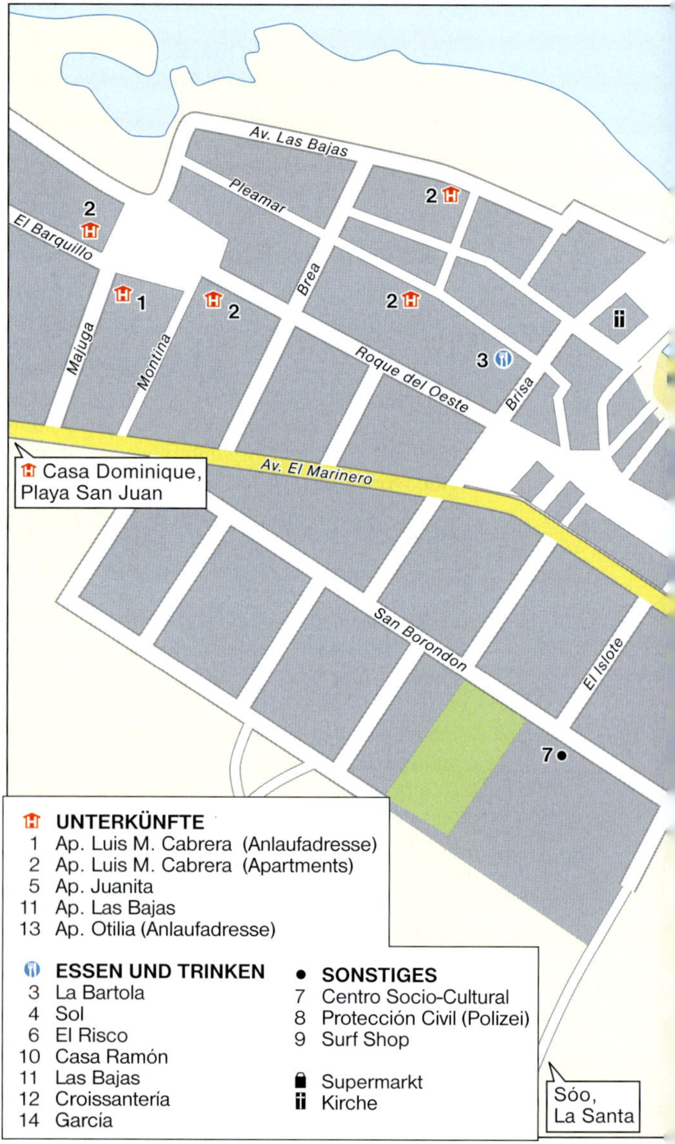
Av. Las Bajas
Pleamar
El Barquillo
Brea
Majuga
Montina
Roque del Oeste
Brisa
Av. El Marinero
Casa Dominique, Playa San Juan
San Borondon
El Islote
Sóo, La Santa
UNTERKÜNFTE
1 Ap. Luis M. Cabrera (Anlaufadresse)
2 Ap. Luis M. Cabrera (Apartments)
5 Ap. Juanita
11 Ap. Las Bajas
13 Ap. Otilia (Anlaufadresse)
ESSEN UND TRINKEN
3 La Bartola
4 Sol
6 El Risco
10 Casa Ramón
11 Las Bajas
12 Croissantería
14 García
SONSTIGES
7 Centro Socio-Cultural
8 Protección Civil (Polizei)
9 Surf Shop
Supermarkt
Kirche

La Caleta de Famara
0
50 m
Rociega
8
4
5
6
Montaña Clara
Montaña Clara
Roque del Este
9
10
Borda
El Callejón
Baliza
11
12
13
Av. El Marinero
14
Teguise,
Playa Famara

028la Foto: gs

Caleta de Famara ist beliebt bei Travellern

Küste und werfen sich mit Wucht auf den Sand – fürwahr kein Ort für ein ruhiges Bad! Aufgrund der Brandung, aber auch wegen starker Strömungen sollte man sich mit einer kleinen Erfrischung am Ufer begnügen und nicht hinausschwimmen. Nur die **Surfcracks** wagen den Nervenkitzel und stürzen sich in die Fluten. Vom Strand aus kann man ihr virtuoses Spiel verfolgen; oft hält ein Wagen des Surfshops Wache. Doch noch andere „Künstler" kann man beobachten: Von der Spitze der Famara-Klippen springen **Drachenflieger** in die Tiefe und lassen sich entlang der Steilwand zum Strand hinabgleiten.

Siedlung Playa Famara

An der Ostseite der Bucht erstreckt sich die Urbanisation Playa Famara, eine in den 1970er Jahren von Norwegern errichtete Bungalowsiedlung. Die halbrunden Natursteinhäuser ducken sich im Schatten der Steilwand, als wollten sie dem Wind keinen Widerstand bieten. Die Siedlung ist fast „autonom", verfügt über Süßwasserpool und Tennisplatz, Supermarkt, Restaurant und Autovermietung. Es wohnen hier Urlauber aus Skandinavien und Mitteleuropa, vor allem Überwinterer haben sich diesen Flecken ausgesucht. Hinter den Bungalows führt die Piste noch einmal zur Küste hinab, dort wird der Strand schmaler, teilweise auch grobkörnig und steinig. Werktags hat man diesen Abschnitt fast für sich allein, am Wochenende kommen kanarische Familien zum Picknick.

Siedlung San Juan

Westwärts geht die Straße in eine holprige Piste über, auf der man nach knapp drei Kilometern die windverwehte Siedlung San Juan erreicht. Sie liegt auf einer versteppten Ebene nahe der gleichnamigen Playa. Hier sind es vor allem Deutsche und Franzosen, die sich mit prächtigem Blick auf die Bucht und die aus dem Meer aufragende Steilwand Ferienhäuser erbaut haben. Die Zufahrt wirkt nicht sehr einladend – alle 50 Meter prangt am Pistenrand das Schild „privado".

Unterkunft

- **Ap. Luis M. Cabrera** €€, Majuga 20, Tel./Fax 928528503 (spanisch), Mobiltel. 0034-618-487735 (*Claudia,* deutsche Verwalterin). Über diese Adresse wird z.B. das bestens ausgestattete Apartment in der Montina 14 vermietet: mit Digitalfernsehen, Mikrowelle und Waschmaschine, Balkon und windgeschützter Terrasse. Der freundliche *Luis* sorgt dafür, dass der Gast nach seiner Ankunft nicht gleich einkaufen gehen muss, der Kühlschrank ist mit allerlei Ess- und Trinkbarem gefüllt! Alternativ bietet *Luis* ein Apartment im Erdgeschoss seines Hauses für zwei bis vier Personen (Calle Majuga 20) sowie eines an der Promenade (Av. Las Bajas), wo man von Wohnzimmer und Küche aufs Meer schaut (plus Dachterrasse). Etwas kleiner ist die Wohnung in der Calle Pleamar. Kinder unter acht Jahren wohnen stets gratis. Ist *Luis* nicht zu Hause, öffnet seine Tochter *Georgina,* mit der man sich auch auf Englisch verständigen kann. Oder man wendet sich an *Carmen* (Calle Sotavento 4, Tel. 928528580).
- **Ap. Juanita** €€, Montaña Clara 34, Tel. 928845156. Neben dem Restaurant El Risco vermietet *Juanita* sechs einfache Apartments direkt am Meer und mit Blick auf die Klippen. Im Juli und August bleiben sie für Angehörige aus dem großen Familienclan reserviert.
- **Ap. Las Bajas** €€, Av. El Marinero 25, Tel. 928528617. Sechs einfache Apartments ohne Meerblick oberhalb des gleichnamigen Restaurants; man erkundige sich nach Abel Cabrera.
- **Ap. Otilia** €€, Av. El Marinero 12. Die Besitzerin des gleichnamigen Supermarkts im Zentrum von Famara vermietet viele preiswerte Apartments im Ort. Keine telefonische Voranmeldung, einfach vorbeischauen und fragen!
- **Ap. Playa Famara** €€€, Rezeption Bungalow Nr. 60, Cascabelillo 60, Tel. 928845132, Fax 928845134, www.bungalowsplayafamara.com. Rezeption Mo–Fr 10–12 und 17–19 Uhr, pauschal bei TUI (auch Langzeiturlaub). Unter den Steilklippen terrassenförmig angelegte Bungalowsiedlung mit Restaurant, Laden, Tennisplatz und Pool. Die 145 Häuser mit weißer Fassade und viel Naturstein sind halbrund gebaut, zwischen ihnen wurde viel Raum gelassen, sodass niemand dem anderen auf die Füße tritt. Die Weitläufigkeit bringt es mit sich, dass zum Strand unterschiedlich weite Wege (zwischen 100 und 800 Meter) zurückgelegt werden müssen; zum Ortszentrum läuft man 10–15 Minuten.
- **Casa Dominique** €€€€, Bajamar 20, Tel. 928173268, www.casadominique.com. Unmittelbar am Meer und nahe der einsamen Playa San Juan vermieten *Domenique* und *Christian* drei weiß gekalkte, freundliche Zimmer mit Duschbad. Am schönsten ist Nr. 1 mit zusätzlichem Leseraum und Blick auf La Graciosa, Nr. 2 hat gleichfalls Meerblick, nicht aber das rustikale Zimmer Nr. 3. Die Gäste teilen sich einen kleinen Süßwasserpool sowie einen

029la Foto: gs

ovalen, rundum verglasten Aufenthaltsraum mit herrlichem Blick auf die Famara-Klippen

- **Wohnungen & Apartments:** werden über den Supermarkt neben dem Restaurant García und das Büro von Famara Surf (↗„Aktivitäten") vermittelt.

Essen und Trinken

- **El Risco** €€, Montaña Clara 36, Tel. 928528550. Das in den Farben blau-weiß eingerichtete Lokal bietet einen herrlichen Blick auf die Famara-Klippen. *Gustavo* spricht Deutsch und erklärt gern die täglich wechselnde Karte. Unter den Nachspeisen findet man Kalorienreiches „nach Rezepten der Großmutter", darunter Gofio-Mousse und Pfannkuchen mit hausgemachtem Eis *(torrijas con helado casero)*.
- **Sol** €€, Salvavidas 48, Tel. 928528697, ab 11 Uhr. Der neue Besitzer verwandelte die sympathische Bar in ein nicht mehr so preiswertes, aber gut laufendes Fischlokal. Es

Siesta an der Mole

verfügt über zwei Terrassen: Man sitzt auf der meerzugewandten Seite über dem Dorfstrand oder an Tischen im Flugsand der Straße. Von der *parrillada de pescado* (Fischplatte) wird man gut satt. Da es keine Speisekarte gibt, sollte man sich vor der Bestellung nach dem Preis erkundigen.

- **La Bartola** €/€€, Brisa 6, täglich außer Mo ab 11 Uhr. Eine Tapas-Bar im alten Stil, einfach, untouristisch und freundlich. Oft Live-Musik.
- **Casa Ramón** €€, Av. El Marinero 37, Tel. 928528523, Mi–Mo ab 12 Uhr. Gepflegtes, stilvoll eingerichtetes Restaurant mit Tapas, frischem Fisch und Meeresfrüchten.
- **Las Bajas** €€, Av. El Marinero 25, Tel. 928528617, Do geschlossen. Frischer Fisch, aber auch mexikanische Klassiker in einfachem Ambiente.
- **García** €€, Av. El Marinero 1, Tel. 928528576, Mo geschlossen. Fischrestaurant an der Hauptstraße mit dunklen Holzmöbeln, weißen Leinentischdecken und effektvoll platzierten Pflanzen.
- **Croissantería** €, Av. El Marinero 20, Fr–Mi 9.30–20 Uhr. Belegte Brötchen, Sandwiches und Baguettes, mit Thunfisch gefüllte *empanadas* und süße Teilchen, dazu Kaffee und Soft-Drinks.

Aktivitäten

- **Wellenreiten:** Famara Surf, Av. El Marinero 39, Tel. 928528676, www.famarasurf.com, Mo–Fr 10–19 Uhr. In dem von *Pedro* geleiteten Laden kann man Ausrüstung leihen oder auch kaufen. Kurse werden direkt am Strand und von professionellen Lehrern durchgeführt.
- **Wandern:** Im sieben Kilometer entfernten Teguise startet die Tour zum Palmental von Haría (⇗ Wanderung 4). Noch weiter nördlich, bei Las Rositas, steigt man zur einsamen Playa del Risco hinab (⇗ Wanderung 9), von dort läuft man längs der Steilwand zurück nach La Caleta de Famara (nur bei Hochdruckwetterlage und schwachem Wind!).
- **Radfahren:** An den Surfladen ist ein Bikeverleih mit Reparaturwerkstatt angeschlossen.
- **Drachenfliegen:** Abenteurer fahren hinauf zum Plateau am 330 Meter hohen Berg Chimia (erreichbar über eine Piste via Teguise) und werfen sich in den Aufwind der Steilküste; mögliche Landung am Strand von Famara.
- **Tennis:** Bungalowanlage Playa Famara

Feste

- **1. Septembersonntag:** *Fiesta del Sagrado Corazón de María.* Das „heilige Marienherz" ist ein guter Anlass, um sich tagelang zu vergnügen.

Verkehr

- **Bus:** Mo–Fr drei Verbindungen nach Arrecife via Sóo und San Bartolomé (Linie 20).

La Santa

Im Küstenort La Santa hat man offenbar von *César Manrique* und dem von ihm kreierten Lanzarote-Baustil nie etwas gehört. Die Seitenstraßen wirken heruntergekommen, einige Häuser stehen leer, andere verfallen. *Juan,* ein junger Surf-Fan, ist über diesen Zustand glücklich: „Hier sind die Mietpreise wenigstens noch erschwinglich - zumindest auf Monatsbasis.“ Im kleinen Hafen liegen Fischerboote vor Anker, auch sie sind nicht herausgeputzt für die touristischen Augen - am Meer gibt es kein einziges Café.

Sporthotel

Zwei Kilometer nordöstlich des Dorfes liegt eine von Lagunen umspülte Halbinsel mit dem größten Sporthotel der Kanaren, einer wuchtigen, fast futuristisch anmutenden Anlage. Als Manrique die Trutzburg sah, war er entsetzt und sprach von einem „Musterbeispiel vulgärer Architektur“. Wer sie von Nahem betrachten will, sieht sich den Fragen von Sicherheitskräften ausgesetzt - nur wer sich als Gast ausweisen kann, darf hinein. Der Grund für die auffallende Vorsicht: Ganze Geschwader von **Spitzensportlern** machen sich hier fit für die nächste Saison.

Doch auch „normale“ Sportsfreunde buchen sich hier ein. Nirgendwo sonst in Europa gibt es einen Ort, an dem man mehr Sportarten ausüben kann. Zur Verfügung stehen ein Leichtathletikstadion und ein Fußballplatz, zehn Tennisplätze mit Recortan-Belag und acht Squashcourts, eine Halle mit sechs Badmintonplätzen (umrüstbar auf Hand- und Volleyball), ein Golfübungsplatz mit Putting Green und eine Minigolfanlage. Außer der großen Pool-Landschaft gibt es ein auf 22°C beheiztes Schwimmbecken von olympischen Maßen: 50 Meter, acht Bahnen. Wer Meerwasser bevorzugt, steigt ins ruhige Wasser der Lagune, wo man vielleicht auch einige Surfer sieht - freilich nur die Anfänger, denn Cracks fahren lieber nach

030la Foto: gs

Caleta de Famara. Mehrmals im Jahr werden „Spezialwochen" organisiert: Die bunte Palette reicht von Rad- und Wanderwochen bis zu Wellness und Power Yoga oder gar zu „Herz und Gesundheit".

Ironman

Die wichtigste Veranstaltung des Jahres findet im Mai, manchmal auch im Juni statt; dann ist der Club Austragungsort des „Lanzarote Ironman", des härtesten **Triathlon** der Welt. Er umfasst 3,8

Hier trainiert nicht nur die Sportelite

Kilometer Schwimmen, 180 Kilometer Radfahren und 42 Kilometer Laufen. Am Wettkampf nehmen 800 Spitzensportler aus aller Welt teil, die sich zugleich bemühen, einen der prämierten Finalplätze in Hawaii zu ergattern. Alle wichtigen Informationen zum Wettkampf inklusive Teilnehmerliste und Routen sind im Internet abrufbar: www.ironman lanzarote.com. Inzwischen kann man sogar „live" den Triathlon verfolgen. Alle 30 Sekunden liefert eine Web-Cam Bilder, Infos werden alle 15 Minuten aktualisiert.

Unterkunft

- **Club La Santa** €€€, Tel. 928599999, Fax 928599990, www.clublasanta.de, auch buchbar über Club La Santa, Sperberhorst 11, D-22459 Hamburg, Tel. 040-5553370, Fax 5519592. 400 zumeist renovierte, teilweise komplett neu erbaute Apartments mit Balkon oder Terrasse. Mit Bars, Restaurant und Supermarkt, Internet-Corner und Wellness. Für abendliche Unterhaltung sorgen Disco und Video-Kino. Die Nutzung des Sportangebots inklusive Ausrüstung ist im Aufenthaltspreis enthalten; gegen Entgelt lediglich Tauchschule und Inline-Skating. Für Kinder gibt's einen Miniclub, in dem sie auch bestimmte Sportarten erlernen können. Eine ärztliche und physiotherapeutische Praxis ist ans Zentrum angeschlossen.
- **Ap. Los Charcones** €, Av. El Marinero 7, Tel. 928840327. Guillermo Pacheco, Besitzer des gleichnamigen Lokals, vermietet 18 gepflegte Apartments mit Gemeinschaftspool. Von Tinajo kommend, rechts der Durchgangsstraße am nördlichen Ortsausgang. Nur auf Monats- und Wochenbasis.

Essen und Trinken

- Längs der Hauptstraße (Av. El Marinero) gibt es gleich mehrere Lokale, in denen sich Surfer und Durchreisende stärken können. Besonders zu empfehlen: **Lucy** am südlichen Ortseingang mit einer großen Auswahl an Sandwiches und frisch gepressten Säften.

Aktivitäten

- **Surfen:** Der Surfspot befindet sich auf halber Strecke zwischen Sport Club und Ort. Mehrere Surfschulen sind aktiv, u.a. die Escuela Surf Franito und die Santasurf School. Infos im Internet: www.lasantasurf.es.

Verkehr

- **Bus:** Werktags gibt es acht, am Wochenende drei bis fünf Verbindungen nach Arrecife.
- **Auto:** Eine Asphaltstraße führt vom Hotel zum Küstendorf La Costa, von dort kann man weiterfahren nach Sóo und La Caleta de Famara.

Tinajo

In Tinajo treffen drei wichtige Straßen aufeinander: aus Yaiza, Arrecife und La Santa. Das Gemeindestädtchen zählt gut 3000 Einwohner und wirkt sehr lebendig. Schönster Ort für eine Pause ist die schattige, mit Palmen sowie Drachen- und Lorbeerbäumen bepflanzte Plaza de San Roque. An der Nordseite des Platzes steht die über 200 Jahre alte Dorfkirche mit typischer Mudejar-Decke und imposantem Barockaltar; das Christusbildnis stammt von *Luján Pérez,* das Marienbildnis von seinem Schüler *Fernando Estévez.*

Unterkunft

- **Rancho Grande** €€€, Plaza de San Roque 20, Tel. 9289 40789, Fax 928840923, www.el-rancho-grande.com. *Thomas* aus der belgischen Stadt Gent leitet diese (leider überteuerte) Pension mit sieben Doppelzimmern. Anfahrt: Vom Kreisel bei der Kirche 200 Meter in Richtung Arrecife, dann rechts und zweite Straße links.
- **Villa El Inti** €€€€, La Costa 6, Tel. 928838980, Fax 9288 38118, www.elinti.com. *Inge* und *Till* verwandelten ein zentrumsnahes Landhaus in ein geselliges Mini-Hotel: Die fünf Suiten und Apartments sind mit Holzmöbeln, farbenfrohen Bildern und Skulpturen eingerichtet. Die Gäste teilen sich einen kleinen Pool, einen Kaminraum sowie eine Terrasse mit Weitblick aufs Meer. Gefrühstückt wird an einer langen Tafel, auf Wunsch auch ausgefallene Abendmenüs.

Essen und Trinken

- **Mezza Luna** €, Av. La Cañada 22, Tel. 928840141, täglich 11–23 Uhr. Preiswerter und gemütlicher Italiener an der Straße nach La Santa. Vorneweg gibt's warme Brötchen mit Kräuterbutter, dann hausgemachte Pasta und Pizza. Wer Feineres bevorzugt, wählt diverse Carpaccio- und Filetvarianten. Süßschnäbel lassen sich das hausgemachte *mousse au chocolat* nicht entgehen, das aus echter Schokolade zubereitet wird.

Aktivitäten

- **Kanarischer Ringkampf:** Im *terrero de lucha*, der modernen Arena an der Straße nach Mancha Blanca, finden Ausscheidungskämpfe statt, die auf Plakaten angekündigt werden.

Verkehr

Bus: Mo–Fr acht, am Wochenende drei bis fünf Verbindungen nach Arrecife und La Santa (Linie 16).

031la Foto: gs

Playa Tenezara

Wer ein Faible für weltvergessene, brandungsumtoste Weiler hat, fährt an die Playa Tenezara (auf einigen Karten auch Teneza/Tenesar). In dem Küstenort drängen sich ein paar Fischer- und Wochenendkaten – Möwen ziehen ihre einsamen Kreise, herumstreunende Katzen halten Ausschau nach Fisch. Einen winzigen Strand entdeckt man unterhalb des Dorfes, doch aufgrund scharfkantiger Riffs und gefährlicher Strömungen ist an ein Bad nicht zu denken. Besonders abenteuerlich präsentiert sich der Ort bei starkem Wind bzw. *mar de fondo*, wild aufgepeitschtem Meer: Die Wellen brechen sich an den vorgelagerten Riffs, haushoch schnellen die Brandungssäulen empor.

Verkehr

- **Anfahrt:** In Tinajo folgt man der westwärts aus dem Ort hinausführenden Calle La Laguneta. Nach knapp vier Kilometern knickt sie rechts ein und schwenkt auf Nordkurs.

Kapelle in Tinajo

Mancha Blanca

Dass dieser Ort 1736 nicht von der brennenden Lava erfasst wurde, wird der „Schmerzensreichen Madonna" zugeschrieben. Die Geschichte der „Rettung" steht heute in allen kanarischen Schulbüchern: Von der Kirche in Tinajo hat man sich die Statue der Jungfrau ausgeliehen, um in einer Prozession dem Lavastrom entgegenzuziehen. Würde das Dorf gerettet, wollte man ihr eine neue Kapelle bauen. Tatsächlich ist es der Madonna „mit ihrem Umhang" gelungen, die mächtigen Lavaströme umzulenken. Doch vor lauter Freude vergaßen die Bewohner, ihr Versprechen einzulösen. Maria wartete 44 Jahre, dann erschien sie einer jungen Hirtin und drohte damit, die starre Lava in strömende Glut zu verwandeln, wenn den frommen Worten keine Taten folgen würden. Da erfasste die Bewohner große Angst und sie schufen binnen weniger Tage die Grundfesten für eine neue Kirche.

Das weiß getünchte, eher bescheidene Gotteshaus **Ermita de Nuestra Señora de los Dolores** liegt etwas außerhalb an der Straße nach Tiagua und kann das ganze Jahr über besichtigt werden. Durch die Glasfenster in der Kuppel fällt Licht auf den Altarraum, sodass man die Figur der Madonna genau betrachten kann. Sie ist heute Schutzpatronin Lanzarotes und wird als „Virgen de los Volcanes" („Jungfrau der Vulkane") verehrt. Alljährlich zum 15. September kommen Pilger von der ganzen Insel, um ihr zu huldigen.

Feste

- **15. September:** *Fiesta de la Virgen de los Volcanes.* Der „Jungfrau der Vulkane", wird eines der farbenprächtigsten und längsten Inselfeste beschert. Ihr zu Ehren wird auch die große Kunsthandwerksmesse „Feria Insular de Artesanía Tradicional" abgehalten. Dazu gibt es ein Folklore-Festival, zu dem Musiker von allen Inseln anreisen.

Centro de Visitantes

Südwestlich von Mancha Blanca wurde ein **Besucherzentrum** eingerichtet, in dem man multimedial in die Welt der Vulkane eingeführt wird. Videos, Schautafeln und Modelle illustrieren, wie es zu Eruptionen kommt (Erklärungen auf Deutsch). Sehenswert ist vor allem der Film über die Geschichte der Feuerberge. Gut gemacht ist auch der „Eruptionssaal": Ein simulierter Vulkanausbruch versetzt die Besucher ins 18. Jahrhundert – bedrohlich und hautnah. Souvenirs erwirbt man im Laden am Eingang: Bücher und Papierwaren, T-Shirts mit dem Logo des Nationalparks und Wein aus der Region La Geria.

● **Centro de Visitantes e Interpretación de Mancha Blanca,** Carretera Yaiza – Tinajo Km. 11.5, Tel./Fax 928840839, 9–16.30 Uhr, Eintritt frei. Wer einen Walkman-Kopfhörer dabei hat, kann sich den deutschsprachigen Kommentar anhören und spart so 2–3 € für die aus hygienischen Gründen nicht zum Leihen, sondern nur zum Verkauf angebotenen Modelle.

Wandern im Nationalpark

Zwischen den Vulkanen erstreckt sich kilometerweit das Lavameer, doch nur zwei Wanderwege sind zugelassen: die Ruta del Litoral, der Weg entlang der Küste von Playa de la Madera bis El Golfo, und die Ruta de Tremesana. Die erste der beiden darf eigenständig bewandert werden, dabei geht es knapp fünf Stunden beschwerlich über Geröll. Sie wird einmal im Monat von Mitarbeitern der Behörde des Nationalparks als kostenlos geführte Tour angeboten (Spanisch oder Englisch). Sehr viel häufiger, meist zweibis dreimal pro Woche, ist die gleichfalls kostenlose dreistündige Tremesana-Tour. Die Führer sprechen gut Englisch und können auch komplizierte Sachverhalte so darstellen, dass man sie versteht. Wer mitmachen will, wendet sich ans Centro de Visitantes – aufgrund der großen Nachfrage möglichst schon zwei Wochen im Voraus, die Teilnehmerzahl ist auf sieben beschränkt!

Nationalpark Timanfaya

Lanzarote, so schrieb der Schriftsteller *Alberto Vázquez-Figueroa,* ist „die Nabelschnur, die die Erde mit dem Mond verbindet." Er dachte dabei an die gigantische Welt der **Feuerberge** *(Montañas del Fuego),* wo im 18. und 19. Jahrhundert die Erde brodelte und mit Urgewalt zahlreiche Krater und Vulkankegel entstanden. Glühendes Magma legte sich über das Land und begrub elf Ortschaften unter sich. Vor allem über die Ausbrüche von 1730 wissen wir dank der Tagebuchnotizen eines Pfarrers von Yaiza bestens Bescheid. Die Lava bedeckt ein etwa 200 Quadratkilometer großes Gebiet, von dem 1974 gut ein Viertel zum Nationalpark erklärt wurde.

Heute kann man kilometerweit über die Insel fahren und sich von der wüstenhaften Ödnis gefangen nehmen lassen. Vor dieser Kulisse wurde der Kultfilm „Planet der Affen" mit *Raquel Welsh* gedreht und hier entdeckte die NASA das ideale Terrain für die letzten Testfahrten ihres Mondfahrzeugs. „Schlechtes Land" *(malpaís),* wohin man schaut: schwarze Geröllfelder, erstarrte und schroff zerklüftete Lava. Die „apokalyptische" Schönheit beruht auf der faszinierenden Wirkung des Nichts: extreme Kargheit, Aschetäler und aufgerissene Krater. Die Namen der in der untergehenden Sonne rostrot schimmernden Berge gleichen archaischen Beschwörungsformeln: Timanfaya, Tingafa, Tremesana und Timbaiba.

Islote de Hilario

Über 1,6 Millionen Besucher sind es jedes Jahr, die an der **Vulkanroute** (Ruta de los Volcanes) teilnehmen, einer **Busfahrt** durch den spektakulärsten Teil des Nationalparks. Wer dazugehören will, verlässt die Straße am Feuerteufel mit Dreizack, löst an der Schranke ein Ticket und fährt zum Parkplatz am Plateau Islote de Hilario mit Res-

023la Foto: gs

taurant und Souvenirladen. Der Islote ist eine alte vulkanische Erhebung, die bei den Ausbrüchen im 18. Jahrhundert nicht überspült wurde und wie eine kleine Insel aus dem Lavameer aufragt.

Bevor man sich's versieht, wird man schon mit der Kraft des Feuers konfrontiert. Die Angestellten des Nationalparks demonstrieren, wie heiß der Boden ist, auf dem man steht: Etwas Wasser wird in eine Aushöhlung in der Erde geschüttet – sogleich schießt eine Fontäne zischenden, kochend heißen Wassers empor. Oder man wirft ein Grasbüschel hinab: In Sekundenschnelle fängt es an zu glühen und brennt dann lichterloh – schon in sechs Metern Tiefe herrscht eine Temperatur von 400°C!

Timanfaya-Teufel

305 fu Foto: gs

Anschließend wird der Bus bestiegen – der 30–40-minütige Trip beginnt. Bitte rechts in Fahrtrichtung Platz nehmen, um die Landschaft besser sehen zu können! Im Schritttempo geht es am Rande von Kratern entlang, man passiert einen Hohlweg erkalteter Lava, die sogenannte „Feuerschlucht" (Barranco del Fuego), dann den „verbrannten Kessel" (Caldera Quemada) und das „Tal der Ruhe" (Valle de la Tranquilidad). Ein Höhe-

Im Lavastrom – ein Besuch des Nationalparks gehört zu den touristischen Highlights punkt ist der Blick vom **Gipfel des Timanfaya** über die Mondlandschaft, tief unten sieht man die Dromedarstation. Während der Fahrt wird vom Band die Chronik des Pfarrers aus Yaiza abgespult und es erklingt dramatische Musik: erst *Beethoven* und *Wagner,* dann setzt das Zarathustra-Motiv von *Richard Strauss* den fulminanten Schlusspunkt.

• **Ruta de los Volcanes** (Vulkanroute per Bus), Tel. 9288 40056, 9–18 Uhr, Bustour inklusive Eintritt 8 €

Essen und Trinken

Nach der Fahrt sollte man noch dem Restaurant **El Diablo** („Der Teufel") einen Besuch abstatten. Der aus Lava errichtete Rundbau erinnert an eine Raumsonde, die aus dem Schoß der Erde aufgestiegen ist, um zu einem Flug ins Weltall zu starten. Vor dem Lokal befindet sich ein natürlicher Vulkangrill: In die Erde wurde ein sechs Meter tiefer, sich verjüngender Schlot gegraben, über dessen Öffnung ein Rost gespannt ist. Die aus dem Erdinnern entweichende Hitze ist so groß, dass die Fleischstücke von selbst gebraten werden!

Tipp: Sofern es sich nicht zu sehr herumspricht, können Besucher hier ihre mitgebrachten Würstchen grillen; bitte aber Alufolie dabei haben, damit das Fleisch nicht direkt auf den Rost gelegt werden muss.

• **El Diablo** €€€, Montañas del Fuego, Tel. 928173105, 12–15.30 Uhr.

Echadero de los Camellos

Der „Ruheplatz der Kamele" liegt im Nationalpark, direkt am Fuß der Montaña Timanfaya. Von Ruhe kann freilich keine Rede sein: Unentwegt rollen auf dem Parkplatz Mietwagen und Ausflugsbusse an. Ihnen entspringen Urlauber, die rasch zu den **Kamelen** eilen. Durchschnittlich sind es 1000 Touristen täglich, die den Ritt auf dem Wüstenschiff wagen – für die Kameltreiber ein höchst einträgliches Geschäft. 15 bis 20 Minuten (jedes Jahr ein bisschen weniger) werden die Touristen über die Vulkanberge geschaukelt, bevor sie gut durchgerüttelt am Zielort wieder eintreffen.

• **Echadero de los Camellos** (Dromedarstation), LZ-67, Km. 4, täglich 10–14 Uhr.

120la Foto: gs

Hauptstadt und Umgebung

Arrecife

Arrecife, die Hauptstadt Lanzarotes, ist dem Meer zugewandt. Mit langgestreckten Felsarmen und aufgeschütteten Dämmen greift sie weit in den Atlantik aus. Die meisten Besucher lernen die Stadt nur im Rahmen eines Tagesausflugs kennen. Sie laufen kurz am Meer entlang, spazieren über die Einkaufsmeile und erfrischen sich in einem der vielen Terrassencafés - dann fahren sie wieder zurück in ihren Ferienort. Doch in der Inselhauptstadt lebt es sich mittlerweile gar nicht mehr schlecht. Das „hässliche Entlein" putzt sich heraus: eine breite Uferpromenade zieht sich kilometerweit längs der Stadt, Straßen und Plätze werden

Kurzinfo Arrecife

- **Touristeninformation:** Oficina de Información Turística, Pavillon im Parque Municipal s/n (offizieller Name: Parque José Ramírez Cerdá), Tel. 9288 13174, www.turismoarrecife.com, Mo–Fr 8–15 Uhr, im Sommer kürzer; 100 Meter westlich: Patronato de Turismo, Tel. 928811762, www.turismolanzarote.com, gleiche Öffnungszeiten
- **Rathaus:** Ayuntamiento, Av. Vargas 1, Tel. 928812750
- **Polizei:** Policía Nacional (bei Diebstahl), Av. Coll 5, Tel. 928812350; Policía Municipal (mit Fundbüro), Av. Vergas 6, Tel. 928811317
- **Banken:** entlang der Av. de la Marina und der León y Castillo
- **Post:** Av. de la Marina 8
- **Krankenhaus:** Hospital General, Ctra. San Bartolomé Km. 1.3, Tel. 928801636
- **Apotheke:** Farmacia, Fajardo 7 (weitere Apotheken an der León y Castillo)
- **Autovermietung:** Cabrera Medina, Dr. Ruperto González Negrín 8, Tel. 928822900, Fax 928821263, info@cabreramedina.com
- **Taxi:** Stände an der Av. de la Marina sowie vor dem Gran Hotel, Radio Taxi Tel. 928803104
- **Parken:** Ein unterirdisches Parkhaus befindet sich neben dem Arrecife Gran Hotel.

verkehrsberuhigt und die Lagune Charco de San Ginés entpuppt sich als romantischer Winkel.

Auch die Übernachtungssituation hat sich verbessert. Außer preisgünstigen Pensionen gibt es mehrere Mittelklasse- und ein Luxushotel.

Rundgang

Besucher aus Puerto del Carmen und Costa Teguise nutzen gern die gute Busverbindung und steigen an der Promenade südlich der Stadt aus. Landeinwärts sieht man den prunkvollen, gelb getünchten Bau der Inselregierung, zum Meer liegt der bei Skatern beliebte **Parque Temático,** an dem vorbei man aufbricht ins Zentrum der Stadt.

Strand

Der Vorzeigestrand der Hauptstadt ist die **Playa del Reducto:** über 500 Meter lang, mit feinkörnigem, hellem Sand. Sie ist fast auf ganzer Länge von Palmen gesäumt, die zwar keine akustische, aber doch eine optische Barriere zur Verkehrsstraße bilden. Aufgrund ihrer guten Wasserqualität wurde sie von der EU schon mehrfach mit der Blauen Flagge ausgezeichnet. Bei Ebbe liegen die Riffs trocken: ein ideales Revier für Seidenreiher, die in den vom Meer abgetrennten Tümpeln nach Kleinfischen jagen.

Hochhaus

Das „Wahrzeichen" von Arrecife ist der 17-stöckige Glaspalast des **Gran Hotel Arrecife.** Er liegt am Ostende des Strandes und prägt entscheidend die Skyline der Stadt. An seiner Stelle stand schon mal ein Hotel: erbaut zu Beginn der 1970er Jahre, als der ästhetische „Oberrichter" *César Manrique* einmal für kurze Zeit ins Ausland fuhr. Kapitalkräftige Lanzaroteños nutzten seine Abwesenheit, um in Windeseile ein „modernes" Hochhaus zu errichten. Als Manrique nach Lanzarote zurückkehrte, war er entsetzt und brandmarkte den Betontorso als ein „Beispiel für Monotonie und Gigantomanie, ein Verbrechen gegen den Geist dieser Insel". Doch seine Kritik konnte nichts mehr ausrichten – das Ungetüm blieb erhalten. Bis es schließlich 1994 aus unerklärlichen Gründen ausbrannte ... Doch wer nun glaubte, es würde abgerissen, sah sich getäuscht. Zehn Jahre später entstand es neu als Fünfsternehotel, von der Bar im 17. Stock hat man einen prächtigen Ausblick – so auch auf die weit ins Meer reichende Halbinsel **Islote de Fer-**

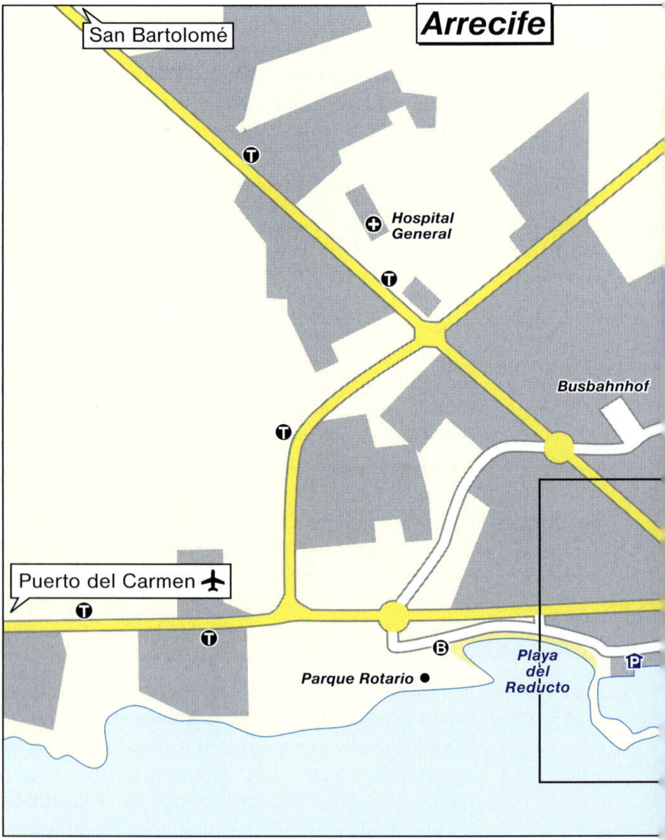

mina, mit einem ganz neuen, nach Plänen von *César Manrique* entworfenen **Meerespark!**

Av. de la Marina

Hinter dem Parque Islas Canarias beschreibt die Straße einen Rechtsknick und passiert den Club Náutico, Treffpunkt der wohlhabenden Hauptstädter. Mehr Leben herrscht in den Straßencafés auf der linken Straßenseite, vor allem in der Bar Los Ángeles mit den besten Tapas der Stadt. Die

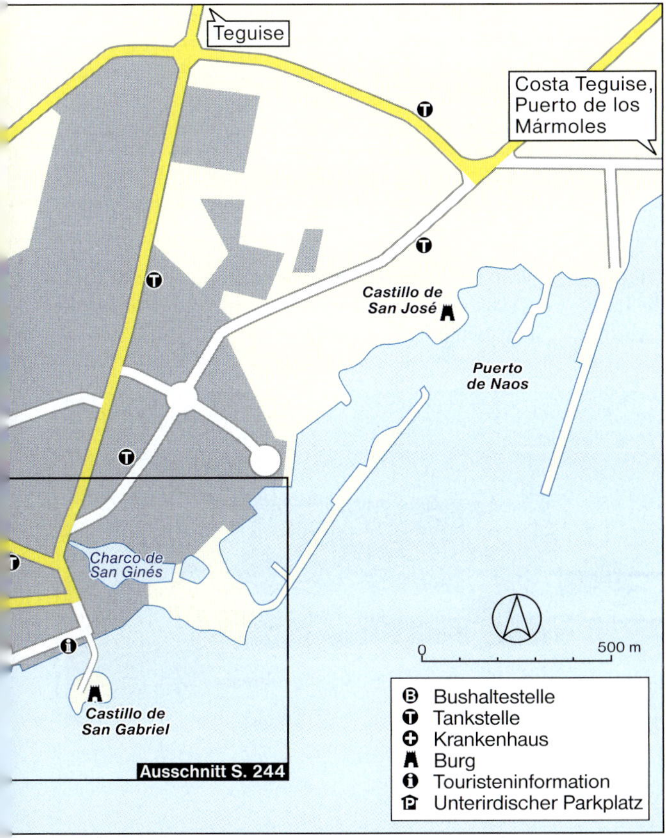

Straße schwenkt auf Westkurs zurück und heißt fortan Av. de la Marina. In einem Promenadenpavillon befindet sich die **Touristeninformation.** Hier erhält man Material zu Sehenswürdigkeiten in und um Arrecife sowie den neuesten Busplan.

Schräg gegenüber, neben der Hauptpost, entdeckt man ein Bürgerhaus aus dem 19. Jahrhundert. Das nach dem Inselhistoriker *Agustín de la Hoz* benannte **Kulturhaus** ist vom Jugendstil inspiriert. Im verglasten, lichtdurchfluteten Innenhof finden wechselnde Ausstellungen, abends auch Konzerte statt. In die Brüstung der ins Obergeschoss führenden Treppe sind bizarre Meereswesen geschnitzt. Darüber prangt das Wappen der Stadt: Der Fischadler *(guincho)* hält seine Beute fest in den Krallen, Salzschalen erinnern an die Saline, die einstige Goldgrube der Stadt.

- **Casa de Cultura Agustín de la Hoz,** Av. de la Marina 7, Mo–Fr 10–13 und 17–20 Uhr.

Castillo de San Gabriel

Von der Promenade führt eine Doppelbrücke zum Castillo de San Gabriel, einer trutzigen, aus Vulkanstein erbauten **Festung.** Ein Riff spannt sich in

033la Foto: gs

weitem Bogen rings um das Kastell und erweist sich bei Flut als tückisches, weil unsichtbares, Hindernis. Schon kurz nach der Conquista gab es hier ein hölzernes Fort, das aber bei einem Piratenangriff in Flammen aufging. Nicht besser ging es der an seiner Stelle errichteten Steinfestung von 1574. Nach nur zwölf Jahren wurde sie von dem Freibeuter *Morato Arráez* eingenommen – er handelte im Auftrag des osmanischen Sultans und nahm Rache für die Sklavenraubzüge des kanarischen Inselgrafen. 1590 wurde *Leonardo Torriani* mit der Aufgabe betraut, die Festung wiederaufzubauen und vier Ecktürme zu errichten. Dieses Werk hielt allen weiteren Überfällen stand.

Heute beherbergt das Kastell ein **Archäologisches und Ethnografisches Museum.** Die Sammlung mit prähispanischen Skeletten, Reproduktionen von Felszeichnungen und Keramik wird durch bizarre Figuren von *Juan Brito* bereichert. Die originellste Gestalt des inselbekannten Töpfers heißt „El Brujo" („Der Zauberer"). Zu sehen ist ein gehörnter Teufel mit überdimensionalen menschlichen Genitalien, der in seinen Armen einen Dreizack hält. Vom Dach der Festung hat man einen schönen Blick auf Arrecife.

• **Castillo de San Gabriel,** Museo Arqueológico y Etnográfico, Mo–Sa 10–14 und 17–19, Sa 10–13 Uhr. Fußgänger erreichen die Festung über die Kugelbrücke (Puente de las Bolas), den linken der beiden Zugänge.

Casa de los Arroyo

Zurück zur Uferstraße: Gleich neben dem Hotel Miramar wurde die Casa de los Arroyo restauriert: ein schmuckes Palais von 1739 mit einem von holzgeschnitzten Galerien umgebenen Innenhof. Das hier untergebrachte **Museum** ist dem in Arrecife geborenen Physiker *Blas Cabrera* (1878–1945) gewidmet. Mit der Erforschung des Magnetismus erntete er internationale Lorbeeren, in Spanien wurde der demokratische Wissenschaftler erst nach *Francos* Tod anerkannt.

- **Casa de los Arroyo,** Av. Coll 3, Mo–Fr 10–13 und 17–19 Uhr.

Einkaufsstraßen

Zentrale Einkaufsstraße ist die **Calle León y Castillo,** von den Bewohnern „La Real", „die Königliche" genannt. Ältere Läden wechseln ab mit Boutiquen, die vielen Banken sind ein Indiz für das durchs Tourismusgeschäft einströmende Geld. Kommt man nicht gerade zur Siesta-Zeit, erlebt man eine ungemein quirlige Straße. Es herrscht ein ständiges Grüßen und Winken – man merkt, dass hier jeder jeden kennt. Das auffallende „gelbe Haus" ist die Casa Amarilla, Sitz der Inselregierung von 1929 bis 1997.

Viel Leben herrscht auch an der **Plaza de la Constitución** (La Plazuela) mit vielen Cafés und der Sala José Saramago, einem dem Nobelpreisträger gewidmeten Ausstellungssaal der Fundación César Manrique. Über 500 Dokumente sind hier versammelt, vorwiegend Erstausgaben

032la Foto: gs

und Manuskripte, persönliche Aufzeichnungen, Fotos und Videos.

Von dem trapezförmigen Platz zweigen sage und schreibe sieben Straßen ab. Die schönste, fast museal anmutende Apotheke der Stadt findet man in der Calle Fajardo 7. Über die Calle Canalejas kommt man zum Kulturzentrum **El Almacén;** es wurde 1974 von César Manrique gestaltet und bietet ausschließlich Angebote für Minderheiten: ein Gegenpol zu Hollywood und Action, zur Glitzerwelt des Konsums.

Kirche San Ginés

Versteckt zwischen Einkaufsmeile und Lagune liegt die wichtigste Kirche der Stadt. Von außen wirkt das dreischiffige, weiß getünchte Gotteshaus eher schlicht, sein einziger Schmuck ist der kuppelgekrönte Glockenturm. Aus Vulkanstein gemeißelte Säulen gliedern den Innenraum, auffallend schön ist die hölzerne Kassettendecke im Mudéjar-Stil. Laut Überlieferung war es ein französischer Seemann, der hier im 16. Jahrhundert eine erste Kapelle zu Ehren des heiliggesprochenen Bischofs von Clermont errichten ließ – zum Dank für seine Errettung aus Seenot. Seitdem wurde die Kirche mehrfach erweitert und San Ginés zum Schutzpatron der Insel erwählt; alljährlich im August wird seine links vom Hauptaltar postierte Figur während der großen Fiesta durch die Straßen Arrecifes getragen.

• **Iglesia de San Ginés,** Plaza de Las Palmas 1, 9–13 und 17–20 Uhr; Messe Mo–Fr 19.30, Sa–So 20 Uhr.

Charco de San Ginés

Nach dem Inselheiligen ist auch der mit dem Meer verbundene Charco benannt. Dabei handelt es sich freilich nicht um einen „Tümpel" (so die wörtliche Übersetzung), sondern um eine langgestreckte **Lagune,** die aufgerückt ist zum malerischsten Flecken der Stadt. Ringsum stehen nied-

Blick von der Mole auf die Stadt

Der Schatz vor der Küste Marokkos – wer darf ihn plündern?

Alle Betriebsamkeit kann nicht darüber hinwegtäuschen, dass die kanarische Fischerei in einer Krise steckt. Seit Spanien 1975 seine Kolonie in der Westsahara aufgab und die zugehörigen Gewässer einbüßte, tobt zwischen dem Archipel und Marokko, das das Gebiet seitdem für sich beansprucht, ein **„Fischereikrieg"**. Immer wieder werden kanarische Kutter gekapert und Fischer entführt – schon mehrere Tote waren zu beklagen. Hintergrund des Konflikts ist eine nicht gelöste Eigentumsfrage: Wem gehört das Meer zwischen Lanzarote und der Sahara? Laut internationalem Recht darf jeder Küstenstaat das angrenzende Meer bis zu einer Entfernung von 200 Kilometern sein eigen nennen. Im Fall der Kanarischen Inseln, die an ihrem östlichsten Punkt kaum mehr als 100 Kilometer von Marokko entfernt liegen, überlappen sich die Souveränitätsansprüche. Jedes Jahr werden neue Verträge ausgehandelt, in denen geregelt wird, wer wo, wann und wieviel fischen darf. In den letzten Jahren kam gar kein Vertrag mehr zustande: Marokko war nicht bereit, seine Hoheitsrechte zu den von der EU angebotenen Bedingungen abzutreten.

Also müssen Lanzarotes Fischer eine vier Tage währende Seereise in Richtung Mauretanien auf sich nehmen, um zu fischreichen Gewässern vorzustoßen. „Die näheren Gewässer sind hoffnungslos überfischt", erklärt Juan, der seinen Fang regelmäßig ans Lokal Los Troncos verkauft. „Will Marokko seine Schätze für sich behalten, müssen wir eben runter bis Mauretanien."

rige, weiß verputzte Häuser mit blau gestrichenen Fenstern und Türen, ein paar Terrassencafés laden zu einer Verschnaufpause ein. Bunte Boote dümpeln im kristallklaren Wasser, bei Ebbe liegen viele auf lehmigem Grund. Gefischt wird im Charco nicht mehr; vorbei ist die Zeit, da man den vielen Muränen und Sardinen, die bei Flut in die Lagune geschwemmt werden, mit einem Netz die Rückkehr ins Meer versperrt.

Hafen und Josefsfestung

Fischerhafen

Hinter dem Charco de San Ginés bricht die Idylle abrupt ab: Staubige Straßen, Lagerräume und vereinzelte Fischerpinten kündigen den Hafenbereich an. Vorbei an der einzigen Seefahrtsschule der Kanaren (Escuela de Pesca), in der zukünftige Kapitäne auf ihre Aufgaben vorbereitet werden, gelangt man zum Hafen **Puerto de Naos** mit der größten Fischereiflotte der Insel. Rostige Kähne liegen neben hypermodernen Kuttern, ihre Masten, Kräne und Drahtseile bilden ein undurchdringliches Gewirr. Schwarzafrikaner löschen den Fang und stapeln die gefrorenen Thunfische, die mit einem kleinen Lastwagen zur Konservenfabrik gebracht werden.

Fährhafen

Weiter nördlich liegt der Fährhafen **Puerto de los Mármoles,** der seinen Namen einem gesunkenen, marmorbeladenen Schiff verdankt. Von Romantik ist jedoch keine Spur: Vollautomatische Industriekräne schwenken ihre Arme, Lastwagen flitzen umher. Im „Marmorhafen" wird fast alles, was auf die Insel kommt, säuberlich registriert; alle landwirtschaftlichen Exportgüter, darunter Tomaten, Zwiebeln und Wein, werden von der Zollbehörde abgesegnet. Passagierfähren liegen nicht mehr so oft wie früher vor Anker. Die Zahl der Verbindungen zu den Nachbarinseln geht stetig zurück, dafür kommen ein paar mehr Kreuzfahrtschiffe und legen einen Zwischenstopp ein.

Castillo de San José

Neben dem Castillo de San Gabriel gibt es noch eine zweite wichtige **Festung.** Sie liegt 1,5 Kilometer nördlich vom Charco und ist nur über die verkehrsreiche Küstenstraße erreichbar. Das Castillo de San José entstand in den Jahren 1774–79 als „Arbeitsbeschaffungsmaßnahme": König *Karl III.*

Rückkehr aus Kuba – der alte Mann und das Meer

Gregorio sitzt vor dem „Haus der Angst" am Charco, im Mundwinkel eine Havanna. Im stolzen Alter von 99 Jahren ist er in seine Geburtsstadt zurückgekehrt, die er 1906 verlassen hatte, um – wie so viele andere auch – sein Glück auf Kuba zu suchen. Dort tat er das, was er als Kind auf Lanzarote gelernt hatte: hinausfahren zur See und fischen. Er war 28 Jahre alt, als vor seinen Augen ein Boot kenterte. Der Mann, den Gregorio rettete, war kein Geringerer als *Ernest Hemingway,* Schriftsteller und passionierter Sportangler. In der Folge unternahmen sie viele Touren gemeinsam. „Ernesto" heuerte den Kanario-Kubaner als Steuermann an und ließ sich von ihm in die Kunst des Fischens einführen.

Es geschah auf einer dieser Expeditionen, dass ihm Gregorio die Geschichte von seinem traurigsten Fang erzählte. Ein riesiger Marlin hatte an der Leine gehangen – mehrere Zentner schwer und so lang wie sein Boot. Die Küste war weit weg, und es entspann sich ein erbitterter Kampf zwischen ihm und dem Tier. Erst nach Tagen gelang es Gregorio, seinen Kontrahenten an Land zu hieven. Doch zu diesem Zeitpunkt gab es den Marlin nicht mehr: Haifische hatten das Fleisch abgenagt bis auf die Knochen. Hemingway-Lesern ist diese Szene natürlich bestens vertraut: In der Novelle „Der alte Mann und das Meer" hat er sie verarbeitet – sie wurde sein meistgelesenes Werk.

Hemingway machte die Begegnung reich, Gregorio Fuentes blieb die Erinnerung – doch immerhin hat er in Kubas Krisenjahren gelernt, die Story in wertvolle Dollars umzumünzen. Touristen wurde der „Geheimtipp" zugespielt, dass er es war, dem Hemingway viele Ideen verdankte – also machten sie sich auf, den alten Fischer zu finden. Nach einigen Jahren hatte Gregorio seine Geschichte so oft erzählt, dass das Geld ausreichte, um nach Arrecife, dem Ort seiner Kindheit, zurückkehren zu können ...

wollte den Exodus der von Vulkanausbrüchen und Dürrekatastrophen gebeutelten Lanzaroteños stoppen, indem er ihnen für einige Jahre Arbeit und Brot in Aussicht stellte. „Hungerfestung" nannten denn auch die Bewohner den trutzigen, aus Basaltstein errichteten Bau, der allerdings keinen Angriff mehr zu fürchten brauchte – die Zeit der Piraterie war vorbei.

1976 wurde die Festung von César Manrique in ein **Internationales Museum für zeitgenössische Kunst** umgewandelt. Der dunkle, von einem Tonnengewölbe überspannte Hauptsaal bildet einen kontrastreichen Rahmen für bunt verspielte Bilder von *Joan Miró,* abstrakte Tableaus von *Antonio Tápies* und virtuos hingeworfene Skizzen von *Pablo Picasso.* Ein separater Raum ist *Pancho Lasso* gewidmet, dem herausragenden Inselbildhauer des 20. Jahrhunderts. Über eine Wendeltreppe steigt man in die Zisterne der Festung hinab, wo ein in schwarz gestyltes Restaurant teure Nouvelle Cuisine offeriert. Sein Licht bezieht es durch die riesigen Panoramafenster, durch die man auf bunte Frachter und Fischkutter blickt.

- **Castillo de San José,** Museo Internacional de Arte Contemporáneo, Carretera de Puerto Naos s/n, 11–21 Uhr, Eintritt 3 €

Praktische Tipps

Unterkunft

- **Arrecife Gran Hotel** €€€€, Parque Islas Canarias s/n, Tel. 928800000, Fax 928805906, www.arrecifehoteles.com, 108 Suiten, 52 Zimmer. Die einstige Hochhausruine am Meer präsentiert sich als nagelneues Fünfsternehotel, das mit seinen Panoramafenstern einen weiten Blick auf Arrecifes Buchten eröffnet. Um sich wie ein Kapitän auf hoher See zu fühlen, sollte man einen möglichst hoch gelegenen Raum zur Meerseite wählen. Mit Edelholzparkett und Marmorbad sind die Zimmer komfortabel eingerichtet; fürs Wohlbefinden sorgt ein Spa-Center mit mehreren Saunen, Wassermassagen und Kneipp-Becken sowie einem Außen-Pool mit Jacuzzi. In der Fitness-Abteilung dehnt und streckt man sich mit Blick auf die Riffs. An Wochenenden und in der Nebensaison gibt es Rabatt.

UNTERKÜNFTE
1 Diamar
3 Lancelot
5 Arrecife Gran Hotel
8 Pensión Cardona
17 Miramar
19 San Ginés

ESSEN UND TRINKEN
6 Pastelería Lamontagne
7 Goa
9 L'Arepera
10 Café Lolita, Bodegón Los Conejeros
13 Los Ángeles
14 Chef Nizar
16 Café Aroma's, Café La Plazuela
21 Casa del Miedo

SONSTIGES
4 Fahrradladen Ciclomania
11 El Almacén
15 Casa de Cultura
18 Casa de los Arroyo
20 Punto del Encuentro

NIGHTLIFE
2 Cervecería
7 Discomeile
11 Bar Picasso & Cine Buñuel
12 Tasca Tambo

Touristeninformation
Apotheke
Post
Kirche
unterirdischer Parkplatz

• **Lancelot** €€€, Av. Mancomunidad 9, Tel. 928805099, Fax 928805039. Komfortables, vollständig renoviertes Dreisternehotel vor dem Stadtstrand von Arrecife. Die 110 Zimmer sind geräumig, mit Teppichboden und Edelholzmöbeln sehr gemütlich eingerichtet, verfügen über Sat-TV und Minibar. Die Bäder mit Marmor besitzen all die Kleinigkeiten, die einen Aufenthalt angenehm machen: Fön, Shampoo etc., selbst Zahnbürste und -pasta werden gestellt. Alle Zimmer mit großem Balkon, viele auch mit Meerblick – je höher man wohnt, desto leiser. Zum Frühstück bedient man sich am reichhaltigen Büfett, außerdem gibt es eine großzügige, elegante Lobby, einen Pool auf dem Dach und ein Restaurant. Freundliches, zuvorkommendes Ambiente.

• **Diamar** €€€, Av. Fred. Olsen 8, Tel. 928815656, Fax 9288 44600, www.hoteldiamar.com. Siebenstöckiges Hotel an der Playa del Reducto mit 90 Zimmern (Sat-TV), Business Center und Konferenzsaal.

• **Miramar** €€€, Av. Coll 2, Tel. 928810438, Fax 928801533, www.hmiramar.com. Das Schönste am Hotel ist der Ausblick: Von der Mehrzahl der insgesamt 85 Zimmer sowie von der fast immer windgeschützten Frühstücksterrasse im sechsten Stock bietet sich ein prächtiger Ausblick auf die Gabrielsfestung. Das Hotel wurde jüngst renoviert; die Eingangshalle wurde zu einem prachtvollen Salon erweitert.

• **Pensión Cardona** €€, Dieciocho Julio 11, Tel. 928811008, www.hrcardona.com. Die freundlichste Unterkunft für Traveller; hier endlich mal kein an der Hotelfachschule ausgebildetes Personal! Die Pension liegt in einer Seitengasse, fünf Minuten von der Uferpromenade und gerade einmal zwei Minuten von der „Vergnügungsmeile" entfernt. 61 saubere Zimmer mit eigenem Bad, am ruhigsten sind jene im vierten Stock. Im Souterrain befindet sich eine Cafeteria, in der man preiswert frühstücken kann.

• **Pension San Ginés** €, El Molino 9, Tel. 928812351. Nahe dem Charco: das preislich günstigste Angebot für eine saubere Schlafstätte, ohne Aussicht, aber mit eigenem Bad. Insgesamt 37 Zimmer, neben der Rezeption eine Café-Bar.

Kleine Warnung

Fahren Sie nicht am Samstagnachmittag oder am Sonntag nach Arrecife, denn dann bewegt sich buchstäblich nichts in dieser Stadt! Man sieht bestenfalls ein paar Touristen, die mit saurer Miene durch die Geschäftsstraße laufen und sich darüber ärgern, dass fast alle Cafés und Restaurants geschlossen sind. Nur ein paar Bars am Charco halten Stellung und stellen ihre Tische nach draußen.

Essen und Trinken

Im Zentrum:

• **Bodegón Los Conejeros**€/€€, Av. Dr. Rafael González Negrín 9, Mo–Sa ab 20 Uhr. Die gemütliche Bodega schräg gegenüber vom Gran Hotel ist leicht zu übersehen, doch die Suche lohnt: Señor *Abundio* hat nicht nur alle Weine der Kanaren auf Lager, sondern auch edle Tropfen vom spanischen Festland. Wer Hunger hat, bestellt dazu luftgetrockneten Schinken oder Inselkäse, vielleicht auch eines der Gerichte, die täglich frisch und aus Zutaten von der Insel zubereitet werden. Gutes Preis-Leistungsverhältnis!

• **Chef Nizar** €€€, Luis Morote 19, Tel. 928801260, Mo–Sa 13.30–16, 20–24 Uhr. Sehr gutes orientalisches Lokal in einer kleinen Parallelstraße zur Av. La Marina. Herr *Nizar* aus Syrien kreiert wunderbare Vorspeisen, z.B. warmes Pita-Brot mit Kichererbsen-Mousse *(humus)* oder geräucherte Auberginen-Creme mit Granatfrucht *(mutala)*. Beim letzten Besuch schmeckten auch die Spinat-Teigtaschen *(fatira)* sehr gut und die Kichererbsentörtchen mit Nüssen *(falafel)*. Der Pfefferminztee wird im Silberkännchen serviert.

• **Goa** €, José Antonio 61, Tel. 928802900, Mo–Sa 12–16 und 20–24 Uhr. An Arrecifes „Vergnügungsmeile" gibt es die beste Pizza der Stadt, in lockerer Atmosphäre und serviert von Studenten. Zur Wahl stehen zwei Dutzend Pizzas, darunter *Atlántica* (mit Auberginen und Pilzen), *Vegetariana* (Kapern, Artischocken, Spinat) und *Santa Fe* (Pepperoni, pikante Chorizo-Wurst, Mais), knusprig gebacken und reich belegt – man kann sich locker eine teilen und dabei satt werden. Außerdem im Angebot: Salate, Sandwiches und Brötchen sowie frisch gepresste Säfte. Ruhig-rockige Musik und viel junges Publikum; Korbstühle und asiatisch angehauchte Bilder sorgen für exotisches Flair.

• **L'Arepera** €, Coronel Bens 9, Tel. 639838515, So geschl. Rustikal restauriertes Haus mit Holztischchen und -bänken. In lockerem Ambiente isst man die berühmten *arepas*, auf die venezolanische Exilkanarier nach ihrer Rückkehr nicht mehr verzichten wollten: aus Maismehl gebackene Teigtaschen mit pikanter oder süßer Füllung. Gute Stimmung und freundlicher Service.

• **Los Ángeles** €, Dr. Ruperto González Negrín 6, Tel. 9288 12317, tgl. ab 7 Uhr. Ein Relikt aus alten Zeiten: viel besuchte Tapas-Bar an der Uferstraße, auch draußen werden Tische aufgestellt.

• **Café Lolita** €, Av. Dr. Rafael González 4, ab 8 Uhr. Gemütliches kleines Café mit Sandwiches und Croissants, leckerem Kuchen und frisch gepressten Obstsäften.

• **Café Aroma's (La Unión),** Plaza de la Constitución 16, Mo–Sa ab 8.30 Uhr. In Arrecife boomt die Caféhaus-Kultur, und bei Aroma's schmeckt der Café am besten. Aber es lohnt sich auch, die fernöstlichen Gerichte auszuprobieren: jeden Tag ein neues preiswertes Menü, zubereitet von *Ritu* und *Kike!*

●**Café La Plazuela,** Plaza de la Constitución 14, Mo–Sa ab 9 Uhr. Gleich daneben ein weiterer beliebter Treffpunkt: Hier bestellt man frisch gepresste Obstsäfte aus Orangen, Mangos und Möhren, dazu *montaditos,* appetitlich belegte Baguette-Scheiben mit Zucchini, Austernpilzen und Brie, Lachs und Avocado.

●**Pastelería Lamontagne,** José Antonio 80, Tel. 9288 01130, www.pastelerialamontagne.com, Sa am Nachmittag und So geschl. Für alle, die Süßigkeiten lieben, ist dies eine der besten Adressen auf dem Archipel: hausgemachte Schokolade und Pralinen vom Feinsten, übrigens auch mehr als 60 Teesorten!

Rund um den Charco:

●**Casa del Miedo** €, Av. César Manrique 16, ab 11 Uhr. Das „Haus der Angst" an der Nordseite der Lagune macht seinem Namen keine Ehre. Unkompliziert und gemütlich geht es zu, ein beliebter Treff von Jung und Alt. Aufgetischt werden frische Tapas und leckere Tellergerichte. Man sitzt drinnen an der Bar oder draußen auf der Sonnenterrasse, blickt dabei auf die im Charco dümpelnden Boote. Auch wer nur auf einen Kaffee vorbeikommt, ist willkommen.

Etwas außerhalb:

●**Castillo de San José** €€€, Puerto Naos, Tel. 928812321. Kanarische und internationale Kost für Feinschmecker, zwei Kilometer nördlich des Stadtkerns in der Josefsfestung. Die Küche ist von 13 bis 16 und von 20 bis 23 Uhr in Betrieb. Häufig bestellt wird das *menú de degustación,* bei

111la Foto: gs

dem verschiedene Lanzarote-Gerichte in halben Portionen serviert werden: frischer Ziegenkäse und Kressesuppe, „eingezwiebelter" Wrackbarsch und Rinderfilet mit Champignons sowie als Nachtisch Mandelmousse mit Gofio-Eis. Wer nur den Blick auf den Hafen genießen will, kommt zwischen 16 und 20 Uhr, wenn nur die Bar geöffnet und das Ambiente lockerer ist.

Einkaufen

- **Markt:** La Recova, Calle de la Liebre s/n, Mo–Sa 9–14 Uhr. Die Hallen befinden sich zwischen Uferstraße und Kirche, bieten etwas Obst und Gemüse, Blumen, Käse und Wurst; der Fischmarkt ist schon längere Zeit geschlossen. Der Trödelmarkt fand zuletzt Mi 9–15 Uhr am Charco de San Ginés statt.
- **Basar:** El Mercadillo, León y Castillo 14. An dieser kuriosen Ladenpassage ist der Zeitgeist vorübergegangen. Im kleinen Atrium befindet sich eine gemütliche Café-Bar, ringsum ein Sammelsurium unterschiedlicher Geschäfte: vom Schuster über afrikanisches Kunsthandwerk, Geschenk- und Lederwaren bis zum Kräuter- und Bioladen.
- **Einkaufszentrum:** Centro Atlántida, León y Castillo 40. Großes Einkaufszentrum, in dem man auf drei Etagen stöbern kann. Im Erdgeschoss befindet sich der preiswerte Supermarkt HiperDino.
- **Elektroartikel:** Visanta, Dr. Rafael González Negrín 1. Von Indern geführter Laden mit großem Sortiment, auch Sonnenbrillen und Uhren aller bekannten Marken. Der Werbespruch lautet „nirgends sind die Preise günstiger als hier" – und er wird ernst genommen!
- **Bücher:** Librería El Puente, Luis Martín 11. Kleine Fundgrube für alle, die Spanisch sprechen, darunter auch viele Titel zu den Kanarischen Inseln.

Kultur

- **Konzertkarten:** El Almacén, José Betancort 33, Tel./Fax 928804095, Mo–Fr 9–15 Uhr. Karten für Aufführungen in Jameos del Agua und Cueva de los Verdes.
- **Kunst:** Außer den beim Rundgang vorgestellten Museen und Galerien gibt es noch eine Reihe weiterer guter Adressen. Wechselnde Ausstellungen gibt es im Punto del Encuentro (Ribera del Charco 36, Mo–Fr 11–13 und 17–20, Sa 11–14 Uhr) und in der Galerie El Aljibe (José Betancort 33, Mo–Fr 10–14 und 17–20 Uhr). Letztere befindet sich in der einstigen Zisterne des Hauses El Almacén: In den beiden runden, von einem Steingewölbe überspannten Räumen ist es wunderbar frisch; ausgestellt werden kanarische Klassiker wie *Manrique, Aguilar* und *Damaso,* aber auch junge und unbekannte Künstler des Archipels.

Café an der Plaza de la Constitución

• Kino: Cine Buñuel, José Betancort 33. Hier werden Filme im Original mit spanischen Untertiteln gezeigt, die sonst nur in Clubs und auf ausgewählten Festivals zu sehen sind.

Nightlife

• Discomeile: Ein wildes Treiben spielt sich nachts, vor allem aber Freitag und Samstag ab 24 Uhr, in der Calle José Antonio ab. Gleich mehrere Discos konkurrieren auf engstem Raum um die Gunst der Tanz- und Kontaktsüchtigen. Mit kirchenähnlicher Atmosphäre, schummrigem Licht und häufig wechselndem Programm zieht El Convento, das „Kloster" (Nr. 76), noch immer die meisten Leute an.

• Cervecería, Av. Fred Olsen 6, 9.30–03.30 Uhr. Gleich nebenan: ein rustikaler Pub mit großer, u-förmiger Theke, an der man leicht Kontake knüpft. Außer kanarischem *Tropical* und *Dorada* gibt es spanisches *Cruzcampo* vom Fass, dazu mexikanisches *Sol* und natürlich auch irischen, deutschen und holländischen Gerstensaft.

• Tasca Tambo, Luis Morote 24, Mo–Sa 20–02 Uhr. Wenige Schritte abseits der Uferpromenade: eine gemütliche Bar mit Tapas, Anlaufpunkt von Künstlern und Studenten. *Buzo* und *Checha* führen sie mit viel Elan, organisieren Ausstellungen, Konzerte und Filmvorführungen. Am Wochenende ist es sehr voll.

• Bar Picasso, José Betancort 33, Mo–Sa 19–24 Uhr. Traditionsreiche Bar im Kulturzentrum El Almacén. Hier ist die Stimmung besonders gut, wenn am gleichen Abend im Haus eine Veranstaltung stattfindet; ab Mitternacht manchmal Live-Jazz.

Aktivitäten

• Radfahren: Ciclomania, Almirante Boado Endeiza 9, Tel. 928817535, Fax 928817611, lanzarote@ciclomania.es. Im Laden schräg gegenüber vom Gran Hotel findet man alles, was man für eine Radtour braucht: Mountainbikes verschiedenster Marken zum Ausleihen, alle wichtigen Ersatzteile wie Schlauch, Mantel, Flick- und Werkzeug, Radhandschuhe und Sturzhelm. Außerdem Biker-Beratung auf Englisch oder Deutsch und guter Reparatur-Service.

• Gokart: Gran Karting Club, Ctra. LZ-2 Km. 7, www.grankarting.com, 10–21 Uhr, im Sommer 11–22 Uhr. An der Straße nach Tías treffen sich die Möchtegern-Rennfahrer auf der Junioren- und der Seniorenpiste. Die Hauptpiste ist mit 1260 Metern angeblich die längste Spaniens.

Feste

• 5./6. Januar: *Cabalgada de los Reyes Magos.* Am Vorabend zum 6. Januar reiten die Heiligen Drei Könige mit ihrem Gefolge auf Kamelen bis zur Krippe am Parque Islas Canarias, wo symbolisch Geschenke verteilt werden. Die „richtigen" Weihnachtsgeschenke erhalten die Kinder erst am nächsten Tag und führen sie stolz auf allen Straßen vor.

• Februar/März: *Fiesta de Carnaval.* Viel Salsa, Samba und Merengue, erotisch aufgeheizte Umzüge und die Wahl einer „Königin" im zentnerschweren Glitzerkostüm. Am Aschermittwoch (der hier meist auf ein Wochenende fällt) folgt die „Beerdigung der Sardine": Die halbe Stadt erscheint in Trauerkleidung und schreit sich ihren Schmerz aus dem Leib, wenn der große Pappfisch aufs Wasser gelassen und verbrannt wird.

- **März/April:** *Semana Santa.* Osterumzüge mit düsteren Trommelwirbeln und dem Zug der Büßer mit Gewändern à la Ku-Klux-Clan. Weniger todesschwanger ist die Stimmung während der Klassikkonzerte in der Kirche San Ginés.
- **Anfang Juni:** *Fiesta de Corpus Cristi.* Zur Prozession am Fronleichnamstag werden die Straßen vor der Kirche San Ginés mit Salzteppichen ausgelegt. Es folgt ein nächtliches Fest mit viel Folklore.
- **16. Juli:** *Fiesta del Carmen.* Eine Woche lang lässt sich die Schutzheilige der Fischer feiern. Bei der Abschlussprozession wird die Carmen-Statue von der Kapelle zum Hafen getragen und in einem der bereitgestellten, festlich geschmückten Boote aufs Meer hinausgefahren.
- **Juli–Oktober:** *Vela Latina.* An mehreren Wochenenden findet im Hafen die traditionelle Bootsregatta statt. Man schließt Wetten ab und trifft sich anschließend in den Hafenkneipen, um zu feiern.
- **25. August:** *Fiesta de San Ginés.* Zu Ehren des Inselheiligen steigt ein zweiwöchiges Fest, das mit der Heiligenprozession beginnt und mit einem großen Feuerwerk endet. Dazwischen liegen witzige Wettkämpfe, die allesamt rings um den Charco San Ginés stattfinden: Ein mit Fett eingeriebener, auf dem Wasser schwimmender Balken muss begangen werden, auf dass die an seinem Ende befestigte Trophäe eingeheimst wird; in winzigen, aus Blech gefertigten Bötchen startet man zur *regata de los jolateros,* einer Art Ritterturnier auf dem Meer, und schließlich gilt es, von der Mole so weit wie möglich ins Meer zu springen.

Verkehr

- **Bus:** Der zentrale Busbahnhof (Estación de Guaguas) liegt zwei Kilometer nordwestlich des Stadtzentrums an der Vía Medular, von hier Linienverbindungen zu fast allen Orten der Insel (↗„Reisetipps A–Z: Verkehrsmittel"). Wer zum Flughafen, nach Puerto del Carmen, Playa Blanca, Costa Teguise oder zum Sonntagsmarkt in Teguise fahren will, kann sich den Weg zum Busbahnhof sparen und an der Uferstraße zusteigen, westlich der Playa del Reducto.
- **Fähre:** Vom Hafen Puerto de los Mármoles, zwei Kilometer nordöstlich des Stadtzentrums, starten mehrmals wöchentlich Autofähren nach Puerto del Rosario (Fuerteventura) und Las Palmas de Gran Canaria; Tickets an der Mole oder bei Trasmediterránea, José Antonio 90, Tel. 928811019, Fax 928812363.
- **Flug:** Der Flughafen Guasimeta liegt südwestlich der Stadt zwischen Playa Honda und Puerto del Carmen.

Playa Honda

Playa Honda liegt auf dem Weg von Arrecife zum **Flughafen:** ein schachbrettartig angelegter Ort, der sich von der Straße auf breiter Front bis zur Küste ausdehnt. Hin und wieder setzt eine Maschine zur Landung an – dem Fluglärm ist es zu danken, dass nicht auch an diesem Küstenabschnitt Touristenhotels erbaut wurden. In den vergangenen Jahren ist keine Stadt der Insel so rasch gewachsen, viele Lanzaroteños haben hier Eigentum erworben. Zahlreiche Bewohner kommen nach Playa Honda zum Einkaufen, denn es gibt große Supermärkte, viele Autowerkstätten, Möbel- und Bauläden.

Für Besucher interessant ist die über zwei Kilometer lange Promenade mit Terrassenlokalen, die nur für Fußgänger und Radfahrer zu benutzen ist. Man erreicht sie am besten über die Calle Prince-

Arrecife, Umgebung

035la Foto: gs

An der Promenade von Playa Honda

sa Icó, die von der Schnellstraße am Einkaufszentrum Deiland abzweigt. Die Promenade setzt sich – von kleinen Unterbrechungen abgesehen – bis Arrecife fort. Am Ostrand von Playa Honda liegt die Clubanlage Solvalor nahe der hübschen **Sandbadebucht La Concha,** wo das Wasser flach abfällt und das Baden ungefährlich ist. Neuerdings versuchen am Strand auch einige Surfer ihr Glück.

Essen und Trinken

• **Los Robles** €€, Av. de la Playa 17, Tel. 928820917, Di geschl. Kleines, rustikales Restaurant mit Terrasse auf der Promenade. Serviert werden *pescado a la plancha, papas arrugadas* und Salat.

Verkehr

• **Bus:** Die zentrale Haltestelle befindet sich an der Schnellstraße LZ-2; hier halten alle Busse von Arrecife zum Flughafen (Linie 4) und nach Puerto del Carmen (2). Vom Supermarkt Deiland läuft man etwa zehn Minuten bis zum Strand.

San Bartolomé

Die 7000 Einwohner zählende Gemeindestadt liegt an der Straße von Arrecife ins Inselzentrum und verfügt über einen attraktiven Ortskern. Sehenswert ist vor allem die Plaza León y Castillo mit einer Kirche von 1789, einem Rathaus mit hohem Turm sowie einem kleinen Stadttheater (Tel. 928522280, www.sanbartolome.es). Die **Iglesia de San Martín** ist leider meist nur zur Abendmesse geöffnet. Wer das Glück hat, mal hineinzukommen, sieht eine hölzerne Kassettendecke im Mudéjar-Stil, die oberhalb der Vierung besonders kunstvoll verflochten ist. Die Altäre sind schlicht, Boden und Pfeiler aus Vulkanstein.

Geht man von der Plaza durch den Torbogen hinab, überquert die Straße und läuft am Taxistand vorbei geradeaus, kommt man zu einem der schönsten Häuser der Stadt, der **Casa Cerdeña.** Hier wurde ein Info-Büro samt Kunsthandwerksladen, Restaurant und Bodega eingerichtet. Im Büro bekommt man einen Ortsplan von San Bartolomé und Hinweise auf weitere sehenswerte Häuser, z.B. die restaurierte **Casa Ajei,** ein Beispiel für die Wohnkultur gehobener Stände anno dazumal (mit Kunstgalerie) und die **Casa Mayor Guerra,** ein feudales Landhaus an der Straße nach Tías (vorerst mit Verkaufsladen und Café).

• **Casa Cerdeña,** Dr. Cerdeña Bethencourt 17, Tel. 9285 22351, Mo–Fr 10–14 Uhr.

112la Foto: gs

Museo Tanit

Gut ausgeschildert und nahe dem Zentrum befindet sich in der ehemaligen Bodega der Familie Perdomo ein **Ethnografisches Museum.** Darin sind archaische Tonfiguren ausgestellt, Trommeln und Timples von anno dazumal, alte landwirtschaftliche Geräte, Webstühle und Nähmaschinen - kurzum alles, was den Alltag der Inselbewohner früher erleichterte und verschönte. *José Ferrer Perdomo* präsentiert stolz Dokumente aus der bis zur Conquista zurückreichenden Familiengeschichte. Der Museumsname, erklärt er, gehe auf Tanit, die karthagische Fruchtbarkeitsgöttin zurück - ihr in Fels geritztes Symbol habe man in der Rubicón-Ebene gefunden. Zum Abschluss wirft man einen Blick in die kleine Kapelle und erfrischt sich in der Cafetería.

- **Museo Etnográfico Tanit,** Constitución 1, Mo-Fr 10-17, Sa 10-14 Uhr, www.museotanit.com, Eintritt stolze 6 €.

Verkehr

- **Bus:** Mehrere Busse täglich fahren nach Arrecife, Tinajo und La Santa, werktags auch nach La Caleta de Famara.

Ausgrabungsstätte Zonzamas

An der Straße von San Bartolomé nach Tahiche passiert man linker Hand die archäologische Ausgrabungsstätte Zonzamas. Sie ist nach dem vorletzten König der **altkanarischen Urbevölkerung** benannt, der hier in einem Palast residiert haben soll. Anhand von Grundrissen und Fundamenten lässt sich die ursprüngliche Gestalt der Siedlung rekonstruieren: Sie bestand aus Häusern, die sich aus mehreren kreisrunden Bauten zusammensetzten. Die *casas hondas* („tiefe Häuser“) waren halb in den Boden versenkt und boten guten Schutz vor dem oft starken Wind. Als Baumaterial verwendeten die Altkanarier lose Lavasteine, die sie zu fugendichten Mauern aufschichteten.

800 Meter weiter in Richtung Tahiche sieht man rechts oberhalb der Straße die Überbleibsel eines

Icó, Fayna und Zonzamas – Legenden der Ureinwohner

König *Zonzamas* wusste, was von den Fremden zu halten war: Sie kamen auf die Insel, machten Jagd auf seine Untertanen und verschleppten sie auf Nimmerwiedersehen. Ein Fremder, auf den dieses Bild nicht zutraf, war der baskische Seefahrer *Martín Ruíz de Avendaño.* Zu ihm, der 1377 an der Küste gelandet war, hatte Zonzamas spontanes Vertrauen. Die Gastfreundschaft ging so weit, dass er ihm *Fayna,* seine eigene Frau, „überließ“, damit sich der Europäer „wie zu Hause“ fühlen durfte. Neun Monate später – der Baske war längst abgereist – gebar Fayna eine hellhäutige Tochter, der sie den Namen *Icó* gab. Als diese viele Jahre später, nun selbst schon Mutter, ihren Sohn *Guadarfía* zum Nachfolger des verstorbenen Königs machen wollte, legte der herrschende Clan sein Veto ein. Icó, so der Beschluss der hohen Priester, sei die Frucht eines fremden Mannes und müsse deshalb ihr adeliges Geblüt unter Beweis stellen. Ein makabres Prüfungsritual wurde ersonnen: Gemeinsam mit drei anderen, nicht-adeligen Frauen sollte Icó in einer Lavahöhle eingeräuchert werden. Überlebte sie, würde dies als Zeichen Gottes gedeutet, worauf ihr eine sichere Zukunft beschert wäre. Verzweifelt lief Icó zu einer weisen Frau, die ihr den Tipp gab, einen nassen Schwamm vor Nase und Mund zu legen. Der Rat rettete Icó das Leben, Guadarfía wurde König und blieb dies bis zur Ankunft der spanisch-normannischen Truppen im Jahr 1404.

ehemaligen altkanarischen **Kultplatzes.** Ins Basaltgestein wurde ein ca. vier Meter weites Oval geschlagen, das von mehreren parallel verlaufenden Rillen durchzogen ist. Die Lanzaroteños nennen die Gebilde *queseras* („Käsemodel"), weil sie an die von Rillen durchzogenen Brettchen erinnern, die man frisch geschöpften Käselaibern aufdrückt. Noch streiten sich die Archäologen über die Frage, ob die Quesera den Altkanariern für Blut- bzw. Milchopfer oder als astronomischer Beobachtungsplatz diente. Fest steht aber, dass man ähnliche Gebilde in Marokko fand – ein weiteres Indiz für die These, dass die Altkanarier von den nordwestafrikanischen Berbern abstammen.

Einige Meter weiter südöstlich sind Fußabdrücke und Schiffssilhouetten in Basaltbrocken geritzt – auch ihre Bedeutung wurde bislang nicht entschlüsselt.

Zeichnung: Izabella Gawin

Idolfiguren
(links: Sitzende Göttin aus Zonzamas,
rechts: Göttin Tara aus Gran Canaria)

038la Foto: gs

Costa Teguise und der Nordosten

Überblick

Die **ehemalige Hauptstadt Teguise** war einmal das Vorbild für koloniale Stadtgründungen in Lateinamerika. Mit ihrem grandiosen Ensemble von Herrenhäusern, Kirchen und Klöstern zählt sie zu den schönsten Orten der Kanaren.

Den Stadtbesuch könnte man mit einer Tour in den Nordosten verknüpfen, denn oberhalb von Teguise beginnt eine fantastische Berglandschaft. **Risco de Famara** heißt der über 600 Meter hohe Gebirgszug, der sich bis zum Mirador del Río erstreckt und nach Westen steil zur Küste hin abfällt. Nur hier, nirgends sonst auf der Insel, sorgen Passatwolken für einen spürbaren Nachschub an Feuchtigkeit. Pro Jahr werden um die 250 Millimeter Niederschlag gemessen, eine Menge, die sich zwar recht bescheiden ausnimmt, aber doch ausreicht, das „Tal der tausend Palmen" in eine grüne Oase zu verwandeln; nach Regenfällen sind die Berghänge binnen weniger Tage mit blühenden Wiesen bedeckt.

Dagegen stauen sich in der Ostebene, im Dreieck Yé–Órzola–Arrieta, keinerlei Wolken und das Grün beschränkt sich auf Tabaiba-Gewächs. Auf einer Fläche von 30 Quadratkilometer erstreckt sich das **Malpaís de la Corona,** das „schlechte Land des Corona". Entstanden ist es vor mehr als 3000 Jahren, als der 609 Meter hohe Berg Lava spuckte, die sich ostwärts in Richtung Küste ergoss. Unter der Schlacke bildete sich der längste **Lavatunnel** der Welt: Vom Sockel des Vulkans reicht er acht Kilometer bis zur Küste und verlängert sich bis unter den Meeresboden. Darin befin-

Vorhergehende Seite: Puderfeiner, schneeweißer Sand am Caletón Blanco, einer Bucht südöstlich von Órzola

Nordosten
Montaña Clara
La Graciosa
Playa Lambra
Moñtana Bermeja 155
Playa de las Conchas
Pedro Barba
Pedro Barba 266
Caleta de Pedro Barba
Moñtana del Mojón
Punta Fariones
Caleta del Sebo
El Río
Playa de la Canteria
Órzola
Playa de la Cocina
Playa de la Francesa
Bahía del Salado
Salinas del Rio
Playa del Risco
479
Mirador del Río
Caletón Blanco
Bajo de los Sables
Yé
Las Rositas
Monte Corona 609
Guinate
581
562
0 1 km
Cueva de los Verdes
Jameos del Agua
Máguez
Haría
La Atalaya 388
Punta de Mujeres
Playa de San Juan
Playa de Famara
Arrieta
La Caleta de Famara
572
Tabayesco
Playa de la Garita
670 Peñas del Chache
LZ-1
Sóo
Ermita de las Nieves
578
LZ-10
Mala
Playa del Seifío
Los Valles
Charco del Palo
Puerto Moro
Insel Zentrum (S. 198)
Teguise
El Mojón
Guatiza
353
Los Cocoteros
452
324
LZ-30
Teseguite
Nazaret
400 m
300 m
200 m
100 m
LZ-1
Las Cabreras
311
227
235
Zonzamas
Tahiche
329
291
Golf
Arrecife
Costa Teguise

den sich **Höhlen** wie die Cueva de los Verdes und Jameos del Agua, die für Besucher hergerichtet wurden. Im Nordosten schuf *César Manrique* einige seiner schönsten Werke, gestaltete unterirdische Grotten und verwandelte alte Steinbrüche in exotische Gärten.

Der Nordosten Lanzarotes ist mit Unterkünften bestens ausgestattet. Pauschaltouristen quartieren sich in Costa Teguise ein, wo mehrere künstliche Buchten geschaffen wurden. Individualtouristen finden Pensionen und Apartments z.B. im Bergdorf Haría und in den Fischerdörfern Arrieta, Punta de Mujeres und Órzola. Dazu gibt es eine Reihe hübscher Landhäuser, vor allem in Mala.

Costa Teguise

Knapp zehn Kilometer nordöstlich der Inselhauptstadt wurde 1977 mit dem Bau eines im „Manrique-Stil" erbauten Luxushotels der Grundstein für eine neue **Touristenstadt** gelegt. Sie erstreckt sich entlang kleiner Felsbuchten mit teilweise künstlich angelegten, flach ins Meer abfallenden Stränden. Doch Costa Teguise ist nicht das geworden, was Manrique erträumte – wo der städtebaulichen Willkür kein Riegel vorgeschoben wird, entstehen Einkaufs- und Vergnügungszentren der bekannten Art und leider auch monotone Hotel- und Apartmentanlagen. Etwa 20 Mio. Quadratmeter wurden bereits bebaut und noch immer führen asphaltierte Wege ins Nichts.

Pueblo Marinero

Es gibt in Costa Teguise keinen gewachsenen Ortskern mit Kirche und Rathaus, aber doch immerhin ein „Pueblo Marinero". César Manrique hat es zu Beginn der 1980er Jahre im traditionellen Lanzarote-Stil entworfen: die originalgetreue **Nachbildung eines Fischerdorfs** mit weiß gekalkten, zweistöckigen Häusern rund um einen viereckigen Platz. Heute ist dies einer der schönsten

Kurzinfo Costa Teguise

- **Information im Internet:** www.teguise.com/costateguise-al.html www.teguiseturismo.com/contacto-de.html
- **Banken:** Filialen mit Geldautomaten an der Av. del Jablillo und im Centro Las Cucharas
- **Post:** Centro Maretas, Av. de las Islas Canarias, Mo–Fr 10–13, Sa 10–12 Uhr
- **Privatarzt:** Praxis Dr. Mager, Av. Islas Canarias, C.C. Tandarena 24 (über der Bank), Tel. 928826072, Fax 928826601, www.docholiday.net, Mo–Fr 10–13 und 18–20 Uhr, Sa 10–13 Uhr
- **Zahnarzt:** Clínica Dental, Apartamentos Celeste, Tel. 939576093
- **Apotheke:** Farmacia, Av. de las Islas Canarias 13, Tel. 928826130
- **Autovermietung:** Cabrera Medina mit vier Filialen vor Ort, Tel. 928822900
- **Tankstelle:** an der Ausfahrt nach Arrecife (Av. de las Palmeras)
- **Taxi:** Tel. 928524223 (Radio Taxi)

Treffpunkte der Stadt, gemütliche Bars und Restaurants laden ein zum Besuch. Jeden Freitag findet hier ab 17 Uhr ein kleiner Kunsthandwerksmarkt statt.

Meliá Salinas

Größte touristische Sehenswürdigkeit der Stadt ist das Hotel Meliá Salinas: „eine aufgelockerte Anlage mit viel Licht und Grün, mit Wasser und Pflanzen außen wie innen, die sich harmonisch in unsere Landschaft einfügt" (César Manrique). Der bekannte Künstler war es auch, der den üppig begrünten Patio und die Pool-Landschaft schuf. Doch das Hauptverdienst gebührt dem Madrider *Fernando Higueras,* der das Projekt architektonisch betreute. Die lichtdurchfluteten Innenhöfe sind fantastisch; sie erinnern an Lavahöhlen, durch deren eingestürzte Decken Sonnenstrahlen dringen.

Strände

Die beste Badebucht ist die 650 Meter lange **Playa de las Cucharas** mit einer vorgebauten, die

113la Foto: gs

Brandung abhaltenden Mole. Hier weht die Blaue Flagge der EU, womit die Sauberkeit des Küstenabschnitts unterstrichen wird. Die Schwimmer teilen sich den Strand mit den Surfern, denn für sie ist er dank der guten Windverhältnisse einer der besten Spots der Kanaren.

Südwestwärts schließen sich längs der Promenade kleinere, von Klippen durchzogene Strandabschnitte an. Auf die **Playa del Jablillo** (unterhalb des Hotels Teguise Playa) folgt die stimmungsvolle, von Palmen eingerahmte **Playa Bastián.** Der am weitesten westlich gelegene Strand ist die **Playa del Ancla,** die fast nur von den Gästen des darüber thronenden Hotels Oasis de Lanzarote besucht wird.

An der Playa de las Cucharas

Palacio Real

„Palacio Real" („Königlicher Palast") nennen die Lanzaroteños das auf einer Klippe thronende Chalet am Südwestrand der Stadt. Mit seinen strengen, weiß getünchten Formen bildet es einen Kontrast zur erstarrten Lava, wirkt wie ein Meisterwerk der Neuen Sachlichkeit. Das Haus gehört dem spanischen Staat und nur ein Bürger darf offiziell darin wohnen: König *Juan Carlos I.* Mehrmals im Jahr kommt er mit seiner Familie hierher, manchmal lädt er auch Staatsgäste zum All-Inclusive-Urlaub ein. *Gorbatschow* und seine Frau waren schon mehrmals da, auch Ex-Kanzler *Helmut Kohl* war, wie man hört, vom Aufenthalt begeistert.

Das Haus war nicht immer in spanischem Besitz. König *Hussein* von Jordanien ließ es sich Ende der 1970er Jahre errichten, als Lanzarote noch ein Geheimtipp war. Als Architekten beauftragte er César Manrique, der zuvor das Salinas-Hotel entworfen hatte. Doch um die Mitte der 1980er Jahre wurde Hussein seiner spanischen Immobilie überdrüssig. Es missfiel ihm, dass nun auch dieser Ferienort expandierte und immer dichter rückten die Industrieanlagen der Hauptstadt heran. Warum also sollte er jährlich umgerechnet 200.000 € Unterhalt zahlen, wenn er doch in Jordanien märchenhafte Paläste besaß? So schenkte er das Anwesen dem spanischen Staat, zu dem Jordanien gute Beziehungen unterhielt.

- **Palacio Real La Mareta,** Besichtigung zzt. nicht möglich

Aquarium

Bei seiner Eröffnung 2006 stellte man es als große Attraktion vor. Auf unterhaltsame Art, untermalt von Sphärenklängen, bekommt man in über 30 Becken einen Einblick in die Unterwasserwelt. Man sieht Haie und Barrakudas, Muränen und Seepferdchen (Beschreibungen auf Spanisch und Englisch). Der Rundgang dauert ca. eine Stunde.

- **Lanzarote Aquarium,** Av. de las Acacias s/n, C.C. El Trébol, Tel. 928590069, www.aquariumlanzarote.com, tgl. 10–18 Uhr, im Sommer bis 19 Uhr, Eintritt 12 €, Kinder 10 €.

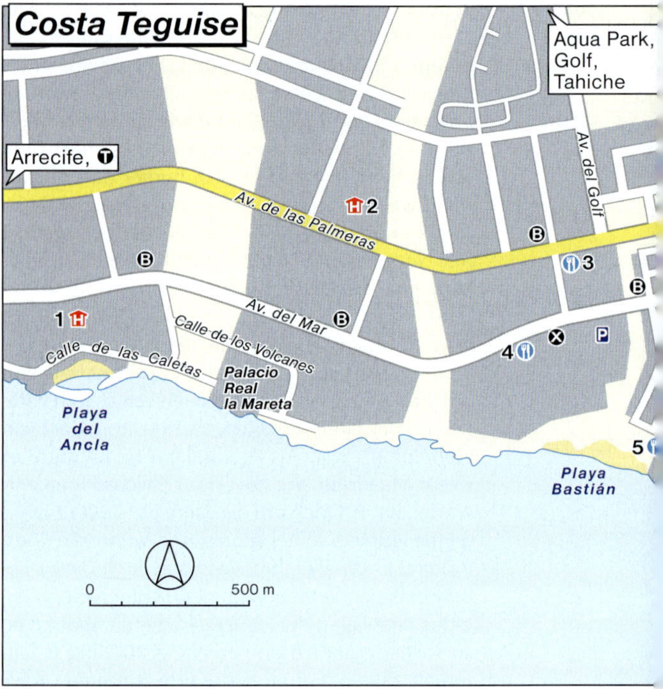

UNTERKÜNFTE
1 Occidental Oasis
2 Playaverde
6 Ap. Nazaret
7 Club Albatros
11 Barceló La Galea
12 Occidental Grand Teguise Playa
13 Ap. Neptuno
15 Lanzarote Gardens
17 Gran Meliá Salinas

ESSEN UND TRINKEN
3 La Jordana
4 Isla Bonita
5 Villa Toledo
8 Chu-Lin
9 Bogart's, El Pescador
13 Vesubio, Neptuno

NIGHTLIFE
9 The Irish Fiddler, Hook

SONSTIGES
9 Mercadillo
10 Surfclub CNS
14 Aquatis Divingcenter
16 Aquarium

Apotheke

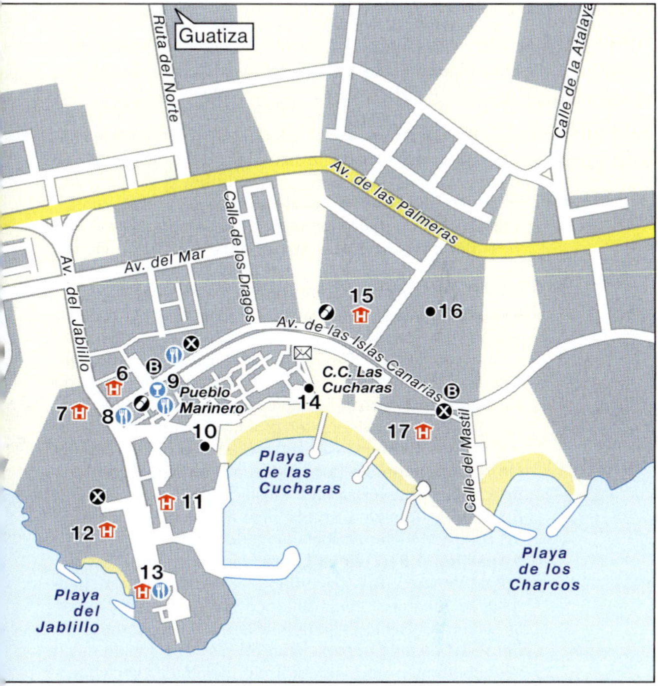

Unterkunft

• **Gran Meliá Salinas & Garden Villas** €€€€, Av. Islas Canarias s/n, Tel. 928590040, Fax 928590390, www.solmelia.com, pauschal bei allen großen Veranstaltern. Luxushotel direkt am Strand, alle 310 Zimmer mit Marmorbad, Klimaanlage, Balkon und Meerblick. Dazu fünf Restaurants und eine Pianobar, drei Tennishartplätze mit Flutlicht, Bowling, Minigolf, Sauna und Beauty-Center. Wer total abschalten will und einen Aufpreis nicht scheut, bucht eine der zehn luxuriösen Villen im separaten Park: mit eigenem Pool und Garten sowie großer Terrasse, auf der auf Wunsch Frühstück und Nachmittagskaffee serviert werden. Für das gewisse Extra sorgen Tageszeitungen, CD-Anlage und schnurloses Telefon.

• **Occidental Grand Teguise Playa** €€€, Av. del Jablillo s/n, Tel. 928590654, Fax 928590979, www.occidental-hoteles.com, pauschal bei mehreren Veranstaltern. Sechsstöckiges Hotel vor der Playa del Jablillo, zwar nicht im inseltypischen Stil erbaut, aber doch mit üppig grünem Atrium. Alle

314 Zimmer haben Balkon und Meerblick, die beiden Pools liegen direkt vorm Sandstrand. Mit Tennis- und Squashcourt, Whirlpool und Sauna, Fitnesscenter und Tischtennis.

• **Occidental Oasis** €€€, Av. del Mar s/n, Tel. 928590410, Fax 928590791, www.occidental-hoteles.com, pauschal bei mehreren Veranstaltern. Sechsstöckiger Hotelkasten am westlichen Ortsrand, 2,5 Kilometer vom Zentrum. Direkt unter ihm liegt die felsige Playa del Ancla. Alle 372 Zimmer ordnen sich hufeisenförmig um den Pool, sind geräumig und mit Klimaanlage und Sat-TV ausgestattet – vom Balkon hat man Meerblick. Fünf Doppelzimmer sind behindertengerecht. Für Aktive gibt's Sport: von Fitness über Golf bis zu Squash; die drei Tennishartplätze liegen direkt überm Meer, Belegung von Kursen ist möglich.

• **Aparthotel Lanzarote Gardens** €€€, Av. de las Islas Canarias 13, Tel. 928590100, Fax 928591784, www.h10hotels.com, pauschal bei allen großen Veranstaltern. Etwas abseits vom Zentrum, aber nur 200 Meter von der Playa de las Cucharas entfernt. Die familienfreundliche Anlage ist in einen 40.000 Quadratmeter großen Garten eingebettet, die zweistöckigen Häuser verstecken sich hinter dichtem Grün. Mittendrin die Poollandschaft mit strohgedeckten Beach-Bars, Wasserfall und künstlichen Grotten. Die 242 Apartments (einige ausschließlich für Nichtraucher) sind mit robusten Kiefernmöbeln eingerichtet.

• **Aparthotel Barceló La Galea** €€€, Falúa/Punta Jablillo, Tel. 928590551, Fax 928590530, www.barcelo.com, pauschal bei mehreren Veranstaltern. Anlage im inseltypischen Stil unter deutscher Leitung, nur einen Katzensprung von der Playa de las Cucharas entfernt. Die 256 funktionalen Wohneinheiten sind kubenförmig ineinander verschachtelt, viele mit Meerblick. Der Süßwasserpool ist groß und beheizbar, für Kinder gibt es ein separates Planschbecken und einen Miniclub.

• **Playaverde** €€€, www.hotelesplaya.com, pauschal u.a. bei Neckermann. 1,5 Kilometer vom Strand und damit etwas ab vom Schuss, dafür mit kundenfreundlicher Preisgestaltung. Ein Pluspunkt des Viersternehotels ist die weitläufige Poollandschaft mit mehreren beheizten, durch Felsstege und Rutschen verbundenen Becken; auch ein Whirlpool ist dabei. Die rings um den Garten angeordneten 235 Zimmer sind mit hellem Rattan, Sat-TV und Klimaanlage eingerichtet, vom zweiten Stock erhascht man einen Blick aufs Meer. Mit Miniclub, Animation und Fahrradverleih.

• **Club Albatros** €€, Av. del Jablillo s/n, Tel. 928590000, Fax 928590002, pauschal nur bei Alltours. Beste Qualität sollte man nicht erwarten: ein All-Inclusive-Club mitten im trubeligen Zentrum, fünf Gehminuten von Playa de las Cucharas und Playa del Jablillo entfernt. Viel junges Publikum, darunter jede Menge Familien und Surfer, Taucher und Radler. Für Kinder wird ein umfangreiches Animationsprogramm geboten, gestaffelt nach Mini, Maxi und Teenie (bis 17 Jahre). Für die Erwachsenen gibt es Tennis, Aerobic und Fitness, abends Shows auf einer Unterhaltungsbühne mit angeschlossener Bar. Die 315 zum Poolgarten ausgerichteten Apartments sind trotz der zentralen Lage ruhig, einige bieten Meerblick. Mit Café und Büfett-Restaurant, der 50 Meter neben dem Hoteleingang gelegene Supermarkt öffnet auch sonntags.

● **Ap. & Mansión Nazaret** €€, Av. Islas Canarias 1, Tel. 928590801, Fax 928590866, www.mansionnazaret.com, pauschal bei TUI. Freundliche Anlage gegenüber dem Pueblo Marinero. 52 Apartments gruppieren sich um den Pool und sind mit hellen Holzmöbeln à la Ikea eingerichtet. Etwas komfortabler ist das angrenzende Aparthotel Mansión Nazaret mit holzgedrechselten Balkonen und 60 behaglich eingerichteten Apartments. In der angrenzenden Tauchschule gibt's Rabatt. Man läuft zur Playa etwa zehn Minuten.

● **Ap. Neptuno** €€, Av. del Jablillo s/n, Tel. 928590900, Fax 928590706, pauschal nur bei ITS. Kleine Anlage auf einer vorspringenden Landzunge oberhalb der Playa del Jablillo, zum Strand sind es nur wenige Schritte. Die 42 Apartments sind einfach, aber hell, über den Pool hinweg blickt man auf die Bucht. Gutes Preis-Leistungs-Verhältnis.

Essen und Trinken

Vorbemerkung: Eine Vielzahl von Lokalen gibt es an der Strandpromenade. Aufgrund ihrer Lage sind sie zum Erfolg verurteilt, da mag die Qualität des Essens noch so bescheiden sein. Mehr anstrengen müssen sich da schon die Restaurants in zweiter und dritter Reihe, die nur dann überleben, wenn sie auch wirklich gut sind.

● **Isla Bonita** €€, Av. del Mar (Playa Bastián), Tel. 9285 91526, täglich außer So ab 12 Uhr. Jeder Gast wird mit einem Gläschen Wein und einem Käsehappen begrüßt, danach wählt man am besten das Tagesgericht. Señor *Pepe* ist stolz darauf, dass er seine Zutaten exklusiv von den Bauern Lanzarotes bezieht – die Inselregierung dankte es ihm mit einer Auszeichnung. Ob kanarischer Eintopf (Do), Ziegenfleisch (Fr) oder Spanferkel (So) – die Zutaten sind frisch und die Zubereitung kanarisch. Naschmäuler bestellen *torijas de Lanzarote*, mit Honig beträufelte knusprige Pfannkuchen, oder *bienmesabe*, eine süße Mandelcreme. Ein Beweis für die gute Qualität: Viele Einheimische kehren hier ein!

● **Villa Toledo** €€, Los Cocederos s/n, Playa Bastián, Tel. 928590626, täglich ab 10 Uhr. Wunderbare Lage direkt am Meer: Im ruhigen Terrassenlokal fragt man am besten nach den *sugerencias del chef*, den Tagesempfehlungen des Kochs, die neben der Bar im ersten Stock ausgestellt werden. Serviert werden Fisch und Fleisch mit leckeren Soßen; auch wer nur auf einen Drink vorbeikommt, ist willkommen.

● **La Jordana** €€€, Calle de los Geranios/Av. de las Palmeras, Tel. 928590328, So geschlossen. Gourmetlokal nahe der Playa Bastián. Serviert werden internationale Klassiker in gepflegtem Ambiente, der Schwerpunkt liegt auf Fleisch; gut schmecken Milchlammkeule, Kaninchen und Zicklein.
● **Bogart's** €€/€€€, Av. de las Islas Canarias 4, Tel. 6869 94147, Mo–Sa ab 18 Uhr. „Ungekünstelte Gaumenfreude", urteilte der Restaurantkritiker des Magazins „Lanzarote 37". Schräg gegenüber vom Pueblo Canario öffnete *Christian Wiedemuth,* den Inselbesucher aus früheren Zeiten vielleicht noch als Küchenchef des berühmten Ikarus in Teguise kennen, eine gemütliche Trattoría. Serviert werden leckere Antipasti, Pastagerichte und Pizzen, aber auch geschmackvoll zubereitete Fisch- und Fleischgerichte.
● **El Pescador** €€, Plaza Pueblo Marinero s/n, Tel. 928590874. Rustikal-gepflegtes Lokal in einem Winkel des „Dorfplatzes". Vom Boden bis zur Decke haben es Studenten der

040la Foto: gs

Kunstakademie gestaltet, holzgeschnitzte Reliefs zeigen einen Paradiesgarten mit verträumten Bauern unter Blumen und Palmwedeln. Die Küche kann da nicht ganz mithalten, es gibt „solide" Fleisch- und Fischgerichte mit viel Pommes und nur wenig Salat. Wer will, kann auch draußen speisen.

- **Chu-Lin** €€, Av. del Jablillo/Ecke Av. de las Islas Canarias, Tel. 928592011. Señor *Manuel Bueno* aus Manila hat in den 1970er Jahren die Asia-Küche auf den Kanaren eingeführt. Das vom spanischen „Gourmet Guide" preisgekrönte Restaurant bietet Klassiker der Kanton-Küche, hervorragend schmeckt z.B. Ente – zartes Fleisch knusprig gebraten, mit Mandel- oder Orangensoße. In diesem Lokal ist alles frisch zubereitet, dem Koch kann man bei seiner Arbeit über die Schulter schauen. Zum Wohlbefinden trägt gewiss auch das gemütlich-gepflegte Ambiente bei.
- **Neptuno** €€, Av. del Jablillo 16, C.C. Neptuno, Tel. 9285 90378, So geschl. Spanische und internationale Küche, für seine Fischgerichte vom kanarischen Hotelschulverband mehrfach ausgezeichnet.
- **Vesubio** €, Playa del Jablillo s/n, C.C. Neptuno, Tel. 9285 90090, ab 10 Uhr. Von früh bis Mitternacht gut besucht: Über die Straße hinweg blickt man aufs Meer, die Preise für Pizza und Pasta sind niedrig. Schneller und freundlicher Service.

Einkaufen

Für ein Touristenzentrum dieser Größe ist das Angebot erstaunlich mager. An der Cucharas-Promenade behaupten sich ein paar Sportswear- und Kunsthandwerksläden, für Abwechslung sorgt der Wochenmarkt im Pueblo Marinero.

- **Wochenmarkt:** Mercadillo de Artesanía, Pueblo Marinero, Fr ab 17 Uhr. Kanarische Kunsthandwerker und Alt-Hippies treffen sich zum Sonnenuntergang auf der Plaza des „Fischerdorfs". Kein umwerfend großes Angebot, doch angenehme, ruhige Stimmung.
- **Souvenirs:** Tierra, Pueblo Marinero s/n. Keramik aus aller Welt, Wind- und andere Spiele, Inselpostkarten von *Anneliese Guttenberger,* dazu eine große Auswahl von Schmuck mit Olivin.

Costa Teguise gilt als bester Surfspot der Insel – Anfänger üben im seichten Molenbereich, während in den Wellen am Riff Springer auf ihre Kosten kommen

Nightlife

Zwar ist Costa Teguise kein gutes Pflaster für Nachtschwärmer, doch ein paar Adressen haben sich über die Jahre gehalten. Am meisten los ist im Pueblo Marinero, wo man sich bis mindestens 3 Uhr morgens vergnügen kann. Weitere Bars öffnen an der Meerespromenade. Sie sind zumeist in britischer Hand und servieren Fish & Chips, daneben werden Sport-TV-Siege über die „Krauts" begeistert gefeiert.

- **The Irish Fiddler,** Plaza Pueblo Marinero 17, Mo–Sa ab 18 Uhr. Wie sich das für einen irischen Pub gehört: große Auswahl an Whiskey und Bier, dazu Live-Musik im Stil der Dubliners.
- **Hook,** Plaza Pueblo Marinero 10, ab 18 Uhr. Die Bar des Seeräubers Hook ist ein obligatorischer Stopp beim Pub Crawl durch Costa Teguises Kneipenwelt.

Aktivitäten

- **Surfen & Windsurfen:** Costa Teguise ist der beste Surfspot der Insel, ein Allroundrevier für alle Könnerstufen. Das ganze Jahr über weht der Wind „side-shore" zwischen vier und sieben Beaufort. Am 300 Meter vor der Küste gelegenen Riff bilden sich bis zu drei Meter hohe Wellen für die Springer, während sich in der flachen Bucht Slalom- und Speed-Fahrer tummeln. Anfänger haben nichts zu befürchten: Sofern sie sich nahe der molengeschützten Küste aufhalten, können sie problemlos ihre ersten Schritte wagen.

  Mehrere Surfschulen sind an der Playa de las Cucharas stationiert: Das altbewährte Windsurf Centre im Surfclub CNS (Las Olas 18, Tel. 928590731, www.sportaway-lanzarote.com) bietet eine große Auswahl an F2-Boards und Neil-Pryde-Riggs, außerdem Kurse vom Anfänger bis zum Fortgeschrittenen.
- **Tauchen:** Aquatis Divingcenter, Urb. Lanzatierra 2, Tel. 928590407, Fax 928592548, www.aquatis-lanzarote.eu oder www.diving-lanzarote.net. Die deutsch geführte Schule an der Playa de las Cucharas (Ansprechpartner: *Chris*) verleiht Ausrüstung und organisiert nebst Kursen auch Nacht-, Wrack- und Strömungstauchen.
- **Wandern:** Olita Treks, C.C. Las Maretas, Local 1, Tel. 928592148, Fax 928591801, www.olita-treks.com. Geführte Touren ab Costa Teguise für zwei bis acht Personen, der Transport ist im Preis inbegriffen.
- **Radfahren:** Da es schon bald möglich sein wird, auf einem drei Meter breiten Weg von Costa Teguise via Arrecife bis Puerto del Carmen zu radeln, bekommt man vielleicht Lust, sich einen Drahtesel zu mieten. Mehrere Verleihfirmen stehen zur Wahl, u.a. Tommy's, Calle de la Galeta 16, Tel. 928592327, www.tommys-bikes.com, sowie die Bike Station, C.C. Las Maretas 20, Tel. 628102177, www.my

Playa del Jablillo

lanzarote.com. Vermietet werden gut gewartete Touren-, Stadt- und Mountainbikes inklusive Helm, Pumpe, Ersatzschlauch und Karte. Auch im Angebot: geführte Touren in kleinen Gruppen zu den schönsten Ecken der Insel.

- **Golf:** Golf Costa Teguise, Av. de Teguise Golf 315, Tel. 928590512, 928592337, www.lanzarote-golf.com. Eine 18-Loch-Anlage am Fuß eines alten Vulkans oberhalb der Ferienstadt. Rasenteppiche wechseln mit felsigem Terrain, effektvoll eingestreut sind Palmen, Drachenbäume und Riesenkakteen. Mit Shop, Verleihstation und Restaurant.
- **Minigolf:** Los Zocos, Av. de las Islas Canarias 15.
- **Wasserpark:** Aqua Park, Av. Teguise 315, Tel. 928562128, 10–18 Uhr, Eintritt 21 €, Kinder 15 € (Tendenz weiter steigend). Knallbunte Riesenrutschen und Tunnelröhren, Wasserfälle und Pools.

Feste

- **16. Juli:** *Fiesta de Nuestra Señora del Carmen.* Mit Theatergruppen und Folklore, Lucha Canaria, Fest und Meeresprozession.

Verkehr

- **Bus:** Mit Linie 1 kommt man alle 20–30 Minuten nach Arrecife. Von der Endstation an der Playa del Reducto geht es weiter nach Puerto del Carmen (Linie 2), Puerto Calero (25) oder Playa Blanca (6). Um zu anderen Inselorten zu kommen, muss man bereits am Busbahnhof der Hauptstadt aus- und umsteigen. Sonntagvormittag fahren auch Busse zum Wochenmarkt in Teguise (11). Haltestellen gibt es z.B. an der Av. de las Islas Canarias (Hotel Meliá Salinas und Pueblo Marinero) und an der Av. de las Palmeras.

114la Foto: gs

Tahiche

Weiße Häuser mit Kuppeldach und Minarett, eingebettet in einen schwarzen Lavastrom: So präsentiert sich die **Villensiedlung** Tahiche am Fuß des gleichnamigen Vulkans. Im südlichen Vorort Taro de Tahiche (vom Kreisverkehr 150 Meter in Richtung San Bartolomé) sieht man Touristen nicht selten Schlange stehen, um das Wohnhaus des großen Meisters César Manrique bestaunen zu dürfen.

Fundación César Manrique

Es geschah im Jahr 1968: César Manrique war im Auto unterwegs, als er sah, wie aus einem Lavafeld die grüne Spitze eines Feigenbaums lugte. Er hielt an und tastete sich über die scharfkantige Lava an die Pflanze heran: Und siehe da – der Baum hatte in einer unterirdischen Vulkanblase Wurzeln geschlagen. Bei näherem Hinsehen erkannte Manrique, dass die Blase nur eine von insgesamt fünf miteinander verbundenen **Höhlen** war. Sofort war dem Künstler klar: Dies ist die Stelle, an der er seinen Traum von einer *casa honda*, einem „tiefen Haus" im Stil der altkanarischen Vorfahren, verwirklichen musste. Die Bewohner der Gemeinde erklärten Manrique für verrückt, denn wie konnte man in unwirtlicher Lava leben wollen? Und auch die Besitzer des Bodens wussten wohl nicht, was sie taten, als sie ihm das für wertlos befundene Grundstück zum Geschenk machten – sie waren froh, dass sich überhaupt jemand dafür interessierte. Doch schon bald begann man über das, was sich hier tat, zu staunen: Manrique schuf einen Palazzo, der in aller Welt Bewunderer fand und noch heute mehrere Tausend Besucher täglich anlockt.

Ein **knallbuntes Windspiel** weist den Weg zum gleißend weißen Kubenbau. Ein abstraktes, farbenfrohes **Mauermosaik** säumt den Garten, Pflanzen erscheinen wie lebende Skulpturen. Man

042la Foto: gs

betritt das Haus, welches sich über zwei Ebenen erstreckt, durch das Obergeschoss. Zahlreiche **Gemälde** illustrieren Manriques Werdegang vom Naturalismus zur abstrakten Malerei, daneben hängen Werke illustrer Künstler wie *Picasso, Tápies* und *Miró*. Im ehemaligen Wohnzimmer „prescht" eine Lavazunge durchs Panoramafenster bis in den Innenraum vor – Natur als integraler Bestandteil der Architektur!

Eine Wendeltreppe führt ins Untergeschoss hinab, wo man durch weiß gekalkte Stollen von einer **Vulkanblase** zur nächsten gelangt. Eine jede ist in einem anderen Farbton gehalten und mit schlichten, formschönen Möbeln eingerichtet;

Weithin sichtbar: das Windspiel am Eingang

043la Foto: gs

044la Foto: gs

durch Deckenöffnungen flutet gedämpftes Sonnenlicht hinein. Als Glanzpunkt der Anlage präsentiert sich ein türkis schimmernder, von einer Brücke überspannter **Pool,** um den herum exotische Pflanzen wachsen.

Nach dem Rundgang kann man sich im Café stärken und den guten Gemüsekuchen probieren. Der Laden nebenan bietet Kunstbücher und -videos, dazu Praktisches mit dem Logo des Meisters: Leinenrucksäcke, Taschen und Tücher.

- **Fundación César Manrique,** Taro de Tahiche, Tel. 9288 43138, www.fcmanrique.org; Mo–Sa 10–18, So bis 15 Uhr (November–Juni), Mo–So 10–19 Uhr (Juli–Oktober), Eintritt 8 €.

Verkehr

- **Bus:** Verbindungen gibt es nach Arrecife, Teguise, Haría, Órzola und Arrieta (Linie 7, 9 und 10). Die Busse halten an der Kreuzung Cruce de Manrique.

Toilettensymbole à la Manrique

Nazaret

Auf dem Weg nach Teguise kommt man an einem Ort vorbei, in dem man zwar komfortabel wohnen kann, aber leider abgeschnitten ist vom kanarischen Dorfleben. Viele Ausländer haben hier Häuser gekauft oder bauen lassen, die sie nun über kleinere Reiseveranstalter vermieten lassen. Die Attraktion für Tagesausflügler heißt **LagOmar** und liegt im Ortsteil Oasis de Nazaret: eine in den Fels geschlagene, von César Manrique entworfene Anlage. Der Künstler ließ ins rötliche Vulkangestein Grotten meißeln und verband sie durch Tunnel- und Treppenwege. Selbstverständlich darf ein Teich in der Anlage nicht fehlen und wo der Raum es zulässt, sprießen exotische Pflanzen aus schwarzer Lava. Anfangs gehörte das Anwesen einem libanesischen Geschäftsmann, dann erwarb es der Schauspieler *Omar Sharif,* der als „Doktor Schiwago" zu Weltruhm gelangte. Doch seines Besitzes konnte er sich nicht lange erfreuen, im Glücksspiel ward er ihm entrissen. Die heutigen Eigentümer eröffneten in dem Palast ein Café-Restaurant, in dem man sich mit Blick auf den Teich herrlich entspannen kann. Mehrmals jährlich werden Ausstellungen zeitgenössischer Kunst organisiert, häufig gibt es Musikabende mit Klassik und Jazz.

Unterkunft

- **Casa Omar Sharif**€€€, Oasis de Nazaret, Tel. 928845460. Ein Apartment ideal für zwei Personen, Teil der luxuriösen LagOmar-Anlage mit Garten und Teich.
- Weitere Häuser sind buchbar über Elke Janke Reisen und Canarias Spezial (↗„Reisetipps A–Z: Unterkunft").

Essen und Trinken

- **LagOmar** €/€€€, Nazaret, Tel. 928845665, Di–So ab 12 Uhr, So nur bis 18 Uhr, www.lag-o-mar.com. Kaffee und Kuchen im Ambiente einer exzentrischen Felsvilla, dazu französische und vegetarische Küche. Man speist in einem kleinen, lichtdurchfluteten Raum, noch schöner draußen am Teich mit Blick auf den durchlöcherten Berg.

Verkehr

- **Bus:** Haltestelle an der LZ-10 (Teguise-Tahiche), von dort zwei Kilometer zu Fuß zum LagOmar. Verbindungen nach Arrecife, Teguise, Haría, Órzola und Arrieta (Linie 7, 9, 10).

Teguise

Teguise war von 1418 bis 1852 die Hauptstadt Lanzarotes. Will man sie in ihrer ganzen Pracht erleben, sollte man sie vielleicht nicht am Sonntag besuchen. Denn dann schieben sich Tausende von Besuchern während des **großen Markts** durch die Straßen, Verkäufer aus aller Herren Länder preisen ihre Waren an. Montags ist die Stadt dann geisterhaft still: Sie erholt sich vom Trubel des Vortags, viele Cafés und Restaurants bleiben geschlossen.

Die **spanische Kolonialstadt** begrüßt den Besucher mit kopfsteingepflasterten Gassen, restaurierten Herrenhäusern, Kirchen und Klöstern. Fast alle Gebäude stammen aus dem 16. und 17. Jahrhundert und sind ausgezeichnet erhalten. Grün und Weiß erscheinen als vorherrschende Farben, Holzbalkone sind mit Schnitzereien verziert. 1973 wurde Teguise unter **Denkmalschutz** gestellt – ein architektonisches Schmuckstück par excellence. Vor allem Deutsche sind es, die alte Häuser aufgekauft und darin originelle Läden, Bars und Restaurants eingerichtet haben. Mehrere Galerien und Mu-

Kurzinfo Teguise

- **Rathaus:** Ayuntamiento, Av. General Franco 1, Tel. 928845001
- **Polizei:** Policía Local, Plaza de la Constitución 3, Tel. 928845252
- **Banken:** Plaza de la Constitución s/n
- **Post:** Plaza General Franco s/n
- **Gesundheitszentrum:** Centro de Salud, Ctra. de los Valles s/n, Tel. 928593006
- **Apotheke:** Farmacia, Plaza San Francisco s/n
- **Tankstelle:** an der Straße nach Mozaga/ San Bartolomé
- **Taxi:** Plaza San Francisco, Tel. 928524223 (Radio Taxi)

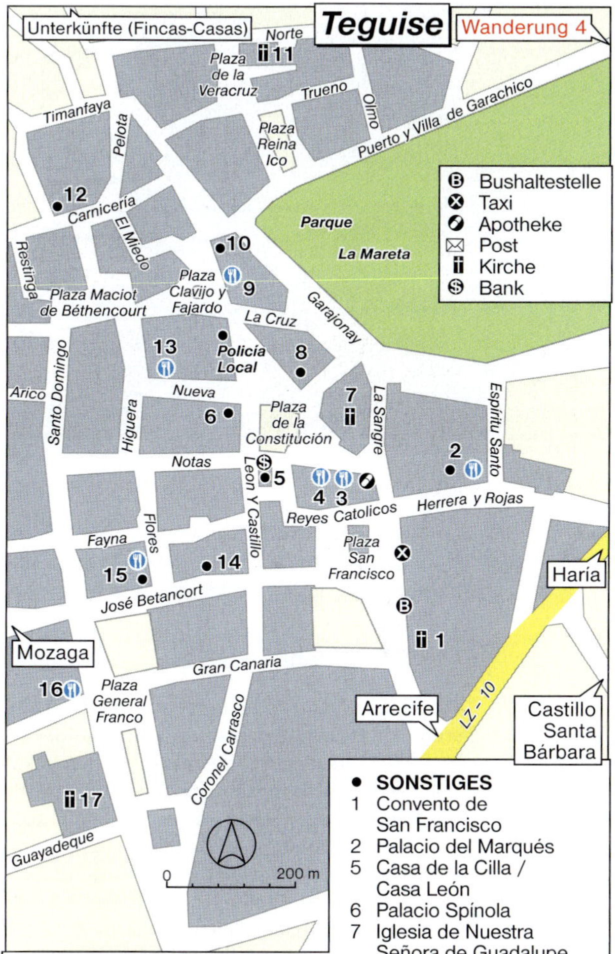

ESSEN UND TRINKEN

2 Patio del Vino
3 La Dispensita
4 Acatife
9 Bodeguita del Medio
13 La Galería
15 Kulturcafé JaLEO
16 La Tahona

● SONSTIGES

1 Convento de San Francisco
2 Palacio del Marqués
5 Casa de la Cilla / Casa León
6 Palacio Spínola
7 Iglesia de Nuestra Señora de Guadalupe
8 Universidad
10 Galería de la Villa
11 Ermita de la Vera Cruz
12 Archivo Histórico
14 Palacio Herrera
15 Casa Santiago
17 Convento de Santo Domingo

115la Foto: gs

seen können besichtigt werden, am Sonntagmittag (und manchmal auch abends) erlebt man Auftritte von Jazz-Musikern oder Klassik-Ensembles.

Ein Blick zurück

1406 heiratete *Maciot de Béthencourt,* Neffe des berühmten Eroberers und neuer Statthalter der Insel, die schöne *Teguise,* Tochter des letzten altkanarischen Herrschers. Nach ihr benannte er auch die altkanarische Ortschaft, die er zwölf Jahre später zur **Inselhauptstadt** erkor. Sie wurde 1455 in den Rang einer „königlichen Stadt" *(villa real)* erhoben und zog adelige Regenten an, die sich hier ihre Privatpaläste bauen ließen.

Vom 452 Meter hohen Berg Guanapay wurde das Land überwacht. Obgleich man den Wachturm um 1550 zu einem mächtigen Festungsturm ausbaute, wurde Teguise wiederholt Opfer von **Piratenübergriffen.** Im Jahr 1569 erstürmte der Korsar *Calafat* mit 600 Mann die Stadt. Dies war eine erste Antwort auf die vielen Sklavenrazzien, die der Inselgraf in den vorausgegangenen Jahren an der afrikanischen Küste unternommen hatte. Wie es in einer zeitgenössischen Chronik heißt, sollen im 16. Jahrhundert 12.000 Moslems in kanarische Sklaverei gefallen sein. Nach Calafat kam *Dogalí,* genannt der „kleine Türke". Als er aus Teguise abzog, hatte er „90 Frauen und Kinder, 25 Sklaven, die gesamte Getreideernte, 54 Ziegen und eine große Menge Trockenfrüchte" an Bord. Im Jahr 1586 wurde die Festung von *Morato Arráez,* einem berüchtigten Freibeuter aus Algerien, in Schutt und Asche gelegt. Doch der größte Schlag stand der Stadt erst noch bevor: 1618 zogen 5000 Soldaten unter Führung der Piraten *Jabán* und *Solimán* in Teguise ein und brannten sie bis auf die Grundmauern nieder; 1000 Lanzaroteños, die Hälfte der damaligen Inselbevölkerung, wurden nach Afrika verschleppt.

Noch heute erinnern Straßennamen an die erlittene Schmach. Sie heißen „Gasse des Blutes", der „Angst", des „Donners" und des „Heiligen Geistes". Teguise musste fast komplett neu aufgebaut werden, beinahe alle Häuser, die man heute sieht, stammen aus dem 17. Jahrhundert. 1852 wurde Teguise von Arrecife als Inselhauptstadt abgelöst, zu diesem Zeitpunkt hatten sich bereits alle wichtigen wirtschaftlichen Tätigkeiten in den Küstenort verlagert. Teguise verfiel in morbide Melancholie, erst im Zuge der touristischen Entwicklung wurde sie unter Denkmalschutz gestellt und aufpoliert. Die meisten historischen Gebäude werden heute als Museum oder Restaurant genutzt.

Löwen bewachen den Hauptplatz

Sehenswertes

Convento de San Francisco

Die Orientierung fällt leicht, denn die Straßen wurden nach einem schachbrettartigen Muster erbaut. Der schönste Einstieg zur Altstadt erfolgt über die Plaza de San Francisco. An ihrer Ostseite erhebt sich die **Franziskanerkirche,** das erste von insgesamt vier Gotteshäusern der Stadt. Sie wurde 1588 erbaut, 1618 von Piraten zerstört und in den Folgejahren abermals errichtet, nun aber ohne Kloster. Ihr dunkler Innenraum beherbergt ein etwas bescheidenes **Museum sakraler Kunst** mit Gemälden und Skulpturen aus aufgelassenen Kirchen der Insel.

● **Convento de San Francisco,** Plaza San Francisco s/n, unregelmäßig geöffnet.

Palacio del Marqués

Rechts um die Ecke befindet sich das älteste noch erhaltene Haus der Insel. Es stammt von 1455 und wird etwas großspurig **„Grafenpalast"** genannt. Über einen geheimen Gang war es mit der einen Kilometer entfernten Festung auf dem Berg Guanapay verbunden. Drohte ein Piratenangriff, flüchtete sich die Adelsfamilie ins sichere Refugium, während das gemeine Volk mit den umliegenden Vulkanhöhlen vorlieb nehmen musste. Deutsche haben das Haus gekauft und darin eine Wein- und Tapas-Bar eröffnet, sodass man es auch von innen besichtigen kann.

● **Palacio del Marqués,** Herrera y Rojas 9, samstags geschlossen.

Pfarrkirche

Über den Callejón de la Sangre („Gasse des Blutes") gelangt man zum schönsten Platz der Stadt, der inzwischen mehrere Namen trägt. Auf den Karten steht **Plaza de la Constitución,** doch die Bewohner ziehen es vor, ihn wegen der beiden vor dem Spínola-Palast wachenden Löwenfiguren schlicht „Plaza de los Leones" zu nennen.

Unübersehbar ist die Pfarrkirche **Iglesia de Nuestra Señora de Guadalupe** mit ihrem mächtigen, kuppelgekrönten Glockenturm. Man betritt sie durch ein wunderschönes Portal. Nüchtern und karg ist der Innenraum - während der vielen Plünderungen wurden fast alle Schätze geraubt. Nur die Figur der Schutzpatronin, der Jungfrau von Guadalupe, gelangte „wie durch ein Wunder" von Marokko nach Lanzarote zurück. Mit ihrer goldenen Krone und dem rubinroten Gewand schmückt sie den linken Seitenaltar, an hohen Festtagen wird sie in einer Sänfte durch die Stadt getragen.

Casa de la Cilla

Gegenüber der Kirche, an der Südseite des Platzes, befand sich das **Zehnthaus,** in dem die Gläubigen der Geistlichkeit ihren Tribut zollten. Ein Zehntel ihrer Ernteerträge mussten sie abgeben, auf dass der Bischof und die Priester standesgemäß leben konnten. Mit der schweren, nagelbeschlagenen Holztür wirkt das kleine Haus noch heute wie ein Tresor und beherbergt eine Filiale der kanarischen Sparkasse Caja de Canarias.

Palacio Spínola

An der Westfront des Platzes, in Blickrichtung der steinernen Löwen, steht der Palast einer genuesischen Kaufmannsfamilie mit einem herrlichen Patio. 1984 richtete die Inselregierung in dem Haus ein **Museum** ein, in dem antike Möbel, kostbare Teppiche und Gemälde die einstige Wohnkultur der kanarischen Oberschicht veranschaulichen. Besonders gelungen ist die Rekonstruktion der Küche mit großem rußgeschwärzten Rauchabzug; auch die festlich gedeckte Tafel im Speiseraum lohnt einen Blick.

- **Palacio Spínola,** Plaza de la Constitución s/n, Mo–Fr 9–15, So 10–14 Uhr, Eintritt 3 €.

Plaza Clavijo y Fajardo

Durch eine trichterförmige Verengung wird man zur Plaza Clavijo y Fajardo „geschleust". Der Platz ist hell und weit, mehrere Läden und Boutiquen laden zum Kaufbummel ein. Benannt ist der Platz nach einem 1726 in Teguise geborenen Gelehrten, der weniger durch geistige Höhenflüge als durch skandalträchtige Liebesaffären von sich reden machte. Sein prominentestes Opfer war *Marie Louise,* die Schwester des französischen Schriftstellers *Beaumarchais.* Als dieser erfuhr, dass *Clavijo* nicht bereit war, das der Schwester gegebene

Juanele de los timples – einer der Letzten seiner Zunft

„Nennen Sie mich Juanele“, stellt Señor *Estéban Morales Hernández* gleich bei der Begrüßung klar und fügt hinzu: „Juanele, el de los timples“. Sein Leben lang hat er die kleinen fünfsaitigen Zupfinstrumente gefertigt, deren Töne aus der kanarischen Folklore nicht wegzudenken sind. Das Handwerk hat er vom Vater erlernt, dieser vom Großvater und so fort. „Doch nach mir kommt keiner mehr“, sagt er freundlich und ohne Bedauern, „meine drei Kinder wollen ihr Leben nicht als Timple-Bauer zubringen“. Juanele führt uns durch seine von Neonlicht erhellte Werkstatt. Auf den Regalen stapeln sich kleine runde Formen, die herrlich nach Edelholz duften. „Palo santo“, erklärt Juanele, „das Holz des Guajakbaums: widerstandsfähig, dabei biegsam wie eine Feder!“

Die Arbeit am Instrument nimmt viel Zeit in Anspruch, doch Eile kennt er nicht. „Die Timple ist fertig, wenn sie fertig ist! Manchmal dauert es fünf, manchmal aber zehn Wochen, bis ich ihr den richtigen Klang entlocke.“ Rigoros verteidigt er sein archaisches Berufsethos: „Serienarbeit wird es bei mir nie geben!“ Und er schickt ein paar Flüche jenen Kollegen hinterher, die es anders halten und sich dabei eine goldene Nase verdienen. Freilich sind auch Juaneles Instrumente alles andere als billig, 300 Euro muss man für das einfachste Modell hinblättern. Der Preis hängt ab vom verwendeten Holz, aber auch vom gewünschten Schmuck rings um das Schallloch. „Schauen Sie“, Juanele zeigt auf einen großen, blank polierten Gegenstand auf dem Boden, „der Kiefer eines Pottwals, den mein Großvater 1929 auf La Graciosa fand.“ Seit jenem Jahr wurden unzählige Plättchen aus dem fast zehn Meter langen Knochen geschlagen und als Ornament in die Timple gesetzt. Bevor ein Instrument die Werkstatt verlässt, wird es getestet, am besten im Rahmen eines öffentlichen Konzerts: Juanele ist Mitglied in mehreren Orchestern und spielt bei jeder sich bietenden Gelegenheit!

Eheversprechen einzulösen, suchte er den Gelehrten in Madrid auf und zwang ihm nach einem gewonnenen Duell ein öffentliches Schuldbekenntnis ab. Ausgeschmückt mit bloßstellenden Details wurde es in seinen Memoiren abgedruckt. Doch damit ist die Geschichte noch nicht zu Ende.

046la Foto: gs

Señor Estéban, genannt „Juanele“

Goethe inspirierte die Lektüre zu einem Trauerspiel: „Clavigo" ist die Charakterstudie eines Mannes, für den Frauen einzig Objekt eigener Lustbefriedigung sind.

Ermita de la Vera Cruz

Im Norden der Altstadt steht die Ermita de la Vera Cruz, eine schlichte **Kapelle mit ungewöhnlicher Christusfigur.** Der Gekreuzigte, vom kanarischen Bildhauer *Luján Pérez* meisterhaft geschnitzt, trägt Menschenhaar, das ihm bis zu den Hüften hinabreicht. Wie es heißt, wurde die Figur, in einer Kiste verpackt, in der Famara-Bucht gefunden – Strandgut eines vor der Küste gesunkenen Schiffes.

Im Schatten der Kapelle befindet sich die beste Timple-Werkstatt von Lanzarote (siehe Exkurs).

Palacio Herrera

Einer der größten Sklavenfänger des 16. Jahrhunderts war *Agustín Herrera.* Auf diese Weise zu Reichtum und Ansehen gelangt, wurde er vom spanischen König zum ersten Grafen von Lanzarote ernannt. Sein Haus spiegelt seinen Wohlstand wider: Rings um den schönen Innenhof verläuft eine Holzgalerie, von der alle Räume abgehen. Mit Holzdielen und Balkendecken strahlen sie Behaglichkeit aus, bilden einen schönen Rahmen für die wechselnden hier gezeigten **Kunstausstellungen.**

- **Palacio Herrera,** José Betancort 8, meist Mo–Fr 10–15 Uhr, Eintritt frei

Dominikanerkloster

Nahe dem Grafenpalast residierten die Dominikaner, die sich neben den Franziskanern um die Seelen der Stadtbewohner kümmerten. Es kam ihnen darauf an, zwangsgetaufte Altkanarier vor einem Rückfall in den heidnischen Glauben zu bewahren und moslemische Sklaven zum Christentum zu bekehren. Heute beherbergt das Kloster das **Rat-**

Nach dem Regenschauer – Pfützen zu Füßen der Burg

haus von Teguise; die zugehörige, 1715 erbaute Kirche wird als **Ausstellungssaal** genutzt. Hölzerne Kassettendecken im Mudejarstil und ein vielfarbiger Rokokoaltar kontrastieren mit zeitgenössischer kanarischer Kunst.

● **Convento de Santo Domingo,** Plaza General Franco s/n, Mo–Fr 10–15, So 10–14 Uhr (nur geöffnet während laufender Ausstellungen)

Festung

Wer sich einen Überblick über Stadt und Land verschaffen will, fährt zum windumtosten **Castillo Santa Bárbara** hinauf, das am Rande eines Vulkanbergs, der 452 Meter hohen Montaña de Guanapay thront. Laut Überlieferung soll der Genueser *Lancelotto Malocello* bereits 1336 auf dem Hügel einen Wachturm errichtet haben. Nach der Conquista bauten die Inselherrscher an seiner Stelle eine Trutzburg, die 1586 von Piraten zerstört und 1590 unter Federführung des Festungsbaumeisters *Leonardo Torriani* ihre heutige Gestalt erhielt. Von der Burgterrasse reicht der Blick über Nazaret und Tahiche bis Arrecife, im Vordergrund sieht man die Kirchen und Klöster Teguises.

116la Foto: gs

In den verwinkelten Gewölben ist heute das **Emigrantenmuseum** *(Museo del Emigrante)* untergebracht. Ausgestellt werden vergilbte Briefe und Postkarten, Landkarten und Reisetagebücher, Pässe und zerbeulte Koffer. Die großen Auswanderungswellen begannen 1730 zur Zeit des Vulkanausbruchs und setzten sich bis in die Franco-Zeit fort. Kanarische Emigranten haben in Übersee enorme Aufbauleistungen vollbracht. Sie gründeten zahlreiche Orte, z.B. San Antonio in Texas und San Felipe de Montevideo in Uruguay. Auf Skizzen und Fotos werden die Städte vorgestellt.

- **Castillo Santa Bárbara,** Carretera Teguise-Haría s/n, Montaña de Guanapay, Mo–Fr 10–16, Sa–So 10–14 Uhr, im Sommer eine Stunde kürzer, Eintritt 3 €

Praktische Tipps

Unterkunft

Die Unterkünfte liegen nordwestlich und westlich der Stadt, etwa einen Kilometer vom historischen Ortskern entfernt.

- **Casa Mimosa**€€€, Mimosa 27, Tel. in Deutschland 0621-414974, Fax 411015. Hinter einer abweisenden Fassade am Nordwestrand der Stadt verbirgt sich ein sehr schönes Haus, das vor allem lesehungrige Besucher begeistert: Wer hier wohnt, kann sich in Belletristik von *Goethe* bis *Grass* vergraben, ledergebundene Lexika vom 18. bis 20. Jahrhundert, Riesenatlanten, Welt- und Literaturgeschichten sowie bibliophile Raritäten. Das zweihundertjährige Gehöft, von *Christina* und *Helmut Benze* in mediterranem Stil restauriert, birgt zwei Wohnungen, die sich hufeisenförmig um einen kleinen Pool gruppieren. Die Casa Principal besteht aus einer komfortablen Wohnküche und einem Kaminraum; darüber befindet sich, durch eine Galerie abgetrennt, das Schlafzimmer. Über die Pergola gelangt man ins separate Badehaus mit großer Wanne, außerdem gibt es mehrere Terrassen. Etwas kleiner und bescheidener (darum auch preiswerter) ist die nach *Janoschs* Kinderbuch benannte Casa Panama. Die „Panamalesen" verfügen über Wohnküche, Schlafraum, Bad und Terrasse.
- **Finca Malvarossa** €€€, Malvarossa 1, Tel./Fax 928593017. Am Nordwestrand Teguises, nur fünf Gehminuten vom Hauptplatz entfernt, vermietet der Österreicher *Michael* drei schöne Häuser. Das traditionelle, restaurierte Bauerngehöft Finca Malvarossa bietet Platz für zwei bis vier Personen (85 m²). Es verfügt über einen Salon mit Kamin, eine Küche und zwei Schlafzimmer mit je eigenem Bad. Im ori-

ginal erhaltenen Innenhof wurde die alte Zisterne in einen Pool verwandelt, der windgeschützt zwischen den beiden Gebäudeflügeln liegt. Ca. 15 Gehminuten westlich von Teguise liegt die Finca Los Árboles, für max. vier Personen geeignet (70 m²). Von der Terrasse blickt man über Vulkane aufs Meer. Gäste teilen sich den Pool mit den Besuchern der kleinen Finca El Zoco (50 m²) nebenan, die nach dem runden, aus Lavastein erbauten Windschutz benannt ist. Das Haus, in dem man kaum eine gerade Mauer finden wird, ist gut für zwei Gäste und verfügt über Wohnküche und CD-Spieler, Schlafraum und Bad.

- **Casa Banana** €€€, buchbar über Finca Selección (⇗„Reisetipps A–Z: Unterkunft"). Am Westrand von Teguise wurde eine alte Zisterne in ein Haus mit zwei Schlafzimmern, Küche und Bad umgewandelt (110 m²). Das Grundstück wurde mit einigen Büschen und Kakteen bepflanzt, doch der schwarze Lavaeindruck bleibt vorherrschend.
- **Casa Las Tuneras** €€€, buchbar über Finca Selección (⇗„Reisetipps A–Z: Unterkunft"). Aus Naturstein erbautes Haus am westlichen Ortsrand, nicht weit von der Casa Banana entfernt. Gut für zwei Personen, die es schön finden, wenn sich in der Wohnung kanarische mit afrikanischen Elementen verquicken. Terrasse mit Ausblick auf die Vulkanlandschaft und schönem Sonnenuntergang.
- **Casa Chimida** €€, Jaime Balmes 14, buchbar über Isla Viva (⇗„Reisetipps A–Z: Unterkunft"). Ein weiß getünchtes Haus aus dem 19. Jahrhundert im Norden von Teguise. Das helle, mit Rattanmöbeln, Sat-TV und Musikanlage ausgestattete Studio ist das ehemalige Atelier der Schweizer Künstlerin *Heide Bucher,* eine gute Adresse für zwei Personen. Von der Terrasse bietet sich ein weiter Blick über den Ort und die gewellten Felder.

Essen und Trinken

- **Patio del Vino** €€€, Palacio del Marqués, Herrera y Royas 9, Tel./Fax 928845773, Sa geschlossen. Leckere Tapas-Teller und ausgesuchte Weine im romantischen Innenhof des ältesten Hauses der Insel. Da keine Speisekarte ausliegt, sollte man sich vor dem Bestellen nach dem Preis erkundigen! Schon mancher Gast ging erzürnt nach Haus ...
- **Acatife** €€, San Miguel 4, Tel. 928845037, So abends und Mo geschl. Ältestes Lokal der Stadt, in bester Lage auf dem „Löwenplatz". Seit über 40 Jahren ist es geöffnet und nun vom Vater auf die Söhne übergegangen. Die u-förmige Bar im Innenhof hat bereits Patina angesetzt, die Stühle wackeln ein wenig und der Spiegel ist stumpf. Das macht aber nichts, denn das Ambiente ist gemütlich und die Küche stimmt. Klassiker des Hauses sind Kaninchen in Rotweinsoße *(conejo al vino tinto),* Fischragout *(ragú de pescado)* und als Nachtisch Mandelmousse *(flan de almendras).* Manchmal erlebt man hier den Auftritt der Folkloregruppe Acatife.

• La Tahona €, Santo Domingo 3, Tel. 928845892, täglich ab 8 Uhr. Das gemütliche Lokal nahe dem Rathaus lockt viele Einheimische an: Wirt *José* serviert Lanzarote-Küche bei günstigen Preisen. Nur hier, nirgendwo sonst auf der Insel gibt es Törtchen aus süßen Kartoffeln *(bizcochón de batata)*, gut schmecken auch panierter Ziegenkäse, Stockfisch mit Mojo *(sancocho)* und Kichererbseneintopf *(ropa vieja)*. Süßschnäbel greifen zur eisähnlichen Gofio-Mousse. Freitagnachts kommen Freunde des Wirts vorbei und greifen zur Timple; sie spielen und singen von Seefahrt, Piraterei und vergeblicher Liebe.

• La Galería €, Nueva 8, Tapas-Bar mit Blues- und Rockmusik, Inselkünstler stellen hier gern ihre Bilder aus.

• La Dispensita €, San Miguel 4, 8.30–17 Uhr. Croissanterie am „Löwenplatz" mit hausgemachten Konditor- und Backwaren. Besonders gut schmeckt die Apfel-Nusstorte.

• Bodeguita del Medio €, Plaza Clavijo y Fajardo 5, Tel. 928845680, Kanarische Kleinigkeiten in einer winzigen Tapas-Bar, auch Weine der Insel können gekostet werden.

• Bodega Santa Bárbara €, Casa Atrium, La Cruz 5, Tel. 928845200, So–Fr ab 11 Uhr. Man lässt sich auf dem Fellsofa nieder, sieht durchs Fenster die auf einem Berg thronende Festung Santa Bárbara und entspannt sich im warmen, rot dominierten Ambiente. Wem der Sinn nicht nach Wein und Tapas steht, greift zu Kaffee und Kuchen – *Gundi von Hindenburg* serviert.

Kulturcafé JaLEO

Petra hat die alte Casa Santiago in ein Kulturzentrum mit Café und Bistro verwandelt. Sonntags tritt eine Jazzband auf, am Donnerstagabend startet eine kulinarische Reise um die Welt. Dazu gibt es mehrmals im Monat Konzerte, Lesungen und Ausstellungseröffnungen (Infos unter www. lanzarote-global.com). Die Regale im Café sind mit Büchern gefüllt, Petra verkauft Eintrittskarten für alle wichtigen Kulturveranstaltungen auf der Insel. JaLEO, Las Flores 1, Tel. 928845663, samstags geschlossen.

Einkaufen

• Wochenmarkt: Centro del Pueblo, So 9–14 Uhr. Größter Markt der Insel mit Tausenden von Gästen. Die meisten Waren kommen aus Afrika und vom spanischen Festland, nur noch vereinzelt entdeckt man auch Kunsthandwerk aus Lanzarote.

• Einkaufspassagen: Im Zentrum von Teguise wurden mehrere alte Häuser mit typisch kanarischen Innenhöfen in Ladenzeilen verwandelt. Darin werden Kunst und Kunsthandwerk, Schmuck und Mode verkauft. Stöbern kann man z.B. in der **Galería de la Villa** (Plaza Clavijo y Fajardo 4) und der **Casa León** (León y Castillo 3).

• **Marokkanisches Kunsthandwerk:** La Route des Caravanes, Calle Santo Domingo 7, (neben Rest. La Tahona). Viele schöne Artikel aus 1001 Nacht, importiert aus dem nahen Marokko: golddurchwirkte Brokatstoffe mit Sternen und Monden, Keramikfliesen in großer Farbenvielfalt, Laternen und Lüster, Keramik und Poterie sowie Silberkännchen mit Tablett für den obligatorischen Pfefferminztee.
• **Chinesisches Kunsthandwerk:** Emporium, Notas 15. Im ehemaligen Kinopalast bewegt man sich zwischen chinesischen Kleinmöbeln, Teppichen und Original-Rikschas, stöbert zwischen Glasperlen und Glückssteinen, Mao-Abzeichen und Seidentaschen, Holz- und Samtkästchen. Künstlerisch Ambitionierte finden Pergament-Blöcke, Pinsel in allen Größen, Tuschesteine und vieles mehr.
• **Käse:** Quesería El Faro, Complejo Agro-Industrial, Ctra. Teguise - San Bartolomé, Km. 4.2, www.queseriaelfaro.com, Mo–Sa 9–13 Uhr. In der großen Käserei an der Straße nach Tahiche wird die Milch der 2000 hauseigenen Ziegen zu Frischkäse *(tierno)*, Halbzartem *(semitierno)* und dem prämierten Halbreifen *(semicurado)* verarbeitet. In der Venta de quesos lässt man sich von Señora *Mercedes* beraten, gut schmeckt auch der geräucherte, mit Paprika oder Gofio eingeriebene Käse.

Aktivitäten

• **Wandern:** Teguise ist Startpunkt der Tour nach Haría (↗ Wanderung 4).

Feste

• **Februar/März:** *Fiesta de Carnaval.* Zur Karnevalszeit stürmen Los Diabletes („kleine Teufel") die Stadt: Sie tragen gehörnte, furchteinflößende Masken und schwarz-rote Kostüme, an denen unzählige Glöckchen bimmeln. Sie scheuchen die Bürger vor sich her und wer sich nicht rechtzeitig retten kann, bekommt ihren Knüppel zu spüren.
• **8. September:** *Fiesta de Nuestra Señora de Guadalupe.* Großes Patronatsfest mit Umzügen und Konzerten.
• **24./25. Dezember:** *Fiesta Rancho de Pascua.* Musikgruppen ziehen mit Gitarren und Mandolinen durch den Ort und bitten um eine milde Gabe: eine Reminiszenz an die Reise der bettelarmen Heiligen Familie. Nach der Mitternachtsmesse geht das Fest im Parque La Mareta weiter, wo man sich bei Tanz und gutem Essen bis zum Morgengrauen vergnügt.

Verkehr

• **Bus:** Gute Verbindungen nach Arrecife (Linie 7, 9 und 10), aber auch nach Arrieta (7 und 9), Haría (7) und Órzola (9). Nach dem Sonntagsmarkt fahren Busse in die Ferienorte Costa Teguise (11) und Puerto del Carmen (12) zurück.

Los Valles

Auf der Tour in die Berge passiert man acht Kilometer hinter Teguise die Streusiedlung Los Valles. Die rötlich schimmernden Hänge sind teilweise terrassiert, auf fruchtbarer Erde wachsen Kartoffeln und Zwiebeln. Von Wohlstand kündet das saubere Dorfzentrum mit seiner strahlend weißen, nach 1736 erbauten **Ermita:** Errichtet wurde sie von Bauern aus Santa Catalina, einem Dorf auf dem Gebiet des heutigen Nationalparks, das damals Opfer der vordringenden Lava wurde. Gegenüber der Kirche, jenseits der Durchgangsstraße, befindet sich die Casa de los Peraza, eines der ältesten Häuser der Insel. Als der Konquistador *Don Guillén de Peraza* 1452 starb, vermachte er dieses Anwesen seiner Schwester *Inés,* die über Lanzarote herrschte.

Essen und Trinken

- **Mirador del Valle** €€, Carretera Teguise - Haría Km. 13.1, Tel. 928528036, Di–So ab 12 Uhr. Von dem im Manrique-Stil gestalteten Lokal am nördlichen Talausgang hat man einen tollen Blick übers Tal. Es gibt deftige Fisch- und Fleischspeisen vom Grill.

Verkehr

- **Bus:** Mehrere Verbindungen täglich nach Arrecife, Teguise und Haría/Máguez (Linie 7 und 10).

Parque Eólico

Nördlich von Los Valles geht es in Serpentinen den Hang hinauf. Kurz hinter dem Mirador del Valle zweigt rechts eine Zufahrtsstraße zu einem Windpark *(Parque Eólico)* ab, der von der EU finanziert und 1993 in Betrieb genommen wurde. Die **Windräder** auf der Hochebene bilden einen futuristischen Blickfang, die silbernen Rotoren surren lautstark im kräftig blasenden Passat. Der Windpark erzeugt 5000 Kilowatt Strom – ausreichend, um ein Drittel des Energiebedarfs der Meerwasserentsalzungsanlage von Arrecife zu decken. Nur schade, dass die vom Architekten *Luis Ibáñez*

041la Foto: as

gestaltete Anlage nicht besichtigt werden kann – bis zur Absperrung kann man aber vorfahren.

Ermita de las Nieves

Die **„Kapelle der Schneejungfrau"** ist über eine ausgeschilderte, zwei Kilometer lange Asphaltpiste erreichbar. Sie thront auf einer windgepeitschten Ebene knapp unterhalb des höchsten Inselgipfels und bietet einen **sagenhaften Ausblick:** Gen Süden schaut man über die sanft gewellte Ebene rings um Teguise, sieht den kastellgekrönten Vulkanberg Guanapay und erkennt in der Ferne die Hauptstadt Arrecife. Geht man zur Abbruchkante des Hochplateaus vor, fällt der Blick auf die Wüste El Jable und die Bucht von La Caleta de Famara, von der das Dröhnen der Brandung heraufdringt. Im Norden sieht man die Tarnkuppeln einer Militärstation, an der vorbei man auf einer Schotterpiste zurück zur Hauptstraße kommt.

Zur Not stillt auch Poolwasser den Durst

Haría

Der Ort im **„Tal der tausend Palmen“** bietet viel Frisches fürs Auge: die Hänge ringsum leuchten grün, auf Plätzen und Straßen blühen Bougainvilleen und Hibiskus. Haría ist eine freundlich-offene Stadt, das Leben verläuft hier in geruhsam-kanarischen Bahnen. Besucher, die in den Inselnorden fahren, legen in dem Ort gern einen Zwischenstopp ein; doch nur wenige wissen, dass man sich hier auch einquartieren kann. Wer gern wandert, findet quasi vor der Haustür einige der schönsten Inseltouren.

Plaza León y Castillo

Mittelpunkt von Haría ist die langgestreckte Plaza León y Castillo, die mit ihren paarweise postierten Lorbeerbäumen wie eine dunkle Allee wirkt. Um eine Pause einzulegen, ist dies der schönste Ort, eine beliebte Adresse ist das Lokal Dos Hermanos. Am Ostende des Platzes entdeckt man die **Iglesia de Nuestra Señora de la Encarnación,** eine moderne Kirche mit hohem Glockenturm, Nachfolgebau eines in den 1950er Jahren abgebrannten Gotteshauses. In einem Herrenhaus nebenan öffnet demnächst das **Museo Sacro Popu-**

Kurzinfo Haría

- **Rathaus:** Ayuntamiento, Plaza de la Constitución 1, Tel. 928835009
- **Polizei:** Policía Local, Cuesta del Pozo s/n, Tel. 928835252
- **Banken:** Geldautomat an der Plaza León y Castillo
- **Post:** Calle Sol s/n
- **Gesundheitszentrum:** Consultorio Médico, Palmeral 6, Tel. 928835621
- **Apotheke:** Farmacia, La Hoya 8
- **Kulturzentrum:** Centro Socio-Cultural, Plaza León y Castillo 14
- **Taxi:** Tel. 928835368

117la Foto: gs

lar, ein Museum sakraler Kunst mit wertvollen Gemälden und Skulpturen - bis es so weit ist, könnte es sich immerhin lohnen, einen Blick in den romantischen Innenhof zu werfen.

Plaza de la Constitución

Nur einen Steinwurf entfernt befindet sich die Plaza de la Constitución. Sie ist von klassizistischen Bürgerhäusern gesäumt, ein Schmuckstück der Belle Epoque ist das **Rathaus** mit seinen hoch angesetzten Balkonen. Das architektonische Ensemble unterstreicht Harías einstigen Wohlstand und stammt aus der Zeit, als Landwirtschaft noch eine zentrale Rolle spielte.

- **Ayuntamiento,** Plaza de la Constitución, Mo–Fr 9–13 Uhr, www.ayuntamientodeharia.com

Nach Regenfällen wirkt Haría wie eine Oase

Kunsthandwerk

Am Rathaus vorbei kommt man zum Kunsthandwerkszentrum. **Töpfer, Tischler** und **Korbflechter** haben dort ihre Werkstätten, fertigen nach traditioneller Art Körbe, Puppen und Holzfiguren, stellen Tischdecken und Servietten her. Sind diese mit bunten Blumenmotiven bestickt, werden sie *bordados* genannt, mit Lochmustern verziert *calados*; daneben gibt es noch *rosetas*, filigrane, zu Decken zusammengefügte Rosetten. Die Kunsthandwerker haben nichts dagegen, wenn man ihnen bei

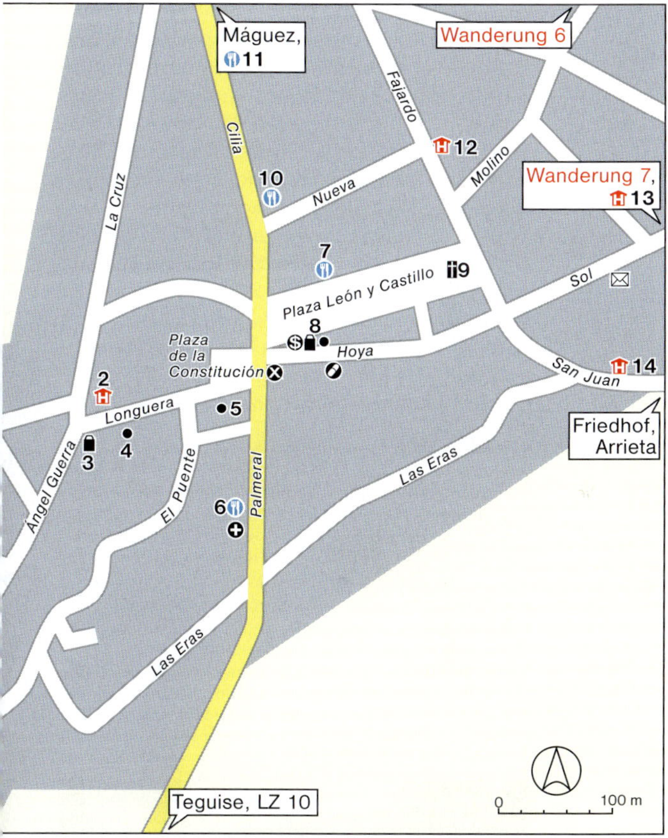

der Arbeit über die Schulter schaut; wer Lust hat, kann die fertigen Gegenstände erwerben.

Manrique Biegt man hinter dem Kunsthandwerkszentrum links in die Calle Ángel Guerra ein, liegt nach einigen hundert Metern rechter Hand das ehemalige **Wohnhaus** von César Manrique. Es ist nicht so extravagant wie das Domizil in Tahiche, aber schön gelegen inmitten einer Oase aus Palmen und Drachenbäumen. Hierher zog sich der Künstler 1987 zurück, als er die Insel fast schon „aufgegeben" hatte. Da er nichts gegen Bodenspekulanten und Baulöwen ausrichten konnte, wollte er doch möglichst fern von ihnen leben. Sein letztes Projekt war ein Botanischer Garten im Barranco Elvira Sánchez. Zwar ist es bis heute nicht verwirklicht, doch kann man das Tal im Rahmen eines Spaziergangs (⇗ Wanderung 5) kennenlernen.

Echte Manrique-Fans wollen natürlich auch zum **Grab** des Meisters pilgern. Der Friedhof liegt am entgegengesetzten Ende des Städtchens, rechts der Straße nach Arrieta. Lavasteine sind zu einem Oval angeordnet, darüber wächst eine Palme: ein letztes Credo des Künstlers, der stets nur die natürliche Schönheit seiner Insel akzentuieren wollte.

Unterkunft

- **Tienda Eckhoff** €, La Longuera 22, Tel. 928835761. Preiswerteste Unterkunft in Haría: Schräg gegenüber dem Kunsthandwerkszentrum vermieten *Ute* und *Per* ein ruhiges Zimmer mit Bad und kleiner Terrasse, auf der auch das (im Preis inbegriffene) Frühstück serviert wird. Gegen einen Aufpreis kann man den Whirlpool im Garten benutzen. Die Besitzer haben einen kleinen Laden, in dem sie hausgemachten Wein und Marmelade verkaufen, dazu selbst getöpferte Schachspiele, Sternkreiszeichen, Aquarelle von Künstlern aus Haría und vieles mehr.
- **Arte de Obra** €/€€, Calle San Juan 12, Tel. 928835405, Fax 928835318, www.artedeobra.com. *Bettina Bork,* die sich als Schülerin César Manriques versteht, schuf ein Kulturzentrum mit liebevoll eingerichteten Unterkünften, drei

049la Foto: gs

Apartments und fünf Zimmern. Fernab von den Touristenströmen soll man hier die Möglichkeit haben, Lanzarote einmal anders kennenzulernen. Workshops befassen sich vorrangig mit Themen aus Geologie und Umwelt, Architektur, Werbung und Design.

- **Ap. Lola & Pepe** €/€€, Malpaso Travesar 6, Tel. 9288 35047. Zwei geräumige, mit hellen Holzmöbeln eingerichtete Apartments in einem modernen Haus. Jedes besteht aus zwei Schlafzimmern, Bad, Patio mit Waschmaschine sowie Wohnküche mit Terrasse. Gemeinsam teilt man sich die große Dachterrasse.
- **Ap. La Casita de la Abuela** €€, Vista La Vega 22, buchbar über Jonas & Jonas (↗„Reisetipps A–Z: Unterkunft“). Schönes Apartment am nordöstlichen Ortsausgang mit Wohn- und Schlafzimmer, bestens ausgestatteter Küche, Bad mit Waschmaschine und überdachter Terrasse mit Weitblick ins Tal. Auch zwei Fahrräder stehen zur Verfügung (inkl.).
- **Villa Lola y Juan** €€/€€€, Fajardo 16, Tel. 928835070, Fax 928835256, www.villalolayjuan.com. Stadthaus aus den 1930er Jahren mit großem Obstgarten, die Rezeption ist nur selten besetzt. Die sechs Zimmer bzw. Apartments sind mit alten Möbeln eingerichtet. Etwas überteuert.
- **Ferienwohnungen und Fincas:** Gute Angebote, meist am Ortsrand von Haría, findet man im Internet unter www.finca-selection.de und www.villasdelanzarote.com.

Essen und Trinken

- **Dos Hermanos** €€, Plaza León y Castillo 2, Tel. 928835409, im Winter 11–19 Uhr, im Sommer länger geöffnet. Gut besuchtes Restaurant mit großer Terrasse unter schattigen Bäumen. Pablo und José María, die „beiden Brüder“ *(dos hermanos)*, hatten so viel Erfolg, dass sie nun auch das rechts angrenzende Haus übernehmen konnten. Und je mehr Gäste zu ihnen kamen, desto häufiger wurden die Qualität des Essens und der dafür zu zahlende Preis bemängelt. Ein Leser nannte die *pimientos de padrón* „labberig und geschmacklos“, die *calamares a la romana* waren „von zäher, gummiartiger Konsistenz“. Ich persönlich bestellte beim letzten Besuch einen Salat und war zufrieden, auch die *tarta a la abuela* sei empfohlen, eine feste Mousse mit viel Vanille, Schokolade und Sahne.
- **Casa'l Cura** €€, Nueva 1, Tel. 928835556, 12–17 Uhr. Im „Haus des Pfarrers“ oberhalb der Plaza werden heute vor allem Busgruppen verköstigt. Aufgetischt wird kanarische Hausmannskost.

● **Mesón de la Frontera** €€, Casas de atrás 4, Tel. 9288 35310, So 12–17, Mo–Sa 12–21 Uhr. Rustikales Restaurant am nördlichen Ortsausgang (Richtung Máguez) mit wahlweise gemütlichem Innenraum oder teilweise schattiger Terrasse und schönem Blick ins Palmental. *Federico* und *Yolanda* bieten frisches Fleisch vom Grill, Solomillo vom jungen Rind *(novillo)* oder ein saftiges Stück vom freilaufenden, am liebsten Eicheln fressenden Schwein *(ibérico)*. Dazu gibt es eine große Auswahl an Weinen. Einziger Schwachpunkt sind die Nachspeisen, nur wenige sind hausgemacht.

● **El Cortijo** €€, Palmeral 6, Tel. 928835265, Di–So ab 12 Uhr. Restauriertes Gehöft *(cortijo)* am Ortseingang Richtung Teguise. *José Luis* aus Zaragoza ist auf kastilische Küche spezialisiert, darum gibt es bei ihm vor allem Fleisch vom Grill und aus dem Holzkohleofen. Gut ist die Spanferkelhaxe, auf dünnen Kartoffelscheiben im Tontopf geschmort *(cochinillo)*.

Einkaufen

● **Wochenmarkt:** Sa 10–14 Uhr auf der Plaza León y Castillo. Hier lautet die Devise: Die Ware muss vom Hersteller verkauft werden: Bio-Bauern bieten Obst und Gemüse an, Kunsthandwerker Schmuck, Keramik und Lederarbeiten. Auch Kulinaria kann man erwerben, z.B. Aloe-Vera-Liköre.

● **Kunsthandwerk:** Taller de Artesanía, Longuera 6, Mo–Fr 10–13 und 16–18 Uhr (Winter), 15–17 Uhr (Sommer).

● **Markthalle:** Mercado Municipal, Barranco de Tenesía 4, Di–Fr 9–13 Uhr. Die Markthalle mit hübschem Dachstuhl befindet sich gleich neben dem Kunsthandwerkszentrum. Das Angebot ist bescheiden, doch fast immer gibt es Obst und Gemüse, manchmal auch Fleisch und frischen Fisch.

Aktivitäten

● **Wandern:** In Haría endet die von Teguise über die Ermita führende Tour (↗ Wanderung 4) und es starten Wege in die grünen Barrancos oberhalb des Ortes (↗ Wanderung 5), nach Órzola (↗ Wanderung 6) und Arrieta (↗ Wanderung 7).

Feste

● **Anfang Juni:** *Fiesta de Corpus Cristi.* Zu Fronleichnam wird der Kirchplatz mit farbenfrohen „Salzteppichen" geschmückt, über die die Prozession feierlich hinwegschreitet.

● **24. Juni bis 1. Juli:** *Fiesta de San Juan & Fiesta del Cristo de la Sed.* Sonnenwendfeuer auf den umliegenden Bergen beleuchten das Tal, tags darauf wird auf dem Kirchplatz „das Böse" in Form einer lebensgroßen Puppe *(Facundo)* verbrannt. Das größte Zechgelage folgt am 1. Juli mit dem „Fest des dürstenden Christus".

Verkehr

● **Bus:** täglich mehrere Verbindungen nach Teguise und Máguez (Linie 7).

Máguez

Der Atalaya, ein knapp 400 Meter hoher „Aussichtsberg", trennt Máguez vom Nachbarort Haría. Das kleine Dorf liegt in einem weiten Tal, in dem Kartoffeln und Zwiebeln angebaut werden. Leider spielt sich in den Straßen nicht viel ab, es mangelt an hübschen Plätzen und lauschigen Winkeln. Einzige Sehenswürdigkeit ist die Barbara-Kirche: trutzig und strahlend weiß. Nachdem sie in den 1970er Jahren wegen Baufälligkeit abgerissen werden musste, setzte sich César Manrique dafür ein, sie originalgetreu wieder zu errichten. Er steuerte auch das ungewöhnliche Altarbild bei: eine sieben Meter lange und vier Meter breite rötliche Lavawand, die wie ein abstraktes Kunstwerk anmutet.

- **Iglesia de Santa Bárbara,** Luis Morote 3, nur zur Messe geöffnet

Aktivitäten

- **Wandern:** Von Máguez führen Touren nach Órzola (↗ Wanderung 6) und Guinate (↗ Wanderung 8).

Verkehr

- **Bus:** Mehrere Verbindungen täglich nach Teguise via Haría (Linie 7).

Guinate

Das Dorf an der Abbruchkante des Famara-Massivs ist unscheinbar, doch hat man vom **Mirador de Guinate** einen atemberaubenden Ausblick. Man schaut über zerklüftete Klippen auf die Meerenge El Río hinab, jenseits derer La Graciosa, Montaña Clara und Alegranza, die Inseln des „kleinen Archipels", aufscheinen. Meist hat man den Mirador ganz für sich allein. Er trägt nicht das Gütesiegel „César Manrique", darum öffnet kein Wärter fordernd die Hand.

Abkassiert wird dagegen am **Guinate Tropical Park,** einem Tierpark mit 300 Vogelarten aus aller Welt, darunter farbenprächtige Aras, Schnabeltukane und Papageien. Recht bescheiden ist das „Sortiment" an Säugetieren: Außer Känguruhs und Meerkatzen gibt es noch ein paar wenige Affen.

• **Guinate Tropical Park,** www.guinatepark.com, 10–17 Uhr, Papageien-Show stündlich ab 11.30 Uhr, Eintritt 14 €, Kinder 6 €

Verkehr

• **Auto:** Zum Vogelpark und zum Mirador kommt man über eine Stichstraße, die von der LZ-10 zur Küste abzweigt. Kein Busanschluss!

Las Rositas

Von Máguez kommend, lohnt es sich, kurz vor Yé links in die Calle Las Rositas, eine schmale Zufahrtsstraße zum Mirador del Río, einzuschwenken. Nach etwa 500 Metern steht zur Rechten die Finca La Corona, ein hübsches Natursteinhaus mit terrassenförmigem Anbau. Kurz danach sollte man links auf einer steingepflasterten Piste zum Parkplatz fahren, wo der Wanderweg zur Playa startet. Nur fünf Minuten braucht man diesem zu folgen, dann kommt man zu einem **„Balkon" mit überwältigendem Blick** auf die Klippen und das Meer – endlich mal ein Aussichtspunkt ohne klickende Kameras und Menschenauflauf!

Unterkunft

• **Finca La Corona** €€€, Las Rositas s/n, Tel. 902363318, Fax 928804209, www.rural-villas.com. Nahe der Inselnordspitze, auf dem 450 Meter hohen Plateau des Monte Corona haben Oda und Yayo ein Anwesen mit Granit, Terrakotta und viel Holz in eine komfortable Unterkunft verwandelt. Jede der sechs Wohneinheiten ist anders gestaltet, Freunde ausgefallener Architektur quartieren sich im ehemaligen Wasserspeicher mit dicken Steinwänden ein. Mit beheiztem Pool, Sauna und Mountainbikes.

Aktivitäten

• **Wandern:** Eine der schönsten Inseltouren führt hinab zur Playa del Risco, längs der Steilwand geht es auf schwierigem Weg weiter bis La Caleta de Famara (⇗ Wanderung 9).

Mirador del Río

Der 480 Meter hohe, von César Manrique gestaltete und kühn in die Steilküste gebaute **Aussichtspunkt** ist eine der größten Touristenattraktionen Lanzarotes. Früher gab es hier, am Nordkap der Insel, die Baterías del Río, einen Beobachtungs- und Artilleriestützpunkt. Ende des 19. Jahrhunderts hatte ihn der spanische Staat errichtet, weil er eine amerikanische Invasion befürchtete und nach Kuba, Puerto Rico und den Philippinen nicht auch noch die Kanarischen Inseln verlieren wollte. Mit seinen flachen Mauern aus Naturstein ist der Mirador noch besser getarnt als das Militärdenkmal, ein Musterbeispiel für die harmonische Verknüpfung von Natur und Architektur.

In dem in die Bergsenke gebauten **Lokal** nimmt man an Holztischen Platz und genießt vom verglasten Balkon den Blick auf El Río, den Meeresarm, der Lanzarote und La Graciosa trennt. Wer die steife Brise nicht scheut, geht auf die Terrasse hinaus, wo Fernrohre postiert sind. Tief unten schimmern rötlich-violett die Salinen, hinter La Graciosa erheben sich wie eine Fata Morgana die Eilande Alegranza und Montaña Clara. Um den Eindruck noch zu steigern, klettert man schließlich über die Wendeltreppe – vorbei am Souvenirshop – auf das Dach des Mirador: ein Ausblick der Superlative!

● **Mirador del Río,** 10–17.45 Uhr, Eintritt 4,50 €; kein Busanschluss

Yé

In Yé hält man sich nicht lange auf, aber vielleicht fährt man bei der Bodega (hier auch Unterkunft) vor, um den Wein zu probieren, der am Sonnenhang des **Monte Corona** gedeiht. An der Gabelung im Ortskern folgt man der Straße nach Arrieta, nach 600 Metern biegt man rechts ein. Eine schöne Allee führt zu einem Anwesen, in dem fünf verschiedene Weinsorten und ein interessanter *licor de cactus* angeboten werden.

Gruppen unentwegter Wanderer steigen zum Vulkanberg hinauf. Der Weg beginnt, von Máguez kommend, 150 Meter nach Passieren der Kirche. Rechts geht es hinauf, eine Eisenkette versperrt Autofahrern die Durchfahrt. Knapp eine Stunde braucht man, um sich hinaufzuquälen, oben stürmt es gewaltig. Bei der Umrundung, für die man etwa 40 Minuten braucht, muss man aufpassen, dass man nicht „weggeblasen" wird.

Essen und Trinken

• **Volcán de la Corona** €, Malpaís 8, Tel. 928526527, Do und abends geschlossen. Kanarische Hausmannskost in einfachem Ambiente: preiswert und deftig. Gegenüber dem Abzweig zum Mirador del Río.

Órzola

Im nördlichsten Ort Lanzarotes spielt sich alles rings um den Hafen ab: Hier reiht sich ein Fischlokal ans nächste; mehrmals täglich startet ein kleines Fährschiff zur **Überfahrt nach La Graciosa.** Schlichte weiße Häuser gruppieren sich um die wenigen Straßen, in der Ferne aufragende Klippen bilden eine dramatische Kulisse. Dank preiswerter Unterkünfte fühlen sich in Órzola vor allem **Rucksacktouristen** wohl, die alltägliches kanarisches Ambiente suchen. Werktags belebt sich der Ort nur während des Ein- und Auslaufens der Fähre. Doch am Wochenende, wenn Dutzende lanzaroteñischer Familien zum großen Fischessen kommen, „ist der Teufel los".

Strände

Am Fuß gigantischer Klippen, einen Kilometer nordwestlich des Orts, erstreckt sich die 300 Meter lange, hellsandige **Playa de la Cantería.** Werktags hat man sie meist für sich allein, nur am Wochenende verirren sich ein ein paar Jugendliche

Órzola
Playa de la Cantería
La Graciosa
El Embarcadero
Charco de la
Novia
El Jablillo
Los Fariones
Pena de Dionisio
La Quemadita
Av.: Charco de la Pared
Charco de la Condesa
0
100 m
Caletón Blanco, Arrieta
Yé, Haría
UNTERKÜNFTE
4 Ap. Punta Fariones
5 Ap. Luisa & Nino
6 Ap. Perla del Atlántico
8 Casa Sebastián
ESSEN UND TRINKEN
1 El Norte
3 Os Gallegos
4 Punta Fariones
6 Perla del Atlántico
7 Casa Arráez
SONSTIGES
2 Schiffsanlegestelle
4 Guasimara (Hochseefischen)
Bushaltestelle
Supermarkt
Taxi

072fu Foto: gs

Gehörnte Weggefährten

hierher. Aufgrund der Brandung und starker Strömung sollte man mit äußerster Vorsicht ins Wasser steigen.

Ruhiger ist das Meer südöstlich von Órzola, wo sich **sieben tief eingeschnittene Buchten** wie Perlen auf einer Kette aneinanderreihen. Der Sand ist schneeweiß und puderfein. Auch wenn man wegen vorspringender Riffs nicht weit hinausschwimmen kann, sind dies herrliche Orte zum Planschen und Picknicken. Nach anderthalb Kilometern kommt man zum 500 Meter langen **Caletón Blanco,** weitere schöne Buchten folgen nach knapp drei sowie dreieinhalb und vier Kilometern (ab Órzola). Schilder weisen darauf hin, dass wildes Campen verboten ist.

Las Pardelas

Anderthalb Kilometer südlich von Órzola befindet sich ein bescheidener **Tierpark** mit Hasen und Hühnern, Pferden, Ziegen und Kühen. Im Gewächshaus gedeihen exotische Pflanzen und in schilfigen Tümpeln tummeln sich kanarische Fische. Kinder können auf einem geduldigen Maulesel ein paar Runden drehen; in einer kleinen Werkstatt wird ihnen beigebracht, wie man aus Ton Figuren formt.

- **Granja Las Pardelas,** La Quemadita 88/Carretera Órzola - Yé Km. 1, Tel. 928842545, www.laspardelas.org, 10–18 Uhr, Eintritt ca. 3 €.

Unterkunft

- **Casa Sebastián** €€€, Calle Lajiar 59, buchbar über Jonas & Jonas (↗„Reisetipps A–Z: Unterkunft"). Herrliches und sehr gut ausgestattetes Haus am Ostende des Ortes, wo die kleine Zufahrtstraße endet. Die Wohnfläche beträgt etwa 100 Quadratmeter, dazu kommen noch zwei große Terrassen. Durchs Fenster hat man unverstellten Ausblick aufs Meer und die Fischerboote. Nur ein paar Häuser entfernt kann (gleichfalls über Herrn Jonas) das Ap. Oswaldo angemietet werden: mit überdachter Terrasse und wiederum mit Sat-TV und CD-Player.
- **Perla del Atlántico** €€, Peña de Dionisio s/n, Tel. 928842541, Mobiltel. 626682198. Drei der sechs Apartments über dem gleichnamigen Lokal haben vom Balkon einen fantastischen Ausblick aufs Meer. An der Bar weiß in der

Regel niemand Bescheid, darum bitte bei *Soraya* im Supermarkt Hermanos Arráez nachfragen (Ecke La Quemadita/Peña de Dionisio).

- **Ap. Luisa & Nino** €€, La Quemadita 10, Tel. 928842573, (Mobiltel. 639282239, *Nino*). Gegenüber der Anlegestelle und oberhalb des Restaurants Punta Fariones vermieten *Luisa* und *Nino* Zimmer und Apartments: „A" mit großer Terrasse und Meerblick, „B" ohne Küche, aber mit Bad (günstigste Variante für Traveller), „C" mit zwei Schlafzimmern, aber nach hinten kein toller Ausblick. 50 Meter weiter, im Haus Nr. 20, werden sechs weitere Apartments vermietet: Nur die im oberen Stockwerk haben Ausblick, doch alle sind geräumig und gepflegt.

Essen und Trinken

- **Os Gallegos** €€€, La Quemadita 6, Tel. 928842502, ab 11 Uhr. Preisgekröntes galicisches Restaurant am Hafen. Im blau-weiß gehaltenen Innenraum und auf der überdachten Terrasse werden frischer Fisch und Meeresfrüchte serviert. Aus kanarischen Gewässern stammen Papageienfisch, Brasse und Seehecht, aus Galicien werden Muscheln (*almejas* und *berberechos*) eingeflogen; Hummer *(langosta)* gibt's auf Bestellung. Eine galicische Spezialität sind *empanadas*: mit Thunfisch bzw. Kabeljau, Zwiebeln, Paprika und Tomaten pikant gefüllte Teigkuchen. Auch als Nachtisch kann man Galicisches wählen: *tarta Santiago*, Mandeltorte aus Santiago de Compostela.

Orseille – purpurroter Schatz der glücklichen Inseln

Seinen Namen verdankt Órzola einer begehrten Flechte (lat. *Orcella canariensis*). Sie wächst nur an ausgesetzten Klippen hoch über dem Meer, da sie für ihr Wachstum konstante „Salzbesprühung" benötigt. Bis zu 100 Jahre braucht sie, um heranzureifen, und ist selbst dann bestenfalls 30 Zentimeter groß. Schon die Phönizier wussten, dass die blassen Blätter herrliches Purpurrot absondern. Es war zum Färben von Samt und Seide bestens geeignet, galt als die Königsfarbe schlechthin. Ab dem 8. Jahrhundert v. Chr. fuhren phönizische Seefahrer die kanarischen Ostinseln an, um die Pflanze zu ernten. Sie gaben Fuerteventura und Lanzarote den Namen „Purpuarien". Später hat es auch der Eroberer *Jean de Béthencourt* auf die Farbflechte abgesehen: Mit ihrer Hilfe wollte er seine Textilmanufakturen in der Normandie sanieren.

051la Foto: gs

●**El Norte** €€, Embarcadero 6, Tel. 928842590, ab 10 Uhr. Etwas versteckt am nördlichsten Punkt von Órzola, mit frischem Fisch, Pizza und Pasta auf einer verglasten Veranda mit Meerblick.

●**Punta Fariones** €€, La Quemadita 10, Tel. 928842558. Kleine Terrasse mit Blick aufs Meer an der Hafenstraße mit üppigen Fischportionen und flinken Kellnern. Das Lokal ist stets gut besucht, am Wochenende sieht man fast nur Einheimische.

●**Perla del Atlántico** €€, Peña de Dionisio 1, Tel. 928842589, ab 10 Uhr. Großes Lokal an der verkehrsberuhigten Promenade; von der Terrasse schöner Blick auf bunte Fischerboote. *Soraya* und *José Miguel* servieren Fisch und Meeresfrüchte: garantiert frisch und in großen Portionen.

●**Casa Arráez** €€, Peña de Dionisio 8, Tel. 928842588, ab 11 Uhr. Etwas abseits an der Promenade, daher ruhiger. Bilder erzählen vom Leben am Meer, dazu lässt man sich *chocos* (gegrillte, unpanierte Minitintenfische) oder die etwas teureren *calamares à la romana* (frittierte Tintenfischringe) schmecken.

Aktivitäten

- **Tauchen und Hochseefischen:** Guasimara, La Quemadita 8, Tel. 928842558, Infos auch im Restaurant Punta Fariones. Für stolze 450 € kann man ein hochseetüchtiges Boot samt Skipper und Angelgerät mieten.
- **Wandern:** Von Haría führt eine Tour durchs Malpaís nach Órzola (↗ Wanderung 6).

Verkehr

- **Taxi:** Hafenmole, Tel. 928835154
- **Bus:** Täglich zwei bis drei Verbindungen mit Arrecife via Arrieta (Linie 9), abgestimmt auf den Schiffsverkehr
- **Fähre nach La Graciosa:** Die Personenfähre der Lineas Romero (www.lineas-romero.com) verkehrt drei- bis fünfmal täglich zwischen den Inseln, die Fahrzeit beträgt ca. 20 Minuten. Abfahrt in Órzola um 10, 12 und 17 Uhr, Rückfahrt ab La Graciosa um 8, 11 und 16 Uhr, von Juli bis Oktober zusätzliche Transfers mittags und abends. Die Tickets erwirbt man an Bord, Reservierung (sinnvoll an Feiertagen) unter Tel. 928842005. Die einfache Fahrt kostet 11 €. Die Busverbindungen von und nach Arrecife (Linie 9) sind auf den Fahrplan der Fähre abgestimmt.

Cueva de los Verdes

Vor 3000 Jahren bebte die Erde Lanzarotes. Brodelndes Magma bahnte sich seinen Weg aus dem Innern der Erde und gelangte in den Schlot des Monte Corona. Mit ungeheurer Wucht schoss das flüssige Gestein nach oben, sprengte den Berg und ergoss sich flächendeckend über den Nordosten der Insel. Rasch erkalteten die an der Oberfläche fließenden Ströme und verfestigten sich, während sich unterhalb der Basaltschicht glühende Lavaströme weiterwälzten und erst im Meer erstarrten. Als der Magmanachschub verebbte, flossen die letzten „Nachzügler" in den Atlantik – zurück blieben die entleerten Lavagänge, die heute den **größten Lavastollen der Welt** bilden. Er ist acht Kilometer lang und setzt sich als Túnel Atlántida unter Wasser noch einmal anderthalb Kilometer fort. Zu ihm gehören zwei der wichtigsten Sehenswürdigkeiten Lanzarotes: das Höhlenlabyrinth Cueva de los Verdes und die von Manrique gestalteten Grotten Jameos del Agua.

Rundgang Anderthalb Kilometer des Höhlensystems wurden touristisch erschlossen und können im Rahmen einer Führung besichtigt werden. Durch eine riesige Einsturzöffnung steigt man 50 Meter ins Erdinnere hinab, die Lufttemperatur beträgt 18 bis 20°C – Öffnungen im **Tunnel** sorgen für ausreichend Sauerstoff und steten Luftzug. Der Besucher lässt sich von sphärischen Klängen einlullen und bewegt sich durch eine Geisterlandschaft: enge Stollen, die in rotem Eisenoxyd und gelbem Schwefel, schwarzem Magnesium und weißem Kalziumkarbonat vielfarbig schillern und geschickt beleuchtet sind. Von der Höhlendecke hängen „Lavatränen" herab, dünnflüssiges Magma, das beim Herabtropfen erstarrte. Es war der Starbildhauer *Henry Moore,* der die Cueva als „großartige Skulpturengalerie" rühmte. Tatsächlich erinnern viele Felsformationen an skurrile, wie von Künstlerhand gestaltete Figuren. Einige tragen so vielsagende Namen wie „La garganta de la muerte" („Rachen des Todes") oder „La puerta mora" („Maurisches Tor"). Hier spielten sich im Jahr 1618 grausame Szenen ab: Die Inselbewohner wollten sich in der Höhle vor den Berberpiraten in Sicherheit bringen, doch ihr Versteck wurde von *Francisco Amado,* dem Stadtschreiber von Teguise, verraten.

Im weiteren Verlauf weitet sich der Stollen zu einem **kirchengroßen Saal,** der fast 1000 Besuchern Platz bietet. Da die von Luftkanälen durchzogenen Lavawände kein Echo ausbilden, wird der Saal gern als natürliches Auditorium für Konzerte (meist Kammermusik) genutzt.

Danach geht es über mehrere Treppensysteme wieder aufwärts. Doch ein tolles „Aha"-Erlebnis steht noch bevor (wer das Geheimnis live erleben möchte, lese an dieser Stelle nicht weiter ...): Der Führer bittet einen mutigen Besucher, sich an den Rand der Abbruchkante heranzutasten. Schwindelerregend steil stürzen hier die Felswände in die Tiefe – ein furchtsames Raunen ist zu vernehmen. Groß ist die Überraschung, wenn der Führer einen

Stein in die Tiefe wirft und sich der vermeintliche Abgrund als See entpuppt: So unbewegt ist seine Oberfläche, dass sich die Felsgewölbe in ihm als schwarzes Nichts spiegeln. Zuletzt steigen die Besucher über eine riesige, halboffene Höhle wieder ans Tageslicht, scharf zeichnet sich ihre Silhouette vor dem gleißenden Sonnenlicht ab.

- **Cueva de los Verdes,** 10–17 Uhr, 50-minütige Führungen etwa halbstündlich, letzte Besuchsmöglichkeit 17 Uhr; Erläuterungen in der Regel auf Spanisch oder Englisch, Eintritt 8 €
- **Anfahrt:** Der Bus (Linie 9 Arrecife – Órzola) hält an der Hauptstraße LZ-1, vier Kilometer nördlich von Arrieta, wo eine Asphaltpiste landeinwärts abzweigt. Der Eingang ist gut ausgeschildert. Inmitten schwarz aufgebrochener Lavaschlacke wurde ein Parkplatz angelegt, wo Wärter die Besucher einweisen und ihnen den Weg zur Kasse zeigen.

Festival de Música Visual – Sphärenmusik in einer Vulkangrotte

Als Maler und Komponist hat sich *Ildefonso Aguilar* einen Namen gemacht. Mit Sand und Asche schafft er düstere Tableaus, die aus dem Innern eines Vulkans zu stammen scheinen. Und als Musiker lässt er sich inspirieren von der Stille der Lavahöhlen und dem Brausen des Meeres.

Seit 1989 organisiert Aguilar im Herbst das Festival visueller Musik in unterirdischen Konzerthallen. Liebhaber von **World Music** stehen Schlange, um eines der begehrten Tickets zu ergattern. Eingeladen werden Musiker wie *Brian Eno, Andreas Vollenweider* und *Djivan Gasparyan* – in den Höhlen entwerfen sie Klangbilder von intensiver Schönheit, reich an getragenen, meditativen Passagen. Einige Künstler waren von der Insel so fasziniert, dass sie beschlossen, sie zur zweiten Heimat zu machen – so auch der Schweizer *Paul Brandenberg,* der für seine Aufnahmen „Mystic Islands" und „Lanzarote" die in Spanien vergebene „Goldene CD" einheimste. Beim Festival alle paar Jahre dabei ist auch der norwegische Saxophonist *Jan Garbarek* mit dem englischen Hilliard Ensemble: „Aus der Stille wächst ein Ton, schwillt an, nimmt jeden Gedanken gefangen und verwandelt ihn in Musik." *Konrad Heidkamp,* Kritiker der ZEIT, war von dem Konzert begeistert. Hier manifestierte sich die Sehnsucht, „sich in mystische Gefilde jenseits der Zeitläufe zu verlieren" – Erinnerung an den ewigen Kreislauf der Natur: „Vögel, die sich von Fischen nähren, ihre Exkremente sind der Anfang einer Oase, die Menschen bewohnen können, bis eine nächste Lava alles erstickt."

Jameos del Agua

Der acht Kilometer lange Lavastollen setzt sich zur Küste hin fort. Nahe dem Meer, wo seine Decke an zwei Stellen eingestürzt ist, entstanden die sogenannten Jameos del Agua (mit Wasser gefüllte Hohlräume). Tatsächlich liegt zwischen beiden Einsturzlöchern ein salzhaltiger **unterirdischer See,** der im Rhythmus der Gezeiten steigt und sinkt – ein deutliches Indiz, dass es Verbindungen zwischen ihm und dem Atlantik gibt.

Rundgang

Seit 1968 wird die Grotte touristisch genutzt. César Manrique gestaltete sie mit behutsamen Eingriffen zu einem Gesamtkunstwerk. Über eine gewundene Steintreppe geht es zum **Jameo Chico** hinab, dem von riesigen Farnen eingerahmten „kleinen Hohlraum". Hier schlug der Künstler ein **Restaurant** in den Fels – wälzten sich nicht so viele Menschen durch die Gänge, könnte man Lust haben, hier eine Pause mit Kaffee und Kuchen einzulegen. Großer Andrang herrscht auch auf der Herrentoilette, denn es hat sich herumgesprochen, dass dies kein gewöhnliches WC ist. Durch eine Felsluke schaut man auf einen Teil des Lavastollens, der bis heute nicht öffentlich zugänglich ist. Der smaragdgrün aufscheinende See markiert den Einstieg in den **Túnel Atlántida,** der sich unterseeisch noch anderthalb Kilometer fortsetzt und mit Wasser gefüllt ist. Er endet im Meeresgrund, ist nur durch schmale Spalten mit dem Atlantik verbunden.

Der Lagunensee unterhalb des Restaurants sieht am schönsten aus, wenn das Sonnenlicht durch das Deckenloch fällt. Auf einem Steinpfad kann man den See umgehen und dabei den **„weißen Mönch"** betrachten, einen blinden Krebs, der nur auf Lanzarote vorkommt (⇗ Exkurs). Sphärenmusik begleitet uns zum **Jameo Grande,** dem „größeren Hohlraum", hinauf. Hier nun, unter freiem Himmel, erwartet uns ein weißes Schwimm-

052la Foto: gs

becken, in das wir gar zu gern eintauchen würden. Über zickzackförmige Treppen geht es zur Galerie mit herrlicher Aussicht hinauf, Schautafeln informieren über die kanarischen Nationalparks und das Biosphärenreservat. Letzte Station des Rundgangs ist die **Casa de los Volcanes,** ein wissenschaftliches Zentrum zur Erforschung der vulkanischen Aktivität.

Der fantasievolle Einsatz von Licht und Ton macht den **Abendbesuch** der Grotte zu einem ganz besonderen Erlebnis. Tanz, Folklore- und Audiovisionsshows finden meist am Wochenende statt. Am hinteren Ende des Pools im Jameo Grande befindet sich der Eingang zu einem in die Höhle eingebauten **Konzert- und Theatersaal** für 600 Personen. Klassikdarbietungen gibt es hier etwa einmal monatlich, im Rahmen des im Januar stattfindenden Musikfestivals auch öfter. World Music und New-Age-Klänge dominieren beim Festival visueller Musik im Oktober. Vorverkauf für alle Konzerte im Kulturzentrum El Almacén in Arrecife und in ausgewählten Reisebüros in Playa Blanca und Puerto del Carmen.

Einstieg in die Tiefsee – Besuch beim „weißen Mönch"

Ein Krebs streckt seine Scheren vor, mit offenem Mund peilt er eine imaginäre Beute an: Das Eisendenkmal am Eingang zu den Jameos del Agua ist so groß, dass man es nicht übersehen kann. Es huldigt dem „weißen Mönch", einem **Höhlenkrebs,** den es nur hier, nirgends sonst auf der Welt, gibt. Derart eingestimmt, sind Besucher beim Anblick des realen Tieres überrascht: Um dieses winzige, eher einer Spinne als einem Krebs ähnelnde Wesen wird so viel Aufhebens gemacht? Gerade mal einen oder zwei Zentimeter groß ist er, gut hebt sich in der Lagune der weiße Körper von den dunklen Steinen ab. Mittags, wenn Sonnenstrahlen durch die Luke der Höhlendecke fallen, verstecken sich die lichtscheuen Wesen – später krabbeln sie wieder hervor, doch richtig aktiv werden sie erst nachts. Die Tiere sind mittlerweile fast blind: Ihre Augen sind in der ewigen Dunkelheit verkümmert, auch das dunkle Körperpigment hat sich in der Finsternis zurückgebildet.

Lange rätselte man über den Ursprung des Krebses. Sein nächster Artverwandter ist ein gleichfalls erblindeter Krebs, der sich im ozeanischen Scheitelgraben in 3000 Metern Tiefe tummelt. Deshalb nimmt man an, dass der „weiße Mönch" einst durch einen unterseeischen Vulkanausbruch an die Wasseroberfläche hochgedrückt worden ist und sich durch Felsspalten einen Weg ins ruhige Wasser der Lagune suchte. Hier lebte er ungestört, bis die Höhle als Sehenswürdigkeit entdeckt wurde. Seit die Grotte 1968 touristisch genutzt wird, geht sein Bestand kontinuierlich zurück. Chemische Substanzen von Farb- und Reinigungsmitteln haben ihn vergiftet, Pestizide zur Bekämpfung von Algenwuchs seine Nahrungsquelle eingeschränkt. Auch die von Touristen ins Wasser geworfenen Münzen bringen ihm kein Glück. Sie korrodieren im Wasser und die dabei frei werdenden Schwermetallionen töten das zerbrechliche Tier. Auf Schildern werden Besucher auf diesen Zusammenhang aufmerksam gemacht – doch einige scheint's nicht zu kümmern, wie die vielen glitzernden Geldstücke am Grund des Sees belegen.

- **Jameos del Agua,** Tel. 928848020, tgl. 10–18.30 Uhr, zusätzlich Di, Fr und Sa 19.30–23.30 Uhr, Eintritt 8 €, abends 9 € (Konzertsaal zurzeit geschlossen)
- **Anfahrt:** Der öffentliche Bus (Linie 9) hält an der Hauptstraße LZ-1, vier Kilometer nördlich von Arrieta, wo eine Asphaltpiste zur Küste abzweigt (dort großer Parkplatz).

Jameo Grande – der Pool ist leider nur zum Anschauen da

Punta de Mujeres

Das Fischerdorf ist mit dem benachbarten Arrieta fast verschmolzen und erstreckt sich längs einer niedrigen Klippenküste. Die Häuser sind schlicht, hier und da sieht man blau bemalte Fenster und Türen. Unmittelbar am Meer verläuft eine schmale Promenade, vorbei an zwei **Naturschwimmbecken** und Minibuchten - zum Baden nicht gerade toll, aber zum Planschen reicht's. Fürs maritime Flair sorgen ein paar bunte Fischerboote. In zweiter und dritter Strandreihe entstanden in den letzten Jahren Ferienhäuser für Lanzaroteños, die hier am Wochenende mit Kind und Kegel herkommen.

Unterkunft

- **Ap. Casitas del Mar** €€€, Tel./Fax 928848288, pauschal bei TUI. Kleine, persönlich geführte Apartmentanlage an der Straße nach Arrieta. Die 21 Wohneinheiten liegen direkt an der Küste; sie sind weiß-blau gehalten und komfortabel eingerichtet, fast alle bieten Meerblick. Mit je zwei Schlafzimmern, Wohnraum, Küche, Bad und Terrasse für drei bis fünf Personen geeignet.
- **Caleta Campo** €€€, Los Morros s/n, pauschal bei TUI. Touristensiedlung neben dem Restaurant El Lago mit zwölf hellen Bungalows.
- **Casa Esther** €€€, La Seba 22, buchbar über Jonas & Jonas (⇗„Reisetipps A–Z: Unterkunft“). Haus am Meer, bestens ausgestattet mit zwei Schlafzimmern und Bädern, Sat-TV, CD-Player, Geschirrspüler und Waschmaschine. Auch nicht schlecht, gleichfalls über Rolf Jonas: die Casa Ignacio (La Cuesta 2)!
- **El Lago** €€, Los Morros 27, Tel. 928848176, www.apartamentosellago.com. Über dem Restaurant werden sieben Apartments vermietet, zwei mit Meerblick.

Essen und Trinken

- **El Lago** €€, Los Morros 27, Tel. 928848176, Di–So ab 12 Uhr, So abends und Mo geschl. Gutes Fischlokal an der Straße nach Arrieta. Gemütliches, maritimes Ambiente mit kleinem Teich *(lago)* und Fischnetzen an der Wand.

Nightlife

- **Bar Palenke,** Calle Salina 36, Tel. 928848018. Nicht am Meer und trotzdem beliebt: Kleines Lokal mit kanarischen Gerichten, am Wochenende gibt es oft Live-Auftritte lokaler Musiker.

Arrieta

Das grellrote Windspiel am nördlichen Ortsrand sorgt dafür, dass man Arrieta nicht verfehlen kann. Biegt man Richtung Küste ein, gelangt man zur hübschen Mole. Auf einem Felsen thront eine blau-rote Villa, mehrere gute Fischlokale verlocken zu einer Verschnaufpause. Von der Mole stechen allmorgendlich die Fischer in See; ein Steg am entgegengesetzten, südlichen Ortsende führt weit hinaus aufs Meer – ein guter Ort, um selbst einmal die Angelrute auszuwerfen.

Für Individualreisende ist hier gut vorgesorgt: Es gibt nicht nur eine Reihe preiswerter Apartments, sondern auch gut bestückte Supermärkte. Gern lässt man den Tag bei einem Glas Wein am Kai ausklingen, an Sommerwochenenden ertönen in der Strandbar Jazz- und Salsa-Rhythmen.

Kurzinfo Arrieta

- **Post:** Calle Virgen del Carmen s/n
- **Bank:** Geldautomaten in der Calle La Garita
- **Rotes Kreuz:** Cruz Roja, Calle La Garita/La Playa
- **Tankstelle:** an der LZ-1 am südlichen Ortsausgang
- **Arzt:** Dr. *Kunze,* Tres Barrancos 18, Tel. 928848509, www.arzt-lanzarote.com

Strand

Wer nicht in der kleinen Bucht an der Mole ins Wasser gehen will, findet etwas südlich des Ortes eine attraktive Alternative: An der 800 Meter langen, hellsandigen **Playa de la Garita** plätschert meist nur eine sanfte Brandung, sodass man gefahrlos baden kann. Auch bei Sportfreaks ist Arrieta beliebt: Auf dem weiten, weichen Strand setzen Drachenflieger zur Landung an, während sich weit draußen auf dem Meer Surfer in die Wellen schwingen.

Unterkunft

- **Ap. Miguel** €€, La Garita 74, Tel. 928848225. Der Restaurantbesitzer *Miguel Curbelo Torres* vermietet nahebei vier Apartments, allerdings nur ungern unter einer Woche.

•**Ap. Lola & Pepe** €€, La Garita 9B, Tel. 928848425 (nur Fr–So) oder Tel. 928835047. Zwei Apartments nahe dem Strand, hell möbliert und freundlich. Señora *Lola,* die Besitzerin, wohnt in Haría.

•**Ap. Makita** €/€€, La Garita 43, Tel. 928848381, Tel./Fax 928803215. Im kleinen namenlosen Supermarkt am Dorfende von Arrieta vermietet Señora *Makita* 30 Apartments,

die meisten davon befinden sich nahe dem Strand. Neu und komfortabel sind die an der Ecke La Garita/La Playa.

●**Ap. Arrieta** €/€€, La Garita 34. Auch im Supermarkt Arrieta, der sich in der gleichen Straße befindet, werden zahlreiche Apartments im Dorf vermietet. Darunter eines gleich um die Ecke mit schönem Meerblick (La Garita 36) bzw. Ap. Germán (Varadero 13).

118la Foto: gs

● **Ap. Milagrosa** €, La Garita 33, 1-B, Tel. 928848335. Die freundliche Señora *Milagrosa* vermietet acht gepflegte, mit hellen Kiefernholzmöbeln eingerichtete Apartments in zwei benachbarten Häusern. Sie befinden sich nahe dem Strand in der Straße Bebederos (Nr. 36 & 38) und sind behaglich eingerichtet, mit je zwei Schlafzimmern, Wohnküche, einige auch mit Terrasse. Señora *Milagrosa* bietet sechs weitere Apartments in der Calle Tres Barancos, nach Auskunft einiger Leser sind diese etwas hellhörig.

● **Casa La Playa** €€€, La Playa 5, buchbar über Jonas & Jonas (⇗„Reisetipps A–Z: Unterkunft"). 110 Quadratmeter großes, zweigeschossiges Haus direkt am Meer mit mo-

Das blau-rote Haus war
einmal ein „afrikanisches Museum"

dern ausgestatteter Küche und Sat-TV, ideal für drei bis fünf Personen. Die Playa La Garita mit Kinderspielplatz erreicht man zu Fuß in zwei Minuten.

Essen und Trinken

Hinweis: Die Fischrestaurants von Arrieta schließen meist schon gegen 20 Uhr!

- **Casa Miguel** €€, La Garita 74, Tel. 928848225, Mo geschlossen. Tolle Lage an der alten Mole, ansonsten wenig Höhepunkte und enttäuschender Service. Einzig zu empfehlen sind die Calamares, zu denen der selbstgekelterte Wein vom Monte Corona serviert wird.
- **El Charcón** €€, Charcón 13 (Muelle), Tel. 928848110, www.elcharcon.com/contactarale.htm, Mi geschl. Beste Stimmung herrscht bei Sonnenuntergang, die Küche ist allerdings nicht optimal.
- **Los Pescaditos** €€, La Garita 58, Tel. 928848266, Mi geschl. Einfaches Fischlokal mit Terrasse über dem Meer. Nur gut besucht, wenn kanarische Folklore gespielt wird (meist So 20 Uhr).
- **Amanecer** €€, La Garita 42, Tel. 928835484, Do geschlossen. Das Lokal, das von fünf Brüdern geleitet wird, ist das beste und beliebteste im Ort, deshalb nimmt man eine kleine Wartezeit gerne in Kauf. Drinnen ist es etwas laut und hektisch, darum sollte man versuchen, einen Platz auf der Terrasse zu bekommen: Wunderbar ist es, auf der Terrasse über dem Meer zu sitzen und den frischen Fisch aus La Graciosa zu verspeisen!
- **Strandbars:** An der Playa de la Garita gibt es zwei beliebte Treffs, von denen gewiss einer offen hat: Bei Paco gibt es vor allem Fastfood, La Casa de La Playa bietet lokale Gerichte und gute Paella.

Aktivitäten

- **Wellenreiten:** Wer sich gern aufs Surfbrett schwingt, findet an der Playa de la Garita einen Spot mit langen Wellen; vor Ort gibt es allerdings keinen Verleih.
- **Tauchen:** Northdiving, La Garita 33, Tel./Fax 928848285 oder in Deutschland 05021-6001970 *(Angelika)*, www.northdiving-lanzarote.com. In der von Deutschen geführten Tauchschule werden die besten Plätze der Nordostküste erkundet.
- **Wandern:** In Arrieta endet die von Haría kommende Tour (↗ Wanderung 7).

Feste

- **16. Juli:** *Fiesta del Carmen.* Der Schutzpatronin der Fischer huldigt man mit einer Bootsprozession und viel Musik an der Mole.

Verkehr

- **Bus:** Mehrere Verbindungen täglich nach Arrecife (Linie 7 und 9), Teguise (7) und Órzola (9).

053la Foto: gs

Tabayesco

Südlich von Arrieta zweigt eine Asphaltstraße ins Landesinnere ab und führt durch ein fruchtbares Tal zum Mirador de Haría hinauf. Nach starken Regenfällen blühen hier die Wiesen und Hänge so bunt wie nirgendwo sonst auf der Insel. Auf halber Strecke kommt man am Weiler Tabayesco vorbei, dank seiner Lage eine gute Adresse für Turismo Rural (Agenturen ⇗„Reisetipps A–Z: Unterkunft“).

Im Tal von Tabayesco

Mala

Weite Kaktusfelder, die sich vom Meer bis zum Gebirge hochziehen, mittendrin weiße, gepflegte Anwesen: Das ist das Dorf Mala, ein bevorzugter Wohnort deutscher Residenten. Kilometerweit erstreckt es sich längs der Durchgangsstraße, an der sich die Pfarrkirche und das Gesundheitszentrum sowie ein paar Lokale befinden. Die Küste von Mala ist wild und nahezu unberührt, an niedrigen Klippen brechen sich die Wellen des Atlantik. Landeinwärts bietet sich ein sanfteres Bild: Erdpisten schlängeln sich den sanft gerundeten Bergrücken hinauf, in dessen Flanken sich ein Stausee, die **Presa de Mala,** versteckt. Zwar birgt er kein Wasser, doch seine Mauern sind ein beliebter Startplatz von Drachenfliegern, die sich im Fallwind bis Arrieta treiben lassen. Für Individualurlauber stehen schmucke, im Landesstil erbaute Fincas bereit, die zu erstaunlich günstigen Preisen angeboten werden.

Kurzinfo Mala

- **Gesundheitszentrum:** Consultorio Médico, Villanueva 39, Tel. 928529534
- **Zahnarzt:** Clínica Dental (Dr. *Christine* und *Wolfgang Reich*), El Cangrejo 9, Tel. 928529440
- **Apotheke:** Farmacia, Villanueva 15

Unterkunft

- **Casas Himmelsbach** €€/€€€, El Cangrejo 31, Tel./Fax 928529589, www.lotus-del-mar.com. Am nördlichen Ortsrand vermieten *Berthold* und *David* sechs individuell gestaltete Häuser. Eine der schönsten Unterkünfte der Insel ist die Casa Marlene/Vista Sol – mit 85 € für zwei Personen erstaunlich günstig. Sie liegt nur wenige Schritte von der Küste entfernt, ist mit Vulkanstein und kalkweißen Wänden im César-Manrique-Stil erbaut und bietet von fast allen Räumen Meerblick. Vom Wohnraum mit Kamin, Schaukelstühlen und kanarischem „Tropfstein" gelangt man in die beiden großen Schlafzimmer. Schmuckstück des Hauses ist die in einem weiten Bogen gestaltete

Camparirot und Lippenstift – aus einer Laus gewonnen

Wussten Sie, dass Sie beim Trinken eines Martini oder Campari Dutzende von Läusen schlürfen? Sie stammen wahrscheinlich aus Lanzarote, genauer: von den Kaktusfeldern rings um Mala und Guatiza. Bis die Koschenille-Läuse im Aperitif-Glas landen, haben sie freilich einen langen Weg zurückgelegt ...

Zunächst werden sie auf einen Stoffstreifen gesetzt, der an der stacheligen Sprosse eines **Opuntienkaktus** befestigt wird. Von dort wandern sie auf die Wirtspflanze und bohren sich mit einem Stechrüssel in die fleischige Rinde. Rot schimmert ihr Blut durch den bis zu drei Millimeter dicken Körper und die weiße Wachsschicht, die sie zu ihrem Schutz ausbilden. Es handelt sich hierbei ausschließlich um weibliche Schildläuse *(Dactylopius cacti)*. Das Leben des Männchens erschöpft sich darin, von einer Kaktuspflanze zur nächsten zu fliegen und die dort verankerten Weibchen zu besamen. Nach vollbrachter Tat stirbt „er", während „sie" die Eier ausbrütet. Kaum sind die Larven geschlüpft, schließt auch sie für immer die Augen und der Kreislauf beginnt von Neuem: Erwartung, Begattung, Vermehrung, Tod.

Die Läusekolonien werden zwei- bis dreimal pro Jahr „geerntet": Mit einem Spachtel werden sie von der Kaktuspflanze geschabt, mit Wasserdampf getötet und anschließend zu Pulver zermahlen. Um ein Kilogramm zu erzielen, müssen Hunderttausende Läuse ihr Leben lassen. Das Pulver ist von intensiv roter Farbe, dabei völlig geruchs- und geschmacksneutral – das ideale Mittel, um Spirituosen einen roten Touch zu verleihen. In der Kosmetikindustrie ist Koschenille-Rot zur Herstellung von Lippenstift begehrt.

Im 19. Jahrhundert wurden Opuntienkakteen in großem Stil angebaut. Seit aber die synthetisch hergestellten und bedeutend preiswerteren Anilinfarben entdeckt wurden, ging die Nachfrage drastisch zurück. Heute gibt es nur noch wenige Koschenille-Bauern und auch sie können nur bestehen, weil sie Unterstützung von der EU erhalten. Die Kakteen freilich, die auch ohne menschliches Zutun prächtig gedeihen, sind aus der Boom-Zeit geblieben – bis heute prägen sie das Landschaftsbild.

054la Foto: gs

Wohnküche, die rundum verglast ist; der Blick reicht vom Gebirgszug über Lavafelder bis zum Meer – weit und breit kein störender Bau! Originell ist das hellblaue Bad mit kuppelgekrönter Dusche – natürlich auch dieses mit Meerblick. Vista Sol bildet mit der angrenzenden Vista Luna eine Einheit. Sie bietet Platz für zwei bis vier Personen und ist gleichfalls bestens ausgestattet – freilich ist sie nicht ganz so hell und hat keinen so traumhaften Ausblick. Die Häuser sind von windgeschützten Terrassen umgeben; viel Platz hat man auch auf dem Dach, wo sich in einem luftigen Turmaufsatz ein weiteres Bett befindet.

100 Meter landeinwärts liegt die schmucke Casa Santa María mit drei Apartments, die entweder Blick auf die Lava oder aufs Meer bieten. Neben dem Haus postierte Windräder erzeugen Energie für die Stromversorgung. Drei weitere Häuser befinden sich landeinwärts und sind bereits stärker ins Dorf eingebunden: die kleine und behagliche Casa Corral, nebenan die etwas größere Casita Margarethe. In der Casa Típica, einem restaurierten Bauerngehöft, gruppieren sich alle Räume um einen Innenhof: drei Schlafzimmer, Wohnraum mit Kamin sowie eine urige Küche mit original erhaltenem Rauchabzug. Alle Häuser sind vorwiegend mit Holzmöbeln eingerichtet und verfügen über hervorragende Futon-Betten. Die Besitzer wohnen gleich um die Ecke und helfen in allen Not- und Lebenslagen; wer will, kann in einer „Pyramide" meditieren.

Die Küste bei Mala ist wild und nahezu unberührt

055la Foto: gs

„Vulkanruine" nahe Mala

●**Casa Medusa** €€, Lomo de la Cruz 2, Tel./Fax 928529532, www.casamedusa.com. Exklusiv für Frauen: 130 Jahre altes Anwesen inmitten von Kaktusfeldern, heute eine behagliche Unterkunft. Unten befinden sich zwei vom Patio zugängliche Apartments, oben zwei schöne Studios mit weitem Ausblick bis zum Meer. Zum Sonnenbad trifft man sich auf der Dachterrasse, dazu gibt es im Garten lauschige Winkel mit Grill. Die beiden Besitzerinnen *Ima* und *Ro* leben mit ihren Katzen und Hunden gleich nebenan und verleihen Fahrräder zu günstigem Preis.

Essen und Trinken

●**Don Quijote** €€, El Rostro 1, Tel. 928529301, ab 11 Uhr. Das Lokal an der Durchgangstraße hat mit zwei Wirtsleuten aus München ein neues Profil gewonnen. Die Küche ist mediterran, das Ambiente entspannt: *Marc,* der im Hotel Vier Jahreszeiten gelernt hat, steht in der Küche und bereitet Leckereien zu: Kürbiscreme- und Fischcremesuppe, Terrine aus gegrilltem Gemüse und Kaninchen, Tintenfisch auf Kartoffelscheibchen und Rinderfilet in Rotwein. *Renata* serviert aufmerksam und herzlich. Es gibt eine kleine Kinderkarte; auch wer nur auf eine Tapa vorbeikommt, ist willkommen.

• **Arepera La Única** €, El Rostro 2, Tel. 928529650, Di–So ab 16 Uhr. Ein Kultort im Norden: Kaum öffnet das Lokal, ist es schon rappelvoll und das bis weit nach Mitternacht, am Wochenende gar bis 4 Uhr! Das Geheimnis des Erfolgs: *José Pulido* aus Kolumbien sorgt stets für gute Stimmung und tischt preiswertes Essen auf, u.a. die beliebten *arepas*, Teigtaschen aus Maismehl, die unterschiedlich gefüllt sind – eine Art südamerikanisches Fastfood. Sehr gut schmecken die frischen Fruchtsäfte *(batidos naturales)*.

Einkaufen

• **Casa Catú,** Cangrejo 22. Selbstgemachte Konfitüre aus Kaktusfrüchten: zu erwerben bei Catú im Norden von Mala (Richtung Küste).

Verkehr

• **Bus:** Mehrere Verbindungen täglich nach Arrecife (Linie 7 und 9), Teguise (7) und Órzola (9). Längs der Straße LZ-1 gibt es mehrere Haltestellen.

Charco del Palo

Ältere Lanzaroteños erzählen, die Frauen seien früher in der Bucht Charco del Palo splitternackt in die Fluten gestiegen. Vielleicht ist es auf diese Tradition zurückzuführen, dass just hier in den 1970er Jahren ein **FKK-Dorf** entstand: Nicht nur am Strand ist man „Hüllen los", auch in den Straßen braucht man Textilien nicht anzulegen. Der stille Ort erstreckt sich längs der dunklen Felsküste und verfügt über eine intakte Infrastruktur mit mehreren Bars und Restaurants, Autoverleih und Taxi. In der neuen Einkaufsgalerie gibt es einen gut sortierten Supermarkt (bitte nur bekleidet betreten!), zwei Modeläden und ein Geschäft mit Sportartikeln.

Strände

Unterhalb des Restaurants Romántica befindet sich der „Enten-Pool" (auch bekannt als „Badewanne"), ein von Sandterrassen gesäumtes, leider etwas vernachlässigtes **Meerwasserbecken,** das sich mit Ebbe und Flut füllt. Schöner ist der Küstenabschnitt im Süden des Ortes. Das kristallklare Wasser wird von Schnorchlern und Tauchern geschätzt, die sich in den dunklen Grotten auf die

Suche nach Garnelen und Seepferdchen machen. Gern trifft man sich am sogenannten „Affenfelsen“, einer ins Meer ragenden Felszunge. Heute kann man über zwei Leitern ins stark bewegte Wasser hinabsteigen – baden freilich sollte man nur an ruhigen Tagen.

Ein Stück weiter kommt man zum **Puerto Moro,** dem sogenannten „Maurenhafen“ in einer tief eingeschnittenen Felsbucht. Der Name geht auf das 16. Jahrhundert zurück, als berberische Piraten an dieser Stelle unerkannt an Land gingen und weit ins Inselinnere vorstießen.

Information

- **Servicio de Papagayo S.L.,** Cabrera Peraza 6, Tel. 928173176, Fax 928173175, täglich, doch Sa–So nur vormittags geöffnet. Vermietung von Wohnungen, Ausflugstipps und Buchverleih.

056la Foto: gs

Unterkunft

- **Castillo de Papagayo** €€/€€€, pauschal bei Oböna-Reisen, Tel. 06032-96090, Fax 83564, www.oboena.de. Das bekannteste spanische „Oböna-Dorf" liegt direkt am Meer: mit über 40 Bungalows und Apartments für zwei bis fünf Personen, zumeist terrassenförmig und doppelstöckig gebaut, einige auch mit Planschbecken für Kleinkinder. Zur Anlage gehören zwei Pools, eine Liegewiese und eine schöne Sonnenterrasse.
- **Charco Natural** €€, Montaña Redonda s/n, Tel./Fax 928529595. Sechs Bungalows auf niedrigen Klippen unmittelbar am Meer. Jeder ist 65 Quadratmeter groß, verfügt über zwei Schlafzimmer, eine Wohnküche (mit Sat-TV) und eine Terrasse mit Blick auf den Atlantik. Einfach, aber gemütlich, *Gerd* und *Ursel* sorgen fürs Wohl der Gäste. Im Garten befindet sich ein Lavasteingrill, auch Autos werden gestellt.
- **Casas del Mar** €€, Pereza Cabrera 7, Tel./Fax 928529306. Kleine Anlage am Meer mit sechs funktionalen, sauberen Apartments für zwei bis vier Personen. Vermittelt werden sie über *Inge Maxeiner,* die gleich um die Ecke wohnt und weitere Objekte anbietet (Charco del Palo 39).
- **Casa Austria** €€€, Orión 3, Tel./Fax 928173092. Kleine Reihenhäuser mit Terrasse, 200 Meter vom Meer entfernt. Mit einem solarbeheizten Meerwasser-Pool.
- **Weitere FKK-Häuser:** Apartments und Bungalows, kleine und größere Häuser und Villen findet man im Internet unter www.charcodelpalo.com.

Essen und Trinken

- **Romántica** €€, Calle Conde Robayna, Tel. 645944871. Man sitzt auf der Terrasse und genießt Meerblick, Snacks oder gute internationale Küche. Ist's einmal windig, ist der mit maurischen Kacheln geschmückte Innenraum auch nicht schlecht.

Aktivitäten

- **Tauchen:** Wer Ausrüstung mitgebracht hat und über Erfahrung verfügt, kann am Puerto Moro an einer Steilwand und durch verwinkelte Grotten tauchen (Tauchtiefe max. 40 Meter).

Verkehr

- **Anfahrt:** Die nächste Bushaltestelle (Linie 7 und 9) befindet sich am südlichen Ortsausgang von Mala vor dem Restaurant Don Quijote. Von dort geht es nur zu Fuß oder mit Auto weiter: der kleinen Straße zur Küste folgen und an der Gabelung nach 400 Metern rechts einbiegen. Nach weiteren zwei Kilometern endet die Straße in Charco del Palo.

Niedrige Steilküste und kleine Buchten – so präsentiert sich der Nordosten Lanzarotes

Guatiza

Inmitten ausgedehnter Kaktusfelder liegt das Dorf, das um 1600 als Siedlung maurischer Sklaven gegründet wurde. „Sie haben kahlgeschorene Schädel, lassen sich ihren Bart aber bis zu den Hüften wachsen", so heißt es über die frühen Bewohner in einer zeitgenössischen Chronik. Maurischer Einfluss spiegelt sich bis heute in der Dorfkirche, die mit ihrem Zwiebelturm an eine Moschee erinnert.

Kaktusgarten

Eine Windmühle am nördlichen Ortsausgang markiert die Hauptattraktion des Orts, ein 1991 von César Manrique geschaffenes „stacheliges Vergnügen". In die Flanken eines ehemaligen Steinbruchs wurden Terrassen geschlagen, mit Basaltgestein befestigt und mit Lava-Lapilli bedeckt. Auf ihnen wachsen Kakteen aus aller Welt – 1400 verschiedene Arten sollen es sein: haushohe Säulen, bizarre Zackengebilde und dem Boden aufgesetzte „Schwiegermutterkissen". Das Ganze wirkt wie ein Amphitheater, in dem ein Pflanzen-Stillleben inszeniert wird – ein lebender Skulpturenpark.

Am schönsten erlebt man den Garten kurz nach seiner Öffnung und vor Schließung, wenn nur noch wenige Besucher hier sind. Dann hört man auch das Rauschen der alles überragenden **Windmühle,** die unentwegt vom Passat angetrieben wird. Neben der Mühle befindet sich ein Terrassencafé mit schönem Ausblick auf die Kaktuswelt. Ein Souvenir-Shop bietet Pflanzenbücher an, außerdem Schmuck und Geschirr mit Kaktusmotiven; Gofio-Mehl wird in Leinensäckchen attraktiv abgepackt.

- **Jardín de Cactus,** Ctra. LZ-1 Km. 15, 10–17.45 Uhr, Restaurant 11–16 Uhr, gratis bewachter Parkplatz, Eintritt 5 €

Verkehr

- **Bus:** Mehrere Verbindungen täglich nach Arrecife (Linie 7 und 9), Teguise (7) und Órzola (9)

057la Foto: gs

Los Cocoteros

Am südlichen Ortsausgang von Guatiza (Km. 14) zweigt eine 2,5 Kilometer lange Straße zum Küstenort Los Cocoteros ab. Interessanter als die Wochenendsiedlung von Lanzaroteños sind die angrenzenden **Salinas de los Agujeros.** Im Schatten verfallener Windmühlen liegen Salzfelder, in denen noch heute das „weiße Gold" geerntet wird; im flachen Wasser staksen Wandervögel auf der Suche nach Nahrung.

Jardín de Cactus - ein weiteres „Kunstwerk" Manriques

124la Foto: gs

La Graciosa

Überblick

Nach La Graciosa zu fahren ist ein Erlebnis: Die kleine Fähre startet in **Órzola,** kämpft sich durch die Hafenbrandung und nimmt Kurs auf El Río, die Meerenge zwischen Lanzarote und der Nachbarinsel. Toll ist der Blick zurück auf das Nordkap, die Punta Fariones: Wogen schwappen an die hoch aus dem Meer aufragenden Klippen. Nach 20 Minuten läuft das Schiff in Caleta del Sebo ein, der „Hauptstadt" von La Graciosa. Bei der Ankunft stehen viele Menschen am Kai, warten auf Post und Zeitungen, Medikamente und Nahrungsmittel, kurzum: auf alles, was man so zum Leben braucht. Frauen mit kegelförmigen Strohhüten nehmen die neuen Gäste in Empfang und befördern das Gepäck mit der Schubkarre zur gemieteten Unterkunft. Surfer mit Brett und Seesack sind darunter, jugendliche Camper und auch ein paar Studenten, die ihre Uni-Arbeit zu Ende schreiben wollen.

La Graciosa, die größte Insel des **Archipiélago Chinijo,** heißt „die Anmutige", doch der Name täuscht. Das 27 Quadratmeter große Eiland besteht aus einer kargen, sandverwehten Ebene, aus der vier Vulkankegel aufragen. Kaum eine Pflanze vermag in dem unfruchtbaren Boden Wurzeln zu schlagen. Es gibt keinerlei Quellen; Ocker, Gelb und flirrendes Weiß sind die vorherrschenden Farben. Bis vor kurzem musste Trinkwasser per Boot angekarrt werden, heute gibt es immerhin eine Entsalzungsanlage.

Auf dieser Insel ist man von der Zivilisation, ihren Segnungen und Zerstreuungen weitgehend abgeschnitten. Es gibt keine Asphaltstraßen und Parkplätze, keine Hotels und Souvenirshops.

Vorhergehgende Seite:
Playa de las Conchas, der „Muschelstrand", im Norden

Die Strände

Die Strände von La Graciosa zählen zu den schönsten der Kanaren: Badebuchten mit weißem Sand und türkisfarbenem Wasser. Südwestlich der Hauptstadt liegt die 1,8 Kilometer lange **Playa del Salado** mit tollem Blick auf die Famara-Klippen. Die Brandung ist meist schwach und es gibt keine ausgeprägten Strömungen, sodass man hervorragend baden kann.

Ein weit vorspringendes Kap trennt die Bucht von der kleineren und lagunenartigen, nur 400 Meter langen **Playa de la Francesa.** Ende der 1980er Jahre wollte Manrique an dieser Stelle eine Bungalowsiedlung errichten und sie durch eine Seilbahn mit seinem Restaurant Mirador del Río auf Lanzarote verbinden – ein Projekt, das arg an der Glaubwürdigkeit Manriques rüttelte, der sich doch so gern als umweltbewusster Architekt und Anwalt seiner kanarischen Heimat feiern ließ.

Die **Playa de la Cocina** liegt gleichfalls im Süden. Sie ist zwar nur 100 Meter lang, doch mit ihrem von Lavaarmen umschlossenen, türkisfarbenen Wasser wirkt sie wie ein geschützter Natur-Pool. Die Beschreibung der Bucht, behauptet ein kanarischer Literaturwissenschaftler, habe *Torquato Tasso* so sehr verzaubert, dass er just hier wichtige Szenen seines „Himmlischen Jerusalem" ansiedelte. Göttin Armida lotst den schönen Rinaldo in die „paradiesische Bucht", flößt ihm einen mit Vulkanglut angereicherten Liebestrunk ein und macht sich so den widerspenstigen Jüngling gefügig. Aber war es wirklich diese Bucht, in der sich jener Akt vollzog? „Ach diese Dichter", seufzt der in Tías lebende *Saramago,* „kaum hören sie eine Legende und entdecken auf der Karte einen Namen, der ihnen gefällt, und schon ist es passiert: Die Wüste verwandelt sich in einen Paradiesgarten!"

Der schönste Strand der Insel ist mit puderweißem Sand bedeckt und liegt hoch oben im Norden. Schon manch ein Werbestreifen wurde an der sichelförmigen **Playa de las Conchas** gedreht, darunter *Gabriela Sabatinis* Spot für das nach ihr benannte Parfum. Einziger Wermutstropfen dieser tollen Bucht: Schwimmen ist hier nicht zu empfehlen, die Unterströmungen sind äußerst gefährlich!

Caleta del Sebo

Das **600-Seelen-Dorf** besteht aus ein paar ungeteerten Erdstraßen, auf denen sich Sand anhäuft. Die Häuser sind hervorgegangen aus Fischerkaten und haben mit wachsendem Wohlstand einen weißen Anstrich erhalten. Mittlerweile gibt es mehrere Supermärkte und Lokale, eine Bäckerei, Post und Polizei, Internet, Arzt und Apotheke. Die über 100 Fischer des Ortes haben eine *cofradía* (Genossenschaft) gegründet und teilen sich die Kühl- und Konservierungsräume im Hafen. Und natürlich haben sie auch eine Kapelle errichtet, die der Heiligen Carmen, ihrer Schutzpatronin, geweiht ist. Ein ausrangiertes Boot wurde in einen Altar verwandelt, der Mast dient als Kreuz und ein Steuerrad als Kanzel.

Kurzinfo Caleta del Sebo

- **Polizei:** Policía Local, García Escamez s/n, Tel. 928842043
- **Banken:** mehrere Geldautomaten in Hafennähe
- **Post:** García Escámez s/n
- **Kulturzentrum:** Centro Socio-Cultural, Calima/ Ecke Tifón
- **Gesundheitszentrum:** Consultorio Médico, Nueva España 3, Tel. 928842027 (mit Hubschrauberlandeplatz)
- **Apotheke:** García Escámez s/n

Praktische Tipps

Unterkunft

Außer einer Campingzone und preisgünstigen Pensionszimmern (Doppelzimmer 20–30 €) gibt es in Caleta del Sebo zahlreiche Apartments; fast jede Familie lebt mittlerweile von der Vermietung. Die Apartments befinden sich in ein- oder zweigeschossigen Häusern und sind übers ganze Dorf verteilt. Meist sind sie geräumig und funktional, doch nur die wenigsten besitzen Meerblick.

- **Pensión Enriqueta** €, Trasera a la Av. Virgen del Mar s/n, Tel. 928842051, Fax 928842129. Zwölf einfache, etwas hellhörige Zimmer über dem gleichnamigen Lokal. Fünf davon haben eine eigene Dusche, die übrigen teilen sich ein Bad auf dem Flur.
- **Pensión Girasol** €, García Escámez 1/Av. Virgen del Mar s/n, Tel. 928842118, www.graciosaonline.com. Acht einfache Zimmer, teils mit Etagenbad, teils mit eigener Dusche, Nr. 1–3 mit Blick über die Meerenge.
- **Ap. Cabrera** €€, Calle Calima s/n, Tel./Fax 928528503 (spanisch), Mobiltel. 0034-618-487735 (*Claudia,* deutsche Verwalterin), www.apartamentos-lagraciosa.com. Die sympathischste Unterkunft liegt am ruhigen, östlichen Ortsrand. Auf Wochenbasis vermietet *Luis M. Cabrera* acht schöne und preisgünstige, etwa 50 Quadratmeter große Apartments (p.P. 18,50 €, Kinder unter acht Jahren gratis), alle ausgestattet mit digitalem Fernsehen, Bad und moderner Küche. Die Gäste werden von der Mole abgeholt, im Apartment erwartet sie ein gut gefüllter Kühlschrank. Und noch eine angenehme Überraschung: Einmal während ihres Aufenthalts fährt *Luis* sie rund um die Insel oder bringt sie zur Playa de las Conchas.
- **Ap. José Antonio** €€€, Las Crucetas 83-A, Tel./Fax 928835206, Mobiltel. 629532225 (deutschsprachig), www.lanzarote-arrieta.de. Zwei Apartments im Ortszentrum, gut ausgestattet und etwas teurer. Moderne Wohnküche und Bad befinden sich im Erdgeschoss, Schlafzimmer und Terrasse im ersten Stock. Vor Ort wird man von *Tomasa* oder *Rosa* begrüßt.
- **Ap. El Sombrerito** €€, Sirena 71, Tel. 928803377, Fax 928842106, www.elsombrerito.com. *José María* vermietet vier mit Kabel-TV ausgestattete Apartments in zweiter Strandlinie westlich vom Ortskern, ein weiteres am Ortsrand nahe der Playa del Salado. Ab 42 €.
- **Ap. Segundo** €€€, Calle Calima s/n, Tel. 928512278. *Segundo Bonilla Paz* vermietet acht Apartments am Ostrand.
- **Ap. El Marinero** €€, La Tegala 31–33, Tel. 928842169, Fax 928842069. Vier Apartments in dritter Reihe, buchbar über das gleichnamige Restaurant (Calle García Escámez).
- **Ap. Romero** €€, Sirenas s/n, Tel. 928842169, Fax 9288 42069. Auch diese sieben Apartments gehören zum Restaurant El Marinero.

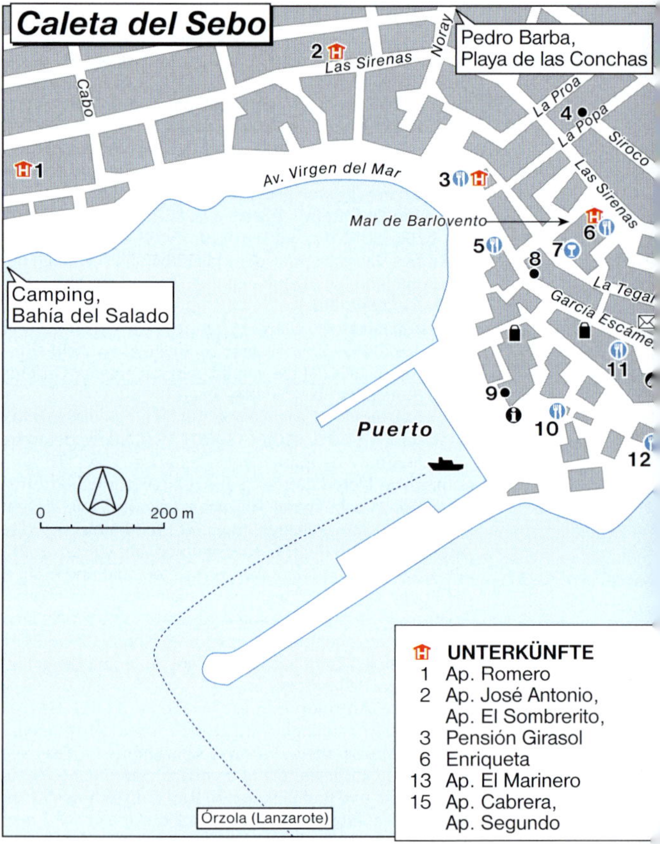

• **Camping,** Playa del Salado. Kostenloses Zelten an einem hellen Strand, zehn Gehminuten südwestlich von Caleta del Sebo. Nur einfache sanitäre Einrichtungen, zu Ostern und im Sommer sehr voll. Reservierung obligatorisch: Tel. 928842000 (Rathaus, spanisch).

Essen und Trinken

• **Girasol** €€, Av. Virgen del Mar s/n, Tel. 928842118. Frischer Fisch in bester Lage; man kann auf der Terrasse sitzen und den Ausblick über den Hafen hinweg auf Lanzarotes Klippen genießen.

• **Enriqueta** €€, Trasera a la Av. Virgen del Mar s/n, Tel. 928810251. Meerblick hat man nicht, dennoch ist das Lokal stets sehr gut besucht. Das Geheimnis des Erfolgs: rusti-

kales Ambiente und Plastiktischdecken wie in alten Zeiten. Lecker schmeckt die – freilich nicht mehr ganz billige – Fischplatte *(parrillada de pescado)* mit Salat und Runzelkartoffeln.

●**Casa Chano (La Caletilla)** €€, Av. Virgen del Mar 131, Tel. 928842068, 5.30–15.30, 18–22 Uhr. Die sehr beliebte Bar in einer Seitengasse des Hafens neben den Kühlräumen der *cofradía* öffnet bereits im Morgengrauen, damit sich die Fischer vor der Ausfahrt mit Kaffee und Rum stärken können. Mittags kann man dann „richtig" essen, außer frischem Fisch Paella und Fischsuppe *(caldo de pescado)*.

●**El Varadero** €€, Av. Virgen del Mar 19, Tel. 928842175, täglich außer Di ab 10.30 Uhr. Das Lokal in strategisch

059la Foto: gs

günstiger Lage gegenüber der Fähranlegestelle gibt sich edel, es besitzt sogar eine deutsche Speisekarte! Schön ist die Terrasse mit Blick auf den Hafen; Señor *Ismael* serviert kühle Drinks und frischen Fisch. Auch hier schmeckt die Fischplatte lecker.

● **El Marinero** €€, García Escámez 14, Tel. 928842169. Das gepflegte Lokal an der sandverwehten „Hauptstraße" gehört *Luis Romero,* dem Kapitän der Fährlinie. Die lange Bar wird meist von den Männern des Orts belagert. Die Meeresfrüchte sind knackig frisch, auf heißer Platte *(a la plancha)* gebraten und deftig gewürzt; dazu gibt's eine große Auswahl an Lanzarote-Wein.

Einkaufen

● **Lebensmittel:** Mit dem Udaco-Supermarkt, z.B. an der Uferpromenade (Av. Virgen del Mar 113), hat La Graciosa Anschluss an moderne Zeiten gefunden. Es gibt nicht nur Konserven, sondern auch allerlei Frischkost. Die nahe gelegene Panadería (Av. Virgen del Mar s/n) backt täglich frisches Brot und süße Teilchen; wenn man Fisch satt hat, sorgt eine Metzgerei für Nachschub an Fleisch.

Kultur

● Im **Centro Socio-Cultural** finden hin und wieder Ausstellungen und Konzerte statt.

Aktivitäten

● **Radfahren:** Mieten kann man Räder bei *Rafaela Hernández* direkt an der Anlegestelle (Av. Virgen del Mar s/n, Tel. 928842138, 10–13 und 15.30–16 Uhr).

● **Surfen:** Beliebter Spot für Anfänger ist die Playa de la Francesa, Cracks wagen sich an die Playa Lambar an der Ostküste. Bisher kein Brettverleih vor Ort.

● **Bootstouren:** Im Hafen kann man sich bei Fischern nach Touren zu den Nachbarinseln Alegranza und Montaña Clara erkundigen.

Nightlife

● **Disco Las Arenas,** Mar de Barlovento s/n. Der Disco-Pub öffnet meist freitags und samstags um Mitternacht, bis zum frühen Morgen wird getanzt.

Die Topografie der Insel ist recht überschaubar

Wandern auf La Graciosa

Für alle, die allein die Insel erlaufen wollen, werden im **Wanderkapitel** zwei Touren vorgestellt: die Nord- und die Südtour (11 und 12). Man kann sie gut im Rahmen von Tagesausflügen kennenlernen; hierfür sollte man sich mit festem Schuhwerk, Sonnenschutz, Kopfbedeckung und ausreichend Trinkwasser ausrüsten.

Sehr beliebt sind auf La Graciosa auch die von **Eva Maldener** organisierten und durchgeführten Wanderungen. Eva ist eine ausgebildetete Inselführerin, die seit 1998 in Caleta del Sebo lebt. Im Rahmen von Halb- und Ganztagestouren bringt sie Besuchern Natur und Geschichte „ihrer" Insel näher:

- **Explora La Graciosa,** Calle Popa 15, Tel. 928842194, Fax 928526610, exploralagraciosa@gmx.net, ab 20 € pro Person

Feste

- **Februar:** *Fiesta de Carnaval.* Karneval lässt man sich auch auf der Wüsteninsel nicht entgehen; man wählt eine Königin und schlüpft in bizarre Kostüme.
- **16. Juli:** *Fiesta del Carmen.* Den Auftakt zum größten Inselfest bildet die Meeresprozession. Nach der Rückkehr der Madonna wird gefeiert, was das Zeug hält – zwei volle Wochen lang! Halb Lanzarote scheint auf La Graciosa versammelt, die Fähre pendelt ohne Unterbrechung.

Verkehr

- **Fähre:** Die Personenfähre der Lineas Romero verkehrt drei- bis fünfmal täglich zwischen den Inseln, die Fahrzeit beträgt ca. 20 Minuten (Details zum Fahrplan: ↗„Órzola"). Hat man die Fähre verpasst oder kann sie aufgrund hohen Wellengangs nicht anlegen, kann man auch ein Wassertaxi bestellen (Dani, Tel. 676-901845), max. 12 Pers.

Archipiélago Chinijo

Los Islotes

Chinijo, der „kleine" Archipel, ist Lanzarote nördlich vorgelagert und umfasst fünf kleine Inseln *(islotes):* neben La Graciosa Montaña Clara, Alegranza sowie die Felseilande Roque del Este und Roque del Oeste. Seit 1986 steht der gesamte Archipel als „Parque Natural" unter **Naturschutz** – davon profitieren nicht nur seltene Vögel wie Gelbschnabelsturmtaucher, Fischadler, Falken und Schmutzgeier, sondern auch über 200 Meerestierarten: Wale und Delfine sowie die vom Aussterben bedrohte Napfschnecke und Meeresschildkröte.

058la Foto: gs

Montaña Clara

Vor der Nordwestküste La Graciosas, nur durch einen schmalen Meeresarm getrennt, ragt Montaña Clara, der „helle Berg", aus den Fluten. Mit einem Quadratkilometer Ausdehnung und einer Höhe von 256 Metern wirkt die Insel wie eine trutzige, uneinnehmbare Festung. Einst fuhren die Bewohner von La Graciosa einmal im Jahr hinüber, um Gelbschnabel-Sturmtaucher zu „ernten". Mit einer Widerhakenstange wurden die noch nicht flüggen Jungen aus ihrem Höhlennest gezerrt – ihr Talg war zur Herstellung von Kerzen und zum Einölen von Schiffstauen begehrt. Die Küken der *Pardela cenicienta,* die ebenfalls zur Gruppe der Sturmtaucher gehört, waren eine besonders begehrte Zutat zur heimischen Paella – Wilderer verkauften sie angeblich auch an Restaurants und machten damit ein gutes Geschäft. Seit freilich der kleine Archipel unter Naturschutz steht, sind diese Praktiken verboten – Tausende von **Seevögeln** finden nun hier, so bleibt zu hoffen, einen sicheren Le-

Einheimische präsentieren die lokale Hutmode ...

bensraum. Das Einhalten der Verbote wird von Mitarbeitern des WWF/Adena überwacht: jedes Jahr reisen sie für mehrere Monate auf die Insel. Wichtig ist ihre Präsenz vor allem im Oktober, wenn die jungen Vögel das Fliegen erlernen.

Alegranza

Vorbei am **Roque del Oeste,** einem brandungsumtosten, 42 Meter hohen Felsen, gelangt man in zweistündiger Bootsfahrt nach Alegranza, der „freudigen“ Insel. Seinen Namen verdankt sie dem Konquistadoren *Jean de Béthencourt,* der hier, von Europa kommend, zum ersten Mal Land sichtete. Bis 1965 lebte auf dem **Leuchtturm** am Nordkap ein Wärter; Gesellschaft leistete ihm eine Hirtenfamilie, die drei Häuser des Weilers El Cortijo bewohnte. Heute ist die 12 Quadratkilometer große Insel menschenleer, der Leuchtturm funktioniert vollautomatisch und die Luft ist erfüllt vom Geschrei der Sturmtaucher und Fischadler. Bizarre Ortsnamen künden von den Erlebnissen der einstigen Bewohner. Da gibt es eine „Ebene der Unglückseligen“ und ein „Kap der Sterbenden“, aber auch eine vielfarbig schillernde „Höhle der tausend Wunder“, über die man zur unterirdischen Lagune El Jameo gelangt. Und noch ein Name erzählt eine Geschichte: An der Playa Ambar wurden einst große Mengen Bernstein aufgelesen, ausgespuckt von Walen, die in skandinavischen Gewässern das fossile Harz mit der Nahrung aufgenommen hatten und sich hier davon befreiten.

Roque del Este

Letzter im Bunde des Kleinen Archipels ist der Roque del Este, von dem es in einem Volkslied heißt: „Die Vögel gehen dorthin, um zu sterben“. 84 Meter ragt der Felsen empor und warnt die Seefahrer schon von Weitem vor seinen tückischen Riffs.

Verkehr

- **Anfahrt:** Reguläre Schiffsverbindungen zu den Inseln des Kleinen Archipels gibt es nicht. Doch finden sich auf La Graciosa bei ruhiger See Fischer, die gegen einen Preis, der ausgehandelt werden muss, Besucher nach Montaña Clara und Alegranza schippern.

„Anmutiger" Tourismus – sanft und lukrativ

Es begann mit einem Paukenschlag. Die Gemeinde Teguise, zu der auch La Graciosa gehört, stellte auf der kleinen Wüsteninsel drei Hektar Land zur Bebauung frei. Öko-Gruppen liefen Sturm und brandmarkten den Vorstoß als „Ausverkauf eines Paradieses". Doch die meisten Inselbewohner wollten von solcher Kritik nichts hören und hielten es lieber mit Señora *Margarita Páez,* ihrer Bürgermeisterin. „Wir setzen uns dafür ein", so sprach sie, „dass die jungen Menschen ihre eigenen Wohnungen und Häuser bekommen." 87% der Inselfläche gehören dem Staat, der Rest der Gemeinde Teguise. Um die Abwanderung zu stoppen, stellen die Politiker jedem, der auf der Insel geboren wurde und dort heiratet, ein 200 Quadratmeter großes Baugrundstück kostenlos zur Verfügung. Geht es nach dem Willen der Bürgermeisterin, so sollen die Frischvermählten neben ihrem Privathaus zusätzlich Apartments bauen, um sich durch deren Vermietung eine sichere Existenzgrundlage zu schaffen. „Wir wollen den Zug in die Zukunft nicht verpassen", verkündet sie, wobei deutlich wird, dass sie die Zukunft vor allem im Tourismus sieht.

Pfiffige Inselbewohner haben derweil ein einträgliches Business eröffnet. Statt sich mit der Apartmentvermietung abzurackern, verkaufen sie ihre subventionierten Häuser lieber an die meistbietenden Interessenten und erzielen Preise, von denen sie vor kurzem nicht zu träumen wagten. So sind in den letzten Jahren 35% aller Immobilien auf der Wüsteninsel in auswärtige Hand übergegangen.

Die Fischer La Graciosas sind keine armen Schlucker mehr. Einige besitzen mittlerweile ein Zweithaus auf Lanzarote, lassen ihre Kinder in Las Palmas studieren und schenken ihnen einen Mittelklassewagen, „weil das dazugehört". Die zu Wohlstand gekommenen Fischer wehren sich gegen den Vorwurf, sie betrieben einen „Ausverkauf" ihrer Insel. Viele Jahre, sagen sie, hätten sie hilflos zusehen müssen, wie ihnen die Fischgründe buchstäblich davonschwammen. Seit 1987 der Archipiélago Chinijo zu einem maritimen Naturschutzgebiet erklärt wurde, müssen sie mit ihren Nussschalen allmorgendlich gefährlich weit hinausfahren. Der Fischbestand habe sich zwar in letzter Zeit wieder vergrößert, doch seien es andere, die die reiche Ernte heimführten: besser ausgestattete Flotten aus Arrecife sowie aus Portugal, dem Baskenland und Galicien.

061la Foto: gs

Wandern
auf Lanzarote
und La Graciosa

Praktische Tipps

Kein Idyll, sondern spröde Kargheit, Wildheit und Wüste, eine apokalyptische Landschaft, die nicht jeden zum Wandern einlädt: Das sind die Feuerberge mit ihrer schier endlosen Folge von Kegeln und Kratern. Doch es gibt noch ganz andere Landschaften auf der Vulkaninsel: im Süden die tief eingeschnittenen Täler des Ajaches-Massivs, im Norden eine wildromantische Szenerie mit steilen Kliffs und überraschend viel Grün. Wege führen durch die Bergwelt des Famara-Massivs, ins Tal der tausend Palmen und zur Kapelle der „Schneejungfrau". Zwölf attraktive, abwechslungsreiche Touren werden in diesem Buch vorgestellt, darunter zwei Wanderungen auf der Nachbarinsel La Graciosa. Alpine Erfahrung ist nicht vonnöten, die zu bewältigenden Höhenunterschiede halten sich in Grenzen. Die Wanderungen sind leicht bis mittelschwer, ein Grundmaß an Trittsicherheit und Kondition ist erforderlich.

Wegenetz

In jüngster Zeit hat die Inselregierung damit begonnen, 20 alte Dorfverbindungswege auf Lanzarote und vier auf La Graciosa zu restaurieren und nach europäischen Maßstäben zu beschildern. Der Verlauf dieser Touren ist großenteils identisch mit dem der in diesem Buch vorgestellten Wege.

Beste Wanderzeit

Besonders schön zum Wandern sind die Monate **Dezember bis April,** wenn es frühlingshaft mild ist und die Hänge im Norden mit einem grünen Flaum bedeckt sind. Im Sommer kann es heiß werden, da es auf dieser Insel zwar hin und wieder einen Palmenhain, aber keinen dichten, schattenspendenden Wald gibt. An warmen Tagen sollte

So grün präsentiert sich Lanzarote im Frühjahr

Vorhergehende Seite: Verschnaufpause nach der Wanderung

121la Foto: gs

man den Rückweg auf die späten Nachmittagsstunden verschieben!

Ausgangspunkte

Einige Touren starten direkt in Unterkunftsorten: so die Wanderung 1 in Yaiza sowie die Wanderungen 5–7 in Haría. Wer viel mit dem Bus unterwegs ist, könnte Arrecife als Standort wählen: Das Busnetz ist ganz auf die Hauptstadt ausgerichtet, sodass man von dort fast alle Orte der Insel erreicht. Wer in den Ferienstädten der Küste wohnt, ist auf ein Mietauto oder Taxi angewiesen, um die Ausgangspunkte der Touren zu erreichen.

Gehzeiten

Die Angaben zur Dauer der Wanderung enthalten nur die reine Gehzeit – **ohne Rast und Fotopause** und mit nur wenig Gepäck! Bedenken Sie bitte, dass jeder sein eigenes persönliches Lauftempo entwickelt, die Zeit im Buch dient deshalb nur zur Orientierung!

Ausrüstung

Ideal sind gut eingelaufene Wanderschuhe mit dicker Profilsohle und über den Knöchel gehendem Schaft, dazu eine leichte, strapazierfähige

Hose und eine Kopfbedeckung gegen die Sonne. In den Rucksack gehören, falls es unterwegs keine Einkehrmöglichkeit gibt, Wasser und Proviant, eine Sonnencreme mit hohem Lichtschutzfaktor, eine elastische Binde und Pflaster.

Karten und Wanderbücher

Karten mit eingetragenen Wanderwegen sind rar; am ehesten zu empfehlen ist die Wander- und Radtourenkarte von Kompass (Nr. 241). Nur passionierte Wanderer werden sich vor der Reise die topografischen Karten von Lanzarote im Maßstab 1:25.000 bestellen wollen (13 Blätter). Mit den genauen Höhenlinien erlauben sie eine gute Orientierung im Gelände, doch wurden wichtige, oft jahrhundertealte Wege nicht eingezeichnet; auch wurden die Karten in den letzten 20 Jahren nicht aktualisiert (Instituto Geográfico Nacional, NIPO 162-98-004-3).

Auf Lanzarote ist die Zahl attraktiver Wanderwege begrenzt, da kann man sich die Anschaffung eines zusätzlichen Wanderbuchs sparen. Überdies sind viele Wege längs der Küste so eindeutig, dass sie keiner ausführlichen Beschreibung bedürfen.

Schwierigkeitsgrad

Die Wanderungen in diesem Buch sind nach Schwierigkeitsgraden unterschieden:

*: Touren für **Anfänger und weniger Geübte:** zumeist auf breiten und gemütlichen Wegen, wo auch bei schlechtem Wetter keine Gefahr zu befürchten ist. Kinder können bei diesen Wanderungen dabei sein.
: Touren für Wanderer mit **Trittsicherheit und gewissem **Orientierungssinn;** Wege können kurzzeitig ausgesetzt sein; gefährliche Gipfelanstiege gibt es nicht.

Gefahren

Tiere

Wie auf den übrigen Inseln des Archipels gibt es auch auf Lanzarote keine gefährlichen Tiere, **weder Schlangen noch Skorpione.** Das Schild „Caza controlada" weist darauf hin, dass in dem betreffenden Gebiet von August bis November donnerstags und sonntags gejagt werden darf:

außer Karnickeln und Berghühnern auch Turtel- und Felsentauben. Wanderer sollten an diesen Tagen vorsichtig sein und sich auf Regionen beschränken, wo das Jagen verboten ist, so im Nationalpark Timanfaya und in den Naturschutzgebieten Salinas de Janubio und Los Islotes.

Verhaltenstipps

Ein paar wichtige Hinweise, damit Sie nicht Opfer eines Unfalls werden:

- Bleiben Sie stets auf den beschriebenen bzw. ausgeschilderten Pfaden!
- Planen Sie die Wanderung immer so, dass Sie noch vor Einbruch der Dunkelheit zum Auto (oder zur Bushaltestelle) zurückkehren.
- Es ist ratsam, Bekannte vor dem Beginn einer Wanderung über die vorgesehene Route und die voraussichtliche Dauer zu informieren.
- Die allgemeine Notrufnummer lautet 112.

Organisierte Touren

Buchung per Katalog

Wer es vorzieht, organisiert zu wandern, schließt sich etablierten Wanderveranstaltern an. Wikinger und Gomera Trekking Tours bieten Lanzarote nur in Verbindung mit Fuerteventura an. Bei großen Reiseunternehmen wie TUI oder Thomas Cook kann man Einzelwanderungen oder Wanderwochen buchen. Achten Sie bitte stets darauf, dass die Wandergruppen klein sind, ansonsten beginnt unterwegs die Qual des ewigen Warten- oder Hinterherlaufenmüssens.

Buchung vor Ort

Im **Besucherzentrum des Nationalparks** kann man sich das ganze Jahr über für geführte, kostenlose Touren durch die Feuerberge anmelden. anmelden (Details ⇗„Mancha Blanca: Centro de Visitantes“). Weitere Anbieter geführter Touren:

- **Stephan Isermann/Matthias Diekmann,** Tel. 9285 29634 oder 676824496, www.lanzarote-aktiv.com
- **Olita Treks,** Tel. 928592148, www.olita-treks.com
- **Canary Trekking,** Tel. 609537684 oder 696900929, www.canarytrekking.com
- **Eva Maldener,** Tel. 928842194 (nur La Graciosa)

Die zwölf schönsten Wanderungen

Wanderung 1**: Mirador des Südens

Von Yaiza nach Femés

- **Charakter:** Am Anfang und am Ende der Tour liegen weiße Dörfer wie aus dem Bilderbuch. Zwischen sie schiebt sich ein kahler, ockerfarbener Bergrücken, der auf einem gut ausgebauten Weg bestiegen wird. Auf seinem höchsten Punkt erhebt sich der 608 Meter hohe Berg Atalaya de Femés: wegen seiner „Reichweite" einst ein Piratenausguck, heute ein grandioser Aussichtspunkt. Gen Norden liegt dem Wanderer halb Lanzarote zu Füßen, gen Süden schweift der Blick über die Meerenge Bocaína bis zu den Inseln Lobos und Fuerteventura.
- **Ausgangspunkt:** Yaiza
- **Endpunkt:** Femés
- **Zwischenziele:** Atalaya de Femés
- **Länge:** 6,5 km (nur Hinweg)
- **Dauer:** 2:30 Std.
- **Höhenunterschied:** 450 m im An-, 250 m im Abstieg
- **Einkehr:** Bars und Restaurants in Yaiza und Femés
- **An- und Rückfahrt:** Yaiza ist mit Buslinie 6 ab Playa Blanca, Puerto del Carmen und Arrecife erreichbar, in Femés bestellt man ein Taxi.

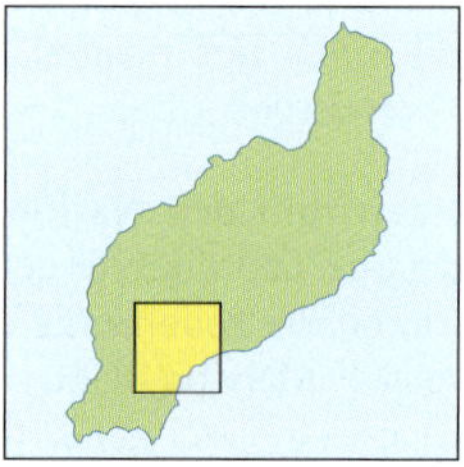

Zwischen Dorfplatz und Kirche geht man auf der Straße am Taxistand vorbei in Richtung La Degollada. Nach 350 Metern, kurz vor dem weißen Friedhofsquadrat, biegt man links in ein Sträßchen ein. Nach 300 Metern geht es auf einer von Seitenmauern flankierten Piste weiter, die in einer schnurgeraden Diagonalen auf den Bergrücken führt. Auf ihr wandern wir zwischen sorgfältig bestellten Zwiebelfel-

dern und kleinen Weingärten gemächlich hinauf, erst etwas später wird der Aufstieg steiler. Zur Orientierung mag die weithin sichtbare **Windmühlenruine** dienen, an der ein von Uga kommender Weg von links einmündet (20 Min.).

An drei aufeinanderfolgenden Gabelungen halten wir uns rechts. Schweißtreibend ist der Aufstieg in sengender Sonne, doch wird man auf dem **Kamm** mit einem tollen Ausblick belohnt: Westlich sieht man im Talgrund die weißen Häuser von

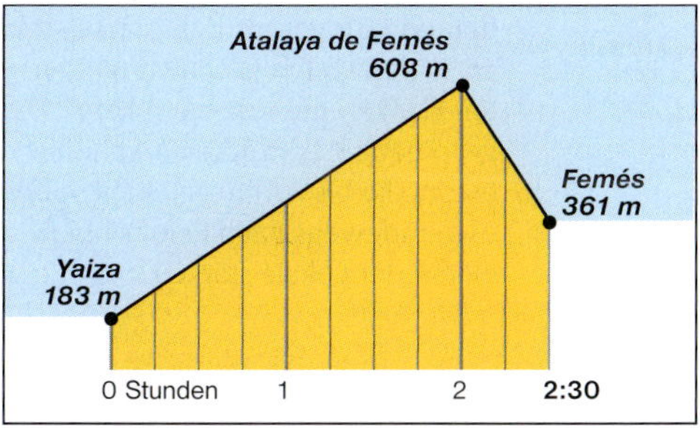

125la Foto: gs

La Degollada, östlich die terrassierten Hänge von Femés.

Auf dem gerölligen Grat scheint sich der Weg mehrmals zu verlieren – doch kein Grund zur Beunruhigung, die Orientierung fällt leicht: Der Berg Atalaya de Femés ist mit seinen weithin sichtbaren Antennen unser nächstes Etappenziel. Schließlich mündet unser Weg in die von Femés heraufführende Piste. Wir biegen rechts in sie ein und stehen 15 Minuten später auf dem Gipfel des Berges **Atalaya de Femés** (2 Std.). Er ist geologisch bedeutend jünger als das Ajaches-Massiv, wie man an seinen weich geschwungenen, wenig erodierten Flanken gut erkennen kann. Die von ihm ausgespieenen Lavamassen schufen die Ebene Rubicón, die bis zur Küste reicht. Über die Piste geht es geradewegs nach **Femés** hinab, wo man sich in einem der Lokale stärken kann (2:30 Std.).

Auch bei Rennradfahrern ist Femés ein beliebtes Ziel

Wanderung 2**: Tiefe Schluchten, Ziegen und viel Einsamkeit

Runde ab Femés um den Pico Redondo

- **Charakter:** So weit das Auge reicht rötlicher Granit, dazu graugrün schimmerndes Ergussgestein und silberblauer Basalt. Unterwegs wird man kaum einer Menschenseele begegnen – einzige Wegbegleiter sind neugierig meckernde Ziegen. Der Weg ist über weite Strecken gut ausgebaut, aufgrund des zu bewältigenden Höhenunterschieds aber etwas anstrengend.
- **Ausgangs- und Endpunkt:** Femés
- **Länge:** 6 km (Rundwanderung)
- **Dauer:** 2:40 Std.
- **Höhenunterschied:** je 400 m im An- und Abstieg
- **Einkehr:** Bars und Restaurants in Yaiza und Femés, in Yaiza kleine Hotels
- **Anfahrt:** Autos können am Dorfplatz abgestellt werden.

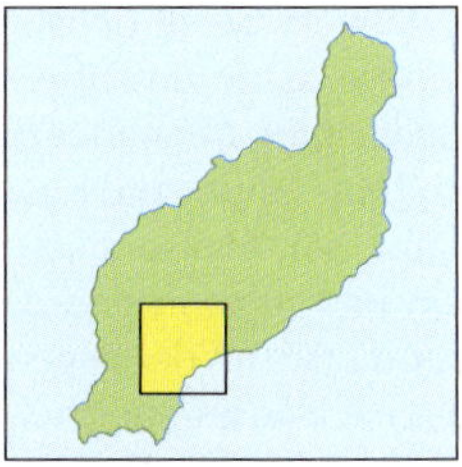

Gegenüber der Bar Femés beginnt eine Erdpiste, die 400 Meter steil zu einem **Ziegengehöft** hinaufführt (10 Min.). Wir ignorieren den steingepflasterten Weg, der rechts vom Stall in den tief eingeschnittenen Barranco de la Higuera hinabführt, und folgen dem südwestwärts weisenden Hauptweg, der auf den vor uns aufragenden Berg zuhält. Wir laufen links an ihm vorbei und erreichen wenig später eine Passhöhe (30 Min.), die erstmals weiten Ausblick übers Meer bis nach Fuerteventura bietet.

Wir bleiben auf Südkurs und laufen an der Westflanke des Redondo entlang. An der Gabelung (45 Min.) halten wir uns links und erreichen kurz

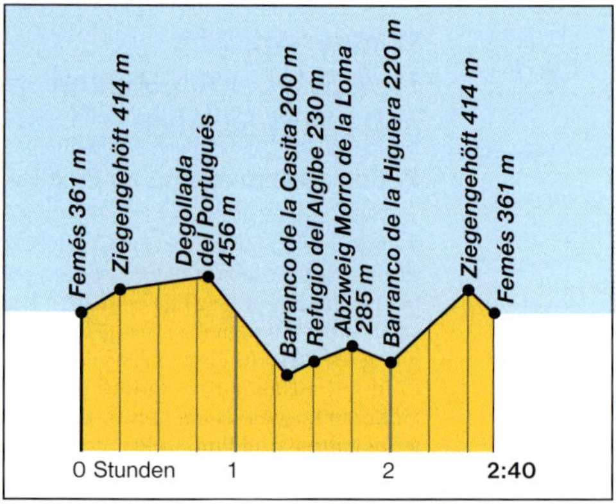

darauf die **Degollada del Portugués** (50 Min.), eine Passhöhe mit Tiefblick in den Barranco de la Casita. Alsdann schwenkt unser Weg auf Südostkurs und eröffnet die Aussicht in eine zweite Schlucht. Jenseits von ihr ragt der Hacha Grande auf, mit 561 Metern zweithöchster Berg im Ajaches-Massiv. Wir lassen uns über einen breiten, die beiden Schluchten trennenden Rücken hinabtreiben, doch bitte aufpassen: Kurz vor Erreichen eines geodätischen Messpunkts schwenkt der Weg links ein und führt in den Barranco hinab. Von hier erblickt man auf der gegenüberliegenden Hangseite das nächste Etappenziel, eine aus Lavagestein errichtete „Schutzhütte“ *(refugio)*. Wir gehen hinab ins trockene Bett des **Barranco de la Casita** (1:20 Std.) und dann hinauf zum **Refugio del Algibe** (1:30 Std.): ein schöner, schattiger Platz für ein Picknick.

Wir steigen nun noch ein Stück den Hang hinauf und ignorieren den zu einem Aussichtspunkt führenden Rechtsabzweig (1:45 Std.). Alsdann knickt unser Weg nordwestwärts ein und führt hinab in den **Barranco de la Higuera** (2 Std.), jene Schlucht, in die wir zu Beginn der Tour hinabgeschaut haben. Wir steigen – kurzzeitig weglos

122la Foto:gs

– zu einem Strommast hinab, ignorieren unmittelbar hinter ihm einen rechts abzweigenden Pfad und folgen dem nun wieder deutlichen, teilweise von Seitenmauern flankierten Weg hinauf zum **Ziegengehöft** (2:30 Std.). Von dort steigen wir über die vom Hinweg bekannte Piste nach **Femés** hinab (2:40 Std.).

Gehöft bei Femés

Wanderung 3*/**: Wo Wein aus Asche wächst

Von Uga nach Mácher

- **Charakter:** Die leichte Tour führt durch ein dunkles, von niedrigen Vulkanen abgeschirmtes Tal. Aus mauerngesäumten Mulden kriechen zarte Weinreben, ihr Grün bildet einen reizvollen Kontrast zum schwarzen Lavagranulat. Höhepunkt ist der Aufstieg auf den 603 Meter hohen Guardilama, der einen schönen Ausblick aufs Weintal eröffnet – danach folgt der Abstieg ins zersiedelte Mácher. Die Tour ist leicht und verläuft auf Pisten; nur die Besteigung des Guardilama erfordert Trittsicherheit.
- **Ausgangspunkt:** Uga
- **Endpunkt:** Mácher
- **Zwischenziele:** Guardilama
- **Länge:** 8 km
- **Dauer:** 2:30 Std.
- **Höhenunterschied:** 430 m im An-, 480 m im Abstieg
- **Einkehr:** Bars und Restaurants in Uga und Mácher
- **An- und Rückfahrt:** Uga ist mit Bus ab Puerto del Carmen, Playa Blanca und Arrecife erreichbar (Linie 6).
- **Hinweis:** Wer den Aufstieg auf den Guardilama auslässt, spart 1 Std. und je 180 m im An- und Abstieg.

Vom Kirchplatz in **Uga** laufen wir ostwärts und stoßen über die Calle Los Arenales auf die LZ-30, der wir links ins Weintal La Geria folgen. 100 Meter hinter Km. 22 verlassen wir den Asphalt auf einer rechts abzweigenden Piste, die gemächlich ansteigt und in die Weinfelder führt. So weit das Auge reicht, bedecken Mini-Trichter das Tal und ziehen sich die Hänge hinauf – eine bizarre, in sich geschlossene Welt.

Wir lassen alle Abzweigungen unbeachtet und folgen der Piste nordostwärts. Nach insgesamt zwei Kilometern beschreibt diese einen weiten

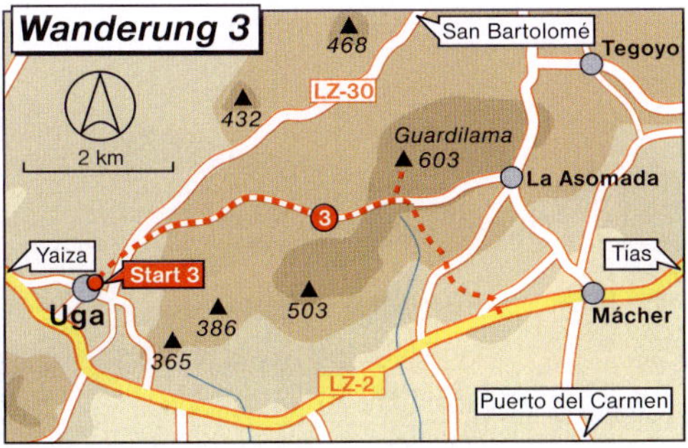

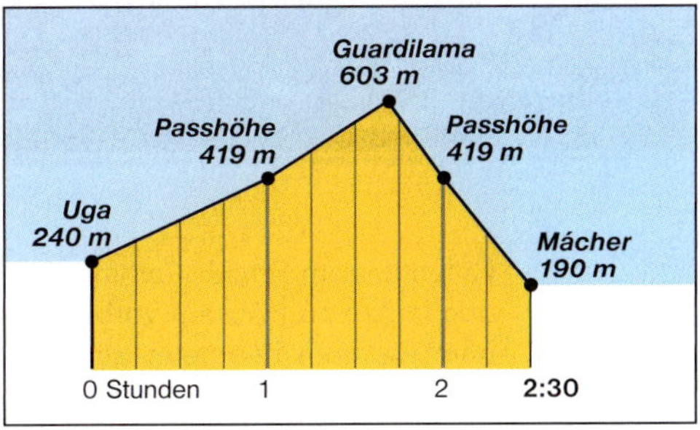

Rechtsbogen und steigt wesentlich steiler an. Nach einem weiteren Kilometer ist die **Passhöhe** zwischen dem Tinasoria und dem Guardilama erreicht (1 Std.). 100 Meter weiter, direkt hinter der letzten Feldmauer, zweigt links ein ausgetretener Pfad ab, der steil auf den Guardilama führt. Knapp unterhalb des Gipfelplateaus verliert sich die Spur, über bröckelige Lava kraxeln wir, die Hände zu Hilfe nehmend, zur Spitze. Der Ausblick vom **Guardilama** (1:40 Std.) entschädigt für die Mühen: Über sanft geschwungene Vulkanketten reicht er vom Ajaches- bis zum Famara-Massiv quer über die Insel. Weniger erbaulich ist dagegen die Aussicht gen Osten, wo der Hang bis zur Küste zersiedelt ist.

Wir steigen wieder zur Piste hinab und folgen ihr noch 300 Meter ostwärts zu einer Gabelung,

065la Foto: gs

halten uns am Schild „Camino del Mesón" rechts und laufen an Häusern vorbei abwärts. Nach einem weiteren Kilometer gelangen wir zu einer Kreuzung und gehen geradeaus. Nach wiederum 700 Metern mündet unsere Piste in den asphaltierten Camino de los Olivos: Wir folgen ihm nach links, um nach 600 Metern rechts in den Camino Los Llanitos einzuschwenken. Dieser stößt wenig später auf die LZ-2 bei Km. 13, wo sich auch die Kirche von **Mácher** sowie die Bushaltestelle befinden (2:30 Std.).

Wanderung 4**: Auf Pilgerwegen zur Schneejungfrau

Von Teguise über die Ermita nach Haría

- **Charakter:** Lange, aber abwechslungsreiche Tour: Erst geht es auf einer Piste durch eine ruhige, rötliche Berglandschaft hinauf zur „Kapelle der Schneejungfrau". Von dort wandert man – am höchsten Inselgipfel vorbei – hinab ins „Tal der tausend Palmen". Aufgrund der Länge und der Höhenunterschiede ist die Wanderung etwas anstrengend.
- **Ausgangspunkt:** Teguise
- **Endpunkt:** Haría
- **Zwischenziele:** Ermita de las Nieves
- **Länge:** 13 km (nur Hinweg)
- **Dauer:** 4 Std.
- **Höhenunterschied:** 360 m im An-, 380 m im Abstieg
- **Einkehr:** Bars und Restaurants in Teguise, in Haría auch Gästezimmer und Apartments
- **An- und Rückfahrt:** Teguise ist mit dem Bus erreichbar von Arrecife (Linie 7, 9, 10), Haría (7) und Órzola (9), sonntags auch von den Ferienstädten (11–13). Von Haría, dem Endpunkt der Tour, fahren Busse über Teguise nach Arrecife zurück (7).

An der Plaza de la Constitución, dem Hauptplatz von Teguise, gehen wir links neben der Kirche durch die Zonzamas-Passage hindurch und kommen zur runden Freifläche La Mareta. Wir überqueren sie und stoßen durch einen weißen Torbogen auf eine asphaltierte Straße, die Calle Puerto y Villa de Garachico, in die wir rechts einbiegen. Am Ende der Straße halten wir uns halblinks und queren unmittelbar darauf eine stark befahrene Straße. Sie ist anfangs asphaltiert und geht dann in eine Piste über, die nun rasch aus dem Ort hinausführt. Wir ignorieren nach etwa einem Kilometer einen

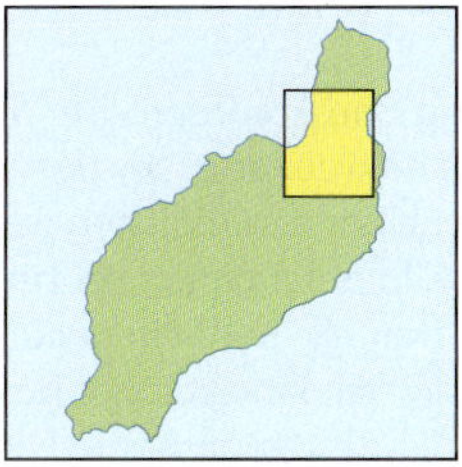

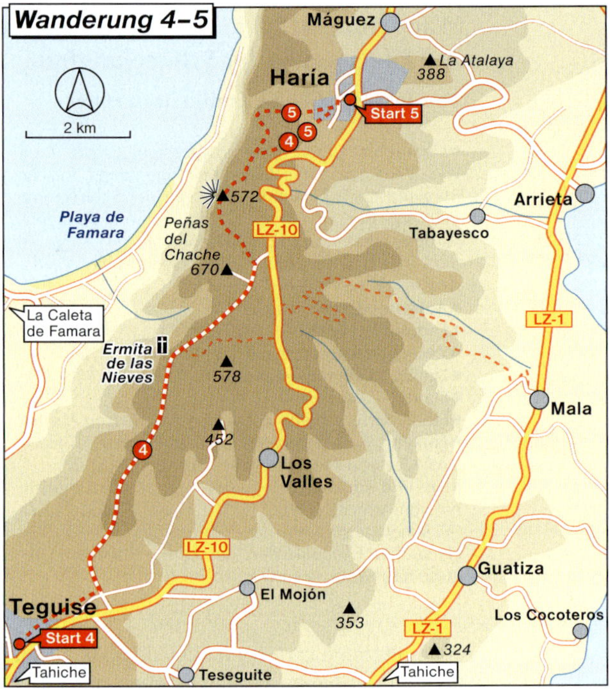

Linksabzweig und kommen drei Minuten später zu einer Pistenkreuzung, an der wir geradeaus weitergehen. Über den rötlichen Bergrücken zieht sie sich vier Kilometer hinauf bis zur **Ermita de las Nieves,** der „Kapelle der Schneejungfrau" (2 Std.). Dort bietet sich ein fantastischer Rundblick, für ein Picknick ist die windgepeitschte Hochebene aber wenig geeignet.

Von der Kirche führt eine Straße ostwärts zur LZ-10 (Teguise-Haría), die wir bereits nach einer Minute auf einer links abzweigenden, gleichfalls asphaltierten Straße (Schild „Haría") in Richtung der Militärkuppeln verlassen. Ringsum liegen

123la Foto: gs

schwarze, von Mauern gesäumte Felder, auf denen noch mit Pflug Gemüse angebaut wird. Nach 1,2 Kilometern ignorieren wir die links zur **Militärstation** auf den Peñas del Chache (670 m) hinaufführende Straße. Wir gehen geradeaus und verlassen den Asphalt nach 800 Metern auf einer scharf links abzweigenden Erdpiste (= 200 m vor Einmündung der Straße in die LZ-10). An der Pistenkreuzung nach 500 Metern halten wir uns rechts. Wir gehen nun immer geradeaus weiter und erreichen nach nochmals 700 Metern den Picknickplatz **El Bosquecillo** (2:30 Std.), der seinen Na-

Fernblick auf das Tal, durch das man nach Teguise hinabsteigt men dem einst hier gewachsenen strauchartigen Lorbeer verdankt. Holzbänke laden zu einer Rast ein, atemberaubend ist die Aussicht über die Famara-Klippen bis nach La Graciosa. Werktags hat man den herrlichen Flecken meist für sich allein, am Wochenende aber feiern hier Lanzaroteños Grill- und Familienfeste.

Vom Rastplatz gehen wir 50 Meter zurück und biegen links in eine Piste ein, die am Bergkamm entlang in Richtung Sendestation hinabführt. An der ersten Senke wechseln wir rechts auf einen Pfad über, der uns zu Terrassenfeldern bringt. An der vorderen Steinmauer zweigt links der alte Königsweg ab, der uns in den Barranco de Malpaso geleitet. Er quert einen Fahrweg und verläuft fortan links oberhalb des Talgrunds, erweitert sich schließlich zur Piste. Am Sportplatz von Haría halten wir uns rechts, stoßen auf die Calle Elvira Sánchez und folgen ihr nach links. 500 Meter weiter passieren wir das Haus Nr. 30, in dem César Manrique seine letzten Lebensjahre verbrachte, und gelangen über die Calle El Puente ins Ortszentrum von **Haría** mit Cafés und Restaurants (4 Std.).

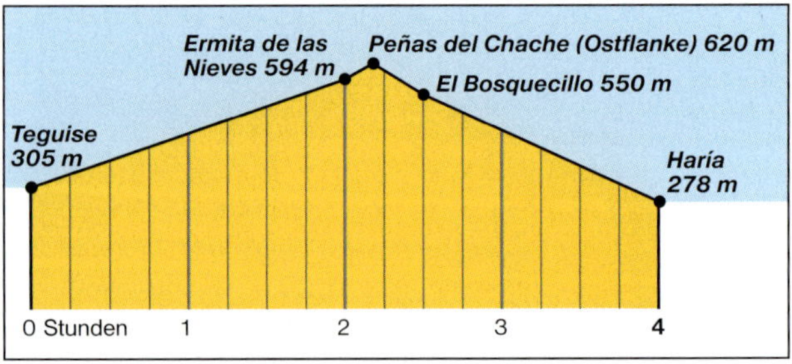

Wanderung 5*: Botanische Wundertüte

Runde von Haría über das Valle del Rincón und Malpaso

- **Charakter:** Die gemütliche Runde verläuft durch zwei Barrancos, die vom Tal der 1000 Palmen abzweigen. Der Aufstieg erfolgt durch das Valle del Rincón, in dem Verode- und Tabaibapflanzen wachsen. Beim Abstieg lernt man das sanft gemuldete und florareiche Valle de Malpaso kennen. Besonders im Frühjahr, wenn alles blüht, kann man seltene Pflanzen bewundern: die flammende Kerze des Lanzarote-Natternkopfs, den Seidigen Goldstern und den violetten Strandflieder.
- **Ausgangs- und Endpunkt:** Haría
- **Länge:** 6 km (Rundwanderung)
- **Dauer:** 1:45 Std.
- **Höhenunterschied:** je 160 m im An- und Abstieg
- **Einkehr:** In Haría gibt es Bars und Lokale, Gästezimmer und Apartments.
- **Anfahrt:** Haría ist mit dem Bus von Arrecife, Arrieta und Teguise erreichbar (Linie 7).

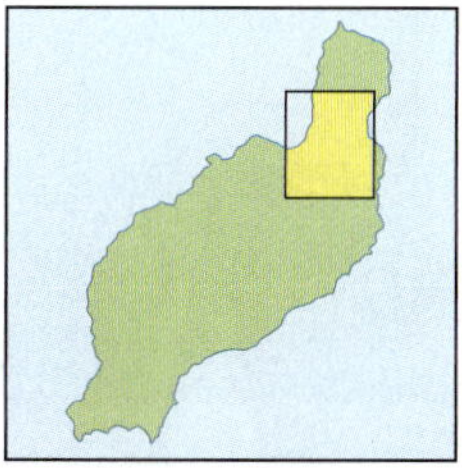

Von der Plaza de la Constitución in **Haría** folgen wir der Calle Longuera, queren die Kreuzung am Kunsthandwerkszentrum und gehen geradeaus auf der Calle Rincón de Aganada weiter (↗ Ortsplan Haría). Vorbei an Palmen und blumengeschmückten Häusern führt uns die Straße aus dem Ort hinaus. Bald durchquert sie das trockene Barranco-Bett und verwandelt sich in eine malerische, von Mauern gesäumte Erdpiste, steigt dann zügig an zu einer **Passhöhe,** von der sich ein fantastischer Tiefblick auf die Famara-Klippen eröffnet (45 Min.).

Anschließend folgen wir der südostwärts einschwenkenden Piste, die längs der Steilflanke der

Montaña Aganada verläuft. Nach 1,5 Kilometern achten wir an einer Palmengruppe auf einen scharf links abzweigenden, anfangs verwachsenen **Königsweg** (1:15 Std.), der durch das grüne **Valle de Malpaso** abwärts führt. Am Sportplatz von Haría halten wir uns rechts, um sogleich links in die Calle Elvira Sánchez einzuschwenken, die uns ins Ortszentrum von **Haría** zurückbringt (1:45 Std.).

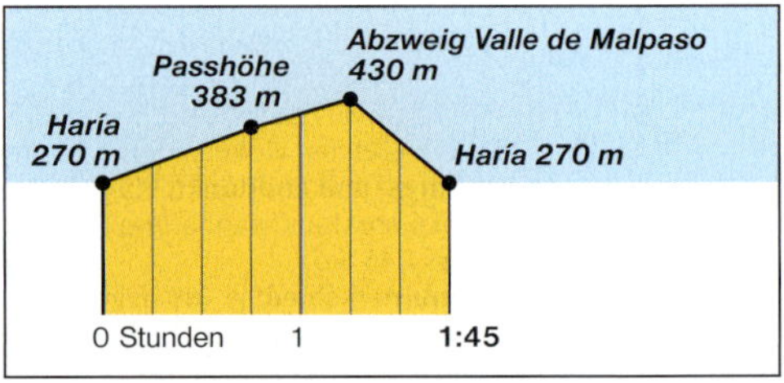

075la Foto: gs

Wanderung 6**: Durchs Malpaís ins Fischerdorf

Von Haría nach Órzola

- **Charakter:** Der gut ausgebaute Weg führt vom Gebirge zur Küste, vorbei an Wiesen, dann über die Hänge des Vulkans Monte Corona: Vor über 3000 Jahren ist er ausgebrochen und hat gewaltige Lavamassen Richtung Norden und Osten gespieen. Die schwarze Schlacke ist mittlerweile von Tabaiba überwachsen, Bauern pflanzen in den Schollen Feigen und Wein. Eine leichte, aber lange Tour, die fast durchgehend bergab führt.
- **Ausgangspunkt:** Haría
- **Endpunkt:** Órzola
- **Zwischenziele:** Máguez, Casas de la Breña
- **Länge:** 12 km (nur Hinweg)
- **Dauer:** 3 Std.
- **Höhenunterschied:** 160 m im An-, 430 m im Abstieg
- **Einkehr:** Unterkünfte und Restaurants in Haría und Órzola
- **Anfahrt:** Haría ist mit dem Bus von Arrecife, Arrieta und Teguise erreichbar (Linie 7).

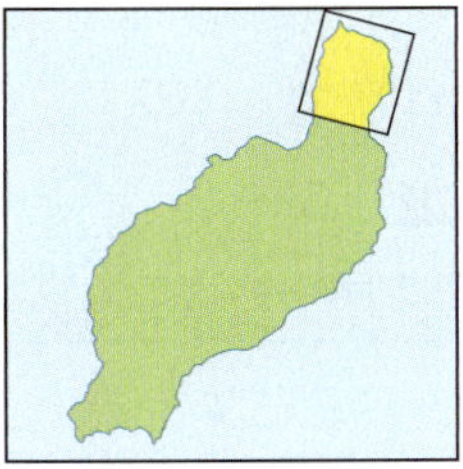

Von der Plaza León y Castillo in **Haría** spazieren wir zur Kirche hinüber, durchschreiten einen Torbogen und befinden uns auf der Calle Fajardo (↗ Ortsplan Haría). Wir folgen ihr nach links, um wenig später rechts in die Calle Molino einzubiegen. An der nächsten Gabelung gehen wir geradeaus, nach weiteren 400 Metern haben wir – nun bereits auf Piste und außerhalb des Orts – eine **Passhöhe** erklommen (15 Min.). Schön ist von hier der Ausblick auf das Dorf Máguez, unser nächstes Etappenziel mit strahlend weißen Häusern inmitten eines weiten, meist grünen Tals.

An der Passhöhe heißt es aufgepasst: Hier verlassen wir die rechts einknickende, zum Aussichts-

Wanderung 6–8
Punta Fariones
Playa de la Cantería
2 km
Caletón Blanco
Bajo de los Sables
Órzola
Mirador del Río
479
6
Casas de la Breña
Ye
Malpaís de la Corona
Las Rositas
Monte Corona
609
Los Molinos
LZ-1
Jameos del Agua
Guinate
8
6
7
Cueva de los Verdes
Los Helechos
581
562
Máguez
Start 8
7
Punta de Mujeres
LZ-10
388
La Atalaya
LZ-1
Haría
Start 6–7
Arrieta
Tabayesco
Teguise
Tahiche, Costa Teguise

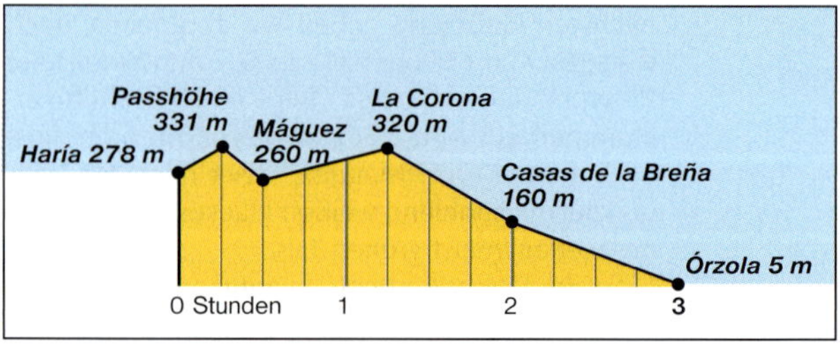
Passhöhe 331 m
Haría 278 m
Máguez 260 m
La Corona 320 m
Casas de la Breña 160 m
Órzola 5 m
0 Stunden
1
2
3

berg Atalaya führende Piste und steigen über einen steingepflasterten, mauerngesäumten Camino Real hinab. Nach wenigen Minuten mündet der „Königsweg“ in die Calle Marcial Luis, der wir links 300 Meter bis nach **Máguez** hinein folgen (30 Min.). Wir stoßen auf die quer verlaufende Calle La Buenavista und biegen rechts in sie ein, um sogleich links in die Gasse Las Cruces einzuschwenken. An den beiden folgenden Kreuzungen gehen wir geradeaus und folgen der Calle Los Llanos aufwärts. 600 Meter hinter der letzten Verzweigung mündet unsere Straße in die Calle Las Casillas ein. Ein paar Schritte weiter verlassen wir den Asphalt auf einer rechts abzweigenden palmengesäumten Piste (45 Min.).

Sie steigt leicht an und führt uns durch eine hügelige, bäuerliche Landschaft auf den imposant aufragenden Monte Corona zu. Wir halten uns stets in Nordostrichtung und ignorieren alle Abzweigungen zur Rechten und Linken. Unvermittelt beginnt das *malpaís*, jenes zertrümmerte Lavaland, dem man nur unter größter Anstrengung landwirtschaftliche Erträge abtrotzen kann. Kurz nachdem die festungsartige Villa Torrecilla de Domingo in den Blick kommt, mündet unsere Piste in die **Straße Yé – Arrieta** LZ-201 (1:45 Std.), der wir nach links folgen.

Wo die Straße nach 500 Metern eine Linkskurve beschreibt und die unterbrochene Leitplanke Durchlass gewährt, verlassen wir sie auf einer rechts abzweigenden Piste. Wohin man auch blickt: zertrümmerte Schlacke und sichelförmige Lavamauern, die den Wein vor dem Nordostpassat schützen. Nach einigen Schritten ignorieren wir einen rechts abzweigenden breiten Weg; vorbei an einigen auf die Piste gelegten Steinbrocken, die Autos die Durchfahrt versperren sollen, geht es noch 200 Meter geradeaus weiter, bevor die Piste rechts einknickt.

Bei der Häusergruppe **Casas de la Breña** (2 Std.) mündet sie in die nach Órzola führende

Straße. Wir biegen links in sie ein, tauschen den Asphalt aber wenig später gegen einen Schotterweg. Anfangs verläuft er als Gehsteig unmittelbar neben der Straße, nach 500 Metern wendet er sich von ihr ab – deutlich kann man von einer Anhöhe seinen Verlauf bis Órzola überblicken. An versprengten Felsblöcken vorbei windet er sich zu einer weitläufigen Ebene hinab und verläuft dann zwei Kilometer fast geradlinig. Vor dem örtlichen Fußballfeld schwenkt er rechts ein und führt zur Straße, auf der wir links den Hafen von **Órzola** erreichen (3 Std.).

011gc Foto: gs

Wanderung 7**: An Höhlen vorbei zur Küste

Von Haría nach Arrieta

- **Charakter:** Vom Bergdorf Haría lässt man sich vorbei an palmengesäumten Feldern und einem Irrgarten aus Lavamauern in Richtung Küste hinabtreiben. Unterwegs passiert man das zerborstene Malpaís de la Corona und hat die Möglichkeit, die Lavahöhlen Cueva de los Verdes und Jameos del Agua zu besuchen. Die Wanderung ist leicht, aber lang, sie verläuft auf Wegen und Erdpisten, zeitweise auch auf Asphalt.
- **Ausgangspunkt:** Haría
- **Endpunkt:** Arrieta
- **Zwischenziele:** Cueva de los Verdes, Jameos del Agua
- **Länge:** 15 km (nur Hinweg)
- **Dauer:** 3:30 Std.
- **Höhenunterschied:** 80 im An-, 360 m im Abstieg
- **Einkehr:** Unterkünfte, Bars und Restaurants in Haría und Arrieta
- **An- und Rückfahrt:** Haría und Arrieta sind mit dem Bus von Arrecife und Teguise erreichbar (Linie 7).

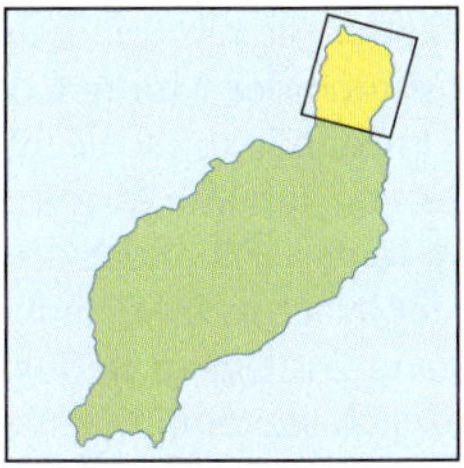

An der Plaza León y Castillo in **Haría** geht man durch einen Torbogen an der Kirche vorbei zur Calle Fajardo (siehe Ortsplan Haría). Man folgt ihr nach rechts, um sogleich links in die Calle Sol einzuschwenken. Nach 300 Metern ändert sie ihren Namen und Charakter: Fortan heißt sie Vista Vega und führt aus dem Ort über grüne Felder und Fluren hinaus. Nach 900 Metern, vor einer Linkskurve, wechseln wir auf einen breiten, rechts abzweigenden Weg über. An Palmen vorbei geleitet uns dieser in 600 Metern zu einer Straße hinab (30 Min.).

Wir folgen dieser nach rechts und verlassen sie nach 200 Metern (vor dem Kreisel) auf einem links

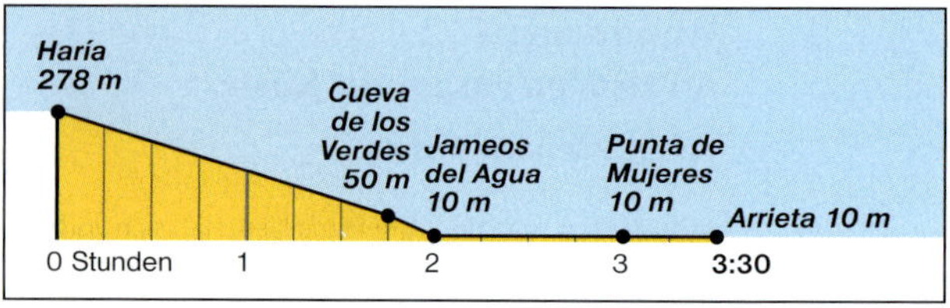

abgehenden Weg. An der ersten Verzweigung nach 20 Metern halten wir uns links, an der zweiten Verzweigung nach 300 Metern rechts. Eine Minute später mündet unser Weg in eine Erdpiste, der wir nach links folgen. Nach 1,2 Kilometern, vor einem Gehöft, knickt die Piste rechts ein und stößt nach 450 Metern auf die LZ-201, die Straße Arrieta–Yé (Km. 13.9, 1 Std.). Wir folgen ihr einen Kilometer nach links und wechseln dann auf eine rechts abzweigende Asphaltpiste Richtung Cueva de las Verdes über. Sie führt quer durchs Malpaís, das beim Ausbruch des Monte Corona vor über 3000 Jahren entstandene „schlechte Land". Mittlerweile ist es von Tabaiba überwuchert, dessen helles Grün einen Kontrast zur schwarzen Schlacke bildet. Nach zwei Kilometern passieren wir den Eingang zur **Cueva de los Verdes** (1:45 Std.), queren nach weiteren 600 Metern die LZ-1 und stehen wenig später vor dem Eingang zur Wassergrotte **Jameos del Agua** (2 Std.).

An den öffentlichen Toiletten vorbei stoßen wir auf einem Lapilli-Weg zur wild-zerklüfteten Küste vor. Wir folgen ihr südwärts über sandverwehte bzw. geröllübersäte Pfade bis zur Promenade von **Punta Mujeres** (3 Std.), die quer durch den Ort verläuft und an seinem Ende in eine Asphaltstraße mündet. Über die wenig befahrene Küstenstraße erreichen wir den Kai von **Arrieta** (3:30 Std.), wo wir uns in einem der Fischlokale stärken.

Wanderung 8*: Felder, Fluren, Meeresblick

Runde von Máguez über Guinate

- **Charakter:** Bummel entlang sanft gerundeter, grasbewachsener Vulkane, die im Frühjahr mit Blumenteppichen bedeckt sind. An mehreren Stellen bietet sich eine fantastische Aussicht über die Meerenge hinweg auf die Felsinseln des „Kleinen Archipels“. Eine leichte Tour auf erdigen und asphaltierten, aber selten befahrenen Pisten; der 2,4 Kilometer lange Rückweg ab Guinate muss leider auf der Straße LZ-10 zurückgelegt werden (keine Busverbindung!).
- **Ausgangs- und Endpunkt:** Máguez
- **Zwischenziele:** Guinate
- **Länge:** 9 km (Rundwanderung)
- **Dauer:** 2:30 Std.
- **Höhenunterschied:** je 300 m im An- und Abstieg
- **Einkehr:** Bars in Máguez
- **An- und Rückfahrt:** Máguez ist mit dem Bus ab Arrecife, Teguise und Haría erreichbar.
- **Variante:** Die Wanderung lässt sich mit einem Abstecher zum Mirador de Guinate verbinden, wofür hin und zurück zusätzlich 2 km einzuplanen sind.

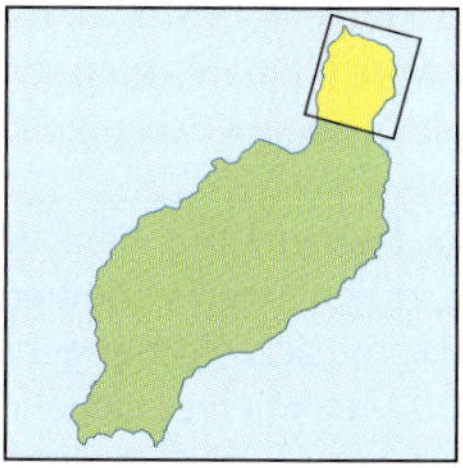

Vom mit Palmen geschmückten Dorfplatz in **Máguez** folgen wir der Calle Santa Barbara etwa 400 Meter in Richtung Norden und biegen dann links in eine schmale Asphaltpiste ein, welche aus dem Dorf hinausführt. (Oder man wählt, so der Vorschlag von Karin aus Wien, ab Calle Caldera 9 den nicht asphaltierten Weg durch die Kaktusfelder; sobald er wieder auf die Straße stößt, geht es nach links weiter.) Die Straße führt leicht ansteigend nordwestwärts, nach ca. zehn Minuten schwenkt sie auf Südwestkurs. Zur Rechten erhebt sich der 581 Meter hohe Vulkan Los Helechos. Auf den Feldern ringsum

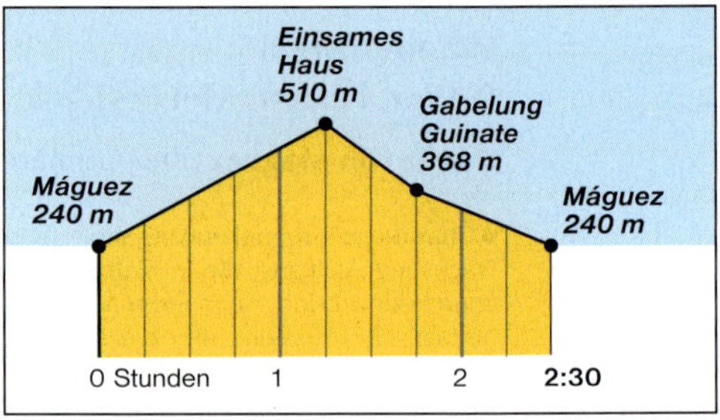

wachsen Kartoffeln und Mais, durch Lavamauern fein säuberlich voneinander getrennt. An einem **Rundbau** nach insgesamt 3,5 Kilometern (1 Std.) lohnt es sich, ca. 50 Meter nach links zu gehen und den Ausblick von einem kleinen Gipfel zu genießen. Anschließend ignorieren wir den rechts zum Doppelgipfel La Quemada und Los Helechos hinaufführenden Weg und bleiben weiter auf der Piste. Wir passieren einen Kilometer weiter erneut ein **einsames Haus** (1:15 Std.) und blicken ins terrassierte Tal von Guinate; zum Greifen nah erscheinen die Häuser auf der gegenüberliegenden Bergflanke.

In der Folge säumen Opuntienkakteen und Agaven die Piste, durch einen v-förmigen Felsspalt im Bergmassiv bietet sich ein herrlicher Blick: Über die knapp 500 Meter tiefer gelegene Playa del Risco schaut man auf die jenseits der Meerenge aufragende Nachbarinsel La Graciosa und die dahinter gestaffelten Inseln Montaña Clara und Alegranza. An einer markanten **Gabelung** (1:45 Std.) halten wir uns rechts. 500 Meter weiter, inzwischen asphaltiert, mündet die Piste in eine Straße: Links führt sie ins Dorfzentrum von **Guinate** und zum Mirador (⇗ Variante), rechts in 200 Metern zur LZ-201, auf der wir nach 2,4 Kilometern in südlicher Richtung **Máguez** erreichen (2:30 Std.).

Wanderung 9**: Spektakuläre Klippen und einsamer Strand

Von Las Rositas zur Playa del Risco und zurück

- **Charakter:** In anstrengenden Kehren schraubt sich der steingepflasterte, von Seitenmauern eingefasste Weg an der Abbruchkante des Famara-Massivs hinab. Atemberaubend ist der Ausblick auf La Graciosa, Alegranza und Montaña Clara, den „Kleinen Archipel" vor der Küste Lanzarotes. Am Ende erwartet Wanderer ein weißer Strand, der herrliche Erfrischung bietet. Besonders schön und breit präsentiert er sich bei Ebbe. Einziger Wermutstropfen der Tour: Ebenso steil wie hinab- muss man auch wieder hinaufsteigen: Am besten legt man den Aufstieg auf den späten Nachmittag, wenn die Sonne nicht mehr so heiß vom Himmel brennt.
- **Ausgangs- und Endpunkt:** Parkplatz Las Rositas
- **Zwischenziele:** Playa del Risco
- **Länge:** 4,6 km hin und zurück
- **Dauer:** 2:30 Std.
- **Höhenunterschied:** je 440 m im An- und Abstieg
- **Anfahrt:** Von Máguez kommend kurz vor Yé links ab und der Calle Las Rositas in Richtung Mirador del Río folgen; nach 500 Metern biegt man links in eine steingepflasterte Piste ein, die wenig später an einer Parkfläche endet. Vom Mirador del Río erreicht man den Startpunkt, indem man der südwestwärts weisenden schmalen Straße 2,3 Kilometer folgt und sich dann rechts hält. Kein Busanschluss!
- **Hinweis:** Badesachen, Proviant und ausreichend Flüssigkeit nicht vergessen. Wegen losen Gesteins auf dem Weg festes Schuhwerk wählen!
- **Variante:** Schwindelfreie und trittsichere Wanderer können von der Playa del Risco südwärts entlang der Steilwand bis La Caleta de Famara weiterlaufen (14 km/ 4:30 Std.). Steinschlag tötete im vergangenen Jahr zwei Urlauber, weshalb größte Vorsicht geboten ist. Sollte der Steig durch Abstürze unpassierbar sein, bitte kein Risiko eingehen, sondern zum Ausgangspunkt zurückkehren! Man folgt der Klippe südwärts entlang der Küste und steigt stetig auf etwa 300 Meter Höhe an (in diesem Abschnitt sind Erdrutsche möglich!). Hinter der Punta del Roque (1:45 Std.) kommt die Playa de Famara in Sicht, nach gemächlichem Abstieg geht es durch die Bungalowsiedlung zum Ort hinab.

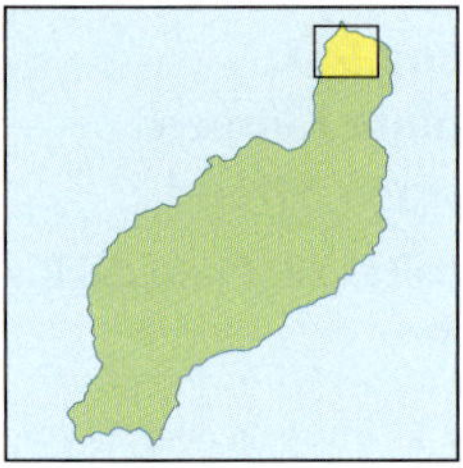

Vom Parkplatz **Las Rositas** folgen wir dem steingepflasterten Weg durch eine herbe Landschaft: Hinter sichelförmigen Mauern, die zum Schutz vor dem scharfen Wind errichtet wurden, wachsen verwilderte Reben und Feigenbäume; Efeu und Flechten überziehen schroffes Gestein. Nach 300 Metern gelangt man zu einem „Balkon" mit überwältigender Aussicht auf die Klippen, der gesamte Verlauf der Tour lässt sich von hier überblicken. Der fortan etwas schmalere Weg verläuft im Zickzack über den Steilhang, erst nahe der Küstenplattform flacht er ab. An einer quer verlaufenden Piste (45 Min.) halten wir uns rechts (links geht es als Variante nach La Caleta de Famara) und erreichen wenige Minuten später die **Playa del Risco** (1 Std.): einen über 800 Meter langen, goldgelben Sandstrand mit türkisfarbenem Wasser und La-Graciosa-Blick. Beim Bad sollte man allerdings vorsichtig sein, die Unterströmungen sind stark.

Wer Lust hat, unternimmt von der Playa einen Abstecher nach rechts hinüber zu den Salinas del Río, den ältesten Salzgärten des Archipels. Aufgrund bestimmter Algenarten schimmern die Salzpfannen je nach Lichteinfall rosa bis orange – ein bizarres Farbspiel vor dem Blau des Meeres. Auf der vom Hinweg bekannten Strecke geht es zur **Calle Las Rositas** im gleichnamigen Ortsteil zurück (2:30 Std.).

Wanderung 10**:
Um den „verbrannten Berg"

Runde von Yé über Casas Las Breñas

- **Charakter:** Vor ca. 3000 Jahren – zeitgleich mit dem Monte Corona – entstand Lanzarotes nördlichster Vulkan, genannt „der Verbrannte". Er spie Lava in Richtung Osten, während das fruchtbare Land im Norden unberührt blieb. Sichelförmige, aus Lavabrocken errichtete Mauern schützen die Weinreben vor dem hier stark blasenden Passat. Eine problemlose Runde auf Pisten und mit Fernblick zum Meer.
- **Ausgangs- und Endpunkt:** Yé
- **Zwischenziele:** Casas Las Breñas
- **Länge:** 8 km (Rundwanderung)
- **Dauer:** 2:30 Std.
- **Höhenunterschied:** je 270 m im An- und Abstieg
- **Einkehr:** Restaurant in Yé
- **Anfahrt:** Yé ist nicht mit dem Bus erreichbar; Autos können vor der Dorfkirche abgestellt werden.

Von der Kirche in **Yé** folgen wir der Straße ein paar Schritte ostwärts bis zum Abzweig zum Mirador del Río. Wir biegen in die Straße ein, um sie sogleich auf einer rechts abzweigenden, mauerngesäumten Piste zu verlassen. In weitem Bogen führt sie um den „verbrannten Berg" (La Quemada) herum, verläuft zwischen dem Lavafeld und dem weinbepflanzten Vega Grande. Steiler abfallend mündet sie nahe der Hausgruppe **Casas Las Breñas** (45 Min.) in die nach Órzola führende Straße.

Wir folgen ihr nach rechts und biegen nach 400 Metern in die aufwärts führende, rechts abzweigende Piste ein. Durch zertrümmerte Lavafelder windet sie sich an der Südflanke des Quemada bergauf, beschreibt nach 1,2 Kilometern eine scharfe Linkskurve und mündet ein paar Minuten später in die nach Yé führende Straße **LZ-201** unterhalb der Villa Torrecilla de Domingo (Km. 8.4, 2:10 Std.). Wir folgen der wenig befahrenen Straße bergauf und gelangen zurück nach **Yé**

070la Foto: gs

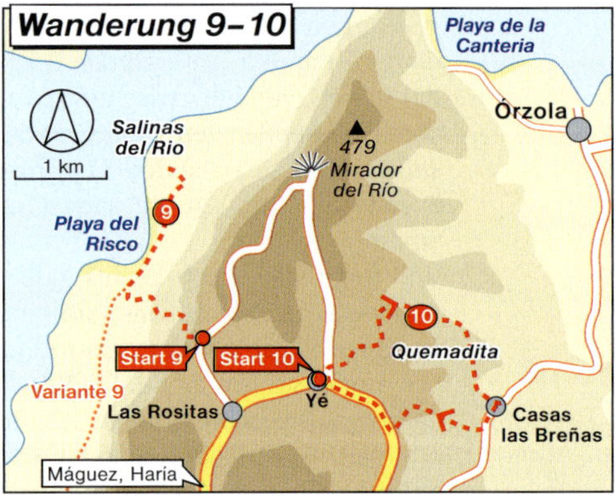

Torrecilla de Domingo

(2:30 Std.), könnten freilich zuvor noch einen kurzen Abstecher (ausgeschildert) zur Weinprobe in der Bodega La Torrecilla einschieben.

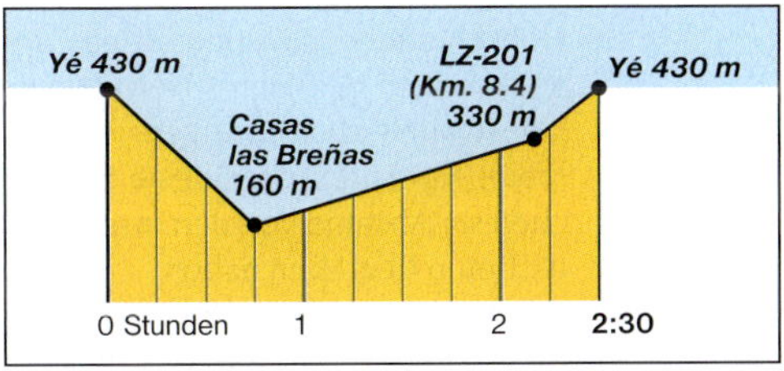

Wanderung 11*: La Graciosa – Nordtour

- **Charakter:** Auf vom Sand verwehten Pisten wandert man an erloschenen Vulkanen vorbei, durchstreift Dünen und steppenartige Ebenen. Höhepunkt ist der „Muschelstrand“ (siehe Bild S. 332/333), von dem sich ein herrlicher Blick auf das nur von Vögeln bewohnte Eiland Montaña Clara bietet. Die Tour ist einfach, es ist auf dieser Insel fast unmöglich sich zu verlaufen!
- **Ausgangs- und Endpunkt:** Caleta del Sebo
- **Länge:** 12 km (Rundwanderung)
- **Dauer:** 4:30 Std.
- **Höhenunterschied:** je 190 m im An- und Abstieg
- **Einkehr:** Bars und Restaurants in Caleta del Sebo, dort auch Pensionen und Apartments
- **Anfahrt:** mit dem Schiff ab Órzola
- **Hinweis:** Nötig sind festes Schuhwerk, Sonnenschutz, Kopfbedeckung und ausreichend Trinkwasser. In der Zeitplanung ist der Aufstieg zur Montaña Bermeja nicht berücksichtigt!

Von der Anlegestelle in **Caleta del Sebo** folgen wir der Uferpromenade Av. Virgen del Mar bis zum Restaurant Girasol und biegen dort in die Calle La Popa ein, die uns aus dem Dorf hinausführt. Über eine leicht ansteigende, sandverwehte Piste geht es nordwärts auf zwei markant aufragende Vulkane zu. An der **Gabelung** nach 1,5 km (25 Min.) biegen wir rechts in die Piste ein, die ostwärts an der Flanke des **Pedro Barba** entlang führt. Im Küstendorf Pedro Barba (1:20 Std.), erreichbar über eine rechts abzweigende Piste, haben sich wohlhabende Lanzaroteños Ferienhäuser errichtet. Per Boot oder Jacht, manchmal auch per Hubschrauber schwirren sie ein, um die „schönsten Wochen des Jahres“ fern von künstlichen Urlaubswelten zu verbringen. Auf La Graciosa, so meint *Fernando,* der älteste Fischer vor Ort, suchen sie Abstand von den Inseln, die sie selber unter Beton begraben haben.

Retour auf der Hauptpiste geht es in Nord-Richtung weiter. Am Horizont erscheint das unbe-

060la Foto: gs

wohnte Eiland Alegranza, der nördlichste Vorposten des Archipels. Wir ignorieren alle rechts zur Küste abdriftenden Pisten und erreichen die **Playa Lambra** (2 Std.), einen langen hellen Sandstrand, an den oft Treibgut gespült wird. Wer früher auf der Insel ein Haus baute, pilgerte oft hierher – das Meer schwemmte kostenloses Baumaterial heran, nicht selten waren Türen und Fenster dabei!

Ca. 250 Meter hinter dem Strand wählen wir die links abzweigende Piste, die uns in Südwestrichtung am „rötlichen Berg“ Montaña Bermeja vorbeiführt. Bei der nächsten Gabelung halten wir uns rechts und steuern die **Playa de las Conchas** an, den weißen, feinsandigen „Muschelstrand“ (2:50 Std.). Von hier spazieren wir zur Piste zurück und folgen ihr südwärts, zwischen den beiden Vulkanen hindurch zurück nach **Caleta del Sebo** (4:30 Std.).

„Warum laufen die Fremden bloß so viel auf unserer Insel herum? Wollen die sich gar nicht erholen?“

Wanderung 12*: La Graciosa – Südtour

- **Charakter:** Man läuft von einer Badebucht zur nächsten und hat dabei stets die Kulisse der hoch aufragenden Famara-Klippen vor Augen. Der Rückweg erfolgt durch wüstenhaftes Terrain, vorbei an der wilden Lavaküste.
- **Ausgangs- und Endpunkt:** Caleta del Sebo
- **Länge:** 10 km (Rundwanderung)
- **Dauer:** 3:45 Std.
- **Höhenunterschied:** je 220 m im An- und Abstieg
- **Einkehr:** Bars und Restaurants in Caleta del Sebo, dort auch Pensionen und Apartments
- **Anfahrt:** mit dem Schiff ab Órzola
- **Hinweis:** Nötig sind festes Schuhwerk, Sonnenschutz, Kopfbedeckung und ausreichend Trinkwasser.

Von der Anlegestellte in **Caleta del Sebo** folgen wir der der Uferpromenade Av. Virgen del Mar südwestwärts, vorbei am kleinen Ortsstrand bis zu den letzten Häusern. Dort knickt die Küstenlinie westwärts ein: vor uns liegt die **Playa del Salado** (15 Min.).

Durch weich rieselnden Sand stapft man zum Westende der Bucht, folgt der Küste 1,5 Kilometer zur kleineren **Playa Francesa** und läuft quer über ein Kap zur 100 Meter langen **Playa de la Cocina** (1:30 Std.). Sie liegt am Fuß der Montaña Amarilla und ist die schönste der drei Badebuchten: Dank weit vorspringender Felsarme wirkt sie wie ein großer, türkisfarbener Natur-Pool.

Vom Strand kraxeln wir den „Gelben Berg" hinauf und wandern quer über eine wüstenhafte Ebene in Richtung Westküste. Nahe dem Meer stoßen wir auf einen quer verlaufenden Fahrweg, dem wir nach rechts folgen. Erst führt er parallel zur Küste, dann entfernt er sich von ihr und schwenkt am Sockel der Montaña del Mojón ostwärts ein. Wenig später mündet er in die Hauptpiste der Insel, auf der wir rechts nach zwei Kilometern **Caleta del Sebo** erreichen (3:45 Std.).

Wanderung 11–12
Isla de Montaña Clara
Caletón Oscuro
Punta del Agua
El Río de Montaña Clara
3 km
Punta Gorda
M. Bermeja 152
Playa Lambra
Punta del Hueso
Playa de las Conchas
11
ISLA GRACIOSA
257
266
M. Pedro Barba
La Caleta
Pedro Barba
Caleta de Pedro Barba
EL RÍO
Caleta del Burro
189
M. del Mojón
12
Caleta de Arriba
Start 11 + 12
La Sosiedad
Caleta del Sebo
M. Amarilla 174
Playa del Salado
Playa de la Cocina
Playa Francesa
Mirador del Río
479

300la Foto: gs

Anhang

Literaturtipps

- *Rafael Arozarena,* **Mararía,** Bastei Lübbe Verlag. Ein literarisches Meisterwerk aus dem Süden Lanzarotes (↗ Exkurs: „Heilige und Hure").
- *Katrine von Hutten,* **Die Klippe. Drei Winterreisen,** Invoco Verlag. Der Roman erzählt von einer jungen, schwer kranken Frau, die mehrere Winter auf Lanzarote verbringt. Die dramatische Landschaft der Insel, die Vulkane und das Meer verleihen ihr Ruhe und Souveränität. Als sie bei ihrem dritten Aufenthalt von Resignation übermannt zu werden droht, zieht es sie zu den Klippen von Famara – der Blick in den Abgrund und auf die Weite des Himmels gibt ihr neue Kraft. Die Autorin, Trägerin des renommierten Leonce-und-Lena-Preises, bedient sich einer unsentimentalen Sprache, die alles Überflüssige abgestreift hat.
- *Michel Houellebecq,* **Lanzarote,** DuMont. Der Autor macht Urlaub auf der Vulkaninsel und bleibt in einem Touristenort hängen – für ihn ein guter Grund, mit der Spaß-, Sex- und Amüsiergesellschaft abzurechnen. Die beigefügten Fotos stimmen eher versöhnlich.
- *José Saramago,* **Cuadernos de Lanzarote,** Alfaguera Madrid (bislang nur auf Spanisch). Der Literaturnobelpreisträger lebt in Tías auf Lanzarote und hat die hier verbrachten „reichsten Jahre" seines Lebens in Form von Tagebüchern festgehalten. Solange sie nicht ins Deutsche übersetzt sind, nimmt man mit seinen Romanen vorlieb, am besten mit „Das steinerne Floß" (Rowohlt), in dem er Europas Irrfahrt auf dem Atlantik beschreibt.
- *Izabella Gawin,* **Insula Fortunata. Vom Nutzen einer Atlantikinsel,** Restexemplare via E-Mail: izabella.gawin@yahoo.de. Ein weiter Bilderbogen von den ersten Kontakten mit europäischen Sklavenjägern und Konquistadoren bis hin zur Abhängigkeit der kanarischen Wirtschaft von ausländischen Investoren. Dokumentiert werden auch Pläne der deutschen Wehrmacht, den Archipel zum Militärstützpunkt auszubauen.
- **Spanisch für die Kanarischen Inseln – Wort für Wort,** Kauderwelsch Band 161, Reise Know-How Verlag. Ein praxisnah orientierter Reisesprachführer, mit dem man nicht nur die Grundregeln der Aussprache und Grammatik erlernt, sondern auch wichtige Sätze zur Verständigung in Alltagssituationen. Exkurse machen auf unterhaltsame Art mit der Mentalität der Canarios und ihren sprachlichen Eigenheiten vertraut. Gleichfalls erhältlich: ein Aussprache-Trainer auf Audio-CD.

Vorhergehende Seite: Vom Mirador del Río am nördlichsten Punkt Lanzarotes hat man die Inseln La Graciosa und Montaña Clara im Blick

Kunstdruck-Sammlung

mit angehängtem immerwährendem Kalendarium

!!XXL Format!!
Limitierte Auflage

Maße: 68,00 cm x 48,00 cm

Die Kunstdruck-Sammlung besteht aus 13 liebevoll ausgewählten Motiven aus meiner Fotoausstellung. Sie bietet Sehenswürdigkeiten und einzigartige Naturaufnahmen rund um Lanzarote.

Das Kalendarium ist mit den Bildmotiven nicht fest verbunden, so kann jedes für sich separat umgeblättert oder abgetrennt und gerahmt werden.
Die sehr hohe qualitative Ausführung - 200g-Papier, hochwertiger, seidenmatter Dispersionslack - unterstreicht zusätzlich ihre Wertigkeit.

Preis:
44,90 EURO

Verpackung und Versand:
5,00 EURO (Deutschland)

Versand außerhalb Deutschlands: Auf Anfrage.

Weitere Informationen:
Marc Siebert - Beurener Str. 20/1 - D-78256 Steißlingen
Tel: 0049 77 38 / 75 48 - Mail: Marc.Siebert1@gmx.de

www.Lanzarote-Kalender.de

Kauderwelsch Sprechführer

SPANISCH SPEZIAL

O'Niel V. Som
**Spanisch
Wort für Wort**

I. Gawin, D. Schulze
**Spanisch für die
Kanarischen Inseln**

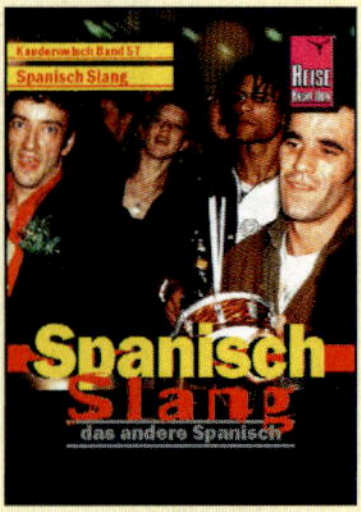

Hans-Jürgen Fründt
**Spanisch Slang–
das andere Spanisch**

**AusspracheTrainer
Spanisch,**
Audio-CD

Die Sprechführer-Reihe
Kauderwelsch
umfasst über 200 Bände, speziell geschrieben für Individualisten.
• Verständliche Erklärung der Grammatik • Wort-für-Wort-Übersetzung • praxisnahe Beispielsätze • Lautschrift • nützliches Vokabular • zu fast jedem Band gibt's begleitendes Tonmaterial

REISE KNOW-HOW Verlag, Bielefeld

Kleine Sprachhilfe

Dieser kleine Sprachführer soll dabei helfen, sich auf Lanzarote zurechtzufinden: bei der Unterkunftssuche und im Restaurant, bei der Autovermietung und beim Einkaufen. Einige Male mit dem Blick auf die fremden Sätze einschlafen – und schon wird es möglich, durch einen freundlichen Gruß Pluspunkte zu sammeln und mit dem Pensionsbesitzer einen guten Preis auszuhandeln. Damit man beim Essen nichts Falsches bestellt, gibt es am Ende dieses kleinen Führers ein „Gastronomisches Glossar". Wer länger auf Lanzarote bleiben will, dem sei der Sprechführer „Spanisch für die Kanarischen Inseln – Wort für Wort" aus der Kauderwelsch-Reihe empfohlen oder auch der Band „Spanisch Slang", mit dem man seine Kenntnisse gut um typische Wendungen der Alltagssprache erweitern kann (⇗„Literaturtipps").

Betonung und Aussprache

Bei der **Betonung** gilt es folgende Grundregeln zu beachten:

- Aufeinander folgende Vokale werden getrennt gesprochen, jedoch nicht abgehackt, sondern elegant verschliffen *(s**o**y, b**ai**le)*.
- Mehrsilbige Wörter, die auf Vokal, n oder s enden, werden auf der vorletzten Silbe betont *(**u**no, pes**e**ta, bu**e**nas t**a**rdes);* Ausnahmen werden mit einem Betonungs-Akzent gekennzeichnet *(adi**ó**s, pensi**ó**n)*.
- Wörter, die auf einen Konsonanten (außer n und s) enden, müssen auf der letzten Silbe betont werden *(hot**e**l, ay**e**r)*.
- Wörter, die auf Vokal plus y enden, werden gleichfalls auf der letzten Silbe betont *(est**o**y)*.

Die **Aussprache** der folgenden Buchstaben(-kombinationen) weicht vom Deutschen ab:

c vor dunklen Vokalen wie k (*casa*), vor hellen Vokalen wie engl. stimmloses th *(gracias)*
ch wie tsch *(ocho)*
h wird nicht gesprochen *(holá)*
j wie ch in „acht" *(Juan)*
ll wie j *(valle)*
ñ wie nj *(mañana)*
qu wie k *(queso)*
s wie ss *(casa)*
y wie j *(apoyo),* am Wortende wie i *(hoy)*
z wie engl. stimmloses th *(diez)*

Das umgedrehte Fragezeichen (¿) vor dem Fragesatz ist eine typisch spanische Besonderheit. Analog wird vor dem Befehlssatz ein umgedrehtes Ausrufezeichen (¡) gesetzt.

Allgemeines	Guten Morgen, guten Tag (vormittags)!	*¡Buenos días!*
	Guten Tag (nachmittags)!	*¡Buenas tardes!*
	Guten Abend, gute Nacht!	*¡Buenas noches!*
	Auf Wiedersehen!	*¡Adiós!*
	Tschüss!	*¡Hasta luego!*
	Vielen Dank!	*¡Muchas gracias!*
	Sprechen Sie Deutsch?	*¿Habla Usted alemán?*
	ja, nein	*sí, no*
	ein wenig	*un poco*
	nichts	*nada*
	Wie geht es Ihnen?	*¿Como está Usted?*
	Entschuldigen Sie!	*¡Perdón!*
	Einen Augenblick, bitte!	*¡Un momento, por favor!*
	Wo liegt ...?	*¿Dónde está ...?*
	Wie heißt ...?	*¿Cómo se llama ...?*
	Wann ist ... geöffnet?	*¿A que hora está abierto ...?*
	Wie spät ist es?	*¿Qué hora es?*
	Haben Sie ...?	*¿Tiene ...?*
	Gibt es ...?	*¿Hay ...?*
	Ich möchte gern ...	*Quisiera ...*
	Ich brauche ...	*Necesito ...*
	rechts/links	*a la derecha/ a la izquierda*
	geradeaus	*todo derecho*
	oben/unten	*arriba/abajo*
	heute	*hoy*
	morgen	*mañana*
	gestern	*ayer*
	von ... bis	*de ... hasta*
	Lassen Sie mich bitte in Ruhe!	*¡Por favor, déjeme en paz!*
	Hau ab!	*¡Lárgate!*
	Hör sofort auf!	*¡Basta ya!*
	Hilfe!	*¡Socorro!*
Wochentage	Montag	*lunes*
	Dienstag	*martes*
	Mittwoch	*miércoles*
	Donnerstag	*jueves*
	Freitag	*viernes*
	Samstag	*sábado*
	Sonntag	*domingo*
Monate	Januar	*enero*
	Februar	*febrero*
	März	*marzo*
	April	*abril*
	Mai	*mayo*
	Juni	*junio*
	Juli	*julio*
	August	*agosto*

	September	*septiembre*
	Oktober	*octubre*
	November	*noviembre*
	Dezember	*diciembre*
Zahlen	1	*uno, una*
	2	*dos*
	3	*tres*
	4	*cuatro*
	5	*cinco*
	6	*seis*
	7	*siete*
	8	*ocho*
	9	*nueve*
	10	*diez*
Unterkunft	Hotel, Apartment, Pension	*hotel, apartamento, pensión*
	Landhaus	*casa rural*
	Haben Sie ein Einzel-/Doppelzimmer?	*¿Tiene una habitación individual/doble?*
	mit eigenem Bad	*con baño propio*
	Wieviel kostet es?	*¿Cuánto cuesta?*
	mit Frühstück	*con desayuno*
	mit Halb-/Vollpension	*con media pensión/ pensión completa*
	Kann ich das Zimmer sehen?	*¿Puedo ver la habitación?*
Restaurant	Die Speisekarte (Weinkarte), bitte!	*¡La carta (carta de vinos), por favor!*
	Kellner, Kellnerin	*camarero, camarera*
	Hören Sie! (Anrede des Kellners/der Kellnerin)	*¡Oiga, por favor!*
	Ich möchte etwas essen (trinken)	*Quisiera comer ...(beber) algo.*
	Guten Appetit!	*¡Qué aproveche!*
	Prost!	*¡Salud!*
	Die Rechnung bitte!	*¡La cuenta, por favor!*
	Wo ist die Toilette?	*¿Dónde están los servicios?*
Autoverleih	das Auto	*el coche*
	der Vertrag	*el contrato*
	der Führerschein	*el permiso de conducir*
	der Preis	*el precio*
	die Kreditkarte	*la tarjeta de crédito*
	Benzin bleifrei	*gasolina sin plomo*
	die Tankstelle	*la gasolinera*
	die Straße	*la carretera*
	der Parkplatz	*el aparcamiento*

	Wo kann man ein Auto mieten?	*¿Dónde se puede alquilar un coche?*
Einkaufen	Wo ist der Markt?	*¿Dónde está el mercado?*
	Gibt es auch eine Fischhalle?	*¿Hay también una pescadería?*
	Laden	*tienda*
	Bäckerei	*panadería*
	Apotheke	*farmacia*
	Wieviel kostet das?	*¿Cuánto cuesta?*
	Das ist teuer/billig.	*¡Es caro/barato!*
	Das gefällt mir!	*¡Esto me gusta!*
	Das ist alles!	*¡Más nada!*
	Kann ich mit Kreditkarte bezahlen?	*¿Puedo pagar con tarjeta de crédito?*

Gastronomisches Glossar

aceite – Öl
aceitunas – Oliven
agua mineral – Mineralwasser
- *con gas* – mit Kohlensäure
- *sin gas* – ohne Kohlensäure

aguacate – Avocado
aguardiente – Schnaps
ahumado – geräuchert
ajo – Knoblauch
al ajillo – mit Knoblauch zubereitet
al salmorejo – in pikanter Weinsoße
albaricoque – Aprikose
albóndigas- Fleischklöße
alcachofas – Artischocken
almejas – Herzmuscheln
almendras – Mandeln
almendrados – Mandelmakronen
anchoas – Sardellen
arepas – gefüllte Teigtaschen
arroz – Reis
asado – gebraten
atún – Thunfisch
aves – Geflügel
azafrán – Safran
azúcar – Zucker
bacalao – Kabeljau
batata – Süßkartoffel
bebida – Getränk
berro – Kresse
besugo – Seebrasse
bien hecho – ganz durch
bienmesabe – Mandelmus

bistec – Beefsteak
bizcochos – süßes Gebäck
bocadillo – belegtes Brötchen
bonito – kleiner Thunfisch
bogavante – Hummer
boquerones – Sardellen
buey – Rind-, Ochsenfleisch
buñuelo – Krapfengebäck
caballa – Makrele
cabrito en adobo – pikant eingelegtes Zickleinfleisch
café solo – Espresso
café cortado – Espresso mit etwas Milch
café con leche – Milchkaffee
calamares a la romana – panierte Tintenfischringe
calamares en su tinta – Tintenfisch in eigener Soße
caldo – Brühe
caldo de pescado – Fisch- und Meeresfrüchtesuppe
camarones – Garnelen
caña – Bier vom Fass
cangrejo – Krebs
carajillo – Espresso mit Brandy
carne – Fleisch
carne de buey – Ochsenfleisch
carne de cabra – Ziegenfleisch
carne de cerdo – Schweinefleisch
carne de cordero – Lammfleisch
carne de ternera – Kalbfleisch
carne de vaca – Rindfleisch
casero – hausgemacht
cazuela – Fischgericht mit Kartoffeln
cebolla – Zwiebel
cereza – Kirsche
cerveza – Flaschenbier
chicharrones – in *gofio* gewälzte Speckgrieben
chorizo – Paprikawurst
chuleta – Kotelett
churros con chocolate – frittierte Hefekringel mit heißer Schokolade
clacas – einheimische Muschelart
ciruela – Pflaume
cochinillo – Spanferkel
cocido – 1. gekocht, 2. Fleisch- und Gemüseeintopf
coliflor – Blumenkohl
conejo – Kaninchen
consomé – Kraftbrühe
corvina – Schattenfisch
crema – Creme, Suppe
crudo – roh
dulces – Süßigkeiten
embutido – Wurst
empanada – gefüllte Teigtasche

ensalada – Salat
entrecot – Rumpsteak
escaldón – Brühe mit *gofio*
escalope – Schnitzel
espárragos – Spargel
espinacas – Spinat
estofado – Schmorbraten
fideos – Fadennudeln
flan – Karamellpudding
fresa – Erdbeere
fresco – frisch
frito – gebacken
fruta del mar – Meeresfrüchte
fruta – Obst
gallina – Huhn
gambas – Garnelen
garbanzos – Kichererbsen
gazpacho – kalte Gemüsesuppe
gofio – Mehl aus geröstetem Getreide
guisado – Schmorfleisch mit Soße und Kartoffeln
guisantes – Erbsen
helado – Speiseeis
hielo – Eis (zum Kühlen)
hierbas – Kräuter
higado – Leber
hongo – Pilz
huevo – Ei
huevo duro – hartes Ei
huevo pasado – weiches Ei
huevo frito – Spiegelei
huevos revueltos – Rührei
jamón – gekochter Schinken
jamón serrano – luftgetrockneter Schinken
judías – Bohnen
jugo – Saft
langosta – Languste
langostinos – Königskrabben
lapa – Napfschnecke
leche – Milch
leche condensada – Büchsenmilch
lechuga – grüner Salat
legumbres – Gemüse, Hülsenfrüchte
lenguado – Seezunge
lentejas – Linsen
licor – Likör
limón – Zitrone
lomo – Rückenstück
mantequilla – Butter
manzana – Apfel
mariscos – Meeresfrüchte
media ración – halbe Portion

medio hecho – halb durch
mejillones – Miesmuscheln
melocotón – Pfirsich
menú del día – Tagesmenü
merluza – Seehecht
mero – Zackenbarsch
miel – Honig
mojo verde – grüne Soße mit Koriander und Knoblauch
mojo rojo – rote Soße mit Chilischoten und Knoblauch
morcilla – Blutwurst
morcilla dulce – Blutwurst mit Mandeln und Rosinen
mostaza – Senf
mousse au chocolat – Schokoladenmus
naranja – Apfelsine
nata – Schlagsahne
nueces – Nüsse
paella – Reisgericht mit Meeresfrüchten, Fleisch und Gemüse
pan – Brot
panecillo – Brötchen
papas – Kartoffeln
papas fritas – Pommes frites
papas arrugadas – Kartöffelchen mit Salzkruste
parrillada – Grillplatte
pastel – Kuchen, Torte
pata de cerdo – zartes Schweinefleisch
pechuga – Brust
pepinillo – saure Gurke
pepino – Salatgurke
pera – Birne
percebes – Entenmuscheln
perdiz – Rebhuhn
perejil – Petersilie
pescado – Fischgericht
pez – Fisch
pez espada – Schwertfisch
pimienta – Pfeffer
pimiento – Paprikaschote
pincho, pinchito – Spieß
piña – Ananas
plátano – Banane
pollo – Hähnchen
polverones – leichte Gebäckstücke
potaje – Gemüseeintopf
puchero – Eintopf aus Fleisch und Gemüse
pulpo – Krake, Oktopus
queso ahumado – geräucherter Käse
queso curado/duro – reifer Käse
queso semicurado/semiduro – halbreifer Käse
queso tierno – Frischkäse

queso a la brasa – gegrillter Ziegenkäse
queso de almendras – Mandelkuchen
queso del país majorero – Käse aus Fuerteventura
ración – große Portion
rape – Seeteufel
ron miel – Rum mit Honig
ropa vieja – herzhaftes Fleischgericht mit Kichererbsen
sal – Salz
salchichas – Würstchen
salchichón – Salami
salsa – Soße
sama – Rotbrasse
salmón – Lachs
sancocho – Fisch mit Süßkartoffeln und Gemüse
sangría – Rotweinbowle mit Zitrusfrüchten
sardinas en aceite – Ölsardinen
setas – Speisepilze
solomillo – Filetsteak
sopa – Suppe
sopa de garbanzos – Kichererbsensuppe
sopa de verdura – Gemüsesuppe
tapa – kleines Tellergericht, Zwischenmahlzeit
tarta – Torte
té – Tee
tiburón – Haifisch
tocino – Speck
tollo – Trockenfisch
tortilla española – Omelett mit Kartoffelstücken
tortilla francesa – Omelett
trucha con batatas – Gebäck mit Süßkartoffelmus
truchas con cabello de ángel – Gebäck mit Fasermelonenkonfitüre
turrón – feste, süße Masse aus Mandeln und Eiern
uvas – Weintrauben
vegetariano – vegetarisch
verdura – Gemüse
vieja – karpfenähnlicher Fisch
vinagre – Essig
vino – Wein
vino blanco – Weißwein
vino rosado – Roséwein
vino tinto – Rotwein
vino dulce – süßer Wein
vino semiseco – halbtrockener Wein
vino seco – trockener Wein
vino de la casa – Tafelwein
zanahorias – Möhren
zarzuela – Fischeintopf
zumo – Saft

PRAXIS – für jedes Thema der richtige Ratgeber

Wer weiß schon, wie man sich Vulkanen nähert, Höhlen sicher erkundet, sich im Dschungel orientiert, ein Kanu steuert, seine Flugangst überwindet – oder einfach nur Flüge, Unterkunft und Mietwagen am cleversten bucht und mit einer Digitalkamera auf Reisen umgeht?
Die erfahrenen Autoren der Reihe PRAXIS vermitteln in jedem der über 80 Bände eine Fülle nützlicher Informationen und praktischer Tipps für alle Themen rund um Urlaub und Freizeit.

Hier eine kleine Auswahl:

- **Als Frau allein unterwegs**
- **Clever buchen – besser fliegen**
- **Drogen in Reiseländern**
- **Fun & Sport in Eis & Schnee**
- **GPS Outdoor-Navigation**
- **Hinduismus erleben**
- **Inline Skating**
- **Kanu-Handbuch**
- **Reisefotografie digital**
- **Richtig Kartenlesen**
- **Safari-Handbuch Afrika**
- **Sicherheit in Bärengebieten**
- **Tauchen in warmen Gewässern**
- **Wann wohin reisen?**
- **Was kriecht und krabbelt in den Tropen?**
- **Wildnis-Ausrüstung**
- **Wein-Reiseführer Italien**
- **Wohnmobil-Ausrüstung**

Weitere Titel siehe Programmübersicht.

Jeder Titel 144-176 Seiten, reich illustriert, handliches Taschenformat 10,5 x 17 cm, strapazierfähige Bindung, Glossar, Register und Griffmarken zur schnellen Orientierung

Reise Know-How Verlag, Bielefeld

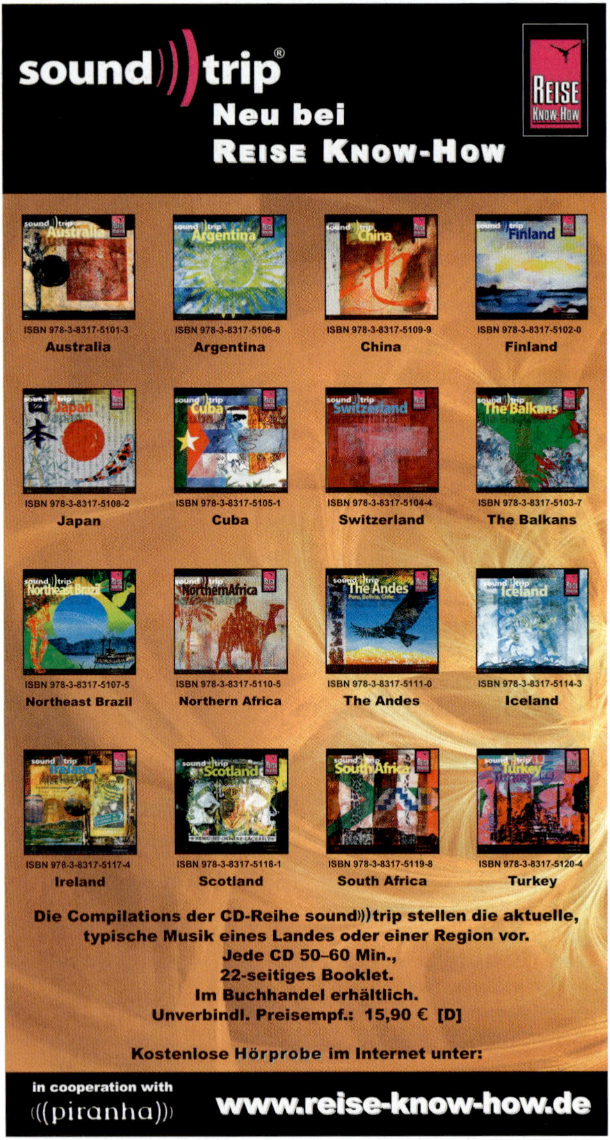
sound trip®
Neu bei
REISE KNOW-HOW
REISE KNOW-HOW
ISBN 978-3-8317-5101-3
Australia
ISBN 978-3-8317-5106-8
Argentina
ISBN 978-3-8317-5109-9
China
ISBN 978-3-8317-5102-0
Finland
ISBN 978-3-8317-5108-2
Japan
ISBN 978-3-8317-5105-1
Cuba
ISBN 978-3-8317-5104-4
Switzerland
ISBN 978-3-8317-5103-7
The Balkans
ISBN 978-3-8317-5107-5
Northeast Brazil
ISBN 978-3-8317-5110-5
Northern Africa
ISBN 978-3-8317-5111-0
The Andes
ISBN 978-3-8317-5114-3
Iceland
ISBN 978-3-8317-5117-4
Ireland
ISBN 978-3-8317-5118-1
Scotland
ISBN 978-3-8317-5119-8
South Africa
ISBN 978-3-8317-5120-4
Turkey
Die Compilations der CD-Reihe sound trip stellen die aktuelle, typische Musik eines Landes oder einer Region vor.
Jede CD 50–60 Min.,
22-seitiges Booklet.
Im Buchhandel erhältlich.
Unverbindl. Preisempf.: 15,90 € [D]
Kostenlose Hörprobe im Internet unter:
in cooperation with
piranha
www.reise-know-how.de

Mit Reise Know-How ans Ziel

Die Landkarten des **world mapping project** bieten gute Orientierung – weltweit.

- Moderne Kartengrafik mit Höhenlinien, Höhenangaben und farbigen Höhenschichten
- GPS-Tauglichkeit durch eingezeichnete Längen- und Breitengrade und ab Maßstab 1:300.000 zusätzlich durch UTM-Markierungen
- Einheitlich klassifiziertes Straßennetz mit Entfernungsangaben
- Wichtige Sehenswürdigkeiten, herausragende Orientierungspunkte und Badestrände, durch einprägsame Symbole dargestellt
- Der ausführliche Ortsindex ermöglicht das schnelle Finden des Zieles
- Die Karte ist mit einem Klebestreifen am Pappumschlag befestigt. Unterwegs lässt man den Umschlag einfach weg und kann die Karte wie gewohnt individuell falzen oder in die Jacke stecken

Derzeit über 200 Titel lieferbar (siehe unter www.reise-know-how.de), z.B.:

La Palma/Gomera El Hierro	1:50.000
Teneriffa	1:120.000
Lanzarote	1:70.000

world mapping project
Reise Know-How Verlag, Bielefeld

Die Reiseführer auf einen Blick

Reisehandbücher
Urlaubshandbücher
Reisesachbücher
Edition RKH, Praxis

Algarve, Lissabon
Amrum
Amsterdam
Andalusien
Apulien
Auvergne, Cévennen

Barcelona
Berlin, exotisch
Berlin, Potsdam
Borkum
Bretagne
Budapest

City-Trips mit Billigfliegern, noch mehr
Cornwall
Costa Blanca
Costa Brava
Costa de la Luz
Costa del Sol
Costa Dorada
Côte d'Azur, Seealpen, Hochprovence

Dalmatien Nord
Dalmatien Süd
Dänemarks Nordseeküste
Disneyland Resort Paris
Dresden

Eifel
Elba
El Hierro
Elsass, Vogesen
EM 2008 Fußballstädte
England, der Süden
Erste Hilfe unterwegs
Estland
Europa BikeBuch

Fahrrad-Weltführer
Fehmarn
Föhr
Formentera
Friaul, Venetien
Fuerteventura

Gardasee, Trentino
Georgien
Golf von Neapel, Kampanien
Gomera
Gotland
Gran Canaria
Großbritannien

Hamburg
Helgoland
Hollands Nordseeinseln
Hollands Westküste

Ibiza, Formentera
Irland
Island, Faröer
Istanbul
Istrien

Juist

Kalabrien, Basilikata
Katalonien
Köln
Kopenhagen
Korfu, Ionische Inseln
Korsika
Krakau, Tschenstochow
Kreta
Krim, Lemberg, Kiew
Kroatien

Landgang an der Ostsee
Langeoog
La Palma
Lanzarote
Latium mit Rom
Leipzig
Ligurien, Cinque Terre
Litauen
London

Madeira
Madrid
Mallorca
Mallorca, Leben/Arbeiten
Mallorca, Wandern
Malta, Gozo, Comino
Mecklenb./Brandenb.: Wasserwandern
Menorca
Montenegro
Moskau
Motorradreisen
München

Norderney
Nordseeinseln, Dt.
Nordseeküste Niedersachsens
Nordseeküste Schleswig-Holstein
Nordspanien, Jakobsweg
Nordzypern
Normandie
Norwegen

Ostseeküste Mecklenburg-Vorp.
Ostseeküste Kreuzfahrthäfen

Ostseeküste
Schleswig-Holstein
Outdoor-Praxis

Paris
Piemont, Aostatal
Polen Ostseeküste
Polens Norden
Polens Süden
Provence
Provence, Templer
Pyrenäen

Rhodos
Rom
Rügen, Hiddensee
Ruhrgebiet
Rumänien, Rep. Moldau

Sächsische Schweiz
Salzburg, Salzkammergut
Sardinien
Schottland
Schwarzwald, südl.
Schweden, Astrid Lindgrens
Schweiz, Liechtenstein
Sizilien, Liparische Inseln
Skandinavien, der Norden
Slowakei
Slowenien, Triest
Spaniens Mittelmeerküste
Spiekeroog
Stockholm, Mälarsee
St. Petersburg
St. Tropez und Umgebung
Südnorwegen
Südwestfrankreich
Sylt

Teneriffa
Tessin, Lago Maggiore
Thüringer Wald

Toscana
Tschechien
Türkei, Hotelführer
Türkei, Mittelmeerküste

Ukraine, der Westen
Umbrien
Usedom

Venedig

Wales
Wangerooge
Warschau
Wien

Zypern, der Norden
Zypern, der Süden

Wohnmobil-Tourguides

Dänemark
Kroatien
Provence
Sardinien
Sizilien
Südnorwegen
Südschweden

Edition RKH

Durchgedreht – Sieben Jahre im Sattel
Eine Finca auf Mallorca
Geschichten aus dem anderen Mallorca
Mallorca für Leib u. Seele
Rad ab!

Praxis

Aktiv Algarve
Aktiv Andalusien
Aktiv Dalmatien
Aktiv frz. Atlantikküste
Aktiv Gardasee
Aktiv Gran Canaria
Aktiv Istrien
Aktiv Katalonien
Aktiv Polen
Aktiv Slowenien
All inclusive?
Bordbuch Südeuropa
Canyoning
Clever buchen, besser fliegen
Clever kuren
Clever reisen Wohnmobil
Drogen in Reiseländern
Expeditionsmobil
Feste Europas
Fiestas Spanien
Fliegen ohne Angst
Frau allein unterwegs
Fun u. Sport im Schnee
Geolog. Erscheinungen
Gesundheitsurlaub in Dtl. Heilthermen
GPS f. Auto, Motorrad
GPS Outdoor-Navigation
Handy global
Höhlen erkunden
Hund, Verreisen mit
Inline Skating
Inline-Skaten Bodensee
Internet für die Reise
Islam erleben
Kanu-Handbuch
Kartenlesen
Kommunikation unterw.
Kreuzfahrt-Handbuch

Praxis, KulturSchock

Europa

Küstensegeln
Langzeitreisen
Marathon-Guide Deutschland
Mountainbiking
Mushing/ Hundeschlitten
Orientierung mit Kompass und GPS
Paragliding-Handbuch
Pferdetrekking
Radreisen
Reisefotografie
Reisefotografie digital
Reisekochbuch
Reiserecht
Respektvoll reisen
Schutz vor Gewalt und Kriminalität
Schwanger reisen
Selbstdiagnose unterwegs
Sicherheit in Bärengebieten
Sicherheit Meer
Sonne, Wind, Reisewetter
Spaniens Fiestas
Sprachen lernen
Survival-Handbuch Naturkatastrophen
Tauchen Kaltwasser
Tauchen Warmwasser
Transsib
Trekking-Handbuch
Unterkunft/Mietwagen
Volunteering
Vulkane besteigen
Wandern im Watt
Wann wohin reisen?
Wein-Reiseführer Deutschland
Wein-Reiseführer Italien
Wein-Reiseführer Toskana
Wildnis-Ausrüstung
Wildnis-Backpacking
Wildnis-Küche
Winterwandern
Wohnmobil-Ausrüstung
Wohnmobil-Reisen
Wohnwagen Handbuch
Wracktauchen
Zahnersatz, Reiseziel

KulturSchock

Familienmanagement im Ausland
Finnland
Frankreich
Irland/Nordirland
Italien
Leben in fremden Kulturen
Polen
Rumänien
Russland
Schweiz
Spanien
Türkei
Ukraine
Ungarn

Wo man unsere Reiseliteratur bekommt:
Jede Buchhandlung Deutschlands, der Schweiz, Österreichs und der Benelux-Staaten kann unsere Bücher beziehen. Wer sie dort nicht findet, kann alle Bücher über unsere **Internet-Shops** bestellen. Auf den Homepages gibt es auch **Informationen** zu allen Titeln:

www.reise-know-how.de
www.reisebuch.de

HILFE!

Dieses Urlaubshandbuch ist gespickt mit unzähligen Adressen, Preisen, Tipps und Infos. Nur vor Ort kann überprüft werden, was noch stimmt, was sich verändert hat, ob Preise gestiegen oder gefallen sind, ob ein Hotel, ein Restaurant immer noch empfehlenswert ist oder nicht mehr, ob ein Ziel noch oder jetzt erreichbar ist, ob es eine lohnende Alternative gibt usw.

Unsere Autoren sind zwar stetig unterwegs und versuchen, alle zwei Jahre eine komplette Aktualisierung zu erstellen, aber auf die Mithilfe von Reisenden können sie nicht verzichten.

Darum: Schreiben Sie uns, was sich geändert hat, was besser sein könnte, was gestrichen bzw. ergänzt werden soll. Nur so bleibt dieses Buch immer aktuell und zuverlässig. Wenn sich die Infos direkt auf das Buch beziehen, würde die Seitenangabe uns die Arbeit sehr erleichtern. Gut verwertbare Informationen belohnt der Verlag mit einem Sprechführer Ihrer Wahl aus der über 200 Bände umfassenden Reihe „Kauderwelsch" (siehe unten).

Bitte schreiben Sie an: REISE KNOW-HOW Verlag Peter Rump GmbH, Postfach 140666, D-33626 Bielefeld, E-mail: info@reise-know-how.de

Danke!

Kauderwelsch-Sprechführer – sprechen und verstehen rund um den Globus

Afrikaans • Albanisch • Amerikanisch - *American Slang, More American Slang,* Amerikanisch oder Britisch? • Amharisch • Arabisch - Hocharabisch, für Ägypten, Algerien, Golfstaaten, Irak, Jemen, Marokko, • Palästina & Syrien, Sudan, Tunesien • Armenisch • *Bairisch* • Balinesisch • Baskisch • Bengali • *Berlinerisch* • Brasilianisch • Bulgarisch • Burmesisch • Cebuano • Chinesisch - Hochchinesisch, kulinarisch • Dänisch • Deutsch - *Allemand, Almanca, Duits, German, Nemjetzkii, Tedesco* • *Elsässisch* • Englisch - *British Slang, Australian Slang, Canadian Slang, Neuseeland Slang,* für Australien, für Indien • Färöisch • Esperanto • Estnisch • Finnisch • Französisch - für Restaurant & Supermarkt, für den Senegal, für Tunesien, *Französisch Slang, Franko-Kanadisch* • Galicisch • Georgisch • Griechisch • Guarani • Gujarati • Hausa • Hebräisch • Hieroglyphisch • Hindi • Indonesisch • Irisch-Gälisch • Isländisch • Italienisch - *Italienisch Slang,* für Opernfans, kulinarisch • Japanisch • Javanisch • Jiddisch • Kantonesisch • Kasachisch • Katalanisch • Khmer • Kirgisisch • Kisuaheli • Kinyarwanda • *Kölsch* • Koreanisch • Kreol für Trinidad & Tobago • Kroatisch • Kurdisch • Laotisch • Lettisch • Lëtzebuergesch • Lingala • Litauisch • Madagassisch • Mazedonisch • Malaiisch • Mallorquinisch • Maltesisch • Mandinka • Marathi • Mongolisch • Nepali • Niederländisch - *Niederländisch Slang,* Flämisch • Norwegisch • Paschto • Patois • Persisch • Pidgin-English • *Plattdüütsch* • Polnisch • Portugiesisch • Punjabi • Quechua • *Ruhrdeutsch* • Rumänisch • Russisch • *Sächsisch* • *Schwäbisch* • Schwedisch • *Schwiizertüütsch* • *Scots* • Serbisch • Singhalesisch • Sizilianisch • Slowakisch • Slowenisch • Spanisch - *Spanisch Slang,* für Lateinamerika, für Argentinien, Chile, Costa Rica, Cuba, Dominikanische Republik, Ecuador, Guatemala, Honduras, Mexiko, Nicaragua, Panama, Peru, Venezuela, kulinarisch • Tadschikisch • Tagalog • Tamil • Tatarisch • Thai • Tibetisch • Tschechisch • Türkisch • Twi • Ukrainisch • Ungarisch • Urdu • Usbekisch • Vietnamesisch • Walisisch • Weißrussisch • *Wienerisch* • Wolof • Xhosa

Register

Der Autor

Dr. Dieter Schulze, Buchautor und Fotograf, verbringt die Wintermonate regelmäßig auf den Kanarischen Inseln. Er durchstreifte Lanzarote zu Fuß und mit dem Auto, testete Unterkünfte und Restaurants. Neben Büchern über Gran Canaria und Fuerteventura, Teneriffa, Gomera und La Palma schrieb er für den Reise Know-How Verlag, zusammen mit Izabella Gawin, den Kauderwelsch-Band „Spanisch für die Kanarischen Inseln – Wort für Wort“.